Rechtsentwicklungen in Berlin

Rechtsentwicklungen in Berlin

Acht Vorträge, gehalten anläßlich der 750-Jahrfeier Berlins

Herausgegeben
von

Friedrich Ebel   Albrecht Randelzhofer

1988

Walter de Gruyter · Berlin · New York

Vortragsreihe der Juristischen Gesellschaft zu Berlin
und des Senators für Justiz und Bundesangelegenheiten

CIP-Kurztitelaufnahme der Deutschen Bibliothek

Rechtsentwicklungen in Berlin : 8 Vorträge, gehalten anläßl. d. 750-Jahrfeier Berlins ; [Vortragsreihe d. Jurist. Ges. zu Berlin u. d. Senators für Justiz u. Bundesangelegenheiten] / hrsg. von Friedrich Ebel ; Albrecht Randelzhofer. – Berlin ; New York : de Gruyter, 1988.
ISBN 3-11-011039-3
NE: Ebel, Friedrich [Hrsg.]; Juristische Gesellschaft ⟨Berlin, West⟩

Abbildungsnachweis: Schutzumschlag: Landesbildstelle Berlin. – Beitrag Schild: Ullstein Bilderdienst.

Printed in Germany
Satz und Druck: Saladruck, 1000 Berlin 36
Buchbindearbeiten: Lüderitz & Bauer, 1000 Berlin 61

Geleitwort

Im Herbst 1987 veranstalteten die Juristische Gesellschaft zu Berlin und der Berliner Senator für Justiz und Bundesangelegenheiten eine achtteilige Vortragsreihe „Berlin und seine Justiz“, die sich als rechtswissenschaftlicher Beitrag zum 750jährigen Jubiläum unserer Stadt in die Vielzahl diesjähriger Veranstaltungen einfügte, die das Stadtjubiläum auch als willkommene Gelegenheit zur Rückbesinnung auf die Ursprünge und die Entwicklung Berlins begriffen. Diese Vortragsveranstaltungen haben in ihrer wissenschaftlichen Vertiefung nicht nur bedeutende Abschnitte der Berliner Justiz- und damit auch Stadtgeschichte eingehend beleuchtet; sie haben darüber hinaus die historischen Wurzeln unserer heutigen rechtsstaatlichen Ordnung aufgezeigt und das Bewußtsein dafür gestärkt, daß sachgerechtes Herangehen an die Aufgaben, die uns in der gegenwärtigen Zeit gestellt sind, auf die historische Perspektive nicht verzichten kann und darf, da nur durch eine verstärkte, ebenso vorurteilsfreie wie kritische Auseinandersetzung mit der Vergangenheit ein tragfähiges Fundament für die Bewältigung der Zukunft gestaltet werden kann.

Besonderer Dank für die Durchführung dieser Veranstaltungsreihe, in die bewußt auch die Rolle der Berliner Justiz in der Zeit des NS-Regimes als düsterstem Kapitel nicht nur der Berliner Justizgeschichte einbezogen wurde, gebührt der Juristischen Gesellschaft zu Berlin, einer Vereinigung, die ihrerseits auf eine lange Tradition anspruchsvollen Wirkens zurückblicken kann: 1859 als Forum für die wissenschaftliche, über die Tagesaktualität hinausgreifende Erörterung und Vertiefung rechtlicher Themen begründet, hat sie über die Jahrzehnte hinweg ihren eigenen hohen Anspruch als Mittler zwischen Theorie und Praxis stets einzulösen gewußt, so daß sie dafür prädestiniert war, mit dieser anspruchsvollen Vortragsserie die Entwicklung Berlins aus dem Blickwinkel Justitias kompetent beleuchten zu lassen. Hierbei ist es ihr wieder einmal gelungen, eine Vielzahl hervorragender Vertreter der Wissenschaft für einen Ring gelungener Veranstaltungen zu gewinnen, die nicht nur historische Perspektiven zu vermitteln wußten, sondern auch den Blick des Juristen über den eigenen beruflichen Horizont zu lenken vermochten.

Der Bogen dieser Vortragsreihe spannte sich weit über die gesamte deutsche Rechtsentwicklung und ihre vielfältigen Kulminationspunkte in Berlin. Er führte eine Reihe der bedeutendsten deutschen Rechtsgelehrten nach Berlin und repräsentierte auch in dieser Weise ein besonderes Geburtstagsgeschenk der Juristischen Gesellschaft an ihre Vaterstadt Berlin zu deren 750. Geburtstag. Mit den Professoren Dres. Nörr aus München, Ebel aus Berlin und Schlosser aus Augsburg referierten eingangs drei der prominentesten deutschen Rechtshistoriker, wobei sich der Vortrag von Prof. Dr. Nörr noch mit der Stiftung und erstmaligen Verleihung der Savigny-Medaille an den Nestor der deutschen Rechtsgeschichte, Prof. Dr. Wieacker, verband. Wichtige historische Stationen in der deutschen und Berliner Rechtsgeschichte nahmen weiterhin die Vorträge der Professoren Dres. Hattenhauer aus Kiel, Schild aus Bielefeld und Laufs aus Tübingen in glanzvoller Weise auf. Einen Höhepunkt ganz eigener Art bildete schließlich der Vortrag von Prof. Dr. Roxin aus München über Karl May. Hier sprach nicht nur einer der ersten deutschen Strafrechtler über Deutschlands vielleicht nach wie vor beliebtesten Jugendschriftsteller, sondern hier sahen sich auch hoher juristischer Sachverstand und präzis beherrschte Literaturwissenschaft auf das brillanteste miteinander verbunden. Den Abschluß der Veranstaltungsreihe bildete schließlich der Vortrag des Berliner Staats- und Völkerrechtlers Prof. Dr. Randelzhofer über die heutige staats- und völkerrechtliche Lage Berlins. In eindrucksvoller Weise wurden die Besonderheiten der Lage Berlins, ihre Probleme wie ihre Chancen dargestellt. Gerade der 750. Geburtstag Berlins hat die internationale wie nationale Aufmerksamkeit in besonderer Weise auf Berlin und seinen besonderen Status gerichtet. Dieser Status Berlins bestimmt die Sicherheit wie Lebensfähigkeit Berlins; er dokumentiert aber vor allem auch die große nationale Aufgabe, die Berlin nach wie vor für ganz Deutschland erfüllt.

Geschichte, Gegenwart und Zukunft Berlins spiegelten sich so in der von der Juristischen Gesellschaft zu Berlin durchgeführten Veranstaltungsreihe in ganz besonderer Form wider.

Die Veröffentlichung dieser Vorträge, die für jeden Bürger instruktiv sind, der an der Entwicklung Berlins und des deutschen Rechtssystems Anteil nimmt, soll einer breiten Öffentlichkeit Gelegenheit geben, diese Auseinandersetzung mit Aspekten Berliner Justizgeschichte kennenzulernen. Die Lektüre dieser Vorträge wird keineswegs nur für Rechtswissenschaftler oder Justizpraktiker, sondern für jeden Leser von größtem Gewinn sein.

Professor Dr. *Rupert Scholz,*
Senator für Justiz- und Bundesangelegenheiten, Berlin

Geleitwort

„Die Zukunft Deutschlands wird heute andeutungsweise vorausgelebt von Berlin. Wer Hoffnung fassen will, blicke dorthin. Die große Stadt hat nicht Zeit zu greinen und sich zu sperren gegen die neuen Tatsachen.“ Heinrich Manns Worte – in den 20er Jahren geschrieben – sind zeitlos.

Berlins Jubiläumsjahr ist zu Ende gegangen, und die Bilanzen der 750-Jahrfeier sind geschrieben. Mit Genugtuung vermerke ich, daß die Juristische Gesellschaft in Zusammenarbeit mit dem Senator für Justiz und Bundesangelegenheiten für den gemeinsam vertretenen Bereich auf zugleich anspruchsvolle wie sachkundige Art zum Gelingen des 750jährigen Stadtjubiläums hat beitragen dürfen. Die Vortragsreihe „750 Jahre – Berlin und seine Justiz“ hat dem fachkundigen Juristen wie dem interessierten Bürger eine Gesamtschau über Geschichte, Bedeutung und Aufgaben des Rechts und der Juristen in dieser Stadt ermöglicht.

Inzwischen ist Berlin in das Jahr 1988 hinübergeglitten, um seiner neuen Rolle als Kulturstadt Europas gerecht zu werden. Daß die acht brillanten und von den Medien stark beachteten Vorträge, in einem Sammelband vereint, in diesem der Kultur besonders gewidmeten Jahr herausgegeben werden, ist dem Verlag Walter de Gruyter zu danken. Eine breitere Öffentlichkeit hat so die Möglichkeit, der Geschichte des Rechts und der Justiz in Berlin nachzuspüren und dabei Zugang zur kulturellen Dimension „Recht“ zu finden. Recht und Rechtsgang sind nicht nur soziale Funktionen der Gesellschaft, sondern sind zugleich ein Kulturwert, der deutlich macht, was die Menschen in ihrer Zeit voneinander halten und wie sie miteinander zu leben und auszukommen gedenken. So kann der Leser nachvollziehen, daß die Welt des Rechts nicht lebensfremd ist, sondern daß Recht und Rechtsgang ein Spiegelbild ihrer Zeiten und ihrer Gesellschaftsordnungen sind, die aus dem moralischen Grundkonsens der Menschen in ihrer Zeit erwachsen. So ist zu spüren, wie Berlin zu Zeiten von Weltoffenheit, Toleranz und Liberalität geprägt war, und es ist gleichermaßen zu erfahren, daß das Recht zu seiner Durchsetzung der Macht nicht entraten, daß das Recht aber auch durch die Macht bedroht und mißbraucht werden kann. Es wird schließlich deutlich, daß die Vergangenheit mit der Niederlage Deutschlands im Zweiten Weltkrieg, der Befreiung vom NS-Regime und der Gründung zweier Staaten in Deutschland zu problematischer Gegenwart geworden ist. Berlin mit seinen ineinander verzahnten staatsrechtlichen, völkerrechtlichen und besatzungsrechtlichen Verbindlichkeiten bleibt Nahtstelle zwischen Ost und West, ist Mitte und zugleich Grenze: Eine Stadt mit großer Rechtstradition und als Wirkungsstätte der berühmtesten deutschen Juristen ist – abermals und nicht selbstgewählt – vor Aufgaben bis dahin nicht gekannter Abmessungen gestellt.

Ich wünsche dem Sammelband einen breiten Leserkreis und danke den Herren Professoren Dr. Friedrich Ebel und Dr. Albrecht Randelzhofer, die mit Umsicht und Sorgfalt die Herausgabe dieses Werkes vorbereitet haben.

Dr. *Diether Dehnicke*,
Präsident der Juristischen Gesellschaft zu Berlin

Inhalt

Savignys philosophische Lehrjahre*

Dieter Nörr

I.

In einem Brief vom 14. Januar 1798 schreibt der noch nicht neunzehnjährige Savigny über seine philosophischen Bemühungen (die damals wohl vor allem Kant galten)[1]: „Ich habe erst diesen Winter angefangen, mich mit den Gegenständen recht ernstlich zu beschäftigen, die mir schon lange anlagen, aber Du glaubst nicht, wie fremd mir das noch alles ist, was man für so natürlich und anerkannt gewiß ausgibt. Ob ich auf diesem Weg zu einer beruhigenden Überzeugung kommen werde, weiß ich nicht, daß ich nicht nachbeten werde, wie die meisten sogenannten Philosophen, das weiß ich."

Zweierlei ist charakteristisch: die Philosophie ist nichts Äußerliches, was man als Wissen erwirbt; sie soll vielmehr eine „beruhigende Überzeugung" schaffen, die dem Leben Halt und Sinn gibt[2]. Zum anderen: Savigny sieht sich – um in der Sprache der Epoche zu sprechen – als „Selbstdenker", der das, was andere für gewiß halten, anzweifelt, und nicht ohne weiteres bereit ist, einer philosophischen Schule zu folgen.

Die philosophischen Studien scheinen bald grandiose Pläne zu rechtfertigen. In einem häufig zitierten Freundesbrief vom 19. März 1799[3] wird von Savignys Plan berichtet, ein „Reformator der Jurisprudenz, ein Kant in der Rechtsgelehrsamkeit zu werden"; sein Ziel sei eine „metaphysische Rechtsbegründung".

* Diese Ausführungen beruhen auf einem größeren Manuskript gleichen Titels, das während eines dankbar empfundenen Aufenthalts am Wissenschaftskolleg zu Berlin (1986/7) verfaßt wurde. Der vorliegende Text wurde gegenüber dem Vortragstext ein wenig erweitert (und mit einigen Anmerkungen versehen).

1 *A. Stoll*, Der junge Savigny (= *Stoll* I), 1927, 62.

2 Es handelt sich hier um eine Umschreibung religiöser Erfahrung (William James); s. nur *J. L. Mackie*, Das Wunder des Theismus, Reclam 1985, 290 f.

3 *Stoll* I 54.

Doch schon recht bald ändert sich der Ton. In einem Brief vom 3. Januar 1800[4] verschiebt Savigny die metaphysische Rechtsbegründung – hier unter dem Namen des Naturrechts – mit einer tiefen Reverenz als des „höchsten, was alle wissenschaftliche Arbeit geben kann“, in eine unbestimmte Zukunft. Das Interesse am akademischen Beruf und am Studium des römischen Rechts gewinnt die Oberhand. Im Sommer 1801 beginnt Savigny sich mit dem römischen Besitzrecht zu beschäftigen[5]; im Winter 1802/3 wird – mit erstaunlicher Schnelligkeit – das Werk niedergeschrieben; es erscheint im Frühjahr 1803. In die gleiche Epoche – das Wintersemester 1802/3 – fällt die berühmte Äußerung in der „Marburger Methodenlehre“[6]: „Jurisprudenz an sich kann ebenso gut ohne Naturrecht als mit solchem studiert werden... Wer nicht zur Philosophie getrieben wird, der lasse sie liegen. Ihr Studium erfordert nicht bloß ein halbes Jahr, sondern ein ganzes Leben.“

Es wäre falsch, diese Worte des kaum Vierundzwanzigjährigen als Resignation zu deuten. Savigny hatte inzwischen begonnen, eine „beruhigende Überzeugung“ in einem christlich-einfältigen Glauben zu finden, den man versuchsweise als pietistisch oder mystisch gefärbt bezeichnen darf. Wie etwa die Briefe seines späteren Schwagers Clemens Brentano zeigen[7], hatte er sich überdies mit leidenschaftlicher Begeisterung in das Studium des römischen Rechts geworfen. Man mag mit Wieacker in seiner berühmten Abhandlung von 1967 über die „Wandlungen im Bilde der historischen Rechtsschule“ (12) die Jahre 1802 bis 1815 das „schöpferische Jahrzehnt“ im Leben Savignys bezeichnen. Doch daß dieses Jahrzehnt möglich wurde, liegt in der weithin geheimnisvollen Wandlung, die vom Projekt einer „metaphysischen Rechtsbegründung“ zur Realisierung der berühmten Monographie über den „Besitz“ führte.

Wenn im folgenden über die „philosophischen Lehrjahre“[8] Savignys gesprochen wird, so werden sicherlich Erwartungen enttäuscht, die gerade dieses Publikum und dieser Anlaß zu erwecken berechtigt sind. Die juristischen Leistungen Savignys werde ich nur am Rande berühren. Von dem Praktiker und Politiker, über den an dieser Stelle vor einem Jahr Friedrich Ebel gesprochen hat[9], wird keine Rede sein. Schlimmer

[4] *Stoll* I 144.

[5] S. die Vorrede zum „Recht des Besitzes“, 1837[6].

[6] Juristische Methodenlehre (nach der Ausarbeitung des Jakob Grimm, hrsg. von Gerhard Wesenberg), 1951, 50.

[7] Vgl. „Das unsterbliche Leben“ (Hg. Schellberg u. Fuchs), 1939, Nr. 53 (156); Okt. 1800 u. ö.

[8] Vgl. die Zeichnung von M. A. von Bethmann-Hollweg bei *Stoll,* F. C. von Savigny, Professorenjahre in Berlin, 1929 (*Stoll* II) bei S. 234/5.

[9] Savigny officialis, 1987.

noch: Es kann auch nicht darum gehen, ein irgendwie zu definierendes Gesamtbild der geistigen Struktur Savignys zu geben, wie es unlängst Joachim Rückert in seinem großen Buch über „Idealismus, Jurisprudenz und Politik bei Friedrich Carl von Savigny" (1984) versucht hat. Franz Wieacker, dessen Leistungen um die Jurisprudenz der Gegenwart hier durch die Erinnerung an Savigny gewürdigt werden, hat immer wieder um eine „Totalanschauung" – auch das ein Begriff der Epoche Savignys – gerungen. Ich wage es nicht, auch nur für die wenigen uns interessierenden Jahre Entsprechendes zu versuchen. Dazu kommt, daß sich für die Darstellung philosophischer Lehrjahre angesichts der implizierten Unfertigkeit ein systematisches Vorgehen verbietet. Zum Ausgleich darf ein gewisser Einblick in das Diskussionsfeld erwartet werden, das die emotionalen und geistigen Interessen junger Intellektueller um die Zeit der Jahrhundertwende beherrschte. Mit diesen Einschränkungen sollen zwei miteinander zusammenhängende Problemkreise betrachtet werden. Unter dem Titel „Stimmung und Gesinnung" wird es vor allem um die Überlegungen Savignys zur Grundlegung einer wissenschaftlichen Ethik gehen; die möglichen Konsequenzen für eine metaphysische Rechtsbegründung liegen auf der Hand. Dieses Thema wird auch im zweiten Problembereich anklingen, der unter dem – Savigny entlehnten – Titel „Kunstmoral" stehen soll; zugleich werden hier einige Wurzeln zum Problem von Darstellung und System offen gelegt, das Savigny bis in die Vorrede zum „System des heutigen römischen Rechts" (1840) beschäftigt hat.

II.

Außer einer Reihe von philosophierenden Briefen gibt es aus der Jugendzeit Savignys eine kleine philosophische Abhandlung (von etwa drei Druckseiten bei Stoll)[10], die einem Briefe vom 21. Juni 1799 an Friedrich Creuzer beigelegt ist; sie kursierte im Freundeskreis Savignys als „Aufsatz über die Freundschaft"[11]. Als Motto hat der – intensive, aber recht kurzfristige – Verehrer Friedrich Schlegels einen Text aus der Zeitschrift Athenaeum (II 26; 1799) gewählt: „Geselligkeit ist das wahre Element für alle Bildung, die den ganzen Menschen zum Ziel hat, und also auch für das Studium der Philosophie." Wenn wir – hier wie im folgenden häufiger – plakativ interpretieren dürfen, so ist die Philosophie kein systematisches Corpus, das man lernt und erwirbt, sondern ein unendlicher Prozeß, dessen wesentliche Ingredienz das „symphilosophein" von Menschen ist, die untereinander in Liebe und Freundschaft

[10] *Stoll* I 93 ff.
[11] Briefe Friedrich Creuzers an Savigny (Hg. H. Dahlmann), 1972, 83.

verbunden sind. Wir wollen uns in diesem Abschnitt auf eine (allerdings keineswegs umfassende) Interpretation dieses kleinen Aufsatzes konzentrieren.

Savigny geht von der (in seiner Epoche weit verbreiteten) Feststellung aus, „daß das höchste Interesse des Menschen practisch ist" – anders und zugleich blasser ausgedrückt: moralische Probleme haben den Vorrang vor Erkenntnisproblemen. Man wird hier an Worte Kants erinnert[12]: „Der spekulativen Vernunft aber untergeordnet zu sein... kann man der praktischen gar nicht zumuten, weil alles Interesse zuletzt praktisch ist..." Savigny beschränkt sich im folgenden auf eine Auseinandersetzung mit der Moralphilosophie Kants, für die es nicht schwer wäre, zeitgenössische Parallelen zu finden[13].

Savigny stellt fest, daß Kant die Moralphilosophie „wissenschaftlich" behandeln wolle; damit sei gemeint, daß er aus einem Grundsatz (dem kategorischen Imperativ) durch Ableitung die Frage nach dem „Guten" zu entscheiden versuche. Bereits in den ersten Sätzen des Aufsatzes zeigt sich, daß Savigny vor allem die „Grundlegung der Metaphysik der Sitten" (1786^2) vor Augen hat. In der Vorrede[14] bezeichnet Kant die Moral als eine Wissenschaft und weist ihr – als reiner und nicht empirischer – Philosophie die Aufgabe zu, das oberste Prinzip der Moralität aufzusuchen und festzusetzen. Nur zur Erinnerung darf ich eine der Formeln zitieren, in die Kant dieses oberste Prinzip gekleidet hat[15]: „Handle nur nach derjenigen Maxime, durch die du zugleich wollen kannst, dass sie ein allgemeines Gesetz werde."

Savigny behauptet, daß diese Formel nicht ausreicht, um ein praktisches Urteil zu fällen, daß immer etwas „von außen" hinzugetan werden müsse[16]. Er verweist auf ein Beispiel Kants in der genannten Schrift[17], die Pflicht zur Ausbildung seiner Talente. Diese Pflicht werde durch Kant dadurch bewiesen, daß man das Gegenteil nicht wollen könne. Warum man es aber nicht wollen könne, das sagt der

[12] „Kritik der praktischen Vernunft" (= KpV) A 219 (VI 252). – Die Werke Kants werden nach der Originalausgabe und nach der Ausgabe von Weischedel (Darmstadt) zitiert.

[13] Zu erinnern wäre beispielsweise an die philosophischen Romane *Jacobis* („Allwill" und „Woldemar"), sowie dessen „Sendschreiben an Fichte" (1799), an *Schillers* „Anmut und Würde" (1793) und „Briefe über die ästhetische Erziehung des Menschen" (1795), und (aus etwas späterer Zeit) an die Aufsätze *Hegels* aus den Jahren 1801 bis 1803 (*H. Glockner*, Jubiläumsausgabe der sämtlichen Werke, I 31 ff. passim).

[14] BA III (VI 11 ff.).

[15] „Grundlegung der Metaphysik der Sitten" BA 52 (VI 51).

[16] Vgl. dazu die (moderne) Diskussion bei *Mackie* (o. Fn. 2) 182 ff.

[17] BA 55 (VI 53) u. ö.

kategorische Imperativ nicht. Damit seien aber die Deduktion und auch die Wissenschaftlichkeit des Systems von vornherein gescheitert.

Doch wichtiger als die Formel des Imperativs ist für Savigny die Gesamtansicht der praktischen Philosophie Kants selbst. Sie wird von ihm – im wesentlichen wiederum im Anschluß an die „Grundlegung der Metaphysik der Sitten" – mit wenigen Worten skizziert. Ausgangspunkt ist die Freiheit der Entscheidung, die sich im Kampfe zweier entgegengesetzter Naturen im Menschen verwirkliche. Ein unbekanntes Etwas (Vernunft, Gewissen) schreibe dem Menschen vor, was er soll, ein anderes Etwas (Gefühl, Neigung) kann mit dem Gesollten übereinstimmen oder auch nicht; in keinem Falle darf die Neigung der Beweggrund – Kant würde eher sagen: die Triebfeder – für die gesollte Handlung sein. Die Moralität der Handlung wäre dann verloren.

Savigny wendet sich in erster Linie gegen Begriffe wie „Pflicht, Gebot, Sollen". Man könnte seinen Einwand unter das Stichwort der Verführung durch Sprache bringen – ein Argument, das ihm möglicherweise von einem seiner philosophischen Vorbilder, Friedrich Heinrich Jacobi, geliefert wurde[18]. Er läßt sich dabei auf eines der heikelsten Probleme der Philosophie Kants ein, das bis heute immer wieder neue Erklärungsversuche hervorruft[19]. Es geht um die „Deduktion" – wir können auch sagen – um die „Begründung" des Sittengesetzes. Nach Kant kann die objektive Realität des moralischen Gesetzes weder transzendental deduziert noch empirisch bewiesen werden; sie stehe gleichsam als ein Faktum für sich selbst fest[20]. Doch erhält dieses Faktum eine Beglaubigung (Kreditiv) dadurch, daß es als Prinzip der Deduktion der Freiheit benötigt wird; ohne Freiheit aber sei keine Moral möglich.

Man kann die Kritik Savignys dahingehend zusammenfassen, daß er dieses Kreditiv für unzuverlässig und zugleich für überflüssig hält. Anstatt vom Faktum des Gesetzes geht er – der Terminologie Kants folgend – vom Faktum der Freiheit aus; dieses ist aber bereits dadurch bestimmt, daß der wahrhaft freie Mensch sich für das moralisch Richtige entscheidet. Um dieses Faktum der freien richtigen Entscheidung zu erklären, habe man (wir dürfen hinzufügen: in Religion und Philosophie) zuerst den Ursprung des richtigen Wollens in ein „Wesen außer uns gesetzt"; daher kämen die Begriffe Pflicht, Gebot, Sollen etc. Kant habe dagegen zu Recht den Ursprung des richtigen Wollens in den Menschen selbst verlagert, aber an den alten, nur für einen äußeren

[18] Vgl. den „Allwill" (Werke I) p. XV.

[19] S. nur *D. Henrich*, Die Deduktion des Sittengesetzes, Festschrift W. Weischedel, 1975, 55 ff.

[20] Freies Zitat nach „KpV" A 72 (VI 161 f.).

Ursprung tauglichen Worten festgehalten[21]. Das möge als individuelle Ansicht, als Art der Versinnlichung eines Unerklärlichen angehen. Aber eine Erklärung sei es nicht.

Wenn Savigny davon ausgeht, daß eine „freie Seele" sich ohne moralisches Gesetz für das Richtige zu entscheiden fähig ist, kommt er nach Kant ins Schwärmen. Um diese Art der Schwärmerei in der Philosophie seiner Epoche zu lokalisieren, darf wiederum auf Jacobi hingewiesen werden[22]: „Denn wer will den Namen haben, daß er nicht allen Versuchungen zu einer schändlichen Handlung jederzeit widerstehen werde; wer nur, daß er hier zu überlegen, Vorteile und Nachteile in Betrachtung ziehen, an Grad oder Größe oder auch an einen kategorischen Imperativ, an ein Gesetz zu denken nötig habe?" Jacobi verweist auf das moralische Gefühl, das Gewissen, als das Kriterium der Richtigkeit der Handlung.

Damit kommen wir zu dem zweiten Einwand Savignys, in dem er über die Kritik an Kant hinaus seine eigene Vorstellung von der Begründung der Moral skizziert. Er geht aus von der Betrachtung der „verschiedenen Formen edler Menschheit", die allerdings auch wiederum nur individuelle Formen, nicht allgemeine Kanones (Maßstäbe) der Moral seien. Abstrahiere man das, was diesen gemeinschaftlich sei, so fallen Eigenschaften der moralischen Handlung auf, die Kant übersehe: „Lebendigkeit und Klarheit, Innigkeit und Wärme". Durch diese Eigenschaften unterschieden sich die äußerlich gleichartigen und zugleich richtigen Handlungen eines Menschen in „voller Besonnenheit" von denjenigen eines „dumpf und gleichgültig gestimmten". Daher hänge die Sittlichkeit der Handlung nicht unmittelbar von unserer Freiheit ab, sondern von der „Stimmung", in der die Entscheidung gefällt wird. Aufgabe der Moral sei die Verwandlung der „Stimmung" in „Gesinnung". Diese sei zu erreichen durch den unendlichen Progreß der „Veredlung des innern Menschen"; Liebe und Freundschaft (vgl. auch das Motto) seien dazu das wichtigste Mittel. Diese Ansicht des Praktischen sei Kant fremd; für ihn seien Liebe und Freundschaft „pathologisch", kein Gegenstand des vernünftigen Wollens. Kant verkenne daher die wahre Menschlichkeit.

Savigny gibt die Positionen Kants vereinfachend, doch im wesentlichen richtig wieder. Um seine eigene Position zu erklären, müßten wir uns weit ausholend in die gesamte literarische Diskussion über die Prinzipien der Moral einlassen; um nur einige Namen zu nennen, mit denen Savigny sich beschäftigt hatte, müßten wir uns unsererseits mit

[21] Vgl. zur nicht völlig gelösten Spannung von Autonomie und Heteronomie der Moral bei Kant etwa *Mackie* (o. Fn. 2), 174 ff.

[22] Werke IV 2, 30 f. (1789).

Jacobi, Fichte, Friedrich Schlegel, Hemsterhuis, Schiller, Goethe befassen. Wenn etwa Savigny die Moral auf das „edle Individuum" zu gründen sucht, so darf an das Konzept der „schönen Seele" erinnert werden, die keines Gesetzes bedürftig stets das Richtige verwirklicht. Wenn er zugleich betont, daß auch die jeweils einzelnen edlen Individuen keine Maßstäbe darstellten, so mag ein durch Jacobi wiedergegebenes Hemsterhuis-Zitat den Hintergrund kurz anleuchten[23]: danach gäbe es „keine zwei Menschen auf der Welt, deren Pflichten im eigentlichen Sinne nicht verschieden wären". „Liebe und Freundschaft" als förderndes Mittel zur ethischen Bildung finden wir sowohl im „Allwill", dem von Savigny sehr geschätzten moralphilosophischen Roman Jacobis, als auch in der Abhandlung Friedrich Schlegels „Über die Philosophie"[24], die Savigny gerade zur Zeit der Abfassung des philosophischen Aufsatzes genau studiert hatte. Und wenn es um die Unendlichkeit des Weges zur moralischen Vervollkommnung geht, so darf an eines der fundamentalen Konzepte der praktischen Philosophie Fichtes, an den „unendlichen Progreß", erinnert werden[25].

Ein wenig ausführlicher wollen wir uns hier nur mit der zentralen moralphilosophischen Aussage Savignys beschäftigen[26]: „Hieraus folgt..., daß der Werth oder die Sittlichkeit der einzelnen Handlungen durchaus nicht von unserer Freiheit unmittelbar, sondern von unsrer Stimmung abhängt, daß wir also nur mittelbar darauf wirken können, indem wir in uns das Vorübergehende fixieren und die Stimmung in Gesinnung verwandeln."

Versucht man diesen Text zu paraphrasieren, so handelt der „edle Mensch" aus der Situation und aus seiner Individualität heraus wenigstens im Prinzip richtig. Das die Handlung begleitende Gefühl, die Stimmung, ist durch Lebendigkeit, Klarheit, Innigkeit, Wärme charakterisiert. Worum es in der Moral nur gehen kann, ist die Verwandlung dieser Stimmung in Gesinnung – oder anders ausgedrückt: das richtige moralische Gefühl muß durch moralische Grundsätze stabilisiert werden.

Beim Thema der Umwandlung von Stimmung in Gesinnung ordnet sich Savigny wiederum in eine Diskussion ein, deren geistiger Anspruch etwa durch die Namen Kant (vor allem „Kritik der praktischen Ver-

[23] Jacobi, Werke V 112.

[24] Athenaeum II, 1799, 1 ff.

[25] S. nur Sittenlehre § 12 (Gesamtausgabe, Hg. I. H. Fichte, IV 149 ff.). – Es darf hier die Hypothese formuliert werden, daß Savigny bei der Begründung des Rechts eher Fichte als Kant (oder allenfalls einen mit den Augen Fichtes gelesenen Kant) berücksichtigte.

[26] *Stoll* I 95.

nunft" und „Die Religion innerhalb der Grenzen der bloßen Vernunft"), Jacobi (vgl. vor allem den Roman „Allwill"), Fichte (vor allem die zum Atheismusstreit gehörende „Appellationsschrift") und Schiller gekennzeichnet ist. Wegen der späteren Abneigung Savignys wird Schiller in seinem geistigen Umkreis kaum genannt. Da die Argumentation Schillers, die hier allerdings wiederum nur andeutungsweise dargestellt werden kann, sich besonders gut als Kommentar zu den Äußerungen Savignys eignet, wollen wir uns auf die Briefe „über die ästhetische Erziehung des Menschen" konzentrieren (1795).

Vom ästhetischen Zustand oder der ästhetischen Stimmung handelt Schiller im 21. und 22. Brief[27]. Im ästhetischen Zustand ist der Mensch in gewisser Weise „Null" – unbestimmt, ohne Schranken und Realität. Insoweit haben nach Schiller diejenigen recht, die „das Schöne und die Stimmung, in die es unser Gemüt versetzt, in Rücksicht auf *Erkenntnis* und *Gesinnung* für völlig indifferent und unfruchtbar erklären"[28] (Freies Zitat): Die Schönheit gebe kein einzelnes Resultat weder für den Verstand noch für den Willen, sie führe keinen einzelnen, weder intellektuellen noch moralischen Zweck aus, sie finde keine einzige Wahrheit, helfe uns keine einzige Pflicht erfüllen. Aber gerade wegen ihrer Unbestimmtheit gebe die Schönheit dem Menschen die Freiheit zurück, die ihm sowohl durch die Natur als auch durch das moralische Gesetz entzogen worden sei. Insofern ist – wie der 22. Brief ausführt[29] – die ästhetische Stimmung der fruchtbarste Zustand in Rücksicht auf Erkenntnis und Moralität. Und zusammenfassend heißt es dann über den Übergang von der (ästhetischen) Stimmung zur (moralischen) Gesinnung[30]: „Der Übergang von dem leidenden Zustande des Empfindens zu dem tätigen des Denkens und Wollens geschieht also nicht anders als durch einen mittleren Zustand ästhetischer Freiheit, und obgleich dieser Zustand an sich selbst weder für unsere Einsichten noch Gesinnungen etwas entscheiden, mithin unsern intellektuellen und moralischen Wert ganz und gar problematisch läßt, so ist er doch die notwendige Bedingung, unter welcher allein wir zu einer Einsicht und zu einer Gesinnung gelangen können."

Wir wollen im Moment die nicht zu leugnenden Unterschiede zwischen der Argumentation Schillers und Savignys beiseite lassen und uns auf die Parallelen konzentrieren. Wie hier nur als These formuliert werden kann, liegt kein wesentlicher Unterschied in der Rolle des „Ästhetischen"; denn es ließe sich nachweisen, daß die moralische

[27] Ausgabe Hanser (1966) II 494 ff.
[28] Hanser II 495.
[29] Hanser II 496 ff.
[30] 23. Brief (Hanser II 499).

Philosophie Savignys ebenfalls eher „ästhetisch" als „rational" argumentiert. Die Moralität der Handlung wird nach Savigny durch die Stimmung qualifiziert, deren Merkmale (Lebendigkeit, Klarheit, Innigkeit, Wärme) ästhetisch charakterisiert sind. Wie bei Schiller – wenn auch weniger klar formuliert – agiert die Freiheit nur mittelbar, über die ästhetische Stimmung, auf die Produktion der moralischen Gesinnung. Daß die Freiheit damit schlechtin in Gefahr kommt, als Fundament der Moral ausgeschieden zu werden, wird von Schiller und Savigny zwar gesehen. Ersterer versucht diese Konsequenz wegzuargumentieren[31]; Savigny nimmt – in einem nur wenig späteren Brief (16. 8. 1799)[32] – diese Aporie eher resignierend zur Kenntnis.

Versuchen wir eine erste Zusammenfassung. Der zwanzigjährige Savigny zeigt sich als Kant-Kenner und Kant-Gegner. Daß man seine Einwürfe gegen Kant mit Einwürfen philosophierender Zeitgenossen parallelisieren kann, nimmt seinem Aufsatz nicht das Verdienst der Originalität. Er erkennt und attackiert kritische Stellen im System Kants. Dabei handelt es sich vor allem um das nach Kant selbst unbegreifliche Faktum der reinen praktischen Vernunft, das Gegebensein des Sittengesetzes – dessen (präzise) Relation zur Freiheit hier offen bleiben darf. Da sich Kant letztlich auf eine Art von Evidenz berief, konnte es Savigny nicht bestritten werden, daß er eine solche Evidenz leugnet. Das gilt in erster Linie für die Existenz des Sittengesetzes, während er der Freiheit anscheinend zuerst die Faktizität zuerkennen wollte. Doch um auf richtige Weise frei zu entscheiden, bedarf es der richtigen Gesinnung – und ihrer Erzeugung gilt das primäre Interesse Savignys. In Parallele zu Schiller arbeitet er hier mit der Formel der Verwandlung von Stimmung in Gesinnung – wodurch aber gerade die Freiheit fragwürdig wird. Als wesentliches Instrument der Verwandlung werden „Freundschaft und Liebe" genannt. Der Weg zur Vollendung der Menschlichkeit ist ein unendlicher. Doch ist sie – in schwer zu präzisierender Weise – mehr als ein bloßes Ideal; Formen „edler Menschheit" existieren in der Realität. Sie bedürfen keines moralischen Gesetzes; ihr Wille ist „heilig"[33].

Die Überlegungen Savignys zur praktischen Philosophie gehören in den Rahmen seiner Überlegungen zu einer metaphysischen Begründung des Rechts. Wir müßten uns jetzt der schwierigen Frage zuwenden, wie von dieser Basis aus ein Naturrecht im Sinne Kants und der Nachkantianer hätte aufgebaut werden können. An dieser Stelle kann die Beantwortung der Frage nur angedeutet werden. Man hat an der Wende des 18.

[31] Vgl. den 23. und den 26. Brief.

[32] *Stoll* I 126.

[33] *Stoll* I 92 u. ö.

zum 19. Jahrhundert in immer neuen Ansätzen versucht, das Verhältnis von Rechtslehre und Sittenlehre zu bestimmen[34]. Die gemeinschaftliche Basis aller dieser Versuche war das Postulat, daß Rechtslehre und Sittenlehre nicht gänzlich voneinander getrennt werden dürfen. So hätte Savigny nach den Vorstellungen dieser Epoche ein Naturrecht schaffen müssen, das mit seiner Grundlegung der Moral hätte im systematischen Zusammenhang stehen müssen. Wenn man daran erinnert, daß er eine Sittlichkeit ohne Gesetz mit relativierter Freiheit forderte, eine Sittlichkeit, die sich nicht in Abstraktionen, sondern in Individuen ausdrückte, deren Instrumente Liebe und Freundschaft sind, – oder um es in der Sprache des späten Savigny[35] zu formulieren – wenn Gerechtigkeit nur eine besondere Form der Liebe ist: wenn man all dies bedenkt, dann wird deutlich, daß von dieser Basis aus die Konstruktion eines Naturrechts überaus schwierig, wenn nicht ausgeschlossen war.

Diese Behauptung ließe sich noch durch eine weitere Beobachtung bestätigen. Wie bereits angedeutet, könnte man nachweisen, daß die philosophische Haltung Savignys derjenigen Jacobis besonders nahesteht. Wenn man die spärlichen Aphorismen Jacobis zum Recht überblickt, so geht es dabei um das Gewissen als „einzige Quelle der Moral und Ursprung aller Rechte“[36]; das äußere Recht solle ein Abbild des inneren Rechts sein[37]; konkreter und zugleich im Verhältnis zu Kants Begründung von Recht und Sittlichkeit altmodisch wirkend ist der – allerdings von Jacobi selbst als mechanistisch abgewertete – Versuch, „die natürliche Liebe und Verbindlichkeit zur Gerechtigkeit“ aus dem Selbsterhaltungstrieb abzuleiten[38]. Von einem systematischen Ansatz zu einem Naturrecht ist bei ihm keine Spur; und soweit in seiner Schule überhaupt Ansätze zu einer Rechtslehre vorhanden sind, so entsprechen sie allenfalls dem Niveau des jüngeren Naturrechts des späten 18. Jahrhunderts[39].

Die Grübelei über die praktische Philosophie gibt somit einen Schlüssel dafür, warum sich Savigny vom ursprünglichen Plan einer metaphysischen Rechtsbegründung entfernt. Die damit verbundene Zuwendung zum historischen, positiven Recht ist allerdings auf diese Weise noch nicht geklärt. Eine solche Klärung bedürfte eines umfassenden Über-

[34] S. nur *Wolfgang Kersting*, Wohlgeordnete Freiheit, 1983, 16 ff.; dazu *Klaus Günther*, Rechtshistorisches Journal 6, 1987, 52 ff.

[35] 1839; s. *Kiefner*, Festschrift Coing I, 1982, 165 f.

[36] Werke V 86 f.

[37] Werke IV 2, 21 f.

[38] Ebenda 23 f.

[39] Zu Bouterwek vgl. nur *Landsberg*, Geschichte der deutschen Rechtswissenschaft, III 1, 1910, 443 f.

blicks über den Zustand von Staat und Gesellschaft, von Rechtswissenschaft und Philosophie in der hier interessierenden Epoche. Wenn wir hilfsweise allgemeine und individuelle Faktoren unterscheiden dürfen, so werden wir im folgenden Themenbereich, den wir unter das Stichwort „Kunstmoral“ gestellt haben[40], vielleicht einige individuelle Erklärungsmomente finden.

III.

Bereits bei der Diskussion des philosophischen Aufsatzes hatten wir festgestellt, daß Savigny im Bereich der Moralphilosophie gleichsam ästhetisch argumentiert. Um das Gemeinte wenigstens umrißhaft verständlich zu machen, darf an den – der Epoche überaus lieben – Typus der „schönen Seele“ erinnert werden.

Der Briefwechsel des jungen Savigny ist voll von Überlegungen zum Verhältnis von Philosophie und Poesie. Er reagiert hier auf Fragen, die damals vielfach und vielfältig diskutiert wurden. Es geht etwa darum, was der Philosoph vom Dichter und der Dichter vom Philosophen lernen kann, ob und inwieweit die Kunst Vorstufe oder Vollendung der Philosophie ist, wie sich die Darstellungsmittel von Philosophie und Poesie zueinander verhalten. Es ist das Darstellungsproblem, das Savigny in einem Brief vom Jahre 1803[41] zum zentralen Problem seiner Zeit erklärt. Um die Überlegungen Savignys, die vor allem um die Namen von Goethe, Jacobi und Friedrich Schlegel kreisen, umfassend und anschaulich darzustellen, bräuchte es einer kleinen Monographie. So sei der impressionistische Charakter unserer Darstellung nochmals betont.

Wir können wiederum mit einem (freien) Briefzitat beginnen[42]: Die praktische Philosophie habe noch ganz andere Dinge zu suchen als eine systematische Form; die einzigen praktischen Philosophen und Systematiker der Moral seien Goethe und Jacobi – und zwar nicht der Jacobi der philosophischen Briefe über Spinoza, sondern Jacobi der Romanschriftsteller. – Es darf als Kuriosum erwähnt werden, daß in dieser Epoche das Gerücht umgeht, Savigny selbst wolle einen Roman verfassen[43].

Wenn Savigny die üblichen Systeme der Moral kritisiert, so hält er sich nicht lange mit der äußeren Form, den Definitionen, Distinktionen, Ableitungen und Einteilungen auf – wie man sie etwa noch in den „Metaphysischen Anfangsgründen der Tugendlehre“ Kants (1797) fin-

[40] *Stoll* I 152.

[41] Der Briefwechsel zwischen Friedrich Carl von Savigny und Stephan August Winkelmann (Hg. I. Schnack), 1984, Nr. 85 (176).

[42] *Stoll* I 145 f.; 3. 1. 1800.

[43] *Stoll*, Friedrich Karl v. Savigny. Ministerzeit und letzte Lebensjahre, 1939, 268 f.

det[44]. Vielmehr geht es ihm vor allem um die Inhalte (freie Zitate)[45]: Anstatt ein idealisches menschliches Individuum zu bilden, setze man aus lauter Abstraktionen die herrlichsten Schneemänner zusammen, die freilich eine frappante Ähnlichkeit haben, besonders was die Kälte betrifft. Wohl könne man auf Abstraktionen nicht völlig verzichten; wichtiger aber als die Moral als Teil eines philosophischen Systems sei die lebendige Darstellung von Individuen, die moralisch handeln und wirken. Und dann am Schluß eine fragende Äußerung (die die Poesie dem philosophischen Zweck unterordnet (149) und letztlich mit Begriffskategorien F. Schlegels arbeitet[46]): „Es wäre wenigstens der Untersuchung werth, ob nicht mit *gänzlicher* Resignation auf künstlerischen *Zweck*, blos durch das Medium der *Darstellung* das Geheimniß der Menschheit am meisten enthüllt, kurz, das geleistet werden könnte, was ich im höhern Sinn ein System der Moral nennen möchte."

Der Zusammenhang mit dem philosophischen Aufsatz liegt auf der Hand. Wenn die Moralität sich nicht an einem Grundgesetz der Moral ausrichtet, sondern sich unmittelbar im Handeln edler Menschen demonstriert, wenn dieses Handeln durch Werte wie Lebendigkeit, Klarheit, Innigkeit, Wärme als moralisch charakterisiert wird, wenn der Prozeß der moralischen Vervollkommnung ein unendlicher ist und als solcher auch dargestellt werden soll, dann ist es wenig sinnvoll, moralische Kompendien im üblichen Sinne zu verfassen und zu lesen. Die letztlich auf dem sittlichen Gefühl beruhende Moral verlangt nach einer Darstellung, die als ästhetische an das Gefühl appelliert und zugleich den moralisch strebenden und handelnden Menschen vor Augen führt. Hier bot sich als literarische Gattung der Roman an – wobei es offenbleiben darf, wieweit der übliche Begriff des „Bildungsromans" diesem Konzept voll entspricht.

Als Exempel wollen wir uns „Wilhelm Meisters Lehrjahren" zuwenden, einem Werk, das nach Savignys Aussagen den größten Einfluß auf seine Entwicklung ausübte und das auch nach Aussagen anderer ihn immer wieder anzog[47]. Dabei versuchen wir zuerst mit Hilfe einiger Beispiele zu belegen, wie die „Lehrjahre" auf Savignys Entwicklung moralisch-lehrhaft einwirken konnten. Danach soll wenigstens mit einigen Worten auf die Darstellungsproblematik eingegangen werden.

[44] Vgl. immerhin *Stoll* I 92 (zum Compendium); I 115 f. (zu K. Chr. E. Schmid; zu diesem *M. Herberger*, Dogmatik, 1981, 353 ff., 375 ff.).

[45] *Stoll* I 145, 148 f.

[46] Vgl. die Rezension von Jacobis Roman „Woldemar" (1796) (= Kritische Friedrich Schlegel-Ausgabe II 1, 1967, 57 ff.).

[47] S. nur Sav. Z. Rom. Abt. 100, 1983, 20 ff.

In einem Brief an Goethe vom 8. Juli 1796 hatte Schiller die Essenz der „Lehrjahre" folgendermaßen zusammengefaßt. „Wenn ich das Ziel, wobei Wilhelm Meister nach einer langen Reihe von Verirrungen endlich anlangt, mit dürren Worten auszusprechen hätte, so würde ich sagen: ‚er tritt von einem leeren und unbestimmten Ideal in ein bestimmtes tätiges Leben, aber ohne die idealisierende Kraft dabei einzubüßen.'" Diese Worte ließen sich auf grundlegende Lebensentscheidungen Savignys übertragen. Auch er geht aus von einer unbestimmten Sehnsucht nach Beruhigung durch Philosophie und darauf aufbauend nach einem Weg, das Recht metaphysisch abzusichern; er findet seine bestimmte Tätigkeit in einem beschränkten Bereich des Historisch-Empirischen; doch bleibt sein Streben – um mit den Worten seines durchaus nicht unkritischen Freundes Friedrich Creuzers zu reden – „in seiner Ganzheit relativ ideal"[48].

Dafür ein Beleg: In von Rückert veröffentlichten Notizen etwa aus dem Jahre 1803[49] hatte Savigny selbst festgestellt, daß die Aufgabe der Wissenschaft das „absolute Wissen" sei; zur Erklärung dieses Begriffes müßte man die von Savigny hier erwähnten Vorlesungen Schellings „Über die Methode des akademischen Studiums" (1802/3) heranziehen. Doch könne das absolute Wissen nur von einem beschränkten Punkt aus erreicht werden, der in seiner eigentümlichen Beschränktheit anzuerkennen, aufzufassen, darzustellen sei. Mit den Begriffen der Eigentümlichkeit und Beschränktheit erfassen wir grundlegende Konzepte Savignys in seiner Einstellung zur Wissenschaft, zur Literatur und zum Leben schlechthin.

Doch nun zu einigen konkreten Belegen aus den „Lehrjahren". Savigny war kraft Abstammung und Vermögen zum Staatsmann, hohen Beamten oder zum philosophierenden und forschenden Gutsbesitzer bestimmt; man könnte an den Lebenslauf der Gebrüder Humboldt denken. Daß er dagegen den Beruf des akademischen Lehrers wählte, war auffällig, erweckte Widerstand und Anstoß in seinem Bekanntenkreis und bedurfte zugleich der Rechtfertigung vor sich selbst. Ich begnüge mich hier mit einem kurzen Zitat aus der langen Auseinandersetzung Wilhelm Meisters mit seinen Schauspieler-Freunden über den theaterbesessenen Baron; Savigny konnte es auf sich anwenden (III 9): „War es bisher in Deutschland ein Wunder, wenn ein Mann von Geburt sich den Wissenschaften widmete, wurden bisher nur wenige berühmte Namen durch ihre Neigung zu Kunst und Wissenschaft noch berühmter; stiegen dagegen manche aus der Dunkelheit hervor und traten wie

[48] *Stoll* I 52.

[49] *J. Rückert,* Idealismus, Jurisprudenz und Politik bei Friedrich Carl von Savigny, 1984, 442.

unbekannte Sterne an den Horizont, so wird das nicht immer so sein, und wenn ich mich nicht sehr irre, so ist die erste Klasse der Nation auf dem Wege, sich ihrer Vorteile auch zur Erringung des schönsten Kranzes der Musen in Zukunft zu bedienen. Es ist mir daher nichts unangenehmer, als wenn ich nicht allein den Bürger oft über den Edelmann, der die Musen zu schätzen weiß, spotten, sondern auch Personen vom Stande selbst mit unüberlegter Laune und niemals zu billigender Schadenfreude ihresgleichen von einem Wege abschrecken sehe, auf dem einen jeden Ehre und Zufriedenheit erwartet."

Dieser Text bedarf hier keines Kommentars. Vielleicht noch wichtiger ist ein Zitat aus dem 3. Kapitel des 5. Buches, das das Leitmotiv der notwendigen Beschränkung anschlägt. Es handelt sich um den berühmten Brief Wilhelms an seinen Freund und Schwager über das Verhältnis von Bürger und Edelmann. Daraus nur einige Sätze: (der Edelmann) „darf überall vorwärts dringen, anstatt daß dem Bürger nichts besser ansteht, als das reine, stille Gefühl der Grenzlinie, die ihm gezogen ist. Er darf nicht fragen: ‚Was bist Du', sondern nur: ‚Was hast Du?' welche Einsicht, welche Kenntnis, welche Fähigkeit, wieviel Vermögen?" Wenn der Edelmann durch die Darstellung seiner Person alles gibt, so gibt der Bürger durch seine Persönlichkeit nichts und soll nichts geben ... Jener soll tun und wirken, dieser soll leisten und schaffen; er soll einzelne Fähigkeiten ausbilden, um brauchbar zu werden, und es wird schon vorausgesetzt, daß in seinem Wesen keine Harmonie sei noch sein dürfe, weil er, um sich auf *eine* Weise brauchbar zu machen, alles übrige vernachlässigen muß."

Savigny war Edelmann von Herkunft und Vermögen, sah sich aber als Wissenschaftler und Literat in der Rolle eines Bürgers[50]. Gerade wegen dieser ambivalenten Stellung mußte ihm der Text Stoff zum Nachdenken geben, den wir hier nicht weiter ausbreiten wollen. Um es kurz zu fassen: Als Bürger hatte er das Bewußtsein der ihm gesetzten Grenzlinie, der Notwendigkeit, seine Fähigkeiten auszubilden, in einem beschränkten Wirkungskreis brauchbar zu werden; als Edelmann konnte er hoffen, die dem Bürger versagte Harmonie zu erreichen. Das Kontrastbild des „Bildungsbürgers" zeigt seine ersten Konturen[51].

Doch wollen wir von einzelnen Text-Zitaten jetzt zu dem schwierigeren Problem der Darstellung übergehen. Wenn Savigny davon spricht, daß sich das „höhere System der Moral" eher im Roman als in den

[50] Vgl. die Andeutung in einem Brief an Winkelmann vom 27.7.1803; *Schnack* (o. Fn. 41) Nr. 85 (176 f.).

[51] Die Idee des „Bildungsbürgers" ist in den hier nicht abgedruckten Teilen des Zitats angedeutet; zu diesem Konzept s. jetzt *U. Engelhardt*, Bildungsbürgertum. Begriffs- und Dogmengeschichte eines Etiketts, Stuttgart 1986.

üblichen Sittenlehren verwirkliche, ist das Verständnis dieser seiner Auffassung bedeutsam für sein Verständnis des Systembegriffes schlechthin.

In den Athenaeum-Fragmenten von 1798[52] sagt Friedrich Schlegel: „Die Lehren, welche ein Roman geben will, müssen solche seyn, die sich nur im Ganzen mittheilen, nicht im einzeln beweisen, und durch Zergliederung erschöpfen lassen." Diese Worte geben in knapper Form die Gründe wieder, warum der Roman als ein höheres System der Moral erscheinen kann.

Versuchen wir aus den wenig systematischen und eher ahndungsvollen Äußerungen Savignys[53] die Qualitäten des höheren Systems ein wenig zu konkretisieren; zur Abrundung wollen wir uns der von Savigny hochgelobten Wilhelm Meister-Rezension Friedrich Schlegels bedienen[54]. Die moralische Darstellung muß nach Savigny „lebendig objektiv" sein; insofern sei sie ein Kunstwerk. Die Romanfiguren sind als „vollendete Individuen" darzustellen, die jeweils in verschiedenen Situationen die moralischen Entscheidungen und Reflexionen zum Ausdruck bringen. Insoweit ist das Darstellungsobjekt des wahren moralischen Systems ein Enthüllen dessen, was jedem edlen Individuum eigentümlich ist. Weiterhin sollen die Romanfiguren Enthusiasmus ebenso zeigen wie erregen. Wie die Verwirklichung der Moralität durch das einzelne Individuum eine unendliche Aufgabe ist, so auch die Vermittlung der Moral durch den Roman. Um einen späteren Ausdruck Savignys aufzugreifen[55]: es geht um die Darstellung des „werdend Guten".

Wir können damit Äußerungen Friedrich Schlegels vergleichen. Er beginnt seine Rezension der „Lehrjahre" mit den Worten: „Ohne Anmaßung und ohne Geräusch, wie die Bildung eines strebenden Geistes sich still entfaltet, und wie die werdende Welt aus seinem Innern leise emporsteigt, beginnt die klare Geschichte." Die Personen sind wie „Symbole" (329); „nach der Art der Darstellung (gleichen sie) dem Portrait, ihrem Wesen nach sind sie mehr oder minder allgemein und allegorisch. Eben daher sind sie ein unerschöpflicher Stoff und die vortrefflichste Beyspielsammlung für sittliche und gesellschaftliche Untersuchungen" (349). Man solle über die Charaktere des Romans nicht moralisch räsonnieren, sondern Gespräche führen, „um schon dadurch die Form aller Einseitigkeit zu verbannen" (349). Und noch ein abschließendes Zitat zur systematischen Ordnung im Roman (die Fried-

[52] I 203.
[53] S. nur *Stoll* I 92 ff., 145 f., 152 f.
[54] Athenaeum I, 1798, 323 ff.
[55] 1839; *Kiefner*, Festschrift Coing I, 1982, 165 f.

rich Schlegel einmal [332] als „lebendige Stufenleiter jeder Naturgeschichte und Bildungslehre“ definiert): „Die gewöhnlichen Erwartungen von Einheit und Zusammenhang täuscht dieser Roman eben so oft als er sie erfüllt. Wer aber ächten systematischen Instinkt, Sinn für das Universum, jene Vorempfindung der ganzen Welt hat, ...fühlt gleichsam überall die Persönlichkeit und lebendige Individualität des Werks, und je tiefer er forscht, je mehr innere Beziehungen und Verwandtschaft, je mehr geistigen Zusammenhang entdeckt er in demselben“ (335f.). Nur beiläufig sei erwähnt, daß diese Worte wie eine Vorlage zu den berühmten Ausführungen Savignys in der Vorrede zum „System“ (I p. XXXVI s.) klingen.

Wenn wir nun versuchen, auf etwas abstrakterer Ebene die Vorzüge des Romans als eines höheren Systems der Moral zu kennzeichnen (und dabei stets die Beziehung zum juristischen System im Auge behalten), so können wir mit vier Konzepten operieren: Anschaulichkeit, Individualität, Dynamik, Vielschichtigkeit. Im philosophischen System der Moral, in der „Tugendlehre“, wird moralisches Verhalten gelehrt, im Roman wird es anschaulich erzählt. In der Tugendlehre werden abstrakte Regeln aufgestellt, aus deren Befolgung sich ein ebenso abstraktes tugendhaftes Individuum ergibt; im Roman werden individuelle „Formen edler Menschheit“ mit ihren verschiedenen Möglichkeiten, moralisch zu handeln, zum Leben erweckt. Die Tugendlehren zeigen ein statisches System der Tugenden; der Roman zeigt die Entwicklung des edlen Menschen in ihrer Genese und in ihrem unendlichen Progreß. Die Tugendlehre kann die unendliche Vielfalt von häufig nicht eindeutigen Situationen, in denen moralische Grundsätze – wenigstens auf einer bestimmten Ebene – miteinander kollidieren können, nicht einmal durch ein kompliziertes System von Regeln und Ausnahmen bewältigen; im Roman kann die Vielschichtigkeit nicht nur durch verschieden agierende und diskutierende Figuren zum Ausdruck gebracht, sondern auch durch immer neues Lesen in verschiedenen Situationen, durch eine Vielfalt von Interpretationen aktualisiert werden.

Savigny hat – aus welchen Gründen auch immer – das Konzept eines im Roman sich äußernden höheren Systems der Moral bald aufgegeben; das Problem der Darstellung und damit des „höheren Systems“ generell blieb bestehen – und damit die Aufgabe, die individuelle Vielfalt des Gegebenen in seiner Dynamik und Vielschichtigkeit überzeugend darzustellen. Da wir uns hier auf die Frage beschränken, die Voraussetzungen des juristischen Denkens Savignys aus seinen philosophischen und literarischen Grübeleien und Diskussionen zu erklären, wollen wir uns auf einige frühe Gedanken Savignys zur Darstellung der Philosophie konzentrieren, die gleichsam ein Zwischenglied zwischen Poesie und Jurisprudenz bilden.

Im Januar 1802 hatte Winkelmann, der philosophierende Mediziner und Freund Savignys, diesem einige Überlegungen zu seinem System der Philosophie vorgetragen[56]. Savigny wurde dadurch zu einer längeren Reflexion über die Darstellung der Philosophie angeregt[57]. Er benutzt dabei eine für ihn recht charakteristische paradoxe Redeweise. Je bedeutender ein Philosoph sei – Savigny nennt die Namen Reinhold und Fichte –, um so mehr werde er seine eigene Ansicht der Philosophie in den Vordergrund stellen, um so beschränkter werde die Ansicht der Philosophie als solcher sein. Demgegenüber sei es der wahrhafte Zweck eines philosophischen Vortrages, den philosophischen Sinn im Zuhörer zu erregen. Da es dafür irgendeines Stoffes bedarf, so muß der Stoff doch ein anderer sein, als der, den der Schüler selbst produzieren soll. Daher böte sich die Geschichte der Philosophie an – aber nicht um ihrer selbst willen, sondern um der Kritik willen. Aufgabe der Kritik sei es aber nicht nur, fixierte philosophische Meinungen zu zerstören; vielmehr müsse sie jeweils die mögliche Antithese vortragen. Und nun der entscheidende Satz: „Der einzige feste Punct, der uns hier leiten kann, ist die *Idee der unendlichen Progression,* die als Anschauung der Wissenschaft, nicht blos als Begriff von ihr, in dem Zuhörer entstehen muß – das lezte und das höchste was ihm der Lehrer geben kann."

Wir haben hier eines der ersten Zeugnisse für die Vorstellung Savignys von der Aufgabe des akademischen Lehrers, der – nun als Lehrer der Rechtswissenschaft – dem Schüler (Zitat aus der „Marburger Methodenlehre") „das System als etwas zu Erfindendes, nicht als etwas Bewiesenes" vortragen soll[58]. Auch hier zeigt sich nochmals, daß von diesem inzwischen erworbenen Standpunkt aus ein Naturrechtssystem im üblichen Sinne ausgeschlossen war. Wie sich die Moralphilosophie nach der Auffassung Savignys nicht als ein Regelwerk darstellen läßt, das allenfalls durch Beispiele zu erläutern wäre, so gilt Gleiches auch für das juristische System.

Man könnte einen Schritt weitergehen und fragen, wieweit Savigny die Parallele zwischen dem Vortrag der Philosophie und der Jurisprudenz gezogen hat; konkreter: ob er es als Aufgabe des juristischen Lehrers angesehen hätte, das juristische System dem Schüler nicht nur in seiner Genese zu zeigen, sondern den Schüler dazu zu bringen, seinerseits ein eigenes juristisches System zu entwickeln. Ein kürzlich von Mazzacane[59] veröffentlichter Text aus der Methodenlehre von 1809 läßt

[56] *Schnack* (o. Fn. 41) Nr. 24 (120 ff.).
[57] *Schnack* (o. Fn. 41) Nr. 26 (122 f.); Februar 1802.
[58] Methodenlehre (o. Fn. 6) 71; weiteres in Studia in honorem Elemér Pólay (Acta Juridica et Politica XXXIII/22), Szeged 1985, 329 ff.
[59] Quaderni Fiorentini 9, 1980, 232 ff.

erkennen, daß Savigny mit dieser Konsequenz zumindest spielte: „Beyspiel: wer über Eigenthum oder Intestaterberfolge Bücher lesen will, muß wenigstens die Aufgabe dieser Bücher und die Gesetze der Auflösung (wenngleich nicht die Auflösung selbst) kennen; er muß also wissen wie ein Buch hierfür geschrieben werden müßte, und die Bücher die er liest muß er blos als Beyträge und Fragmente eines Idealbuchs über den Gegenstand (das er sich gleichsam jezt selbst ausarbeitet) betrachten."

Doch wollen wir nach dieser Parenthese nochmals zum Vortrag der Philosophie zurückkehren. Da ich derzeit darauf fixiert bin, die weithin vergessene Rolle Jacobis hervorzuheben[60] – er war immerhin für Friedrich Schlegel neben Kant, Fichte und Schelling eines der „vier Systemhäupter" des „vollendeten Zyklus" der deutschen Philosophie –, darf ich einen (Savigny wahrscheinlich bekannten)[61] Text aus den Briefen „über die Lehre des Spinoza" (1789²) heranziehen[62]. Er ist für die Auffassungen Savignys nicht nur von der Geschichte der Philosophie, sondern generell von der Geschichtlichkeit dessen, was Droysen später die „sittlichen Mächte" nannte, eine wichtige Interpretationshilfe.

An den Beginn könnten wir die rhetorische Frage Jacobis stellen: „Kann lebendige Philosophie je etwas anderes als Geschichte seyn?" Wie für Savigny hat auch für Jacobi die Geschichte der Philosophie eine polemische Tendenz. Bei Savigny soll sie dem Adressaten dazu verhelfen, die ihm eigentümliche Philosophie zu entfalten; bei Jacobi soll sie ihn zwingen, den jeder konsequenten Philosophie anhängenden „Nihilismus" und „Atheismus" zu erkennen, und ihn anstoßen zum „Salto mortale" in den Glauben[63]. Ich lasse es offen, ob hier nicht nur ein scheinbarer Gegensatz zwischen Jacobi und Savigny besteht; hat doch auch Savigny in dieser Epoche endgültig den Sprung in den Glauben vollzogen.

Doch nun einige freie Jacobi-Zitate: Jedes Zeitalter hat seine eigene Wahrheit, seine eigene Philosophie. Die Handlungen der Menschen sind also nicht aus ihrer Philosophie abzuleiten, sondern ihre Philosophie aus ihren Handlungen. Die Geschichte eines Volkes entspringt nicht aus seiner Denkungsart, vielmehr entspringt seine Denkungsart aus seiner Geschichte oder Lebensweise. Diese wiederum ergeben sich

[60] S. zu diesem nur den Sammelband „Friedrich Heinrich Jacobi", Hg. Hammacher, 1971.

[61] *Stoll* I 146.

[62] Werke IV 1, 234 f.

[63] Zum Glauben ohne Begründung (vor allem zu Kierkegaard) s. *Mackie* (o. Fn. 2), 316 ff.

aus seinem Ursprunge, aus hervorgegangenen Anstalten (sc. Institutionen) und Gesetzen[64].

Wir wollen nicht den naheliegenden Versuch machen, die Theorie Savignys über die Entstehung des Rechts mit diesem Text zu vergleichen. Ebensowenig können wir an dieser Stelle weit verbreitete Meinungen über Savigny zu widerlegen versuchen, die von einer Gleichwertigkeit von historischem und systematischem Aspekt in seiner Denkweise ausgehen; vielmehr ist es der geschichtliche Aspekt, der den systematischen und historischen im engeren Sinne umgreift[65]. Gerade da wir auf die den Juristen bis heute angehenden Probleme des juristischen Systems bei Savigny nicht ausführlich eingegangen sind, wollen wir abschließend und zusammenfassend noch einmal zum Darstellungsproblem zurückkehren.

IV.

Savigny ist Realist im Sinne Jacobis (und Goethes). Das bedeutet prinzipiell aber nicht mehr als den Glauben an die Existenz des Wirklichen und zugleich den Glauben daran, daß das Dasein – um eine Formel Jacobis zu variieren[66] – sich dem treu forschenden und anschauenden Auge enthüllt. Wenn man mit einem der zentralen philosophischen Konzepte dieser Epoche, dem der Anschauung als Instrument der Erkenntnis, arbeitet, so ist diese Anschauung zugleich reproduktiv wie produktiv[67]. Sie vermag in glücklichen Augenblicken die Totalität eines Gegenstandes unmittelbar und einfach zu erfassen. Meist wird sie der Hilfe des Verstandes, des „langen und mühevollen Weges der Gedankenverbindung"[68] nicht entbehren können. Um einen weiteren Schlüsselbegriff nochmals aufzugreifen, so hat es die Anschauung nicht nur mit einer sich ständig wandelnden Wirklichkeit zu tun; sie selbst ist in einem „unendlichen Progreß" begriffen.

Es war Savigny bewußt, daß die Darstellung sowohl an dem produktiven als auch an dem reproduktiven Aspekt der Anschauung teilzuneh-

[64] Die Parallele zu einem berühmten Text von *K. Marx* (Zur Kritik der politischen Ökonomie, Vorwort [1859]) drängt sich auf: „Es ist nicht das Bewußtsein der Menschen, das ihr Sein, sondern umgekehrt ihr gesellschaftliches Sein, das ihr Bewußtsein bestimmt."

[65] Vgl. den berühmten Satz aus der Hugo-Rezension (1806; Vermischte Schriften V 2): „... die ganze Rechtswissenschaft (ist) selbst nichts Anderes als Rechtsgeschichte ..." Vgl. aus späterer Zeit nur die Gönner-Rezension (Zeitschrift für geschichtliche Rechtswissenschaft 1, 1815, 395 f.).

[66] Werke I 364; vgl. auch *Stoll* II 239 (a. 1817) u. ö.

[67] Zum Konzept der Anschauung bei Savigny vgl. nur Festschrift Coing I, 1982, 615 ff.

[68] *Savigny*, System des heutigen Römischen Rechts I, 840, 42 b.

men, daß sie gleichzeitig die Einheit und die Mannigfaltigkeit des jeweils Gegebenen wiederzugeben hat, daß sie versuchen muß, das „Dynamische" (auch das eine Vokabel Savignys[69]), wie es der Wirklichkeit zugrunde liegt, zu verkörpern. Angesichts der mystischen Neigungen Savignys kann man vielleicht seine Auffassung so formulieren, daß die Darstellung der unbestimmten Wirklichkeit zu einer bestimmten Existenz verhilft, daß Wirklichkeit, Erkenntnis und Darstellung letztlich eins sind.

Damit sind in erster Linie die Überlegungen Savignys zum „höheren System der Moral" umschrieben; sie führten ihn zeitweise dazu, den Ausweg im Roman zu suchen, in einer literarischen Form also, in der das narrative Element das logische der starren Analyse und Synthese verdrängt. Eine ähnliche Aufgabe stellt sich der Jurist Savigny. Ob und inwieweit der Gegenstand des Rechts und seine eigenen literarischen Fähigkeiten die Verwirklichung dieser Aufgabe zuließen, wäre im einzelnen zu untersuchen. Wir können uns hier mit der These begnügen, daß ihm dies besser gelungen ist als je einem anderen zuvor und danach, daß seine „ästhetische Gelehrtheit" (um das bekannte Wort Bettina Brentanos zu gebrauchen[70]) in der Geschichte der Rechtswissenschaft einmalig ist.

Da es sich hier um ein ästhetisches Problem handelt, läßt sich die Einmaligkeit schwer analysieren. Wenn ein Maler neue Sehweisen und damit neue Wirklichkeiten schafft, so wird der Versuch einer Analyse letztlich in der Aufforderung enden: Schau und vergleich! Ähnliches gilt für Savigny. Man braucht die vielen historischen und dogmatischen Erkenntnisse, die er in die Rechtswissenschaft einführte (und deren Erfindung und Nutzen man auch immer wieder bestreiten kann und auch bestritt) nicht zu vernachlässigen. Seine wesentliche Leistung – durch die er sich auch von seinen großen Zeitgenossen Hugo und Feuerbach abhebt – ist eine neue Weise der Darstellung und damit eine neue Sehweise. Für diese Behauptung mögen hier indirekte Beweise genügen: so die Klagen darüber, daß die Beschäftigung mit Savigny kein Ende nehme, daß man in der Forschung sich allzusehr auf seine „Anschauungen", allzuwenig auf seine Tätigkeit als Dogmatiker und Praktiker konzentriere, schließlich auch in der Beobachtung, daß die Kritik an Savigny leicht die Färbung der Beckmesserei annimmt. Um es in eine vereinfachende Formel zu kleiden: der Historiker und Jurist Savigny ist der Kritik ausgesetzt, wie sie der wissenschaftliche Betrieb mit sich bringt. Eine spezifische Sehweise dargegen kann man nur

[69] *Rückert* aaO (o. Fn. 49).
[70] *Stoll* I 421.

akzeptieren oder ablehnen. Es bleibt die Frage, ob unsere Wissenschaft diese Sehweise genügend genutzt hat, ob nicht die „unästhetischen“ Dezennien der zweiten Hälfte des 19. Jahrhunderts (deren Wegbereiter Savigny unter anderen uns hier nicht interessierenden Aspekten ebenfalls war) ihre Rezeption zu unserem Schaden verhinderten.

Berlin und seine Juristen um die Jahrhundertwende

FRIEDRICH EBEL

I.

Berlin und seine Juristen um die Jahrhundertwende – ein Thema, das eigentlich zu weit ist für eine Vortragsstunde. Ich sehe drei Kreise, in sich erweiternden Bezügen, die – im Ansatz nicht nur für den Bereich des Rechts – berlintypisch sind. Es ist die Verbindung von dem, was es auch anderwärts gibt (wenn auch nicht so dimensioniert), mit dem, was die Weltstadt ausmachte. Berlin ist ja zunächst eine, allerdings zu dieser Zeit ziemlich große Stadt, verwurzelt in ihrer märkischen Umgebung. Dann ist Berlin bekanntlich Hauptstadt Preußens, darüber Kapitale des Deutschen Reichs, und schließlich Weltstadt. Der Berlin-preußische Aspekt mag sich darstellen im Wirken der hier in den Berliner Gerichten arbeitenden Juristen, ihren Aufgaben, ihrem Umfeld. Der Blick erweitert sich, sieht man die neu entstandenen Reichsbehörden, die Recht setzen, Juristen aus anderen Teilen Deutschlands anziehen, die den Weg von Preußen zum Reich weisen. Und schließlich arbeitet hier in Berlin eine Juristische Fakultät, die ebensowenig wie ihr Gesamtrahmen, die Berliner Universität, als isoliert zu denkende Einheit zu fassen ist, wie das Rudolf Smend treffend formuliert hat[1]. Ermöglicht wurde das durch die große Lebensleistung Friedrich Althoffs, der sie in dem Vierteljahrhundert von 1882 bis 1907 betreut hatte. Hier bietet sich auch über den deutschen ein europäischer, ja selbst für die Rechtswissenschaft weltweiter Zusammenhang dar.

II.

1. Sehen wir uns den Berlin-preußischen Teil der Berliner Justizwelt um die Jahrhundertwende an. Die Einführung der Reichsjustizgesetze brachte im Bereich der ordentlichen Gerichtsbarkeit Rechtsvereinheit-

[1] *Rudolf Smend,* Die Berliner Friedrich-Wilhelms-Universität. Göttinger Universitätsreden 31 (Göttingen 1961), S. 18.

lichung für ganz Deutschland. Die sachliche Zuständigkeit der Gerichte unterschied sich nicht von der anderwärts, doch bedingte die Größe der Metropole vielfältige Aufteilung. Das Amtsgericht I und das Landgericht I deckten mit ihrem Bezirk den damaligen Stadtkreis Berlin ab, den Bezirk des Amtsgerichts II bildete die nächste Umgebung aus den Kreisen Niederbarnim und Teltow, soweit sie nicht den Amtsgerichten Charlottenburg und Rixdorf zugewiesen war. Diese drei Amtsgerichtsbezirke gehörten zum Bezirk des Landgerichts II in Berlin, wobei die Eigentümlichkeit gegeben war, daß die Geschäftsräume von Amtsgericht II und Landgericht II sich in fremdem Gerichtsbezirk befanden, weil sie auf Berliner Boden lagen[2]. Das Landgericht Berlin II war insgesamt zuständig für sechzehn Amtsgerichte der Mittelmark. Betrug die Zahl der Gerichtseingesessenen 1883 im Landgerichtsbezirk Berlin I 1,12 Millionen, so wuchs sie 1899 auf 1,67 Millionen, um diesen Stand auch zu Beginn des Ersten Weltkriegs nicht wesentlich zu verändern. Dafür wuchs Berlin bekanntlich in die Breite. Das Landgericht Berlin II war 1883 noch zuständig für 353 000 Gerichtseingesessene, was sich 1899 praktisch verdoppelt hat, um im Jahre 1913 auf 1,08 Millionen anzuwachsen. Entsprechend war die Entwicklung der Richterstellen. Landgericht Berlin I 1883: 1 Präsident, 18 Direktoren, 71 Richter, ein Erster Staatsanwalt und 14 Staatsanwälte, um die Jahrhundertwende waren es dann neben dem einen Präsidenten 34 Direktoren und 116 Richter geworden, die Zahl der Staatsanwälte wuchs auf 29. Trotz der praktisch stagnierenden Anzahl der Gerichtseingesessenen betrug im Jahre 1913 die Zahl der Direktoren im Landgericht Berlin I 51, die Zahl der Richter 151, die der Staatsanwälte 43. Parallel hierzu ist die Entwicklung in den Amtsgerichten erfolgt, was ich Ihnen aber im Detail vorzurechnen erspare[3].

Die stürmische Industrialisierung spiegelt sich vor allem in der Zunahme der Einrichtung von Kammern für Handelssachen wieder. 1883 sind es beim Landgericht Berlin I 7, das Landgericht Berlin II hat keine aufzuweisen. Um die Jahrhundertwende gibt es beim Landgericht Berlin I bereits 14 Kammern für Handelssachen, 1913 17 und nunmehr weist auch das Landgericht II 5 Kammern für Handelssachen auf.

Doch erlauben Sie mir, natürlich auch auf das Kammergericht hinzuweisen. In den hierauf bezüglichen Zahlen spiegelt sich ebenso die explosionsartige Entwicklung der Weltstadt wider. Zuständig für die preußische Provinz Brandenburg, nach Herausnahme des Stadtkreises

[2] Aus dem Berliner Rechtsleben. Festgabe zum XXVI. Deutschen Juristentag, überreicht vom Ortsausschusse. Berlin 1902, und Deutsche Justiz-Statistik, bearbeitet im Reichs-Justizamt I, Berlin 1883; IX, Berlin 1899; XVI, Berlin 1913.

[3] Vgl. Abb. 1a und b.

Berlin auch für diesen, hatte es im Jahre 1883 3,38 Millionen Gerichtseingesessene; die Zahl stieg um die Jahrhundertwende auf 4,5 Millionen, erreichte vor Kriegsbeginn die Zahl von 6,16 Millionen; Berlin stellte damit den größten Oberlandesgerichtsbezirk des Reiches dar, gefolgt von Breslau mit einer Million weniger; das Schlußlicht bildete Oldenburg.

Das Kammergericht besteht um die Jahrhundertwende aus einem Präsidenten, 13 Senatspräsidenten, 70 Räten, einem Oberstaatsanwalt und vier Staatsanwälten. Außer den Geschäften, die ihm in seiner Eigenschaft als Oberlandesgericht für die Provinz Brandenburg und den Stadtkreis Berlin erwachsen, sind ihm eine Reihe besonderer Zuständigkeiten für die ganze preußische Monarchie übertragen, vor allem im Bereich des Strafprozesses und der freiwilligen Gerichtsbarkeit.

Mit dem Kammergericht verbunden ist der Geheime Justizrat, bei dem die Mitglieder der preußischen Königsfamilie und der Fürstlichen Familie Hohenzollern ihren persönlichen Gerichtsstand haben, außerdem ist beim Kammergericht der große Disziplinarsenat gebildet, und sechs Mitglieder des Kammergerichts sowie vier Mitglieder des Disziplinarhofs bilden den Gerichtshof zur Entscheidung der Kompetenzkonflikte.

2. Wo arbeiteten nun diese Juristen? Ich meine das wörtlich.

Stellen wir die Berliner Gerichtsgebäude vor, wie sie sich um die Jahrhundertwende präsentierten! Das Thema war schon damals von Belang. In der 315. Sitzung der Juristischen Gesellschaft zu Berlin am 11. Dezember 1897, im Grand-Hotel de Rôme, hielt der Wirkliche Geheime Oberjustizrat Dr. Starke einen Vortrag über „Neue Gerichtsgebäude in Berlin“[4]. Zu Recht hebt er auf die gewaltigen Veränderungen ab, die die Stadt in den letzten hundert Jahren erfahren hat. Zu Zeiten Suarez' und Carmers hatte die Stadt etwa 140000 Einwohner, dem Stadtgericht genügte ein kleines Gebäude an der Königsstraße, das Kammergericht in der Lindenstraße war noch ein unbedeutender Bau, am Molkenmarkt waren Polizei, Kriminalgericht und Gefängnis vereinigt, am Hausvogteiplatz befand sich das Inquisitoriat. Später wurde das Landgericht für die Umgebung von Berlin, das nachmalige Landgericht Berlin II in der Charlottenstraße, Ecke Zimmerstraße untergebracht. Der erste große Neubau galt dann dem Kriminalgerichtsgebäude in Moabit, das zwischen 1874 und 1881 erbaut wurde. Weniger die bloße Bevölkerungsentwicklung, als das große Werk der Reichsjustizgesetzgebung war es dann, das überall in Deutschland schlagartig neue Gerichtsgebäude hervorbrachte, die neben den Bahnhöfen nicht zum wenigsten architektonisches Wahrzeichen jener Epoche wurden: Bahnhofsgotik

[4] 39. Jahresbericht, S. 46–48.

und Gerichtsklassizismus, heute wohl mit dem Präfix „Neo-" zu versehen. Eindeutig faßbare Funktionalität, etwa große Aufgänge zu zentralen Schwurgerichtssälen, findet sich allenthalben und ist bewußtes Ergebnis der Justizreformen des 19. Jahrhunderts. Der Vortragende seinerzeit wies treffend auf den erhöhten Raumbedarf durch den jetzt reichseinheitlich eingeführten Anwaltszwang in den meisten Zivilsachen hin. In Berlin war nun diese Entwicklung in allem größer, deutlicher und ist teilweise heute noch sichtbar. Im Zentrum der Stadt wurde zwischen damaliger Neuer Friedrichstraße und der heute noch so heißenden Grunerstraße ein Gebäude für das Landgericht I und Amtsgericht I errichtet, das in der Ausdehnung nur vom Stadtschloß übertroffen wurde, doch seine Frontlängen waren erheblich länger, nämlich an der einen Seite 231 Meter. Zwölf Höfe teilten das Haus so, daß nirgends dunkle Stellen verblieben. Ganz bewußt wurde „bei möglichster Einfachheit doch eine monumentale Wirkung erstrebt"[5].

Das Gerichtsgebäude in der Lindenstraße 14, seit 1879 nur noch für das Kammergericht vorgesehen, war schon den Autoren jener Zeit durch die wertvollen alten Gemälde, die die Sitzungssäle schmückten, der Erwähnung wichtig. Selbst im Sitzungssaal V linker Hand, für die Erste Juristische Prüfung bestimmt, beeindruckten mehrere Gemälde preußischer Herrscher die Kandidaten. Das Land- und Amtsgericht II, nicht ganz so „prachtvoll" wie der Justizpalast in der Grunerstraße, wurde in den Jahren 1881–85 neu errichtet. Hier nicht weiter vorzustellen ist das Kriminalgericht in Moabit; sein Untersuchungsgefängnis, Strafabteilungen an der Stadtbahn und Stadtvogteigefängnis, Frauengefängnis in der Barnimstraße und die Vorortsgerichte Plötzensee und Tegel haben in den verschiedensten Beziehungen Rechtsgeschichte gemacht, auch Unrechtshistorie. Im Jahre 1901 wurde für das Landgericht III am Tegeler Weg der Ihnen allen heute noch bekannte Neubau in Angriff genommen, bewußt so, daß der freie Ausblick auf den Charlottenburger Schloßpark für alle Zeiten gewahrt bleibe. Schöneberg, Wedding, Lichterfelde, Lichtenberg, Pankow und Neu-Weißensee wurden um die Jahrhundertwende projektiert oder begonnen; gleichmäßig wurden die Geschäftsgebäude als Putzbauten mit Sandsteinverwendung, die Gefängnisgebäude als Backsteinbauten aufgeführt. Die Gefängnisse erhielten in der inneren Einrichtung durchweg das sogenannte panoptische System mit überwiegend Einzelzellen, wie es den Vollzugsvorstellungen der Zeit entsprach.

3. Betrachtet man nun die verhandelten und entschiedenen Sachen selber, so kann beim gegenwärtigen Stand der Forschung und angesichts

[5] *Starke* (Fn. 3), S. 48.

des Rahmens dieses Vortrags nicht mit dem Scheinwerfer das Dunkel der Registraturen erleuchtet werden, mir steht nur der schmale Schein einer Taschenlampe zur Verfügung. Immerhin – trotz anderslautenden Eindrücken gab es in Berlin die wenigsten Verschwender. Die sieben im Jahre 1881 beendeten amtsgerichtlichen Entmündigungssachen, in denen Entmündigungsbeschlüsse wegen Verschwendung ergangen sind, stellen ein Verhältnis von 1 : 484 000 Einwohnern dar; in Kassel sind es absolut 60, relativ steht es 1 : 13 000[6]. Groß sind die Hessen auch im Bereich der Geisteskrankheit, hier führen sie die Statistik mit 1 : 6000 an, während Berlin mit 1 : 14 000 so etwa im Mittelfeld liegt. Relativ am wenigsten entmündigungsfreudig wegen Geisteskrankheiten ist man im Bereich des OLG Posen[7]. Ich vermerke allerdings, daß bei Beratung des BGB die Polen und die Bayern es waren, die Widerstand gegen den Entmündigungsgrund Trunksucht anmeldeten – in bezug auf den Text des Gesetzes erfolglos. Die Verhältnisse bleiben vor Inkrafttreten des BGB entsprechend, nur wechselt der Spitzenreiter von Kassel nach Celle. Auch 1913 bleibt die Zahl der Verschwender in Berlin gering, hier holen dann die Sachsen auf.

Andere Zahlen belegen eindringlich andere Signaturen der Zeit und stellen die juristischen Praktiker Berlins drastischer als anderwärts vor die Probleme der Massengesellschaft. Das sehen wir deutlich an den Statistiken über Ehesachen, insbesondere Ehescheidungen. Daß die absolute Zahl Reichsspitze ist, ist natürlich nicht verwunderlich, aber auch relativ liegt der OLG-Bezirk Berlin mit 73 Scheidungssachen pro 100 000 Einwohner vorn, übertrumpft nur von Hamburg – Dresden schon weit hinter sich lassend[8]. In beiden Fällen ist es wohl die Kombination von industrieller Massengesellschaft und evangelischer Konfession; Näheres über die sozialen Hintergründe könnte nur eine statistische Untersuchung der Prozeßakten ergeben. – Schließlich noch ein Blick nach Moabit. Bei der Gesamtzahl der in erster Instanz anhängig gewordenen Strafsachen führt Berlin die Reichsstatistik 1891 mit 313 auf je 10 000 strafmündige Einwohner klar an, doch ergibt sich in der Folgezeit eine kontinuierliche Abnahme über 257 um die Jahrhundertwende bis 236 im Jahre 1910. Gliedert man freilich in Übertretungen, Vergehen und Verbrechen, dann verschieben sich die Dinge. Die Kleinkriminalität (Übertretungen) ist in Berlin die Spitzenreiterin; bei Vergehen ist eine Mittelposition erreicht, ähnlich ist es bei Verbrechen, wobei keinesfalls die großstädtisch orientierten Bezirke allein die Führung übernehmen[9].

[6] Vgl. Abb. 2.
[7] Vgl. Abb. 3.
[8] Deutsche Justiz-Statistik XVI, S. 142 f.; vgl. Abb. 4.
[9] Vgl. Abb. 5–7.

4. Aber nicht nur die ordentliche Gerichtsbarkeit residiert in Berlin und bildet hier das Zentrum des Rechtslebens Preußens. 1893 tritt das Gewerbegericht aufgrund des einschlägigen Reichsgesetzes in Tätigkeit, wobei die in Berlin vorhandenen etwa 220 Arten gewerblicher Berufe in acht Gruppen eingeteilt sind, denen ebenso viele Kammern des Gewerbegerichts entsprechen. Häufig wird es als Einigungsamt in Streikfällen angerufen, zum ersten Mal 1895, und hat durch zahlreiche schnelle Vergleichsvermittlung einen beachtlichen Erfolg aufzuweisen, vielfach auch vorbeugend. Gerade die Zeit um die Jahrhundertwende brachte ja die ersten Großstreiks in der deutschen Geschichte. Außerdem war es zuständig zur Abgabe von Gutachten und Stellung von Anträgen in gewerblichen Fragen.

Daneben gibt es auch Innungsschiedsgerichte, vor allem das der vereinigten Innungen, das der Bäckerinnung und der Buchdruckereibesitzer.

Gerade für den Bismarckstaat ist auch die Militärgerichtsbarkeit nicht ohne Bedeutung, bildet doch der studierte Reserveoffizier nicht nur das Heiratsideal der mittleren Beamtentöchter, sondern stellt tatsächlich auch unter modernen Forschungsfragestellungen eine zentrale Erscheinung der Zeit dar. Die mentale Militarisierung des Bürgertums wird ja hier evident. In erster Instanz ist zuständig der Kommandant, in zweiter der Gouverneur von Berlin; vor allem aber ist Berlin Sitz des Reichsmilitärgerichts, zur fraglichen Zeit residierend in der Markgrafenstraße Nr. 65.

Auch sonst modernisiert sich das Gerichtswesen. Es gibt eine Reihe von Verwaltungsgerichten in Berlin, so das Reichsversicherungsamt für den Bereich der heute so genannten Sozialversicherung. Seine Rechtsprechung erfolgt in 20 Spruchkollegien, die die Bezeichnung Senate führen. Auch das Bundesamt für das Heimatwesen ist höchster Verwaltungsgerichtshof, zuständig für Entscheidungen von Streitsachen unter Armenverbänden verschiedener Bundesstaaten. Beim Kaiserlichen Patentamt bestehen um die Jahrhundertwende zehn Anmelde-, zwei Beschwerde- und eine Nichtigkeitsabteilung. Das Kaiserliche Aufsichtsamt für Privatversicherung ist ebenfalls insoweit ein Verwaltungsgericht, als die Entscheidung in bestimmten Fällen von Spruchkollegien aufgrund mündlicher Beratung stattfindet. Gegen solche Entscheidungen ist der Rekurs gegeben. Reichsrechtlich sind schließlich noch das Ober-Seeamt, die Reichsrayon-Kommission und das Reichseisenbahnamt Verwaltungsgerichtshöfe.

Zu diesem Zeitpunkt der Rechtsentwicklung dürfte aber das preußische Oberverwaltungsgericht das bekannteste der in Berlin residierenden Verwaltungsgerichte sein. 1875 errichtet, zunächst auf die östlichen Provinzen und die Hohenzollernschen Lande beschränkt, umfaßt seine

Kompetenz um die Jahrhundertwende das ganze Gebiet des preußischen Staates. Während es bei seiner Gründung mit einem Präsidenten und sechs Räten besetzt war, von denen nur der Präsident und ein Rat hauptamtlich tätig waren, während die übrigen Räte (vier vortragende Räte der Ministerien sowie der Professor Rudolf von Gneist) nebenamtlich berufen waren, zählt das Gericht 1900 sieben Senate mit fünfzig Mitgliedern, die sämtlich im Vollamt ernannt sind. Die eine Hälfte der Mitglieder muß zum Richteramt, die andere zum höheren Verwaltungsamt befähigt sein. Und schon damals war einer der Räte vorher Universitätsprofessor der Rechts- und Staatswissenschaften. Stadt-, Kreisausschüsse, Oberlandeskulturgericht und der Kompetenzkonfliktsgerichtshof mögen diesen Komplex abschließen, dazu seien die Disziplinargerichte und Ehrengerichte der Rechts- und Patentanwälte, der Ärzte und das Börsenehrengericht erwähnt.

5. Unvollständig wäre unser Überblick über die praktischen Juristen in Berlin, kämen nicht auch die Rechtsanwälte zur Erwähnung. Aufschlußreich auch hier wieder die Statistik. 1895 gab es im Amtsgerichtsbezirk Berlin 1,67 Millionen Einwohner. Die Zahl der Rechtsanwälte stieg von 141 im Jahre 1880 über 276 1885 auf 489 im Jahre 1891 bis auf 768 1899. Solche Steigerungsraten haben andere Städte nicht entfernt aufzuweisen. Freilich ist zu beachten, daß der Ausgangspunkt in Hamburg, München, Leipzig und Dresden schon erheblich höher war.

Das Verhältnis von Richtern zu Anwälten: 1885 kommen in Berlin auf je 100 Richter 75 Anwälte, 1891 gibt es schon mehr Rechtsanwälte als Richter, nämlich 100:111, 1899 dann 100:130. Auch hier weist nur Hamburg eine höhere Dichte auf. Der Alte Fritz hatte noch die „schädliche raçe der Advocaten“ beschimpft und abgeschafft. Immerhin hatte er sie am Leben gelassen, ihnen neue Funktionen und einen neuen Namen gegeben, den des Justizkommissarius. Die Parteien gingen nach wie vor zu ihnen. Von Rechts wegen, bevor es zum Prozeß kam, contra legem während des Prozesses, wie es Hermann Isay 1902 treffend formuliert[10]. Schon 1783 wurde ja den Justizkommissarien die prozessuale Tätigkeit wieder eingeräumt, die Assistenzräte verschwinden. Die Zeit des Justizkommissariats, das seinen Namen im Jahre 1849 mit dem der Rechtsanwaltschaft vertauscht hat, brachte hervor, was den früheren Advokaten gefehlt hatte: ein festes Standesgefühl und eine Standesehre. Gneist führte die öffentliche Meinung zum Ruf nach der freien Advokatur, die Reichsjustizreform hat diese Forderung erfüllt. Am 1.10.1879 trat die

[10] *Hermann Isay,* Die Anwaltschaft in Berlin, in: Aus dem Berliner Rechtsleben (Anm. 2), S. 109.

erste einheitliche Rechtsanwaltsordnung für das Reich in Kraft und organisierte zugleich die berufliche Selbstverwaltung der deutschen Rechtsanwaltschaft so, wie sie bis heute fortbesteht. Vor allem auch die Kammerverfassung rührt aus dieser Zeit[11].

Die Rechtskultur einer Zeit erschöpft sich, wie gesagt, nicht in der Rechtswissenschaft, auch nicht in der Rechtsprechung der Gerichte, sondern mindestens ebenso wird sie sichtbar in anwaltlicher Beratung. Dies ist für die Millionenstadt Berlin mit ihren vielfältigen Problemen von besonderer Bedeutung gewesen. Freilich ist sie historisch schwieriger zu fassen. Ein Ansatzpunkt immerhin ist greifbar und wird zur Zeit in einer Dissertation eines meiner Schüler aufgearbeitet. Es ist dies die Juristische Gesellschaft zu Berlin, die eine stete Verbindung zwischen Wissenschaft und Praxis hergestellt hat und noch herstellt. Natürlich gibt es juristische Vorträge in Berlin auch an anderer Stelle; ich erwähne den berühmten Vortrag des Staatsministers v. Hentig vor dem Berliner Anwaltsverein im Jahre 1915, also kurz nach der hier behandelten Periode, in der er feststellen konnte, daß bei einem Teil der Bevölkerung der Krieg in Erinnerung bleiben werde als „die schöne Zeit, in der man keine Miete zu zahlen brauchte"[12]. Gerade die Jahre um die Jahrhundertwende zeigen die Probleme hervorragend deutlich. Modernität und Aufgeschlossenheit vor allem auch der Mitglieder des Anwaltsstandes finden sich bei den zahlreichen Vorträgen. Bei den Vorarbeiten zu den großen Kodifikationen wurde das hier versammelte Fachwissen vor allem internationaler Zusammenhänge fruchtbar gemacht, wie eine Durchsicht der Vortragsthemen ohne weiteres ergibt. Zwei Beispiele aus einer Fülle solcher Vorträge seien herausgegriffen. Im Jahre 1899 referierte Syndikus Dr. Karl Hilse über die „unabwendbare Nothwendigkeit zur Ausdehnung der Haftpflicht auf die Automobilen". Er schickt dieser aktuell gewordenen Frage ein übersichtliches Bild der Verkehrsverhältnisse zu Beginn und am Ende des 19. Jahrhunderts voraus. An heutige Bewohner gewisser Alpenrepubliken erinnert es, wenn darauf hingewiesen wird, daß die Zurückhaltung beim Straßenbau schon daraus resultiere, daß man Einbußen an den landesherrlichen Gefällen aus den Zehrungssteuern befürchtete, wenn durch Verbesserung der Wege Reisende und Fuhrwerker schneller die einzelnen Landesgebiete verlassen könnten und so zu einem geringeren Zehrungsaufwand gebracht würden[13]. Hilse prophezeit treffend, daß man es in den Automobilen mit

[11] Vgl. hierzu: Hundert Jahre Rechtsanwaltskammern, Schriften der Bundesrechtsanwaltskammer 2 (München 1981).

[12] Juristische Wochenschrift 1915, S. 208; vgl. *Heinrich Dörner*, Erster Weltkrieg und Privatrecht, in: Rechtstheorie 17 (1986), S. 390.

[13] 331. Sitzung der Juristischen Gesellschaft zu Berlin, 41. Jahresbericht, S. 61.

dem hauptsächlichsten Beförderungsmittel der nächsten Zukunft zu tun haben werde. Während 1899 immerhin schon 50 000 Fahrräder in Berlin gezählt wurden, gibt es ähnliche Zahlen für die „Selbstbeweger" noch nicht. Immerhin stellt der Verfasser fest: „Auf bestehenden Fahrstraßen Automobile laufen zu lassen, ist keine unerlaubte Handlung und kein Mißbrauch öffentlicher Wege...", ja, sogar: „Zum Beginn und zur Ausführung dieses Vorhabens bedarf man weder einer Genehmigung durch die Staatsgewalt noch einer Erlaubniss des Wegeherrn." Sorgfältig wird begründet, daß eine Haftung erforderlich sei, weil die Lage der Verunglückten dies erfordere. Strafrechtsschutz und Haftpflicht seien notwendig, die sich zueinander wie Leistung zu Gegenleistung verhielten. Der Anregung des Vortragenden, die Frage der Haftungsausdehnung auf Autos beim nächsten Deutschen Juristentag einzubringen, wurde noch nicht stattgegeben, weil die Dinge noch nicht reif genug seien. Wenig später mußte sich der von der Juristischen Gesellschaft zu Berlin gegründete Deutsche Juristentag mit den Fragen beschäftigen, die sich daraus ergaben, daß die „Selbstbeweger" Unfälle produzierten, dabei Staub aufwirbelten und sich dann unerkannt aus demselben machten[14]. In der folgenden Diskussion wurde der noch heute aktuelle Gedanke ausgeführt, daß das Prinzip des BGB einer Schadensersatzverpflichtung nur bei Verschulden unrichtig sei[15].

Ein anderer, um die Jahrhundertwende heiß diskutierter Punkt ist das Urheberrecht. Auch hier ergreift ein Rechtsanwalt das Wort, Dr. Richard Alexander-Katz[16]. In seinem Vortrag „Die Einwirkung neuer Erfindungen auf die Rechtsentwicklung" zeichnet er zunächst ein Traumbild, das – trotz Katalysator – bis heute noch nicht Wirklichkeit geworden ist: einen leichten transportablen elektrischen Akkumulator, der den Sieg des elektrischen Kraftwagen über das in seiner Konstruktion so diffizile Benzinautomobil, „welches in keinem guten Geruche steht", entscheiden sollte. Die internationalen Übereinkünfte über Urheberrecht, die zur Berner Konvention von 1886 geführt haben, werden analysiert, moderne Verfahren der Fotografie und vor allem der Tonvervielfältigung durch die seinerzeit modernen Mittel von Scheiben, Platten, auswechselbaren Walzen und durchlochten Notenbändern werden abgehandelt.

[14] Vgl. Verhandlungen des 26. Deutschen Juristentages, I (1902), S. 39; III (1903), S. 183.

[15] Um 1900 gab es in Deutschland etwa 2000 Automobile, davon 1900 in Privatbesitz, aaO (Fn. 9), S. 76.

[16] 394. Sitzung der Juristischen Gesellschaft zu Berlin vom 10. 11. 1906, 48. Jahresbericht, S. 41.

6. Eingangs habe ich viele Zahlen gebracht. Doch Prozesse sind nicht nur Gegenstand seelenloser Statistik. Greifen wir einen heraus, einen, der Geschichte gemacht hat, nicht bloß Justizgeschichte, sondern auch die Politik verändert. Harden gegen Eulenburg – dies ist ein Thema, das exemplarisch zeigt, wie politische Ziele durch persönliche Diffamierung, durch Starten einer pejorisierenden Kampagne, ausgenützt von skrupelloser Presse, zum Erfolg führen kann. Der Drahtzieher war die graue Eminenz der Zeit, dem das Postamt SW 47 in seine Wohnung in der Großbeerenstraße 40 Post mit der Aufschrift lieferte: „Seiner Exzellenz, dem Herrn Wirklichen Geheimen Rat Baron Fritz von Holstein." Instrument war ein Journalist, Maximilian Harden, eigentlich Felix Ernst Witschkowsky, zunächst Schauspieler, dann Schriftsteller in Berlin, wo er 1892 bis 1923 die politische Wochenschrift „Die Zukunft" herausgab. Eine Artikelserie in seiner Zeitschrift richtete sich gegen Graf Philip Eulenburg, den Stadtkommandanten von Berlin Graf Kuno Moltke und die ganze „Liebenberger Tafelrunde", der vorgeworfen wurde, durch ihre Verbindung zum Kaiser Wilhelms persönliches Regiment zu fördern. Kritikpunkte waren Spiritismus, Gesundbeterei und Homosexualität. Moltke forderte Harden zum Duell, doch dieser lehnte ab. Damit blieb jenem nur der Weg der Beleidigungsklage offen, was Harden ermöglichte, sein Material in einem Sensationsprozeß auszubreiten[17]. Der Moltke-Harden-Prozeß endete nach rechtswidriger Verhandlungsführung mit dem Freispruch des Beklagten Harden. Nach eingelegter Berufung durch den Kläger erhob die Staatsanwaltschaft öffentliche Anklage gegen Harden, worauf dieser wegen Verleumdung zu vier Monaten Gefängnis verurteilt wurde. Das hundert Seiten starke, von Harden veröffentlichte Protokoll einer mündlichen Verhandlung ist nicht uninteressantes Beispiel der damaligen Verhandlungsführung; man muß es allerdings zu lesen wissen[18]. Parallel zu diesem Berliner Prozeß eröffnete Harden einen Nebenkriegsschauplatz in München, wo er einen Münchener Redakteur veranlaßte, eine grobe Beleidigung in der Eulenburgsache gegen ihn auszusprechen. Mit diesem gedungenen Beleidiger gelang es Harden, zwei oberbayerische Zeugen vorzuführen, die Aussagen über angebliche sittliche Verfehlungen Eulenburgs machten, die mehr als 20 Jahre zurückliegen sollten. Harden konnte es erreichen, daß Graf Eulenburg in den Augen der Öffentlichkeit als Meineidiger überführt erschien. Ein gegen diesen in Berlin eröffneten Meineidsprozeß mußte das Gericht wegen dauernder Verhandlungsunfähigkeit des

[17] Vgl. dazu *Ernst Rudolf Huber*, Deutsche Verfassungsgeschichte seit 1789, IV (Stuttgart usw. 1969), S. 298 ff.

[18] *Maximilian Harden*, Prozesse, Köpfe, III. Teil (Berlin 1913), S. 409 ff.

Angeklagten beenden. Im eigentlichen Berliner Prozeß verurteilte die Strafkammer Harden dann nur noch wegen übler Nachrede zu 600,– RM Geldstrafe. Die eingelegte Revision nahm er zurück, nachdem der Reeder Albert Ballin einen Vergleich vermittelt, Moltke ihm Lauterkeit und Patriotismus bescheinigt und der Reichskanzler Fürst Bülow ihm eine Zahlung von 40 000,– RM aus der Reichskasse zur Deckung angeblicher Unkosten geleistet hatte. Eine Reihe weiterer Offiziere, darunter auch Angehörige des Kaiserhauses, wurden im Anschluß an den Prozeß entlassen, wegen Verstoßes gegen § 175 des Reichsstrafgesetzbuchs verurteilt und verloren teilweise auch militärischen Rang und das Recht zum Tragen der Uniform. Treffend konnte Bülow im Reichstag äußern, daß man weniger die Tyrannei von oben als die Tyrannei von unten als drückendste und schlimmste aller Tyranneien zu fürchten habe.

Diese mit Hilfe der Justiz durchgeführte Kampagne, mit der Holstein sein Ziel der Rache an Eulenburg erreicht hatte, gehört zur Vorgeschichte von Krise und Zusammenbruch der deutschen Monarchie. Die Berichte Hardens über diese Affäre, in einem dreibändigen Werk in vielen -zigtausenden noch in der Weimarer Zeit gedruckt, zeigen deutlich, wie groß die Gefahr ist, daß sich die Mittel und Wege der Rechtsfindung als Instrumente gewissermaßen mittelbarer Täterschaft mißbrauchen lassen. Süffisant und scheinheilig ist dann Hardens Schlußbemerkung mit einem Zitat der Bibel: „Die Untreuen werden ausgerottet und nur die Gerechten dürfen im Lande wohnen[19]."

7. In den Darstellungen der Rechtsgeschichte kommt ein Bereich stets zu kurz – wenn er überhaupt erwähnt wird –, der für die juristische Kultur einer Epoche von konstituierender Bedeutung ist: Die praxisbezogene und wissenschaftliche Kommunikation. Die allgemeine Geschichtswissenschaft behandelt diese Themen zwar durchaus, sei es als Frage der Bücherverbreitung im Mittelalter, seien es die Flugblätter der Zeit der Bauernkriege oder der Studentenunruhen. Bei den Rechtshistorikern ist man über die Analyse von Literaturtypen juristischer Literatur in der Rezeptionszeit kaum hinausgekommen.

Die Jetztzeit ist ohne Zeitschriften, Entscheidungssammlungen und neuerdings mehr und mehr Festschriften (deren Flut den Herausgebern von Zeitschriften schon bangemacht) nicht denkbar. Die Geschichte der juristischen Zeitschriften ist noch nicht geschrieben. Sichtbar ist ihr Ende – immer häufiger schließt die Bundespost ihre Fernübertragungsstationen in Seminaren, Gerichten und Kanzleien an, um dort dem computergeschulten Nutzer „Daten" zu übermitteln. Der Anfang reicht in den Beginn des 18. Jahrhunderts, nicht zufällig nach Leipzig. Dort

[19] *Maximilian Harden* aaO, S. 283.

erschienen 1703 die ersten „Quaestiones Sabbatinae, oder Curiöse Juristische Fragen, auf rare casus eingerichtet“[20]. Gerade das Berlin der Jahrhundertwende ist ein wichtiges Kapitel dieser Kommunikationsgeschichte von Juristen. Vor allem natürlich ist es auch hier die Etablierung von Reichsverwaltung und -justiz, die eine Rolle spielt. Das belegen schon einige Zahlen: Im Dezennium von 1871–80 werden in Deutschland ingesamt 83 juristische Zeitschriften bzw. Entscheidungssammlungen neu gegründet, davon beziehen sich auf das Reich 54, auf Preußen 8, Sonstige 21. In den zehn Jahren später ist es ähnlich: Reich 43, Preußen 15, Sonstige 22. Und im letzten Jahrzehnt des Jahrhunderts sind es für das Reich gar 54, Preußen immer noch 9, die Sonstigen weisen zusammen nur 8 auf. Und man kann unbedenklich davon ausgehen, wie es auch eine Durchmusterung der Publikationsorte ergibt, daß die für das Reich wie für Preußen erscheinenden Zeitschriften im wesentlichen in Berlin zu Hause sind. Dieses Faktum, die Redaktionen und Beiträge bestimmen nicht unwesentlich die juristische Kultur dieser Epoche.

III.

Nur ein kurzer Blick auf den zweiten von mir angesprochenen Bereich: die in Berlin angesiedelte Reichsjustiz. Vor allem ist natürlich das Reichs-Justiz-Amt zu nennen, aber nicht nur dieses. Auch andere Ministerien mischten ja bei den Kodifikationsarbeiten der Bismarckzeit, der wahrhaft großen Leistung dieser Zeit, mit. Das bleibt, auch bei heutiger Distanz: trotz des mißglückten § 164 II BGB, an dessen Wortlaut ich gelegentlich die semantischen Fähigkeiten von Rechtsstudenten erprobe, trotz des verrückt gewordenen Grenzsteins des § 919 III, trotz des unfreiwilligen Hexameters in § 923 I. Für die politische Dimension erinnere ich nur an die Auseinandersetzung um das Internationale Privatrecht, das vom Auswärtigen Amt als Völkerrecht angesehen wurde und deshalb nur eine Kümmerexistenz im EGBGB erhalten hat[21].

Gerade aus den Gesetzgebungsarbeiten kann man den durch Juristen betriebenen Verfassungswandel des Reichs um die Jahrhundertwende gut beobachten. Tatort ist der Bundesrat. Er war ja in der Anlage mißglückt. Von Bismarck konzipiert als oberstes Organ des Reichs[22], sollte er das Entstehen einer vom Parlament abhängigen Exekutive

[20] Vgl. *Joachim Kirchner,* Die Zeitschriften des Deutschen Sprachgebiets III (Stuttgart 1977), S. 210 ff.

[21] Dazu: Die geheimen Materialien zur Kodifikation des deutschen Internationalen Privatrechts 1881–1896, bearb. von *Oskar Hartwieg* und *Friedrich Korkisch* (Tübingen 1973), S. 3, 12 u. ö.

[22] Vgl. *Ernst Rudolf Huber* (Fn. 17), III, S. 849 ff.

verhindern[23]. In der Schlußphase der Beratungen zum BGB setzte eine Direktion der Arbeiten der Kommission, die zunächst durch die Bundesstaaten eingesetzt war, durch das Reichs-Justizamt ein, die schon eine unmittelbare Abhängigkeit der Exekutive vom Parlament bedeutet.

Die Gesetzgebungsvorlagen entstehen im Reichsjustizamt in enger Verbindung mit Preußen. Die Reichsämter vermieden, die Bundesstaaten zu majorisieren, mußten um 1890 ihre Vorhaben aber vielfach mit Parlamentariern abstimmen.

Aus der Fülle der Persönlichkeiten sei Heinrich Pape[24] herausgegriffen, Vorsitzender der 1. Kommission für das BGB. Die Kodifikationen sind ja durchweg nicht Professorenwerk, sondern Leistung der sich aus der Richterschaft rekrutierenden Ministerialbürokratie. Aus Westfalen stammend, studierte er in Bonn und Berlin, bestand erste und zweite Staatsprüfung mit „Vorzüglich“, die dritte mit „Sehr gut“. An verschiedenen Plätzen des preußischen Staates als Richter tätig, darunter Stettin und Königsberg, kam er zur Seerechtskonferenz zur Ausarbeitung eines ADHGB nach Hamburg, um in der Folgezeit beim Gesetzemachen zu bleiben. Vor allem seine Tätigkeit bei der Einführung des ADHGB und des Zivil- und Strafprozeßrechts ist zu nennen. Als Vorsitzender der 1. Kommission für ein BGB war er, wie Mitstreiter formuliert hatten, „tatsächlich ihr Arbeits-Mittelpunkt“, nach Gottlieb Planck „der überragende Mann ... mit alles umfassendem Scharfsinn und ... staunenswerter Fülle legislativer Ideen“[25].

Der Platz fehlt, auf die vielen anderen einzugehen. Werner Schubert bietet in seiner monumentalen Edition Impressionen des Wirkens dieser Persönlichkeiten, die der Lektüre anempfohlen seien.

IV.

Von den deutschen Gegebenheiten weitet sich der Blick auf Europa und Übersee, richtet man den Scheinwerfer historischer Betrachtung auf die Berliner Juristenfakultät. Nach dem bekannten Wort Humboldts sollte sich der Wissenschaft eine „vielleicht kaum jetzt noch erhoffte Freistatt“ eröffnen. Trotzdem waren diese Leute stets praxisorientiert, was bereits bei der Gründung der Fakultät durchaus geplant war[26].

[23] *Manfred Rauh,* Föderalismus und Parlamentarismus im Wilhelminischen Reich (1973); *Werner Schubert,* Materialien zur Entstehungsgeschichte des BGB. Die Beratung des Bürgerlichen Gesetzbuchs, hg. von *Horst Heinrich Jakobs* u. *Werner Schubert* (Berlin 1987), S. 14 ff.

[24] Vgl. die vorzügliche Darstellung bei *Werner Schubert* (Fn. 23), S. 79 f.

[25] Deutsche Juristen-Zeitung 1909, Sp. 954.

[26] Vgl. *Friedrich Ebel,* Savigny officialis. Schriftenreihe der Juristischen Gesellschaft zu Berlin 104 (Berlin, New York 1987), S. 12 ff.

Hierbei ist die Humboldtsche Abneigung gegen den Staatseinfluß bei der Erziehung („Öffentliche Erziehung scheint mir daher ganz ausserhalb der Schranken zu liegen, in welchen der Staat seine Wirksamkeit halten muss.“)[27] zu beachten. Die Rechtswissenschaft selbst ist von solchen Aussagen gerade nicht betroffen, auch wenn die Errichtung der Juristenfakultät nicht ad usum Delfini erfolgt ist[28]. Deren Rechtsgrundlage hatte sich im 19. Jahrhundert geändert, wenn auch ein gemeinsamer Geist noch in der Statutenredaktion der Fakultät vom 31. Mai 1901 zu spüren war. Aufgabe der Fakultät ist nach diesen Statuten, die im wesentlichen aus dem Jahr 1838 stammen, „die Lehre der gesamten Rechtswissenschaft mit vorzüglicher Rücksicht auf die Bedürfnisse des preußischen Staates“. Die Fakultät ist Korporation, Behörde und Spruchkollegium, Mitglied sind der Lehrkörper und die Studenten. Um die Jahrhundertwende war das Spruchkollegium – durch die Reichsjustizgesetze zwar nicht formell aufgehoben – praktisch bedeutungslos, ihm gehörten auf freiwilliger Basis nur die Ordinarien als Gutachterkollegium an. – Bis zum Jahre 1901 hatte die Fakultät 451 Promotionen rite und 36 honoris causa vollzogen. Die ordentliche Promotion erforderte damals das triennium academicum, die zu druckende Dissertation, mehrere Exegesen, ein mündliches Examen, öffentliche Disputation sowie den feierlichen Promotionsakt. Eine Habilitation war frühestens drei Jahre nach dem triennium academicum möglich, erforderte den – in der Regel preußischen – Doktorgrad und, damals neu eingeführt, auch die Ablegung der zweiten juristischen Staatsprüfung. Bis zur Jahrhundertwende haben in Berlin an der Juristischen Fakultät insgesamt 87 Habilitationen stattgefunden; von den Habilitierten wurden 35 außerordentliche Professoren, 15 haben an der Heimatuniversität ein Ordinariat erlangt[29].

1875 wurde ein juristisches Seminar eingerichtet, das eine beachtliche Bibliothek erhielt und der Abhaltung von seminaristischen Übungen dienen sollte, ursprünglich in drei Abteilungen für deutsches, römisches und kanonisches Recht zerfallend: Man bemerkt den immer noch beherrschenden Einfluß der historischen Schule, der weder dem öffentlichen Recht noch dem Strafrecht die damals längst schon vorhandene Wichtigkeit zubilligte; 1887 wurde ein besonderes Seminar für deutsches Recht abgezweigt, dem eindeutig der Charakter einer Eliteschulung zukommen sollte mit der Aufgabe, „junge Kräfte von besonderer Begabung weiter zu bilden und für Forschung und Lehre auf germanisti-

[27] *Wilhelm v. Humboldt*, Ideen zu einem Versuch, die Gränzen der Wirksamkeit des Staats zu bestimmen (Breslau 1851), S. 60.

[28] Teilweise abweichend aber *Rudolf Smend* (Fn. 1), S. 15.

[29] Diese Zahlen einstweilen nach *Martin Wolff*, Die juristische Fakultät der Kgl. Friedrich-Wilhelms-Universität, in: Aus dem Berliner Rechtsleben (Berlin 1902), S. 127 ff.

schem Gebiet kräftig zu machen". 1900 erst wird im Seminar eine Abteilung für Strafrecht eingerichtet, nachdem ein Jahr vorher Franz v. Liszt sein in Marburg gegründetes, in Halle aufgeblühtes kriminalistisches Seminar mit nach Berlin gebracht hatte.

Aus diesem Alltag der Lehre – auf die großen wissenschaftlichen Leistungen der Fakultät komme ich natürlich noch zu sprechen – wende ich (hoffentlich) Ihre Aufmerksamkeit noch auf die Studentenzahlen. Die Gründung 1810 sah 53, davon 13 Ausländer. Bis 1825 ist die Zahl ständig gewachsen, hielt sich dann aber ungefähr fünfzig Jahre auf etwa gleicher Höhe von um 620 Hörer. Erst die Zeit nach der Reichsgründung brachte neuen Aufschwung; 1877 sind es schon über tausend, im Winter 1901/02 2323 Juristen, davon 417 nichtpreußische Deutsche und 130 Nichtdeutsche eingeschrieben.

Doch der Ruhm der Berliner Juristenfakultät beruhte nicht auf der numerischen Größe der Studentenzahl. Es ist der wissenschaftliche Rang ihres Lehrkörpers, wobei das zeitgenössische Ansehen und die aus heutiger Sicht vorzunehmende historische Bewertung natürlich zu Differenzen führen kann. 1900 sind es zwölf Ordinarien, genau die doppelte Zahl war von der Gründung an im Amt gewesen und damals verstorben. – Heute zählt der Fachbereich 09 der Freien Universität 43 hauptamtliche Professoren, darunter fünf Emeriti; wieviel Vakanzen dazukommen, ist in den diversen Gremien und Behörden streitig. – Über wohl jeden der vorhin genannten sechsunddreißig Rechtsgelehrten des 19. Jahrhunderts könnte man monographisch referieren, die Honorarii und Extraordinarii sowie Privatdozenten zählen auch dazu, und das biographische Material, die Ergographien zumal, allein zu mustern, ist kaum möglich.

Selbst die Beschränkung auf das Dutzend der 1900 lehrenden Ordinarien brächte multa statt multum. Immerhin erwähne ich sie, von denen eine bekannte Fotografie aus dem Jahre 1897 existiert[30]. Zunächst sei erlaubt, sie aufzuzählen, nach damaliger Anciennität zwölf ordentliche Professoren: Heinrich Dernburg, Albert Friedrich Berner, Heinrich Brunner, Bernhard Hübler, Otto Gierke, Ferdinand v. Martitz, Joseph Kohler, Franz v. Liszt, Wilhelm Kahl, Friedrich Schollmeyer, Theodor Kipp, Emil Seckel.

Jeder von ihnen steht für eine große Leistung – die einen Beginner, die anderen Vollender, manche – wie etwa Kohler – immer wieder neu entdeckt. Ehe ich mich dem einen oder anderen zuwende, erwähne ich aber noch die Tatsache gleichzeitig lehrender weiterer Mitglieder des

[30] Abgedruckt bei *Ernst Heymann,* Hundert Jahre Berliner Juristenfakultät, in: Die Juristische Fakultät der Universität Berlin von ihrer Gründung bis zur Gegenwart. Festgabe der Deutschen Juristen-Zeitung. Hg. von *Otto Liebmann* (Berlin 1810), Tafel 8 (nach S. 56).

Lehrkörpers: als Honorarprofessoren eher die gestandene Würde des Praktikers, manchmal auch die des fleißigen Außenseiters repräsentierend – hier sei für alle erwähnt der Präsident des Prüfungsamtes Adolf Stölzel, der so viele materialreiche Biographien und Darstellungen zur preußischen Rechtsgeschichte geliefert hat, deren Wertungen aber neu zu ersetzen sein werden – denn jede Generation hat ihre Geschichte neu zu schreiben.

Dazu der Nachwuchs: 1900 gab es zehn Privatdozenten: Hugo Preuss, den Vater der Weimarer Verfassung, Paul Heilborn, Ludwig Lass, Johannes Burchard, Martin Wolff, Ernst von Moeller, Hermann Fürstenau, James Goldschmidt und Friedrich Karl Neubecker. Allein diese Aufzählung sagt nicht nur dem mit der neueren Rechtsgeschichte Vertrauten, sondern auch dem, der sich nur angelegentlich mit den Protagonisten der Rechtsentwicklung des 20. Jahrhunderts befaßt, daß hier sich glücklich orientierte Talentsuche mit einem reich besetzten Revier begabter Juristen traf. Der Ruf der Fakultät zog natürlich Beste an, die Chancen waren gut, mit solcher wissenschaftlichen Herkunft auch anderwärts ein Nest zu finden. Es war die Kombination der gelehrten Qualität in der Fakultät mit einer hervorragenden Kultusverwaltung. Wie in den Jahrzehnten vorher, so war auch bis in die unglückseligen dreißiger Jahre Berlin unumstritten führend. Von den Berliner Fakultäten war es die juristische, in deren Bestand die Nationalsozialisten am stärksten einzugreifen nötig fanden[31].

Nicht einfach ist es, wie gesagt, einige herauszugreifen aus der Reihe derer, die noch vor wenigen Jahren unbefangen Heroen genannt werden konnten – ein Begriff, den die nüchterne Jetztzeit nicht ohne Berechtigung scheut. Man könnte natürlich die heutige Trichotomie zugrunde legen, in die das Fach gewöhnlich zerlegt wird: Bürgerliches, Straf- und Öffentliches Recht – nicht achtend, daß das Strafrecht natürlich ebenso auch dem öffentlichen zuzuzählen ist wie das Prozeßrecht. Die Prüfungsordnung hat der Modernität heutiger Kreativität und Diversifizierung durch die komisch klingende Figur des gemischten Rechts abzuhelfen versucht: Auf die Jahrhundertwende paßt das alles nicht.

Das Strafrecht hatte mit Berner (von 1861–1907 Ordinarius in Berlin) auf lange Zeit den Altmeister der damals klassischen Strafrechtsschule zu bieten, in Franz v. Liszt, auch Reichstagsabgeordneter, den Protagonisten der Moderne. Für das öffentliche Recht steht natürlich der Name Rudolf Gneist (den Adelstitel erhielt er im Dreikaiserjahr durch Friedrich III.). Durch Savigny noch geschult, geprägt durch richterliche Tätigkeit, politisch Führer der liberalen Opposition, wurde Gneist

[31] Vgl. *Rudolf Smend* (Fn. 1), S. 28.

Begründer des modernen Verwaltungsrechts und neben dem in Straßburg wirkenden Laband Haupt der Staatsrechtswissenschaft der Zeit.

Im Vordergrund aber stand damals, was heute nur in Grundzügen oder als Wahlfach eine Statistenrolle im Theatron der Kollegien spielt – ganz unangefochten die Rechtsgeschichte. – freilich war das Klopfen anderer schon nicht zu überhören, die im juristischen Tattersall schon längst ihre Pferde gesattelt hatten und nun auch Eintritt begehrten.

Trotz gelegentlicher Ansätze zur Erforschung auch des gesellschaftlichen Umfelds der Geschichte, die schon bei Savigny angelegt war und sich dann etwa bei Arnold findet, haben die Berliner Juristen das Recht in jenen „höheren Aggregatzustand der reinen Begrifflichkeit“ erhoben, der ihre Leistungen uns heute doch als überwiegend positivistisch erscheinen lassen[32]. Hierzu zählen vor allem die Romanisten, aber auch der sich in Berlin herausbildende Schwerpunkt der Wissenschaft von der deutschen Rechtsgeschichte.

Die große Ausnahme aber war Otto Gierke (den Adelstitel erhielt er erst 1911 zu seinem 70. Geburtstag)[33]. Möge einmal die Ausnahme für das Gesamte stehen.

Der gebürtige Pommer studierte nach drei Heidelberger Semestern, in den den trinkfesten Hünen ein ausgiebig genossenes Burschenleben nicht hinderte, täglich seine Vorlesungen abzusitzen, in Berlin bei Homeyer und Beseler. Die im Alter von neunzehn Jahren angefertigte Dissertation *De debitis feudalibus* führte ihn zum deutschen Recht; wichtig seine Anknüpfung an Lehren Arnolds[34]. Militärjahr und juristischer Vorbereitungsdienst waren Haltestationen zur Habilitation. Im Bericht der Juristischen Gesellschaft zu Berlin vom 12. Mai 1866 ist zu lesen: „Der Bericht des Hrn. Ger.-Assessors Dr. Gierke über das Werk des Prof. Dr. Arnold ‚Kultur und Rechtsleben‘ kann nicht erstattet werden, weil nach Mitteilung des Vorsitzenden der Referent Dr. Gierke in Folge der Mobilmachung zur Armee einberufen wurde und deshalb am Erscheinen verhindert war[35].“ Gierke machte als Landwehrleutnant der Artillerie die Schlacht bei Königgrätz mit. Beseler wies Gierke dann auf sein Habilitationsthema hin, das diesen sein Leben lang beschäftigen sollte: das Recht der Genossenschaft. Es führte ihn zu einer das Privat-

[32] Vgl. zuletzt *Karl Kroeschell*, Die germanistische Rechtswissenschaft und die historische Rechtsschule, in: Nihon University Comparative Law 3 (1986), S. 15.

[33] Vgl. zu Gierke vor allem *Wilhelm Ebel*, Deutsches Recht und Deutscher Staat: Otto von Gierke – Paul Laband, in: Darstellungen und Quellen zur Geschichte der deutschen Einheitsbewegung im neunzehnten und zwanzigsten Jahrhundert, Bd. 6 (Heidelberg 1965), S. 78 ff. mit ausführlichen Nachw.

[34] Vgl. *Karl Kroeschell* (Fn. 32) aaO.

[35] Deutsche Gerichtszeitung 1866, S. 88; der Verf. dankt Herrn Assessor *Andreas Fijal* für den freundlichen Hinweis auf die Quelle.

recht sprengenden Lehre über alle Formen menschlicher Verbände. Als er 1913, 72jährig, die Arbeit am Genossenschaftsrecht abbrach, blieb das wohl größte Werk der Rechtsgeschichte mit über dreieinhalbtausend Druckseiten Torso, wozu noch die tausend Seiten seiner „Genossenschaftstheorie und die deutsche Rechtsprechung" 1887 getreten war. Über Breslau und Heidelberg zog es Gierke 1887 wieder nach Berlin, wo er 1902 auch das Amt des Rektors bekleidete. Fast siebzig Semester hat er hier gewirkt, weit über Deutschlands Grenzen geachtet, nicht ohne Pathos, doch von Klarheit und Tiefe der Gedanken. Die Gesetzgebungsarbeit des Bismarckreichs zog ihn in seinen Bann. Der erste Entwurf des BGB wurde, wie jedem Juristen bekannt – von ihm kritisiert; er bekämpfte den romanistischen Atomismus der Rechtsobjekte wie den Individualismus der Rechtssubjekte; er forderte den berühmt gewordenen „Tropfen sozialistischen Öls". Arbeitsrecht, ländliches Pachtrecht, soziales Wohnungsrecht wünschte er im BGB zu finden. „Hier wurde der Historiker zum Propheten[36]." Dennoch paßte er sein mächtiges Deutsches Privatrecht dem Gesetzessystem an. Seine Bedeutung im Sinne einer auch soziologisch orientierten Jurisprudenz wird erst heute zunehmend erforscht.

V.

Fragen wir uns schließlich, was den Stil der Berliner Juristen dieser Zeit ausmacht. Ich meine jetzt Stil nicht nur im Sinne von Rede und Schreibe, sondern mehr: Mentalitätsfragen, das Verhältnis des Juristen zu Recht und Gesellschaft. Hier zeigt er sich nicht als solcher, sondern als mitbestimmendes Glied der Gesellschaft seiner Zeit. Deren Signaturen sind widersprüchlich.

Wie unter dem Brennglas finden wir diese Dinge im Stammbuch der in Berlin erscheinenden „Deutschen Juristenzeitung" des Dr. Otto Liebmann zur Jubelfeier „Centennarium der Berliner Juristenfakultät". Eigenhändige Gemälde widmen der Alma Mater ehrwürdige Oberlandesgerichtspräsidenten, die einstmals dem Berliner Studium obgelegen hatten. Viel Kluges wird natürlich geschrieben, manchmal in tausendjährigen Allerweltsweisheiten ausgedrückt. Gleich mehrfach natürlich das „suum cuique"[37], das „Knowledge is power". Doch es überwiegt anderes. Unverkennbar ist nationaler Stolz auf „die Bedeutung der deutschen Universitäten, um die uns die Welt beneidet" (so der Rektor von Halle-Wittenberg August Finger)[38].

[36] *Wilhelm Ebel* (Fn. 33), S. 83.
[37] Festgabe (Fn. 30), S. 339.
[38] Festgabe (Fn. 30), S. 344.

Aphorismen über Recht und Studium liegen in dieser Blütenlese vor uns, die die Ausstrahlungen der historischen Schule auch auf die praktischen Juristen deutlich macht. Richter und Gesetzgeber: Der in Jena zum Professor gewordene Erich Danz bringt es auf den Punkt. „Der Richter ist der Pionier der Gesetzgebung, indem er zuerst die noch ungeschriebenen Untersätze, die sich im Volke entwickeln ... hervorzieht[39]." Man hört gewissermaßen Savigny und Puchta. Doch mißzuverstehen sind dann Zitate wie das Stahls durch einen Geheimen Oberregierungsrat: „Autoritaet, nicht Majoritaet[40]!" Paßt dazu der gutgemeinte Ratschlag des Reichsgerichtsrats Busch: „Man sollte es vermeiden, in den juristischen Vorlesungen scharfe Kritik an den Meinungen anderer zu üben. Der lernenden Jugend soll ihr Autoritätsglaube erhalten bleiben[41]."?

Ganz modern, und damit sei geschlossen, mutet der als Glückwunsch dargebrachte Seufzer Reinhard Franks an, mit seiner berühmten Formel noch heute jedem Examenskandidaten bekannt: „Die Juristischen Fakultäten Deutschlands leiden unter dem Mißverhältnis zwischen aufgestapelter Intelligenz und zugewiesenen Aufgaben. Entstanden ist das Mißverhältnis aus der unheilvollen Verbindung von Bureaukratie und Schulmeisterei[42]."

[39] Festgabe (Fn. 30), S. 336.
[40] Festgabe (Fn. 30), S. 443.
[41] Festgabe (Fn. 30), S. 449.
[42] Festgabe (Fn. 30), S. 451.

Juristen im KG–Bezirk absolut

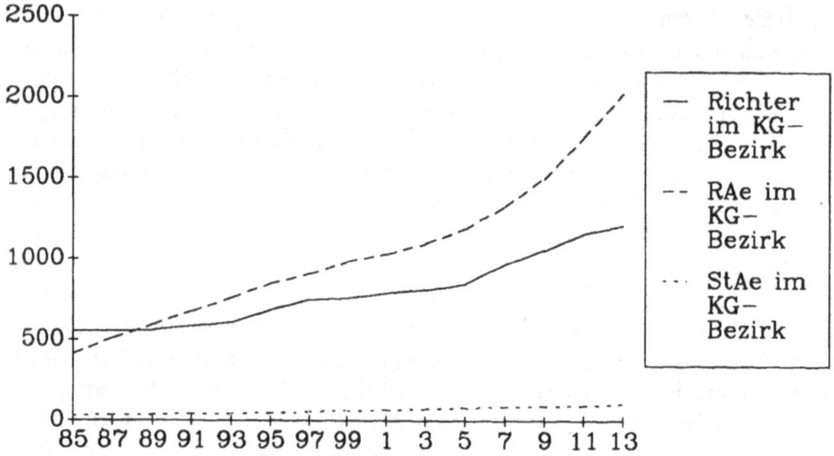

Abb. 1a

Juristen im Kammergerichtsbezirk je 100.000 Einwohner

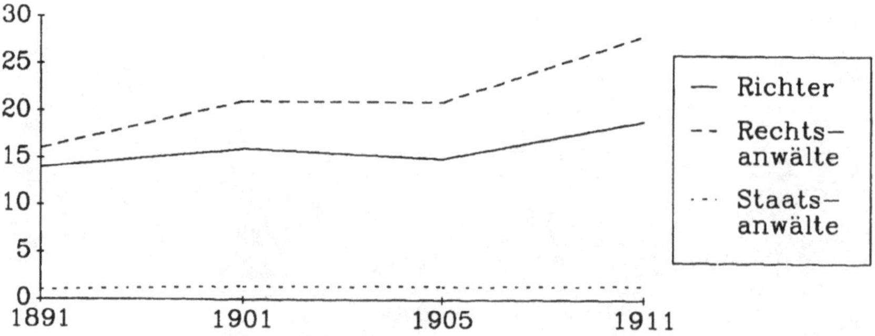

Abb. 1b

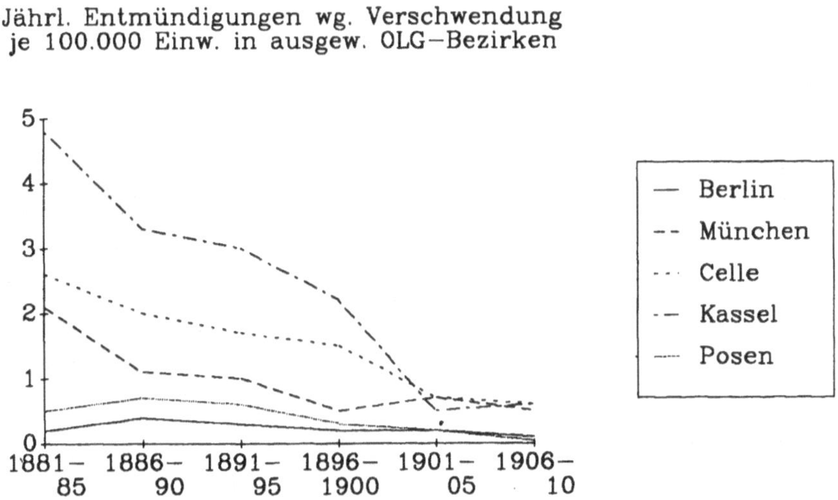
Jährl. Entmündigungen wg. Verschwendung
je 100.000 Einw. in ausgew. OLG-Bezirken
5
4
3
2
1
0
1881-85
1886-90
1891-95
1896-1900
1901-05
1906-10
Berlin
München
Celle
Kassel
Posen

Abb. 2

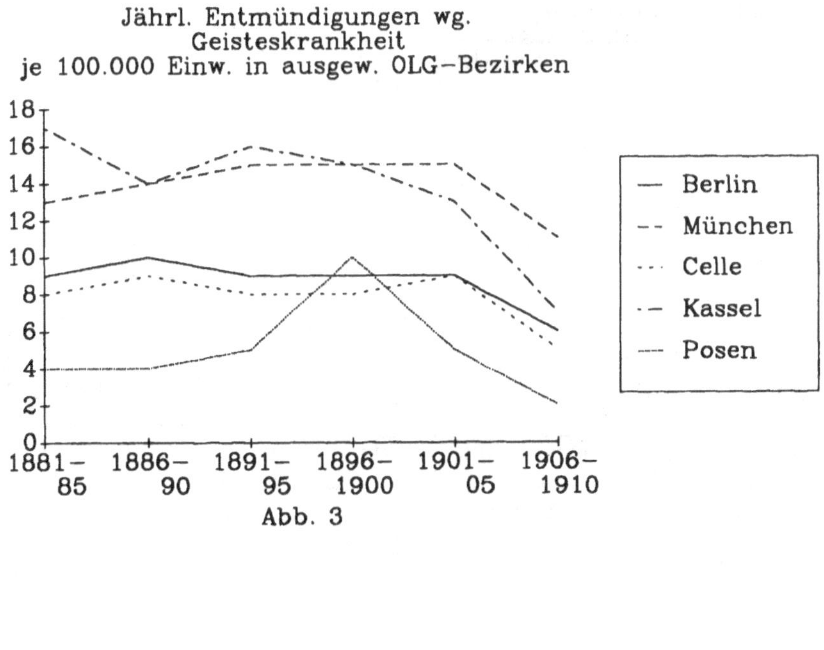
Jährl. Entmündigungen wg.
Geisteskrankheit
je 100.000 Einw. in ausgew. OLG-Bezirken
18
16
14
12
10
8
6
4
2
0
1881-85
1886-90
1891-95
1896-1900
1901-05
1906-1910
Berlin
München
Celle
Kassel
Posen

Abb. 3

Jährliche Scheidungsprozesse je 100.000 Einwohner in ausgewählten OLG-Bezirken

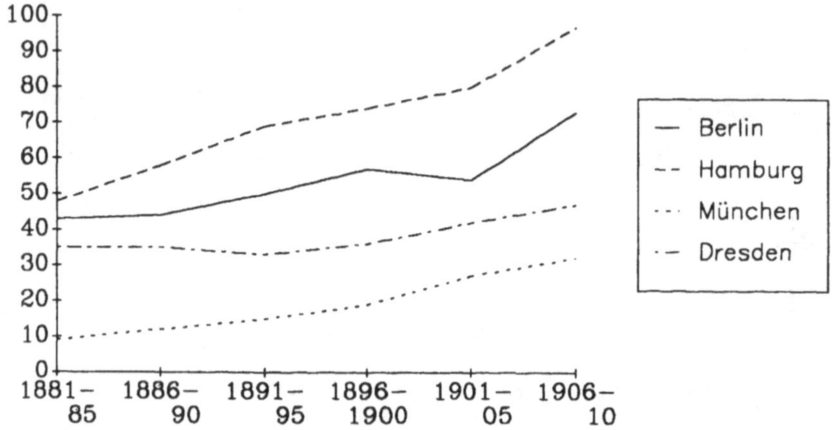

Abb. 4

Jährl. Strafprozesse wg. Übertretungen je 10.000 strafmündige Einw. in ausgew. OLG-Bezirken

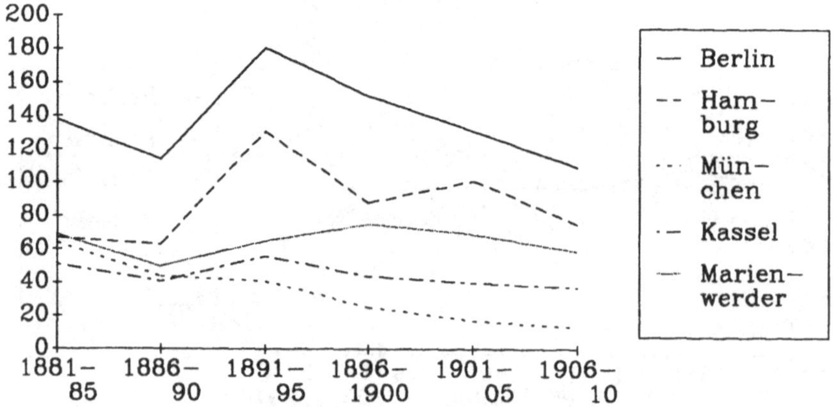

Abb. 5

Jährl. Strafprozesse wg. Vergehen je 10.000 strafmündige Einw. in ausgew. OLG-Bezirken

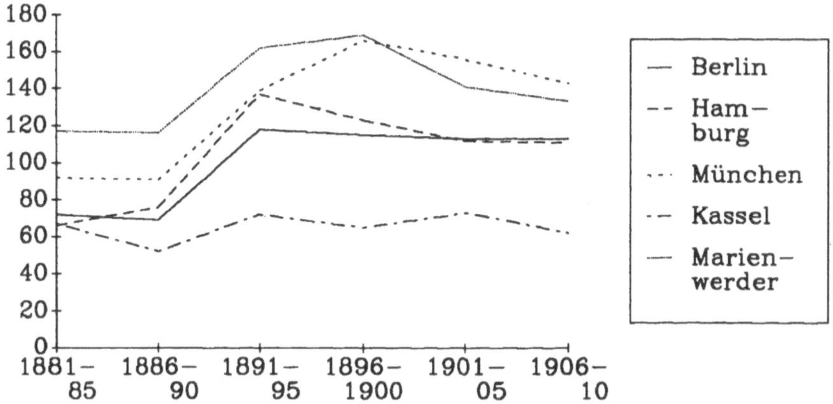

Abb. 6

Jährl. Strafprozesse wg. Verbrechen je 10.000 strafmündige Einw. in ausgew. OLG-Bezirken

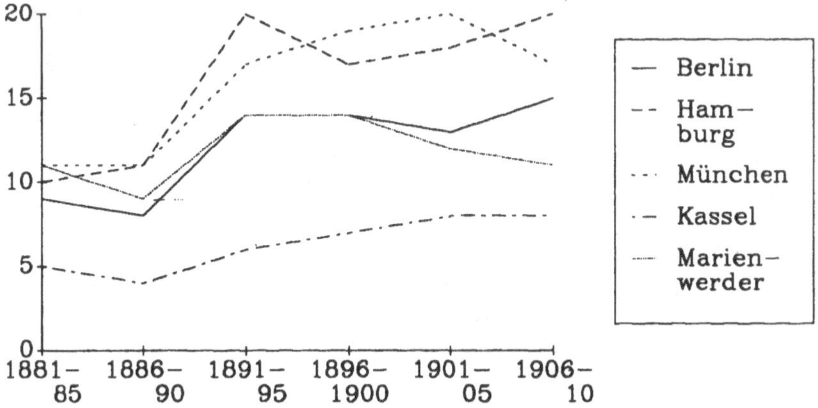

Abb. 7

Stadtrechtsentwicklung in Berlin seit den Anfängen*

Hans Schlosser

I. Prolog

Unternimmt es ein Rechtshistoriker süddeutscher Herkunft, über die Stadtrechtsentwicklung in Berlin ab ovo zu sprechen, so bedarf er einer besonderen Rechtfertigung. Sie ist um so dringlicher einzufordern, wenn zu befürchten ist, daß er dies aus einem „Vorverständnis" heraus versuchen könnte, dessen geistige Wurzeln zuweilen der mäßigen Belichtung einer abgelegenen Provinz dieser Republik metaphorisch zugeordnet werden. So naheliegend das sein mag, es wäre doch wieder nur das Klischee eines volkstümlichen, landläufig kolportierten Psychogramms. Es liegt mir fern, eine ermattete Metapher zu Tode zu hetzen. Schon gar nicht maße ich es mir an, darüber nachzusinnen, warum dieses Vortragsthema nicht einem lokalhistorischen Spezialisten überantwortet wurde. Ihn zu finden hätte nicht vorausgesetzt, nach einem Forschertyp suchen zu müssen, von dessen Profil bekannt ist, daß es das Endprodukt eines Prozesses darstellt, bei dem einer von immer weniger immer mehr versteht, bis er am Ende von nichts alles weiß.

Das einzig tragfähige Argument, das ich für meine Sachlegitimation reklamieren kann, beziehe ich aus einer schlichten hermeneutischen Grundwahrheit. Es ist keineswegs unumgänglich, sich den Sinngebilden der Geschichte stets in einer Atmosphäre steriler Objektivität und kühler Distanziertheit zu nähern. Tatsächlich ist dies auch gar nicht herstellbar. Vielfach befähigen erst gewisse „Vorstrukturen des Verstehens" (Martin Heidegger), sofern sie der Interpret nur reflektiert, zu

* Unveränderte Fassung meines Vortrages vom 23. September 1987. Von einer vollständigen Dokumentation aller Einzelheiten mußte schon aus Raumgründen abgesehen werden. Eine Übersicht über die benutzte Literatur – eine Auswahl aus dem umfangreichen Schrifttum – ist als Anhang abgedruckt. Für die Beschaffung und Ordnung der Materialien sowie für die kritische Durchsicht des Manuskripts schulde ich besonderen Dank Frau Christine Sommer, Augsburg.

einer besonders differenzierten und kontrastreichen Deutung des historischen Geschehens.

Ohne Stilelementen der Hermeneutik näher nachzugehen, gestehe ich vorweg freimütig, daß mich der Gegenstand mehr als nur interessiert hat. Ab einem gewissen Zeitpunkt geriet er sogar zu einer Herausforderung besonderer Art.

Es ist ein Wagnis, inmitten eines polyphonen Festkonzerts zur 750jährigen Wiederkehr der Stadterhebung noch rechtshistorische Akzente von Gewicht und Wohlklang zu setzen. Übergroß ist die Versuchung, dabei sein Licht aus dem Stromkreis der Phrasen zu speisen, getreu der rhetorischen Maxime: „Wer nichts zu sagen hat, der muß dies wenigstens schön sagen." Allen Anfechtungen rauschhafter Euphorie zum Trotz will ich deshalb skizzieren, wie ein derartiger Kontrapunkt der Rechtsgeschichte im Jubiläumsjahr 1987 aussehen könnte.

II. Gegenstand und Anliegen

Es ist das Vorrecht der Laien, von der Geschichtswissenschaft die sorgfältige Verwaltung der historischen Nachlässe zu fordern. Auch die Rechtsgeschichte besitzt dafür ihre originäre Zuständigkeit. Sie jedoch zur Ablieferung einer akribisch flächendeckenden Rückbesinnung auf die städtische Rechts- und Verfassungsentwicklung zu verpflichten, hieße, eine dem Gegenstand unangemessene Darstellungsform zu wählen. Werkstücke dieser Art sind Pflichtexemplare einer unendlich langweiligen, ermüdenden Kunst der Sinngebung des Sinnlosen. Sie sucht man allenfalls bei Stiftungsfesten nationaler Traditionsvereine. Dort mögen sie als Mosaiken eines beschauliche Behaglichkeit atmenden historiographischen Gesamtkunstwerks ihre Berechtigung haben.

Abzulehnen wäre auch ein selektives Herausgreifen zweckdienlicher Geschichtsabschnitte als Orientierungsmodelle für zukünftige, besser planbare und berechenbare Entwicklungen. Dies gehört zwar ebenfalls zum Repertoire beliebter Stilmittel bei historischen Gedenkfeiern. Es ist jedoch schon deshalb unbrauchbar, weil es auf einer falschen Prämisse beruht. Anzunehmen, die Geschichtswissenschaft sei in gewissem Sinne eine moralische, materiale Wert- und Verantwortungsethik durch Historie vermittelnde Anstalt, wäre ein fatales Mißverständnis. Geschichte und Rechtsgeschichte konzentrieren sich auf unwiederholbar Geschehenes, auf Ideen, Verfassungen, Institutionen und dogmatische Begriffe der Vergangenheit. Ihre Nutzbarmachung für die Gegenwart wird zwar immer wieder behauptet. In Wahrheit ist der aktuelle Anwendungswert jedoch sehr begrenzt. Rechtsgeschichte orientiert sich nicht an praktischer Moral oder öffentlicher Zweckmäßigkeit, also an der Wünschbarkeit der Resultate für wichtige gesellschaftsbildende Rechtsinstitutionen. Ihr obliegt auch nicht das archivierende Sammeln von Rechtsantiquitäten oder -kuriositäten. Ihr Gegenstand ist vielmehr die Erforschung der Wirkungsgeschichte des Rechts im breiten Spektrum der menschlichen Handlungen und gesellschaftlichen Zustände, die aus ihnen hervorgingen, der Bewußtseinsinhalte, Eigenschaften, Verhaltensweisen und Motive der Handelnden. Dabei geht es erst sekundär um das Werden der Begriffe oder Erkennen der typischen Strukturen politischer und sozialer Regelsysteme. Im Brennpunkt des Interesses steht vielmehr stets das Werden von Wirklichkeiten[1].

Man mag den Erfahrungswert dessen, was früher noch als „Lebenswert"[2] bezeichnet wurde, auf einen schlichten rechtskulturellen Ästhetizismus zurückführen. Wenn dadurch geschichtliche Erfahrung, in die eigene zurückgerufen, als überzeitlich und aktuell erkannt, das „Ehedem im Heute vergegenwärtigt" (Theodor Litt) wird[3], dann ist gegen eine solche Etikettierung nichts einzuwenden. Der Rechtshistoriker sollte sich nicht zu schade sein, dieses sich in der Geschichte Wiedererkennen als individuelles Erlebnis zu vermitteln.

Innerhalb dieses Rahmens kann es deshalb im Vortrag nur darum gehen, aus der komplexen Geschichte der Stadt Berlin besondere Abschnitte holzschnittartig zur Darstellung zu bringen. Deren Inhalte definiert bereits der Begriff „Stadt*rechts*entwicklung". Er ist Flucht- und Kristallisationspunkt aller rechtlich irgendwie bedeutsamen Phänomene, soweit sie für die Stadtbildung, für die jeweils konkrete Formung der politischen Struktur, der ökonomischen und gesellschaftlichen Zustände der Stadt im Laufe ihrer Geschichte bestimmend geworden waren. Das Hauptinteresse gilt naturgemäß dem *Stadtrecht,* der magna charta politischer Souveränität und Bürgerfreiheit, dem Grundgesetz für sämtliche Rechtsbeziehungen des Gemeinwesens und seiner Mitglieder zueinander, untereinander, nach innen und außen. Vom Stadtrecht als dem zentralen Regelungsort nehmen alle hoheitlichen Befugnisse ihren Ausgang. Dies trifft für die Selbstverwaltung, Gerichtsbarkeit und autonome Rechtsetzungsgewalt ebenso zu, wie für das Markt-, Stapel-, Zoll-,

[1] Zum Ganzen vgl. *Franz Wieacker,* Notizen zur rechtshistorischen Hermeneutik, Nachrichten der Akademie der Wissenschaften in Göttingen, I. Philologisch-historische Klasse Nr. 1, Göttingen 1963, 6, 11, 22. Zum Stand der Diskussion vgl. *Michael Stolleis* und *Dieter Simon,* in: Rechtshistorisches Journal 4 (1985), 251 ff., 265 ff., ferner *Diethelm Klippel,* Juristische Zeitgeschichte, Gießen 1985, 25 ff.

[2] *Heinrich Mitteis,* Vom Lebenswert der Rechtsgeschichte, Weimar 1947, 83 ff.

[3] *Wieacker,* 18.

Steuer- oder Münzrecht. Das Stadtrecht ist Quelle des Rechts für Kauf und Handel sowie der Ordnung von Handwerk und Gewerbe[4].

Sichtbarstes Symbol umfassender Stadtherrlichkeit ist die *Justizhoheit.* Die Verleihung der Gerichtsrechte war stets wesentliches rechtliches Element jeder Stadterhebung. In der monopolistischen Ausübung der Jurisdiktion manifestierte sich autarke Stadtgewalt in ihrer ursprünglichsten Form. Erst im Besitz eigener Gerichtsbarkeit hob sich die Stadt als eigener Rechtskreis von dem sie umgebenden Landrecht ab. Deshalb stehen seit den Anfängen des Städtewesens Justizgewalt und Stadtwerdung im Rechtssinne miteinander in engstem Bedingungszusammenhang. Der Aufstieg der ländlichen, stadtähnlichen Ansiedlung zu einem rechtlich verfaßten Organismus ist ohne eigene Gerichtshoheit nicht vorstellbar. Im jeweiligen Organisationsgrad des Rechtswesens einer Stadt spiegeln sich zuverlässig die Intensität ihrer Autonomie, die Bestandskraft ihrer Verfassung, die Entwicklungsfähigkeit ihrer Institutionen und die Stabilität des inneren gesellschaftlichen Ordnungsgefüges wider. Die Stadt Berlin und ihre Justiz sind deshalb ein zentrales, auch mein Thema.

III. Anfänge

Im Jahre 1881 schrieb der Berliner Stadthistoriker Georg Sello lapidar: „Die Rechtsgeschichte Berlins im Mittelalter ist ein wenig angebautes Gebiet. Das urkundliche Material für dieselbe ist ziemlich gering, in verschiedenen Druckwerken für die Benutzung unbequem verstreut und schlecht herausgegeben[5].“ An diesem Befund hat sich bis heute, trotz beachtlicher Fortschritte der Forschung, nichts Wesentliches geändert. Die rechtlichen Anfänge der Stadt liegen weiterhin im Schatten urkundlicher Überlieferung. Quellenarmut ist für das 13. Jahrhundert nicht außergewöhnlich. Das Dunkel des „ignoramus“ verbirgt das erste vorzeige- und ausstellungsfähige Gründungsprivileg. Eine sichere Datierung des Geschehens ist nicht möglich: „ignorabimus“? Nur historische Puristen werden das beklagen.

Auch ich habe nicht die Absicht, die Diskussion um das genaue Stadtgründungsjahr durch eine rechtsarchäologische Hypothese anzureichern. Die Beschränkung des Interesses auf spezifisch rechtliche Kategorien im allgemeinen historischen Kontext der Stadtwerdung lenkt das Augenmerk in eine andere Richtung. Sie zwingt dazu, eine Reihe im einzelnen nur spärlich dokumentierter Rechtsakte auf ihre typisch stadt-

[4] Dazu vgl. Evangelisches Staatslexikon, Bd. 2, 3. Aufl. Stuttgart 1987, 3470 ff.

[5] *Sello,* Gerichtsverfassung, 1.

verfassungsrechtlichen Organisationsfunktionen hin zu befragen. Erlaubt die historische Analyse der Kausalitäten verläßlich die Isolierung derartiger Elemente, dann wird man zu Recht von der Existenz erster, nach Rechtsprinzipien geordneter städtischer Lebensformen und Institutionen ausgehen können.

Legt man diese Maßstäbe zugrunde, dann entstand die Stadt als Rechtsorganismus nicht schon mit dem Übergang ländlich-bäuerlicher Anfänge zur innerräumlich gegliederten, geschlossenen Großsiedlung mit überwiegend durch Handel und Handwerk bestimmter Wirtschaft. Unter diesem Aspekt fehlt selbst den frühen Urkunden, die erstmals Berlin (1244) oder ihren nucleus Cölln (1237) als „civitas – Stadt" erwähnen, jede über die Begriffsverwendung hinausgehende Aussagekraft. Für die Rechtsgeschichte sind Siedlungskontinuitäten, die vielfach bis in die Vorgeschichte und Spätantike zurückreichen, untaugliche Indikatoren einer rechtlichen Stadtgenese. Die für eine Stadt als Rechtsphänomen typischen organisatorischen Strukturen nehmen nämlich erst dann Gestalt an, sobald die Stadt als Wirtschaftsbezirk und Markt für Bedarfsgüter in ihre politische und rechtliche Selbständigkeit entlassen wird. In der Geschichte geschah dies aus unterschiedlichen Anlässen, etwa durch gewaltsame Aufstände gegen den Gründer oder im Wege friedlicher Bewidmung mit Autonomie und Gerichtsbarkeit von seiten königlicher, territorialer, bischöflicher oder grundherrlicher Stadtherrn. Dabei war es von nur untergeordneter Bedeutung, wie die Stadt in den Besitz ihrer Rechtsordnung kam: durch Schaffung eidlich beschworener Statuten (Willküren) kraft eigener Rechtsmacht oder – wie in Nord- und Mitteldeutschland im 13. Jahrhundert üblich – durch Übertragung bereits in der Praxis erprobter und bewährter Stadtrechte benachbarter sog. Mutterstädte. Für den Rechtsstatus einer Stadt völlig irrelevant war selbst der Umstand, daß noch im 14. Jahrhundert viele Gemeinwesen unter der Herrschaft eines Stadtherrn standen. Dieser pflegte sich im Regelfall zwar die Blutgerichtsbarkeit, das ius gladii als Symbol der „plenitudo potestatis", vorzubehalten. Jedoch signalisierte bereits die Belehnung mit den niederen Gerichtsrechten, dem iudicium infimum, zur Ausübung durch einen eigenen Stadtrichter (Schultheiß) unübersehbar den Beginn echter, da praktizierbarer Autonomie und umfassender Selbstgestaltung des Rechtswesens.

Im Raster dieser für hochmittelalterliche Städte allgemeingültigen Kriterien dürfen die Anfänge der Stadtrechtsentwicklung in Berlin nicht mit bestehenden, in die germanische, möglicherweise slawische Vorgeschichte zurückführbaren Besiedlungskontinuitäten[6] gleichgesetzt wer-

[6] *Ribbe,* Geschichte Berlins I, 57ff.

den. Zur politischen Körperschaft mit – wenn auch zunächst begrenzter – kommunaler Selbstverwaltung wurde die Stadt erst mit dem Erwerb einer eigenen Verfassung und Rechtsordnung, stets verbunden mit dem eigentlichen, dem herausragenden Hoheitsrecht der Gerichtsbarkeit. Der urkundlichen Überlieferung nach geschah dies im 13. Jahrhundert. Der alte vormalige Paßort am Unterlauf der Spree – gegenüber dem 1864 von Adolph Streckfuß[7] zum „Fischerdorf" stilisierten Cölln – wandelte sich vom ländlichen Wirtschaftskreis zu einer nach rechtlichen Grundsätzen verfaßten städtischen Gemeinde.

Das jubiläumsfähige Ereignis selbst fällt in einen nur ungefähr durch drei Urkunden bestimmbaren Zeitabschnitt:

- 1232 verleihen die askanischen Markgrafen Johann I. und Otto III. der „civitas" Spandau das Vorrecht, sich ihr Stadtrecht in Brandenburg zu holen und zugleich für alle Siedlungen der Landschaften Teltow, Glin und des neu erworbenen Barnim als Rechtsmittelpunkt (Oberhof) zu fungieren.
- 1251 erwähnt Markgraf Johann I. in einem für Prenzlau ausgestellten Stadtrechtsprivileg bereits Berlin als mit Brandenburg gleichstehende wichtigste „civitas" mit Magdeburg-Brandenburger Recht.
- 1253 überträgt das offensichtlich zu einem Rechtsvorort aufgestiegene Berlin bereits sein Stadtrecht an Frankfurt a. d. Oder, 1258 auch an Müllrose.

Der rechtliche Aussagewert dieser Privilegien[8] scheint nur mäßig zu sein. Welche Schlußfolgerungen für die Stadtbildung Berlins kann der Rechtshistoriker doch noch daraus ziehen? Die Antwort darauf ist in der territorialen, geopolitischen Geschichte der Mark Brandenburg zu suchen.

Das Spandauer Dokument von 1232 – obwohl nur in einer den ursprünglichen Inhalt verkürzenden späteren Abschrift überliefert – unterstreicht die erfolgreich betriebene, auf Herrschaftserweiterung abzielende Machtpolitik der Dynastie der Askanier. 1134 hatte Kaiser Lothar von Sachsen-Supplinburg den Grafen von Ballenstedt und Herrn von Askanien und Anhalt mit der sächsischen Nordmark belehnt, der Urzelle des brandenburgischen Staates. Albrecht, genannt der Bär, erhob als erster Markgraf von Brandenburg die Expansion seines um die Havelgebiete vergrößerten Territorialbesitzes und damit den konsequenten Ausbau der Landesherrschaft zum politischen Programmpunkt mit erster Priorität. Innerhalb von knapp 40 Jahren wurden die Lehenshoheit über Mecklenburg und Pommern errungen, durch Kauf Stargard,

[7] Vom Fischerdorf zur Weltstadt, 4 Bde., Berlin 1864.
[8] Im einzelnen vgl. dazu *Ribbe*, 159 ff.

die Uckermark, Lebus und Zerbst hinzugewonnen sowie Frankfurt a. d. Oder und Landsberg a. d. Warte als neue politische Zentren gegründet. Der Bischof von Brandenburg, der Rechte auf die Altmark geltend gemacht hatte, wurde 1224 rüde zum Verzicht gezwungen. Das Privileg für Spandau fixiert – einer Momentaufnahme vergleichbar – eine wesentliche landesherrliche Maßnahme bei der Konsolidierung der Territorialhoheit. Die Brandenburger Markgrafen hatten Spandau zum Verwaltungsmittelpunkt und Rechtsvorort für sämtliche in den neuerworbenen Regionen gelegenen Ansiedlungen erhoben. Das im Barnim belegene, bereits stadtähnliche Berlin sollte seine eigene Rechtsverfassung fortan nach dem Vorbild des Brandenburger Stadtrechts gestalten.

Die Prenzlauer Urkunde von 1251 bestätigt lediglich einen eingetretenen Rechtszustand. Sie ist überdies ein Beweis für den inzwischen erfolgten wirtschaftlichen und politischen Aufstieg des jungen Handelsplatzes Berlin als neben der Residenzstadt Brandenburg gleichwertige Stadt mit eigenem Stadtrecht.

Im Jahre 1253 hatte sich schließlich Berlin schon so weit entwickelt, daß es sein Stadtrecht selbständig an Frankfurt a. d. Oder, 1258 auch an Müllrose weitergeben konnte. Ein bedeutsamer Vorgang. Er gestattet Rückschlüsse auf die hohe Qualität der Berliner Stadtverfassung. Der Verleihungsurkunde ist zu entnehmen, daß den Tochterstädten eine wichtige Rahmenordnung gegeben wurde. Sie enthielt Grundnormen für die Kommunalverfassung, das Finanzwesen, die Wahl der Ratmannen und zweier „Ratsmeister“, der späteren „Bürgermeister“, aus der exklusiven Führungsschicht patrizischer, schöffenbar-freier Kaufmannsfamilien und das Gerichtswesen. Der Polizeigewalt des Rates wurden Kontrolle und Aufsicht über Gewerbe, Handwerk, Gilden, Gewerke, Innungen oder Zünfte, also originäre Gebiete bürgerlicher Selbstverwaltung unterstellt. Autonom durften Steuern und Zölle erhoben sowie die Zwangsrechte des Stapels bzw. der Warenniederlage ausgeübt werden, um den städtischen Kaufleuten günstige Erwerbsvorteile zu verschaffen und den Handelsverkehr an einer wichtigen Fernhandelsstraße zwischen Oder und Elbe zu konzentrieren.

Alle drei Urkunden markieren entscheidende Stationen der Stadt auf dem Weg in die politische und kommunale Eigenständigkeit: das Herausgehobenwerden aus dem uniformen Landrechtsverband des Brandenburger Rechts, die Bewidmung mit einer städtischen rechtlichen Grundordnung, die schon kurze Zeit später als bewährtes Muster an Tochterstädte übertragen werden konnte. Die Quellen zeigen aber auch unmißverständlich, daß die drei Grundsäulen: Regierungsgewalt des Rates, Besitz der Jurisdiktion und ihre Verbriefung im Stadtrecht, untrennbare Elemente der Stadtbildung waren. Sie lassen es als gerechtfertigt erscheinen, die Stadtwerdung im Rechtssinne auf einen Näherungswert festzulegen: nach 1232 bis spätestens 1253. Bereits vor der Vereinigung mit Cölln zur Doppelstadt im Jahr 1307 hatte Berlin seiner Bedeutung als Rechtsvorort gemäß Spandau vollständig in den Schatten gedrängt.

Berliner Recht war dem Ursprungsort nach Brandenburger, sächsisches Recht. Brandenburg selbst hatte seine Rechtsordnung von Magdeburg erhalten[9]. Magdeburger bzw. Brandenburger Recht sind Oberbegriffe für zwei neu sich konstituierende Rechtskreise: das Landrecht und das Stadtrecht. Beide haben sich unter veränderten ökonomischen Voraussetzungen und einer dadurch bedingten Bevölkerungsbewegung nebeneinander aus dem sich abschwächenden sächsischen Stammesrecht entwickelt[10]. Träger der Überlieferung war – neben nichtamtlichen Aufzeichnungen – vor allem die Spruchtätigkeit der Schöffenstühle von Brandenburg und Magdeburg. Das Brandenburger Stadtrecht hatte sich in bewußter Frontstellung zum Recht der bäuerlichen Landbevölkerung als Sonder- und Standesrecht allmählich herausgebildet. Es brachte der Stadt den Vorteil einer gewissen politischen Eigenständigkeit gegenüber dem vom Adel beherrschten umliegenden Land. Den Stadtbürgern verlieh es Eigenverantwortung für die innere Ordnung. Diese wurde durch Satzungen konkretisiert. Ein weiterer Vorzug für den Bürger war sein freierer Rechtsstatus, häufig auch ein freies Grundstücksverkehrs- und Erbrecht. Den Kaufleuten, Fernhändlern und dem Gewerbe kamen die relativ einheitlichen, unkomplizierten Rechtsregeln für die elementarsten Geschäftsformen über große Räume hinweg sehr entgegen. Die Stadt mit eigener Rechtshoheit war ein umfassend privilegierter, aus dem markgräflichen Landgericht herausgelöster Rechtsbezirk.

Uneingeschränkt galt dies jedoch nur, wenn sie im Besitz der vollen Jurisdiktionsgewalt, des Hoch- und Niedergerichts war. Für die Territorialstadt Berlin im 13. Jahrhundert keineswegs eine Selbstverständlichkeit. In der Mark Brandenburg stand die Gerichtshoheit allein dem Landesherrn zu. Seit der goldenen Bulle von 1356 war sie als Recht formell durch die Kaiser und Königen abgerungenen „privilegia de non appellando" abgesichert. Nur der Markgraf hatte oberste Befehls-, Gerichts- und Exekutivgewalt. Die Gerichtsrechte waren ihrer Natur nach Regalien, d. h. nutzbare Hoheitsrechte. Sie wurden ursprünglich nur an adelige weltliche oder geistliche Grundherrn, später auch an bedeutende Städte zu Lehen vergeben. Regelmäßig beinhaltete die Bewidmung mit dem Stadtrecht lediglich eine Belehnung mit der niederen Gerichtsbarkeit. Diese erstreckte sich auf alle unterhalb der Kapital-

[9] *Schulze,* Die Brandenburgischen Stadtrechte, 350 ff.

[10] Dazu *Lieberwirth,* Das sächsisch-magdeburgische Recht, 8, 14.

verbrechen liegenden sog. causae minores. Dazu rechneten Klagen um Schuld, Eigen, Erbe, Fahrniß, minderschwere Delikte und Polizeiunrecht.

Das Hoch- oder Blutgericht als Majestätsrecht wurde den Städten nur im Ausnahmewege und zum Zeichen besonderer Anerkennung ihrer wirtschaftlichen oder politischen Stellung im Territorium verliehen. Erst mit dem Erwerb des Blutbannes war die Stadt auch für Blutfälle aus eigenem Recht zuständig. Als sog. causae maiores oder delicta capitalia galten Mord, Totschlag, Raub, Notzucht und schwerer Diebstahl, die alle peinlich an Leib und Leben bestraft wurden. Die Abgrenzungen zwischen Hoch- und Niedergericht waren stets fließend und Quelle ständiger, vielfach kleinlicher Kompetenzstreitigkeiten.

Mit dem Erwerb des Stadtrechts hatte Berlin zunächst nur die niederen Gerichtsrechte in weltlichen Angelegenheiten erhalten. Die geistliche Jurisdiktion über die zahlenmäßig kleine Gruppe des hohen und niederen Klerus hatte der Bischof von Brandenburg. Die Niedergerichtsbarkeit wurde durch einen vom Markgrafen ernannten Stadtschulzen in dessen Auftrag zusammen mit Schöffen als Beisitzern ausgeübt. Der Schulze war vornehmster Bürger und Haupt der Stadt. Von den Gerichtsgefällen gehörte ihm ein Drittel, der Rest war an den Landesherrn abzuliefern. Blutsachen wurden dagegen nach wie vor durch markgräfliche Gerichte abgeurteilt. Das Hofgericht war zuständig für Straftaten ritterbürtiger Personen, das Vogtgericht für Bauern und Bürger. Dabei blieb es auch nach dem im Jahr 1307 vom Markgrafen Hermann bestätigten Zusammenschluß Berlins mit Cölln. Die Bundesakte verfügte, daß künftig ein einziges gemeinsames Stadtgericht mit einem markgräflich eingesetzten Richter und sieben Schöffen die Rechtspflege in der Doppelstadt wahrnehmen sollte. Die Urkunde legte auch das Verfahren für die Zusammensetzung des Beisitzerkollegiums fest. Die Bürger von Berlin hatten vier, die von Cölln drei Schöffen, und zwar für die Dauer von drei Jahren zu wählen[11].

IV. Glanzzeit und Zeichen des Niedergangs

Den entscheidenden Kompetenzzuwachs auf dem Gebiet der Gerichtshoheit brachte das Jahr 1317. Der letzte Askanier, der verschwenderische und kinderlose Markgraf Waldemar, hatte Berlin und Cölln zum Niedergericht nunmehr auch die Hohe, die Blutgerichtsbarkeit verliehen. In der Rechtsform eines Evokationsverbotes war verfügt worden, daß künftig kein Bürger in irgendeiner Rechtsangelegenheit vor ein Gericht außerhalb der Mauern der Doppelstadt gefordert werden

[11] *Sello,* Gerichtsverfassung, 8 ff.; *Holtze,* Stadtgericht, 2 ff.

durfte. Eine Ausnahme hatte lediglich für den Fall der handhaften Tat zu gelten. Der auf frischer Tat Betroffene und Ergriffene mußte sofort dem Richter vorgeführt werden, in dessen Sprengel das Verbrechen verübt worden war[12].

Diese Verbesserung seines Rechtsstatus verdankte Berlin allein der herausgehobenen ökonomischen und politischen Stellung, die es in nur kurzer Zeit hatte erringen können. Der Spreestadt war es gelungen, die markgräflichen Rechte allmählich zugunsten eigener Rechtstitel und weiterreichender Autonomie zurückzudrängen.

Nach dem Erlöschen der askanischen Dynastie (1319) begann der Zerfall der landesherrlichen Zentralgewalt[13]. Die Mark Brandenburg, Kernlandschaft des späteren preußischen Staates, kam als herrenloses, erledigtes und heimgefallenes Reichslehen unter die Herrschaft Landfremder: 1323 der Wittelsbacher, 1373 der Luxemburger. Die Geschichtsschreibung kommentiert diese Phase zumeist abschätzig als böse Zeit der Anarchie von Adelsfehden, Räubereien und des Interregnums[14]. Das mag der historischen Wahrheit entsprechen, sicher erwiesen ist es nicht.

Immerhin hatte die als parasitär empfundene Regierungszeit der Wittelsbacher dem Land eine Ämter- und Verwaltungsorganisation gebracht, die ihresgleichen suchte und die Bewährungsprobe in Bayern und Tirol mit Erfolg bestanden hatte. Als Ludwig V. der Brandenburger 1333 in die Mark kam und das Schloß zu Berlin-Spandau bezog, etablierte er zur unabhängigen Führung seiner Regierungsgeschäfte eine neue Kanzlei und besetzte sie mit juristisch gebildeten mittel- und süddeutschen beamteten Räten. Unter ihnen ragt Berthold VII. Graf von Henneberg hervor. Er war Ludwigs politischer Stellvertreter, exzellenter Verwaltungsfachmann, großer Städtefreund und Stadtrechtsexperte. Auch die Berufung des bedeutenden märkischen gelehrten Juristen Johann von Buch 1334 zum Hofrichter als Repräsentanten des Markgrafen im Hofgericht und 1335 zum Landeshauptmann mit umfassenden politischen Vollmachten unterstreicht das durchaus praktische Bemühen des ungeliebten Landesherrn um eine grundlegende Neuordnung der Mark auf modernen Rechtsgrundlagen[15]. Daß die Reform der Verwaltungsstrukturen und das Wirken dieser Persönlichkeiten für die Stadtbildung Berlins völlig folgenlos geblieben waren, wird wohl niemand ernstlich behaupten können.

[12] *Sello,* Gerichtsverfassung, 14ff. (17f.).

[13] Näher dazu vgl. Lexikon des Mittelalters II, München–Zürich 1983, 554ff. (558f.).

[14] *Sello,* Gerichtsverfassung, 18; Lexikon des Mittelalters II, 556; *Ribbe,* Geschichte Berlins I, 196, 202.

[15] *Schmidbauer,* Urkundenwesen, 32ff., 62f.; *Rall,* Wittelsbacher, 64ff.

Wie auch immer: jedenfalls hatten die instabil gewordenen politischen Zustände im Territorium die Vorbedingungen für eine zwar egoistische, aber im Ergebnis kluge Handelspolitik und Regierungskunst der großen Berlin-Cöllner Patriziergeschlechter geschaffen. Zu denken ist etwa an die Blankenfelde, Tempelhof, Reiche, Wins, Stroband, Rathenow oder Wardenberg. Und möglicherweise ist es nur eine Ironie der Geschichte, daß wir den permanenten Geldnöten der Wittelsbacher genauere Aufschlüsse über den eigentlichen Inhaber der Stadtgerichtsbarkeit in Berlin verdanken. Es war nicht die Doppelstadt oder ihr Rat, sondern der vornehme Berliner Bürger Thilo Brügge, ein Vertreter des bürgerlichen Kapitals. Ihn hatte Ludwig 1345 mit dem Nieder- und Hochgericht, mit beachtlichen Einkünften hieraus und der Anwartschaft auf das Schulzenamt belehnt. Thilo Brügge erhielt die Gerichtsrechte als Pfand, da der Markgraf wegen des chronischen Geldmangels an ihre Wiedereinlösung gar nicht denken konnte.

Diese Verleihung des Gerichtsbannes wurde zur Grundlage eines weiteren für die städtische Rechtshoheit wichtigen Geschäfts. 1391 verkaufte Brügges gleichnamiger Sohn die Stadtgerichtsbarkeit für 356 Schock böhmischer Gulden an den Rat von Berlin. Cölln war daran nicht beteiligt. Markgraf Jobst von Mähren, dem der Luxemburger Karl IV. 1388 die Mark verpfändet hatte, bestätigte den Kauf als Oberlehensherr. Zum ersten Mal in ihrer Geschichte war damit Berlin als Körperschaft im Besitz der Blut- und Niedergerichtsbarkeit. Ein jetzt ausschließlich dem Rat verantwortlicher beamteter Stadtrichter übte sie mit den Schöffen aus. Fortan flossen auch die Gerichtseinkünfte an die Stadt[16].

Das Gerichtsmonopol währte allerdings nicht lange. Seit den zwanziger Jahren des 15. Jahrhunderts hatten sich die Beziehungen zwischen den neuen hohenzollernschen Landesherrn und den märkischen Städten verschlechtert[17]. Im Mittelpunkt der Auseinandersetzungen standen die patrizischen Geschlechter. Ihre angestammten Rechte wurden ihnen von zwei Gegnern gleichzeitig streitig gemacht: vom Landesherrn und von der nichtpatrizischen Bürgerschaft, den „slichten luden", Gewerken und Zünften. Dem Markgrafen ging es um die Rückgewinnung entfremdeter Territorialrechte (Lehen) und Zurückdrängung angemaßter Hochgerichtskompetenzen. Die Innungen hatten sich aus der anfänglich rein gewerblichen zu einer politischen Korporation entwickelt. Sie rebellierten offen gegen das bestehende selbstherrliche Ratsregiment und mahnten stärkere politische Mitwirkungsrechte an. Zur Abwehr dieser Forderungen und Sicherung eigener Besitzstände schloß sich deshalb 1432 die

[16] *Holtze*, Stadtgericht, 4 ff.; *Ribbe*, Geschichte Berlins I, 197 ff.
[17] *Ribbe*, 257 ff.

alte städtische Führungsschicht, das Patriziat von Berlin und Cölln in einem Bündnis zusammen. Jedoch zwangen schwere blutige innerstädtische Unruhen als Folge dieser innerstädtischen sozialen Spannungen zwischen Rat und Patriziern auf der einen sowie Bürgerschaft und Gewerken auf der anderen Seite zur Auflösung der Union. Von nicht enden wollenden Streitigkeiten zermürbt, wandten sich beide Parteien 1442 an den Landesherrn, den Kurfürsten Friedrich II. aus dem Hause Hohenzollern. Der nutzte den Konflikt und zerschlug die städtische Selbständigkeit. Berlin wurde das Gericht mit den handelspolitisch wichtigen Stapel- und Zollprivilegien entzogen, der gemeinsame Rat der Doppelstadt „auf ewige Zeit" getrennt. Die Wahl der Ratmannen bedurfte der landesherrlichen Bestätigung. Für die Rechtspflege in Berlin und Cölln blieb allerdings ein einziger Richter zuständig, der – wie einst – wieder vom Kurfürsten eingesetzt und ihm allein verantwortlich war.

Dies war jedoch erst der Anfang weiterer Demütigungen. Berlin und Cölln waren nicht gewillt, den Verlust wesentlicher Elemente ihrer Stadtherrlichkeit hinzunehmen. Sie verbanden sich deshalb 1447 erneut gegen den Landesherrn. Der kurfürstliche Richter Balthasar Hake wurde gefangengesetzt, die Kanzlei mit Archiv niedergebrannt und die Union von 1432 in vollem Umfang wiederhergestellt. Ein Jahr später brach das Strafgericht Friedrichs II. herein. Das Band der gemeinsamen Gerichtsverfassung wurde gelöst und der Stadtrichter lediglich mit der Niedergerichtsbarkeit belehnt. Die Blutgerichtsbarkeit behielt sich der Landesherr selbst vor. Die patrizischen Anführer des als „Berliner Unwille"[18] in die Geschichte eingegangenen Aufstandes wurden wegen Treuebruchs (Felonie) vor Gericht gestellt und teils mit Entzug ihrer Lehensgüter, teils mit lebenslanger Stadtverweisung bestraft.

Der Verlust der Hochgerichtsbarkeit bedeutete für Berlin mehr als nur eine Autoritätsminderung seiner Räte und den Ausfall erheblicher Einkünfte. Der Vorgang selbst war im Rahmen eines komplexeren historischen Geschehens der vielleicht folgenreichste auf dem Weg in Unselbständigkeit, politische Bedeutungslosigkeit und wirtschaftliche Abhängigkeit. Friedrich II. hatte bereits 1443 ein unübersehbares Zeichen für den Niedergang der freien Stadtgemeinde gesetzt. Mit der eigenhändigen Grundsteinlegung zum Bau einer zwingburgartigen Residenz auf abgetretenem städtischem Grund innerhalb des Cöllner Mauerringes war Berlin tatsächlich schon zu einer Fürstenstadt abgesunken. 1451 wurde das Schloß bezogen. Im gleichen Jahr fand hier das kurfürstliche Hofgericht für die Mittelmark seinen Sitz.

[18] *Holtze*, Stadtgericht, 7 ff.; *ders.*, Geschichte, 11 ff.; *Ribbe*, 262 ff.

Berlin hatte sich fortan der Staatseinheit der frühabsolutistischen Machtomnipotenz unterzuordnen. Es wurde – dem Bericht eines lübischen zeitgenössischen Chronisten nach – Eigen, Eigentum des Landesherrn, sein Untertan[19]. Dahin waren Eigenpolitik und wirtschaftliche Autarkie im Bündnis mit der Hanse, der sich die Doppelstadt bereits 1431 angenähert hat und aus der sie 1538 definitiv ausscheiden mußte. Vorbei die politische Führungsrolle als Speerspitze des märkischen Städtebundes mit seiner adels- und fürstenfeindlichen Frontstellung. Der „Berliner Unwille" von 1447/48 hatte weitreichende, schwerwiegende Folgen.

V. Berliner Stadtbuch

„Vorzüglichste, ja einzige Quelle des Berliner Rechtes im Mittelalter, unschätzbare Quelle für die Berliner Rechtsgeschichte" ist das Stadtbuch[20]. In dieser Bewertung ist sich die Forschung einig. Es ist tatsächlich ein einzigartiges Dokument, ein Kaleidoskop der städtischen Lebensformen in ihren ökonomischen, sozialen und rechtlichen Ausprägungen. Die Bilder sind von beeindruckender, durchgehender Tiefenschärfe. Das Stadtbuch wurde bald nach dem Erwerb der vollen Gerichtshoheit im Jahr 1391 begonnen. Bis 1399 waren bereits die wichtigsten Teile fertiggestellt. Lange Zeit galt es als verschollen und kehrte erst 1836 von Bremen nach Berlin zurück[21]: habent sua fata libelli!

Das Berliner Stadtbuch besteht aus sieben Büchern. Einer amtlichen Sammlung vergleichbar enthalten sie das jeweils geltende, aus konkreten Anlässen fortgeschriebene Recht der Stadt im umfassenden Sinne. Neben Auflistungen der Einkünfte, Steuern, Abgaben und Zinse stehen Abschriften und Bestätigungen der wichtigsten Privilegien, ferner Eidesformulare für die Bediensteten des städtischen Verwaltungsapparates, Bürgerrechtsrollen sowie Protokollnotizen über Auflassungen zinspflichtiger Grundstücke, Verpfändungen, Rentenkäufe oder Zahlungen aus Bürgschaftspflichten[22].

Rechtshistorisch einmalig ist das sog. Schöffenrecht des dritten Buches. Es regelt die Gerichtsverfassung, das gesamte Privat-, Kriminal- und Verfahrensrecht in seiner durch die Rechtsprechung der Berliner Schöffen jeweils verbindlichen Konkretisierung, ist Rechtskodex und Präjudiziensammlung zugleich[23].

[19] *Hoppe,* in: Dietrich, Berlin, 83.

[20] *Schwebel,* Geschichte der Stadt Berlin I, 229; *Sello,* Gerichtsverfassung, 5.

[21] *Fidicin,* Stadtbuch, XVI; *Clauswitz,* Stadtbuch, Einleitung I ff.

[22] Im ganzen dazu vgl. *Fidicin,* Stadtbuch, XII ff.; *Clauswitz,* Stadtbuch, XVIII ff.; *Sello,* Gerichtsverfassung, 34 ff.; *Heydemann,* Elemente, 169 ff.

[23] *Seeboth,* Privatrecht, 1 ff.; *Sello,* Gerichtsverfassung, 50.

Nun sind Stadtbücher im 15. Jahrhundert an sich nichts Außergewöhnliches. In der Zeit des Übergangs von mündlich tradierten Rechtsgewohnheiten zum geschriebenen Recht trugen sie dem schlichten Bedürfnis nach verbindlicher, umfassender Dokumentation Rechnung. Sie waren vertraute Hilfsmittel des städtischen Rates, der Verwaltung und Rechtspflege[24].

Das Berliner Schöffenrecht ist aus einem anderen Grunde ein Unikat der Rechtsgeschichte. Es lichtet die Stadtrechtsordnung in ihrer unterschiedlichen Differenzierung und Vielfalt über ein ganzes Jahrhundert so gut wie lückenlos und wirklichkeitsgetreu ab. Wie ein Brennglas bündelt es die dem Stadtrecht zugrundeliegenden Quellen des sächsisch-brandenburgischen Rechts in seiner für die städtische Praxis typischen Anverwandlung: „der scheppen rechticheit, die getogen sint ut anderen rechtbukere"[25]. Nach dieser authentischen Kennzeichnung schöpften die Berliner Schöffen hauptsächlich aus dem um 1220 bis 1230 entstandenen Sachsenspiegel, ferner aus dem Sächsischen Weichbildrecht, einer privaten Bearbeitung des Magdeburger Schöffenrechts aus der Zeit um 1300 sowie dem für den sächsischen Prozeß wichtigen Richtsteig Landrechts, 1335 verfaßt vom gelehrten Glossator des Sachsenspiegels Johann von Buch[26]. Die Berücksichtigung des Richtsteigs war wohl eine der Ursachen für die Übernahme elementarer Figuren des römisch-kanonischen Rechts.

Das mittelalterliche Berliner Recht war demnach eine Mischrechtsordnung. Im materiellen Zivil-, Straf- und Verfahrensrecht sowie im Gerichtsaufbau folgte es gemeinem sächsischem Recht. Der Richter hatte lediglich prozeßleitende Funktionen. Ihm oblag die öffentliche Verkündung des durch die Schöffen gefundenen Urteils. Zu schwierigen Rechtsfragen konnte eine Rechtsbelehrung bei dem Brandenburger Schöffenstuhl, dem für Berlin zuständigen Oberhof, eingeholt werden. Den Strafprozeß beherrschte der Grundsatz der Privatanklage. Vom Tatvorwurf konnte den Beschuldigten nur der gelungene Formalbeweis des Reinigungseides oder Zweikampfordals befreien. Allerdings zeichnen sich in der Kriminalpraxis bereits deutliche Anleihen beim inquisitorischen Offizialprozeß des gelehrten Rechts ab, mit seiner auf Geständnis, zwei klassischen Zeugen oder Folter beruhenden neuen, materiellen

[24] Vgl. *Karl Kroeschell*, Deutsche Rechtsgeschichte 2, 4. Aufl., Opladen 1980, 60 ff.

[25] *Fidicin*, Stadtbuch, 8, 92; *Clauswitz*, Stadtbuch, 105 (§ 13); *Sello*, Gerichtsverfassung, 45 f.

[26] Im einzelnen dazu vgl. *Sello*, Gerichtsverfassung, 46 ff.

Beweismechanik. Im Privatrecht beherrschen römische Rechtsgrundsätze bereits die Regeln für wucherischen Handel und Kontrakte, die Voraussetzungen und Wirkungen des kirchlichen Bannes, die Testamentserrichtung und den Erbschaftsantritt[27].

Die Kriminalität einer Gesellschaft verrät über deren Rechtskultur und Sozialethik mehr als Annalen und Chroniken. Wer kriminalstatistische Parameter zu deuten versteht, erfährt aus der Negation des Rechts die wahre Akzeptanz einer Sozialordnung, erlebt Geschichte pur – „am farbigen Abglanz haben wir das Leben"[28]. Das Berliner Stadtbuch hält im sog. „liber excessuum – Buch der Übertretungen" dieses statistische Material bereit. Nach dem System des steckbrieflichen Details verzeichnet es sämtliche vor dem Stadtgericht zur Aburteilung gekommenen Kriminalfälle nach Tatperson, Verbrechen und verwirkter Strafe. Das Buch diente auch der Registrierung verhängter Stadtverweisungen und geleisteter Urfehden. Im Zuwiderhandlungsfalle konnte der Richter auf der Grundlage eines beweiskräftigen Eintrages die Tat im Schnellverfahren mit einer qualifizierten Strafe ahnden.

Berlin war Mitte des 15. Jahrhunderts nicht mehr das wohlgeordnete Gemeinwesen mit Geistlichkeit, Patriziat, Handwerkern, Kaufleuten, Ackerbürgern und Taglöhnern. Die zunehmend Residenzcharakter gewinnende Stadt zog neue Bevölkerungsgruppen an[29]. Der eingetretene Strukturwandel spiegelt sich in der Strafrechtspflege wider. Ganz offensichtlich hatte der „Berliner Unwille" der vierziger Jahre die Wirkung eines Dammbruchs. Die Strafjustiz antwortete auf diese Explosion der Gewalt hemmungslos mit schweren und härtesten, abschreckenden, vielfach spiegelnden Vergeltungsstrafen: Feuertod für Hexerei, das Braten in einem Kessel für Münzfälscher oder Vierteilen für Attentate auf Stadtverfassung und Stadtorgane. Frauen jeden Alters wurden ohne Rücksicht auf ihren Stand lebendig begraben, wenn sie der Zauberei, Giftbeibringung, Kuppelei oder gar des Nahrungsdiebstahls und Hausfriedensbruchs überführt waren. Selbst jugendlichen Delinquenten drohte wegen nur geringfügiger Vergehen – etwa Diebstahl eines Fasses von Heringen – der Galgen[30].

[27] *Sello*, Gerichtsverfassung, 56 ff.; *Seeboth*, Privatrecht, 2; *Heydemann*, Elemente, 193 ff.

[28] *Goethe*, Faust II, Hamburger Ausgabe 1976, Bd. 3, 149 (1. Akt, Anmutige Gegend, a. E.).

[29] *Ribbe*, 207 ff.

[30] *Clauswitz*, Stadtbuch, 29 („in einer kupe tu bradene" dazu vgl. *Fidicin*, Geschichte, 286 ff.; *Streckfuß*, 500 Jahre, 16.), 201 (6), 203 (13), 204 (15), 207 (26), 211 (54), 212 (63), 214 (72, 76), 215 (82), 219 (105), 220 (110), 222 (122, 126), 223 (132), 224 (135).

Seit jeher besonders belastet war in Berlin das Verhältnis der Laien zum Klerus[31]. Sicher nicht grundlos resümiert das Schöffenrecht: „Priester und Laien werden leider selten gute Freunde. Das kommt von der Pfaffen Gierigkeit und Unkeuschheit. Den Gierigen aber hasset man sehr[32].“ Dies mag auch die Ursache für die eingehende Regelung des Notwehrrechts gegenüber Angriffen Geistlicher auf die weibliche Geschlechtsehre gewesen sein. Die Bedrängte durfte den in verbotener Leidenschaft entbrannten Kleriker äußerstenfalls sogar töten, ohne sich strafbar zu machen und ohne der sofortigen Exkommunikation latae sententiae zu verfallen. Allerdings empfiehlt ihr das Gesetz für einen solchen Fall weltklug: „Der Sicherheit halber lasse sie sich doch durch den Bischof vom Banne lösen[33].“ Vielleicht kannte der städtische Gesetzgeber die berühmte kanonische Vermutung: „clericus, si deosculetur mulierem, facere it praesumitur zelo charitatis.“ Dazu meinten allerdings schon damals erfahrene Kanonisten: „A tali charitate libera nos Domine[34]!“

Auffallend sachlich regelte das Schöffenrecht die Rechtsbeziehungen zu den jüdischen Mitbürgern[35]. Die Juden Berlins und Cöllns unterstanden seit 1317 der städtischen Gerichtsbarkeit. Als Teil der Stadtbevölkerung waren sie zwar formalrechtlich den christlichen Bewohnern gleichgestellt, tatsächlich jedoch auf vielen Ebenen gesellschaftlich diskriminiert. Das Recht verpflichtete sie zum Tragen eines roten Hutes in der Öffentlichkeit. Daß sie als dem kanonischen Zinsverbot nicht unterliegende Geldverleiher den wirtschaftlich notwendigen, wichtigen Geld- und Kreditverkehr erst ermöglichten, hinderte nicht, sie zu gierigen Wucherern zu stempeln. Ablehnung und Unverständnis der Christen zeigen sich in voller Tiefe im Zeremoniell des Judeneides vor Gericht. Die Formen der Eidesleistung waren so entwürdigend, wie sie sich in dieser Abscheulichkeit in keiner anderen zeitgenössischen Quelle finden[36]. Die Juden und das Recht – ein in jeder Epoche der deutschen Rechtsgeschichte dunkles, ein blutiges Kapitel.

VI. Verfall

Berlins Glanzzeit im Mittelalter trug indessen bereits die Keime des Verfalls in sich. Friedrich I. von Hohenzollern hatte den rebellierenden

[31] *Ribbe*, 234 ff.

[32] *Fidicin*, Stadtbuch, 174; *Clauswitz*, Stadtbuch, 191 (§ 31).

[33] *Fidicin*, Stadtbuch, 174 (a. E.); *Clauswitz*, Stadtbuch, 191 (§ 31 a. E.).

[34] *Sello*, Gerichtsverfassung, 43 f., 84 f.

[35] *Ribbe*, 239 ff., 285 ff.; *Seeboth*, Privatrecht, 9 ff.

[36] *Fidicin*, Stadtbuch, 152 f.; *Clauswitz*, Stadtbuch, 167 f. (§ 19); im einzelnen dazu vgl. *Sello*, Gerichtsverfassung, 117 f.; *Seeboth*, Privatrecht, 10 f.

märkischen Adel gebeugt. Gegen die Autonomie der Städte war er machtlos. Deren Unterwerfung gelang erst Friedrich II., dem Eisernen, dem Städtezwinger. 1448 hatte er der Selbstverwaltung und Gerichtsherrlichkeit Berlins einen entscheidenden Stoß versetzt. Die Stadt sollte sich davon nie wieder erholen. Daran ändert selbst der Rückerwerb der vollen Gerichtshoheit im Jahre 1508 nichts. Kurfürst Joachim I. hatte sie den Räten von Berlin und Cölln gegen Zahlung einer jährlichen Rente von 90 Gulden zurückgegeben. Allerdings bedarf dieser Vorgang einer juristischen Präzisierung. Zur Zeit des Verkaufs waren die niederen Gerichtsrechte schon in den Händen des Bürgermeisters Hans Tempelhof als Lehen. Die Urkunde enthielt insoweit lediglich die Zustimmung des Landesherrn für den Fall, daß ihr Inhaber das Niedergericht der Doppelstadt überlassen sollte. Das geschah erst 1544. Von den Söhnen Tempelhofs erwarben Berlin und Cölln gegen 2250 Gulden zur Blutgerichtsbarkeit nunmehr auch das Niedergericht[37]. Dabei blieb es bis zur endgültigen sang- und klanglosen Auflösung der Lehensverhältnisse im Jahr 1806.

Der Rechtserwerb war allerdings nur scheinbar umfassend. Tatsächlich hatte sich der Kurfürst wichtige Befugnisse vorbehalten. Dazu gehörte das Recht, den Stadtrichter zu ernennen und abzusetzen. Auch bei Majestätsverbrechen und schwersten Delikten konnte er die Sachen jederzeit an sich ziehen. In zivilrechtlichen Streitigkeiten wurde das Hofgericht, seit 1516 das neu gegründete Kammergericht oberste Instanz. Auf Tortur oder Tod erkennende Urteile bedurften der landesherrlichen Bestätigung. Von der Stadtgerichtsbarkeit eximiert und der kurfürstlichen Jurisdiktion unmittelbar unterstellt blieben alle Angehörigen des Hofes, Beamte, Dienerschaft sowie Prozesse um landesherrliches Grundvermögen.

Derart schwere Einbußen beschleunigten den Niedergang der politischen Eigenständigkeit und städtischen Selbstverwaltung. Seine wirtschaftliche Vormachtstellung als Handelsmittelpunkt mußte Berlin bald schon an Frankfurt a. d. Oder abgeben. Im Sog des konsequent betriebenen Ausbaues der Landeshoheit wurden städtische Institutionen zerbrochen, günstigstenfalls mediatisiert. Als entscheidender Wegbereiter dieses Nivellierungsprozesses erwies sich das römische Recht. Im justinianischen Corpus iuris war bereits die Verfassung eines zentralistisch geordneten Staatswesens oströmisch-byzantinischen Zuschnitts perfekt vorgebildet. Sie brauchte nur kopiert zu werden. Dies besorgte ein professionalisierter Berufsstand gelehrter Juristen – eine neue soziale Gruppe. Im Gegensatz zu den ungelehrten mittelalterlichen Rechtsho-

[37] *Holtze,* Stadtgericht, 10f.

noratioren hatten sie römisches und kanonisches Recht an den italienischen Universitäten studiert. In die Heimat zurückgekehrt fanden sie sofort Verwendung als Räte, Richter oder Anwälte in der landesherrlichen Justiz und Zentralverwaltung oder in den Städten. An neu gegründeten Universitäten – Frankfurt a. d. Oder – wirkten sie als Rechtslehrer. In diesen Funktionen verhalfen sie dem gelehrten Recht auf den verschiedensten Ebenen zur praktischen Anwendung[38].

Auch im Berliner Rechtswesen machte sich seit dem frühen 16. Jahrhundert ein stärkerer Einfluß des römischen Rechts bemerkbar. Unter seinem Dach als ius commune mußten viele Figuren des lokalen Rechts gelehrten Neubildungen weichen. Der ursprünglich allein das Verfahren leitende, das Urteil bei den Schöffen erfragende, über Rechtskenntnisse nur unzulänglich verfügende Stadtrichter wurde durch den juristisch geschulten, die Entscheidung selbst findenden „iudex" ersetzt. Die Schöffen waren zu Statisten geworden. Ihr auf praktischer Erfahrung und sozialer Autorität beruhendes, unwissenschaftliches Rechtswissen war mit der ratio scripta, der Schrift gewordenen Vernunft des römischen Rechts unvereinbar. Im Strafverfahren hatte sich der römisch-kanonische Inquisitionsprozeß als Geheimverfahren durchgesetzt. Die Öffentlichkeit wurde nur noch bei der Urteilsverkündung am sog. endlichen Rechtstag als Szene benötigt. Für den Zivilprozeß hatte die Reformierte Kammergerichtsordnung 1540 obligatorisch ein förmliches schriftliches Verfahren verordnet. Sie war nach der Landeskonstitution Joachims I. von 1527 (Joachimica) das wichtigste Rezeptionsgesetz. Der alte Rechtszug an den Brandenburger Schöffenstuhl wurde bereits 1529 abgeschafft. An seine Stelle trat das Kammergericht als zweite Instanz. Gegen seine Urteile stand der unterlegenen Partei die Supplikation an den Fürsten offen[39].

Zu einem weiteren empfindlichen Ansehensverlust des Stadtgerichts trug die wachsende Rivalität zwischen Berlin und Cölln bei. Nachdem die Kammergerichtsordnung die Trennung der Gerichte herbeigeführt hatte, verschlissen sich beide in endlosen, kleinlichen Kompetenzstreitereien. Zumeist war es schwieriger festzustellen, wer zu entscheiden hatte, als wie zu entscheiden war[40].

Rechtspflege und Verwaltung der Stadt blieben fest im zentralistischen System der territorialstaatlichen Verfassung eingebunden. Sie waren zu Teilgewalten des fürstlichen Verwaltungs- und Justizmonopols geworden. Als Monopolist reglementierte der Landesherr autoritär „ex

[38] Dazu vgl. Handwörterbuch zur Deutschen Rechtsgeschichte IV (Rezeption), Berlin 1987, 970 ff. sowie *Holtze*, Stadtgericht, 9 f.

[39] *Sello*, Gerichtsverfassung, 123 ff.; *Holtze*, Stadtgericht, 13.

[40] *Holtze*, Stadtgericht, 14.

plenitudine potestatis" sämtliche Bereiche des gesellschaftlichen Lebens durch Mandate, Dekrete oder Edikte – zumeist nur kurzlebige Einzelfall- oder Maßnahmegesetze. Das Stadtgericht war trotz seiner seit 1508 formal umfassenden Jurisdiktion zu einer Landesbehörde degradiert. Als Hilfsorgan bei der Ausübung fürstlicher Regierungsgewalt in Justizsachen hat es lediglich für den Vollzug der fieberhaft produzierten Normenflut zu sorgen.

Seit dem Regierungsantritt des Großen Kurfürsten verstärkte sich der Druck auf die Berliner Rechtshoheit. Den Auftakt dazu gab die 1641 erlassene, mehrfach novellierte Akziseordnung[41]. Sie unterstellte das gesamte städtische Steuerwesen dem Landesherrn und beseitigte es damit im Ergebnis. Der fürstliche sog. „Steuerrat" erhielt oberste polizeiliche Befugnisse. Als entscheidende landesherrliche Exekutivbehörde in der Stadt übernahm sie die Lenkung der gesamten Wirtschaft und Verwaltung. Auf diesen Grundlagen konnte Friedrich Wilhelm seinen Entschluß in die Tat umsetzen, die Doppelstadt zum ökonomischen und politischen Zentrum der Mark Brandenburg zu erheben. Notwendigerweise war dies mit einer großräumigen Erweiterung des Stadtgebietes verbunden[42]. 1660 wurde Berlin zur Festung ausgebaut. In rascher Folge entstanden vier planmäßig beschlossene Neustädte: 1662 der Friedrichswerder, 1674 die Dorotheenstadt, 1688 die Friedrichsstadt und 1701 – unter Friedrich I. – Charlottenburg. Sie wurden alle unabhängig von Berlin-Cölln organisiert, erhielten je einen eigenen Magistrat und ein Stadtgericht. Unter Friedrich Wilhelm I. wurde Berlin durch den Bau der Zollmauern auch zu einem einheitlichen Wirtschaftsgebiet zusammengeschlossen. Nunmehr entstand ein Komplex städtischen Lebens, das sich grundlegend von dem mittelalterlichen Gesicht und Gepräge abhob. Der fürstliche „Hof" wurde zum Kristallisationspunkt. Auf ihn und seine Verwaltung mit einer riesigen Diener- und Beamtenschaft war alles bezogen. Vom Hof wurden Handel, Gewerbe, städtische Gesellschaft und Verfassung abhängig. Die überkommenen autonomen zünftischen Handwerksformen mußten einer völlig gewandelten neuen Wirtschaftsart weichen[43].

Zu einem weiteren gravierenden Einschnitt in die aus dem Mittelalter gewachsenen Sozialstrukturen kam es mit dem Einzug von Exulanten. In die Residenzstadt ergoß sich ein Strom französischer Refugiés. Durch das Edikt von Potsdam bekamen sie 1685 eine neue Heimat. Friedrich I. gab ihnen 1690 eine eigene Gerichtsverfassung mit drei hierarchisch zum

[41] *Ribbe*, 362f.; *Dietrich*, Berlin, 113f.

[42] *Ribbe*, 348ff., 385ff.

[43] *Stoob*, Forschungen zum Städtewesen I, 107; *Hoppe*, in: Dietrich, Berlin, 89ff.

Parlement d'Orange als Revisionsgericht aufsteigenden Gerichtszweigen[44]. Das nur noch dem Namen nach einheitliche Stadtgericht amtierte durch sechs dislozierte Spruchkörper: in Berlin und Cölln, in der Königsstadt (der früheren Georgenvorstadt), auf dem Friedrichswerder, in der Dorotheen- und Friedrichsstadt.

Eine derart parzellierte, innerlich unverbundene Stadtjustiz war für den fürstlichen Zentralismus ein Ärgernis. Friedrich I. zog schließlich die Konsequenzen[45]. Durch Kabinettsorder vom 17. 1. 1709 befahl er die Vereinigung aller Stadtbehörden. Die Stadtteile wurden politisch zu einer einheitlichen „Gemeinde Berlin" verbunden. Die Leitung übernahm ein gemeinsamer, paritätisch mit Lutheranern und Reformierten besetzter Magistrat. Dieser bestand aus vier Bürgermeistern, zwei Syndici, drei Kämmerern und zehn Ratsherrn. Zum Vorsitzenden des ebenfalls gemeinsamen, seit 1540 zum ersten Male wieder vereinten Stadtgerichts ernannte der König den Kammergerichtsrat Ludwig Senning. Die Jurisdiktion über die Bürgerschaft wurde durch einen von den Bürgermeistern gewählten Direktor, fünf Richter und sechs Assessoren als Beisitzer ausgeübt. Personen von Stand und Adel behielten ihren privilegierten Gerichtsstand beim Kammergericht. Für Beamte und Bedienstete im Schloßbezirk war der Hausvogt als königlicher Richter zuständig. Eine 1710 in Kraft getretene Gerichtsverfassung schuf die Rechtsgrundlage für diese Neuordnung. Nichts kennzeichnet deutlicher das Verhältnis der städtischen Verfassungsorgane zu den neuen landesherrlich geschaffenen Einrichtungen, als ein Ausspruch des Bürgermeisters Trumbach vom Jahr 1658. Als der Magistrat wegen der Übergabe der Torschlüssel an den königlichen militärischen Stadtkommandanten einen Beschluß fassen wollte, erklärte das Stadtoberhaupt: „Wozu erst noch votieren? Der Befehl ist doch da"[46]!

VII. Ende

Die Stadtrechtsentwicklung in Berlin in der Monarchie der Hohenzollern ist das Protokoll weiterer gezielt in Szene gesetzter Erosionen. Es ist zugleich der Abgesang auf den Ausgang des politischen Kampfes eines Systems selbstherrlicher staatlicher Bevormundung gegen Reste einer ihrer historischen Legitimation beraubten Stadtsouveränität. Ein Bericht über die Ausklänge verrät jedoch mehr, als nüchterne Auszüge der Stadtchronik. Er zeigt, daß der Aufstieg Berlins zur Landeshauptstadt nur widerwillig und gegen Preisgabe elementarer politischer Eigenstän-

[44] *Holtze*, Stadtgericht, 15 f.; *Ribbe*, 358 f.
[45] *Holtze*, Stadtgericht, 18 ff.
[46] *Ribbe*, 362.

digkeit sowie Gerichtshoheit erfolgt war. Berlin als Residenz, das ist eine Stadt im Glanz, im Schatten des Hofes, im Polizeigriff der Obrigkeit, mit dem Stigma der Unfreiheit. Das ist aber auch das Nebeneinander von barocker Prachtentfaltung und der Atmosphäre sozialer Trost- und Ausweglosigkeit bei der wachsenden Zahl der Hausarmen, Bettler und Almosenempfänger. Das Ende ist bekannt: die vollständige Einebnung der Stadtverfassung und ihre Transformierung in eine Ansammlung gleichgeschalteter, ihrer ursprünglichen Funktionen entkleideter, in ihren Konturen verblassender, obrigkeitlich permanent kontrollierter Institutionen. Die Autokratie hatte vor der Macht kapituliert. Der Monarch vereinigte alle politische Gewalt in seiner Person. Die Gerichtsbarkeit, vormals maßgebliche Urkraft für eine selbstverantwortete gesamtgesellschaftliche städtische Ordnung, stand ausschließlich zu seiner Disposition. Da das oberste Richteramt nicht nur vornehmstes Fürstenrecht, sondern auch naturrechtlich gebotene Pflicht war, machte er davon unbedenklich in der Wahl der Mittel Gebrauch. In justizpolitisch abstoßender Rigorosität zeigte sich dies 1728[47]. Friedrich Wilhelm I. vermutete, die Berliner Justiz würde einer beabsichtigten Vereinfachung des zivilgerichtlichen Verfahrens Widerstand entgegensetzen. Vorsorglich löste er deshalb kurzerhand das Stadtgericht auf und ernannte ein neues. Einen derart massiven Eingriff in die städtische Rechtspflege hatte es bis dahin nicht gegeben. Ähnlich rigide verfuhr Friedrich der Große mit der nur noch ihrer Form nach eigenständigen Ratsverfassung. Durch das sog. „Rathäusliche Reglement" von 1747 erhielten die jetzt zwanzig Ratsherrn zwar das Recht zur Selbstergänzung. Tatsächlich blieb das Kollegium jedoch der ständigen Durchgriffskontrolle des vom König ernannten Polizeidirektors als Stadtpräsident unterstellt. In diesem endzeitlichen Klima vollendete 1808 die als fortschrittlich gepriesene Städteordnung nur rechtlich, was faktisch bereits längst bestand: die Aufhebung der strikten Trennung von Stadt und Land und damit die endgültige Beseitigung der städtischen Gerichtshoheit[48]. Die letzte Phase in der Abfolge vieler Metamorphosen des Stadtgerichts hatte begonnen. Es war zur königlichen Behörde geworden, über deren Kompetenzen der König frei entschied. 1811 erklärte er das längst funktionslose französische Koloniegericht für abgeschafft. 1839 überwies er die gesamte Strafgerichtsbarkeit im Stadtbezirk einem neu gebildeten Kriminalgericht. Das Stadtgericht war zu einem reinen Zivilgericht geworden.

In Vollzug der Verfassung von 1848 beseitigte schließlich die Verordnung vom 2.1.1849 alle noch fortbestehenden Reste ständischer und

[47] *Holtze*, Stadtgericht, 23.

[48] Dazu vgl. *Reinhart Koselleck*, Preußen zwischen Reform und Revolution, 2. Aufl., Stuttgart 1975, 560ff.; *Dietrich*, Berlin, 114f.

patrimonialer Jurisdiktion. Seitdem waren alle Gerichte königlich. In Zivilsachen unterstanden sämtliche Einwohner und die in Berlin gelegenen Grundstücke in erster Instanz dem Stadtgericht. Diesen letzten matten Abglanz einstiger städtischer Gerichtshoheit erledigte am 1.10.1879 das Gerichtsverfassungsgesetz. An die Stelle des Berliner Stadtgerichts traten das neue Amtsgericht und das Landgericht I. Dieser Schlußakkord in der Geschichte der Stadtrechtsentwicklung rechtfertigt es, die Skizzierung hier abzubrechen.

VIII. Epilog

Wenn sich Aufstieg, Glanz und Niedergang einer Stadt auch in den Persönlichkeiten spiegeln, die für sie im Laufe der Geschichte maßgebliche Verantwortung getragen und prägenden Einfluß genommen haben, dann trifft dies für Berlin zu. Allerdings in einer eher desillusionisierenden Weise. Es fällt nämlich auf, daß allein der große märkische Jurist Johann von Buch ein Ansehen erwerben konnte, das ihn weit über seine Zeitgenossen heraushob[49]. Pikanterweise wurde er gerade von dem für die Stadtrechtsentwicklung der Doppelstadt in der Bedeutung völlig unterschätzten Wittelsbacher Ludwig dem Brandenburger in seine politischen Leitungsämter berufen. Nach ihm konnte keiner der urkundlich überlieferten Repräsentanten der Berliner Justiz des Mittelalters ähnliches Prestige und Profil gewinnen. Abgesehen vielleicht vom Stadtrichter Nikolaus Peuker[50]. Doch der erklomm die Sprossen zum Ruhm in einer eher skurril und rührend anmutenden Weise. Mit der Schrift „Die wohlklingende Pauke“ hinterließ er zu Beginn des 17. Jahrhunderts Spuren als Gelegenheitsdichter und seichter Reimeschmied.

Goethe hatte Berlin 1778 ein einziges Mal und für nur vier Tage in politischer Mission besucht. Es sollten wegen des drohenden bayerischen Erbfolgekrieges Informationen eingeholt werden[51]. Obwohl vom Ambiente persönlich nicht sonderlich angezogen[52], faßte er seinen bleibenden Eindruck in einem klarsichtigen Distichon zusammen:

„Deine Größe, Berlin, pflegt jeder Fremde zu rühmen;
Führt der Weg ihn zu uns, stutzt er, so klein uns zu sehn[53].“

[49] Zu ihm vgl. Handwörterbuch zur Deutschen Rechtsgeschichte I, Berlin 1971, 526f.; Lexikon des Mittelalters I, 811.

[50] *Holtze,* Stadtgericht, 18.

[51] Goethes Briefe, Hamburger Ausgabe 1968, Bd. 1, 664 (Kommentar).

[52] *Zastrau,* in: Dietrich, Berlin, 139ff.; *Ribbe,* 396.

[53] *Goethe,* Xenien, Hamburger Ausgabe 1974, Bd. 1, 233 (Rdnr. 180).

So und nicht anders mußte die Stadt zu Ausgang des 18. Jahrhunderts auf jeden Besucher gewirkt haben. Was sich einprägte, war das Ensemble einer echten Fürstenstadt. In ihr wurde alles Sinnfällige durch eine echte, auf Größe und Würde bedachte Ordnung zusammengehalten[54]. Allerdings waren deren Fundamente und Lebenskräfte nicht mehr Autonomie und Bürgerfreiheit. Berlin zu Beginn des 19. Jahrhunderts war eine Staatsanstalt, das Vollzugsprodukt allerhöchsten Willens. Angesichts dessen erscheint das Ende der Stadtherrlichkeit als Katastrophe von geradezu ästhetischer Notwendigkeit.

Anhang

Literaturübersicht (Auswahl)

Bürger, Bauer, Edelmann, Berlin im Mittelalter. Ausstellungskatalog Museum für Vor- und Frühgeschichte – Staatliche Museen Preußischer Kulturbesitz, Berlin 1987.

Clauswitz, P., Das Berlinische Stadtbuch aus dem Ende des XIV. Jahrhunderts, Berlin 1883.

Ders., Kritische Übersicht über die Literatur zur Geschichte Berlins, in: Schriften des Vereins für die Geschichte Berlins 31, Berlin 1894, 155 ff.

Dietrich, R. (Hrsg.), Berlin. Zehn Kapitel seiner Geschichte, Berlin / New York, 2. Aufl., 1981.

Fidicin, E., Historisch-diplomatische Beiträge zur Geschichte der Stadt Berlin, Theil 1, Berlinisches Stadtbuch, Berlin 1837; Theil 5, Geschichte der Stadt, Berlin 1842.

Ders., Die Gründung Berlins, Berlin 1840.

Ders., Berlin, historisch und topographisch dargestellt, Berlin 1843.

Ders., Die Hauptmomente aus der Geschichte Berlins, Berlin 1858.

Ders., Berlinische Chronik, Berlin 1868.

Friederici, E., Gerichtspflege im mittelalterlichen Berlin, in: Mitteilungen des Vereins für die Geschichte Berlins 28, Berlin 1921, 44 ff.

Geppert, C. E., Chronik von Berlin von Entstehung der Stadt an bis heute, 3 Bde., Berlin 1839.

Hälschner, H., Geschichte des Brandenburgisch-Preußischen Strafrechtes, Bonn 1855.

Heydemann, L. E., Die Elemente der Joachimischen Constitution vom Jahre 1527, Berlin 1841.

Holtze, F., Das Berliner Handelsrecht, Schriften des Vereins für die Geschichte der Stadt Berlin 16, Berlin 1880.

Ders., Beiträge zur brandenburgisch-preussischen Rechtsgeschichte, 5 Bde., Berlin 1890.

Ders., Zur Rechtsgeschichte Berlins, in: Schriften des Vereins für die Geschichte Berlins 33, Berlin 1897, 15 ff.

Ders., Das Berliner Stadtgericht von 1272 bis 1879, in: Festgabe zum 26. Deutschen Juristentage, Berlin 1902.

Ders., Geschichte der Stadt Berlin, Tübinger Studien für Schwäbische und Deutsche Rechtsgeschichte, Bd. 1, Heft 3, hg. v. F. Thudichum, Tübingen 1906.

Kaeber, E., Beiträge zur Berliner Geschichte, in: Veröffentlichungen der Historischen Kommission zu Berlin 14, Berlin 1964.

Ders., Vier kritische Fragen zur mittelalterlichen Geschichte Berlins, in: Jahrbuch des Vereins für die Geschichte Berlins, Berlin 1953, 143 ff.

[54] *Heinrich*, in: Dietrich, Berlin, 201 ff. (204).

v. Kamptz, K. A., Vorläufige Nachricht und Bitte, die Statuten und Scheffenrechte der Stadt Berlin betreffend, in: Jahrbücher für die Preußische Gesetzgebung, Rechtswissenschaft und Rechtsverwaltung 28, Berlin 1826, 339 ff.

Ders., Über die Berliner Stadtrechte, in: Jahrbücher für die Preußische Gesetzgebung, Rechtswissenschaft und Rechtsverwaltung 42, Berlin 1833, 279 ff.

Ders., Weitere Nachricht über die Schöffenrechte und Statuten der Stadt Berlin, in: Jahrbücher für die Preußische Gesetzgebung, Rechtswissenschaft und Rechtsverwaltung 46, Berlin 1835, 3 ff.

Klöden, K. F., Erläuterungen einiger Abschnitte des alten Berlinischen Stadtbuches, Berlin 1838–40.

Ders., Über die Entstehung, das Alter und die früheste Geschichte der Städte Berlin und Cölln, Berlin 1838.

Ders., Erwiderung auf die Schrift des Herrn Fidicin: Die Gründung Berlins, Berlin 1841.

Kühns, F. J., Geschichte der Gerichtsverfassung und des Processes in der Mark Brandenburg, 2 Bde., Berlin 1865.

Lieberwirth, R., Das sächsisch-magdeburgische Recht als Quelle osteuropäischer Rechtsordnungen, Sitzungsberichte der Sächsischen Akademie der Wissenschaften zu Leipzig, Philologisch-historische Klasse, Bd. 127, Heft 1, Berlin 1986.

Rall, H. u. *M.*, Die Wittelsbacher in Lebensbildern, Graz 1986.

Ribbe, W. (Hrsg.), Geschichte Berlins, 2 Bde., München 1987.

Seeboth, J., Das Privatrecht des Berliner Stadtbuches vom Ende des 14. Jahrhunderts, Berlin 1928.

Sello, G., Die Gerichtsverfassung und das Schöffenrecht Berlins bis zur Mitte des 15. Jahrhunderts, Märkische Forschungen 16, Berlin 1881.

Ders., Berichtigungen und Nachträge zu „Die Gerichtsverfassung und das Schöffenrecht Berlins bis zur Mitte des 15. Jahrhunderts", Märkische Forschungen 17, Berlin 1882.

Schmidbauer, H., Urkundenwesen, Kanzlei und Regierungssystem unter Markgraf Ludwig dem Brandenburger (1324–1361), Maschinenschriftliche wissenschaftliche Prüfung für das Lehramt an den Gymnasien, München 1970.

Schmidt, E., Rechtsentwicklungen in Preußen, Darmstadt 1961.

Scholz, J.-M., Der brandenburgische Landrechtsentwurf von 1594, Köln/Wien 1973.

Schultze, J., Die Mark Brandenburg, 2 Bde., Berlin 1961.

Schulze, H. K., Die Brandenburgischen Stadtrechte im Mittelalter, in: Jahrbuch für die Geschichte Mittel- und Ostdeutschlands 13/14, Berlin 1965, 348 ff.

Schwebel, O., Geschichte der Stadt Berlin, 2 Bde., Berlin 1888.

Streckfuß, A., 500 Jahre Berliner Geschichte. Vom Fischerdorf zur Weltstadt, 1. Bd., 4. Aufl., Berlin 1886.

Stölzel, A., Brandenburg-Preußens Rechtsverwaltung und Rechtsverfassung, 2 Bde., Berlin 1888.

Stoob, H., Forschungen zum Städtewesen in Europa, Bd. 1, Köln/Wien 1970.

Ein „geborener Verbrecher“

Karl May vor dem Königlichen Landgericht in Moabit

Claus Roxin

I.

Karl May ist am 18. Dezember 1911, drei Monate und zwölf Tage vor seinem Tode, in einem Privatklageverfahren wegen Beleidigung als Berufungskläger vor der 4. Strafkammer des Königlichen Landgerichtes III in Moabit aufgetreten. Es war ein trüber Wintertag, und wenige von denen, die im Gerichtssaal dabei waren, werden vermutet haben, daß hier ein Ereignis stattfand, das für die Literaturgeschichte wichtig war und den Vorsitzenden, Landgerichtsdirektor Ehrecke, dem Gedächtnis der Nachwelt überliefern würde. Und doch ist es so. Schon Hans-Jürgen Syberberg hat in seinem Film „Karl May“ (1974) die in ihrem Ablauf gut dokumentierte Verhandlung in Moabit[1] nachgespielt, und nun schickt sich ein Strafrechtsprofessor an, diesen Prozeß zum Gegenstand eines Vortrages zu machen, der im Jubiläumsjahr Berlins zur höheren Ehre der Stadt beitragen soll.

Um das zu verstehen, muß man wissen, daß Karl May als literarische Gestalt heute anders dasteht als vor Jahrzehnten. Im Jahre 1911, als der alte, körperlich schon gebrochene Mann in Berlin vor Gericht stand, hielten ihn weite Kreise der Öffentlichkeit für einen Kriminellen und Schundschriftsteller. Ferdinand Avenarius (1856–1923), ein Neffe Richard Wagners, der Gründer des „Dürerbundes“ (1903) und ein für den literarischen Geschmack des wilhelminischen Bürgertums meinungsbildender Kritiker, nannte in der von ihm herausgegebenen Zeit-

[1] Eine zuverlässige Wiedergabe bietet *Beissel*, „Und ich halte Herrn May für einen Dichter...“, Erinnerungen an Karl Mays letzten Prozeß in Berlin, Jahrbuch der Karl-May-Gesellschaft (Jb-KMG), 1970, S. 11 ff. Ausführliche Prozeßberichte, die offenbar auf stenografischen Aufzeichnungen beruhen und – bisweilen in mehreren Folgen – am 18., 19. und 20. 12. 1911 erschienen sind, liegen mir aus nachstehenden Berliner Blättern vor: Vossische Zeitung, Norddeutsche Allgemeine Zeitung, Berliner Lokal-Anzeiger, Preußische Zeitung (Kreuz-Zeitung), Berliner Börsen-Courier, Berliner Volks-Zeitung, Vorwärts.

schrift „Kunstwart“[2] die Karl-May-Lektüre „eine Art Volksgehirnerweichung“ und fand den Erfolg Karl Mays „zum Halbtotschämen für unser Volk“. Dreißig Jahre später, in meiner eigenen Kindheit, lasen alle Jungen Karl May und schämten sich dabei durchaus nicht, aber ein Gegenstand literarischen Interesses oder wissenschaftlicher Beachtung war Karl May nicht[3].

Heute ist das anders. Wenn die deutsche Bundespost Karl May anläßlich seines 75. Todestages am 30. März dieses Jahres eine Sondermarke gewidmet hat, so wird die erste regierungsamtliche Ehrung, die Karl May je erfahren hat, nicht als befremdlich, sondern als ein Ereignis angesehen, das an der Zeit war. In den Medien hat der Gedenktag eine Resonanz gefunden wie in der Rezeptionsgeschichte Mays keiner zuvor. Gert Ueding, Professor in Tübingen und ein bekannter Literaturkritiker, schrieb am 25. März dieses Jahres im Börsenblatt des deutschen Buchhandels: „Mays Romane zeugen nicht allein von außerordentlicher (auch ästhetischer und psychologischer) Vielschichtigkeit, sondern sind auch auf besondere Weise zum Medium und sogar zur Triebkraft deutscher Geistesgeschichte geworden.“ Reclam hat Karl May schon 1984 in sein Pantheon aufgenommen. 1987 sind neben dem obligaten Jahrbuch der Karl-May-Gesellschaft allein fünf weitere Bücher über Karl May erschienen, darunter bei Kröner ein Karl-May-Handbuch, das neben dem Shakespeare- und dem Richard-Wagner-Handbuch das dritte dieser Reihe ist und auf 750 Seiten den Ertrag der bisherigen Karl-May-Forschung zusammenfaßt. Um schließlich allem die Krone aufzusetzen, erscheint seit März 1987 im Verlag Greno, der durch seine „andere Bibliothek“ in den letzten Jahren viel Aufsehen erregt hat, eine auf 99 Bände angelegte historisch-kritische Gesamtausgabe der Werke Mays, herausgegeben von Hermann Wiedenroth und Hans Wollschläger, dem Joyce-Übersetzer und Dichter der „Herzgewächse“.

II.

Karl May beschäftigt also heute neben den jungen Lesern die Erwachsenen und die Wissenschaft, und zwar seit einigen Jahren auch wieder in der DDR. Es wäre reizvoll darzulegen, worin denn nun seine literarische Bedeutung besteht und wie es zu seiner abenteuerlichen Rezeptionsge-

[2] Jahrgang 1902 und 1910.

[3] Die einzige Ausnahme bildet *Heinz Stoltes* Dissertation, Der Volksschriftsteller Karl May, 1936 (Reprint Bamberg 1979). Einige der Rezensionen, die diese Schrift damals erfahren hat, sind im Jb-KMG 1987, S. 245 ff., abgedruckt; sie zeigen, wie wenig ernst man damals Karl May nahm.

schichte gekommen ist. Das ist in diesem Zusammenhang nicht umfassend möglich; doch will ich immerhin gleich noch zeigen, inwieweit Mays literarische Wirkung mit seinen Straftaten verknüpft ist. Und Karl Mays letzter Prozeß in Berlin, den ich näher erörtern will, hat mit seiner heutigen Bedeutung wenigstens das eine zu tun, daß seine persönliche und literarische Rehabilitation an jenem 18. Dezember im Gerichtssaal von Moabit begonnen hat.

In dieser Verhandlung stand noch einmal Mays ganzes Leben zur Diskussion, und man muß weit ausholen, um das aus der Vorgeschichte verständlich zu machen[4]. Karl May war 1842 als Sohn eines Webers im sächsischen Ernstthal am Fuße des Erzgebirges geboren. Die Familie war bitterarm. Beide Großväter endeten in Trunkenheit und Verzweiflung, der eine durch Selbstmord, der andere durch den Absturz in eine winterliche Schlucht. Neun der vierzehn Kinder starben in den ersten beiden Lebensjahren. Karl war der einzige überlebende Knabe. Er erblindete kurz nach der Geburt, wohl infolge einer Infektion, und wurde erst im fünften Lebensjahr wieder sehend.

Man muß diesen sozialen und familiären Hintergrund kennen, wenn man die Straftaten des jungen Mannes erklären will, die ihn dann bis in den Gerichtssaal von Moabit verfolgt haben. Karl May war ein guter Schüler, und die Eltern waren sich einig, daß er zu Höherem bestimmt sei. Aber das höchste, was ein mittelloser Webersohn damals erreichen konnte, war der Beruf des Volksschullehrers. Auf dieser sozialen Stufenleiter kam der junge Karl May dreimal zu Fall. Er wurde als 17jähriger vom Lehrerseminar in Waldenburg verwiesen, weil er aus Anstaltsbeständen sechs Kerzen für den elterlichen Weihnachtsbaum zurückgelegt hatte. Das ging noch glimpflich aus; nach einem Gnadengesuch durfte er in Plauen weiterstudieren und bestand die Lehrerprüfung mit „gut". Seine erste Stelle als Hilfslehrer an der Armenschule in Glauchau verlor der 19jährige schon nach zehn Tagen, weil er sich in eine Liebesbeziehung zu der gleichaltrigen Frau seines Vermieters verstrickt hatte. May fand eine neue Stelle an einer Fabrikschule in Altchemnitz, und hier kam es gut zwei Monate später zum endgültigen Sturz auf seinem beruflichen Weg nach oben. Er fuhr mit einer fremden Taschenuhr in die Weihnachtsferien und wurde dafür zu sechs Wochen Gefängnis verurteilt, vermutlich nicht wegen Diebstahls, sondern wegen „widerrechtlicher Benutzung fremder Sachen", die nach Art. 330 Abs. 3 des sächsischen Strafgesetzbuches noch unter Strafe stand.

[4] Eine ins einzelne gehende, aber komprimierte Darstellung von Mays Leben gibt die Biographie, die ich für das „Karl-May-Handbuch" (hrsg. v. G. Ueding in Zusammenarbeit mit R. Tschapke, Stuttgart, 1987, S. 63–123) nach dem jüngsten Stande der Forschung verfaßt habe.

Damit war ihm der Lehrerberuf endgültig verschlossen, und die gesamte Ausbildung des noch nicht 20 Jahre alten Karl May war umsonst gewesen. Erst in dieser Situation wurde er wirklich zum Kriminellen; denn die Vorfälle, die seine Laufbahn ruiniert hatten, waren Bagatellen, die in ähnlicher Weise den meisten jungen Leuten in der Unbesonnenheit der Vorerwachsenenzeit unterlaufen. Der furtum usus, um den es sich bei der nie ganz aufgeklärten Uhrengeschichte wohl höchstens gehandelt hatte, ist ja heute nicht einmal strafbar.

Nun aber kam vieles zusammen. Der junge Mann geriet in materielle Not, weil die Versuche, sich durch Privatunterricht über Wasser zu halten, nicht sehr erfolgreich waren. Er fühlte sich zudem gedemütigt und in ungerechter Weise deklassiert, und die staatliche Überreaktion, als die man die völlige Zerstörung seiner Berufslaufbahn gewiß ansehen muß, machte ihn zum Rebellen. Er schreibt selbst: „Ich sann auf Rache... Diese Rache sollte darin bestehen, daß ich, der durch die Bestrafung unter die Verbrecher Geworfene, nun wirklich auch Verbrechen beging[5].“ Die frühkindliche Blindheit hatte zu einer Entwicklungsverzögerung, zu sozialer Kontaktschwäche und zur Ausbildung einer wunscherfüllenden Phantasiewelt geführt, die unter dem Druck existenzvernichtender Schläge nach außen drängte, sich gegen die bürgerliche Ordnung kehrte und die Mays Realitätssinn auch sonst beeinträchtigt hat. So trat er nun unter hochstaplerischen Masken hervor, als Dr. med. Heilig, Seminarlehrer Lohse, Notenstecher Hermes, Polizeileutnant von Wolframsdorf oder als Mitglied der Geheimpolizei. Er erschwindelte sich in diesen Rollen Kleidungsstücke und beschlagnahmte angebliches Falschgeld, mit dem er dann verschwand. Einmal stahl er auch fünf Billardbälle und ein andermal ein Pferd.

May berief sich später auf seelische Spaltungserscheinungen und Dämmerzustände, unter deren Einfluß er seine Taten begangen haben will. Das läßt sich nicht mehr exakt nachprüfen. Doch ist mindestens verminderte Schuldfähigkeit immerhin wahrscheinlich. Denn er war zweifellos ein schwer neurotischer Mensch, bei dem psychotische Eskalationen auch im späteren Leben auftraten. Jedenfalls wurde er wegen dieser Taten zweimal zu mehrjährigen Freiheitsstrafen verurteilt, die er 1865–1868 im Arbeitshaus in Zwickau und 1870–1874 im Zuchthaus Waldheim bei Leipzig verbüßte.

Nach seiner Entlassung als 32jähriger – er hatte die letzte Straftat im Alter von 27 Jahren verübt – wurde Karl May nie wieder straffällig; eine dreiwöchige Haftstrafe wegen Amtsanmaßung, die er 1879 erlitten hat,

[5] *Lebius,* Die Zeugen Karl und Klara May, Ein Beitrag zu Kriminalgeschichte unserer Zeit, Berlin-Charlottenburg, 1910, S. 4.

beruht auf einem Fehlurteil. Statt dessen begann er die großen Lebensrollen, die er zuvor in der sächsischen Realität hatte spielen wollen, in Erzählungen umzusetzen und in exotische Länder zu transponieren. Er erzielte damit bekanntlich einen beispiellosen Erfolg, der bis heute andauert. Als ab 1892 seine „Gesammelten Reiseromane" erschienen, wurde er bald zu einem der meistgelesenen Schriftsteller Deutschlands. Im bayrischen Königshaus und am Kaiserhof in Wien wurde er ehrenvoll empfangen.

III.

Aber das Erlebnis seiner Kriminalität und seiner Bestrafung haben ihn nicht losgelassen. Die Folgen für sein bürgerliches Leben kulminieren in den Berliner Prozessen, über die ich näher berichten will. Aber auch über die literarischen Auswirkungen will ich ein paar Worte sagen. Denn Karl Mays privates Schicksal gewinnt seine Bedeutung erst vor dem Hintergrund seines Werkes und ist mit diesem untrennbar verbunden.

Meine These ist, daß sich Karl Mays ganzes Werk lesen läßt als ein Versuch, das Trauma seiner Straftaten zu verarbeiten. Denn bei aller ausufernden Phantasie und Detailfülle lassen sich bei May einige Grundmotive feststellen, die seine fiktive Welt konstituieren und die sein Schicksal zum Motor seiner Wirkung machen. Ich nenne nur fünf solcher Motive.

1. Demütigung und sieghafte Erhöhung

Mays Weg vom Seminar bis ins Zuchthaus war eine einzige, immer weiter fortschreitende Deklassierung und Entpersönlichung gewesen. Er hat oft erzählt, daß ihn die erste Bestrafung wie ein Schlag auf den Kopf getroffen habe, unter dem er zusammengebrochen sei und daß die Degradierung zur namenlosen Nummer und die despektierliche Anrede mit „Du" ihn beim Leben in der Strafanstalt mehr als alles andere geschmerzt haben.

Es ist ein kompensierender Tagtraum von berauschender seelischer Heilkraft, wenn der so schlimm Gedemütigte sich nun als Old Shatterhand und Kara Ben Nemsi mit literarischen Mitteln eine neue Existenz schuf, die ihn für alles entschädigen mußte, was ihm das wirkliche Leben versagt hatte. Schon die Namen sprechen: Er, der von der staatlichen Ordnungsmacht niedergeschmettert worden war, wird nun selbst zur Schmetterhand; er, der Namenlose, von seinem Vaterland Verstoßene, erhebt sich als Karl, Sohn der Deutschen, zu einer nationalen Symbolgestalt. Er schrieb seine bekanntesten und suggestivsten Geschichten in der Ich-Form, nicht aus literarischen Gründen, sondern weil es ihm tatsächlich darum ging, sich selbst umzuschaffen. Darum bestand er auch im privaten Leben – was ihm später sehr geschadet hat – auf der Identität des Schriftstellers Karl May mit den Helden seiner Romane. Ich besitze einen Brief Mays vom 16. 12. 1894, in dem er einer Leserin schreibt: „Ja, ich habe das alles und noch viel mehr erlebt. Ich trage noch heute die Narben von den Wunden, die ich erhalten habe." Man braucht die Wendung von den „Wunden" und „Narben" nur ein klein wenig metaphorisch zu nehmen, um zu sehen, wie wahr er im Gewande scheinbarer Lüge sprach.

Wer die großen Orientromane von „Durch die Wüste" bis zum „Schut" gelesen hat, der weiß, welche Triumphe Kara Ben Nemsi in der Auseinandersetzung mit korrupten Strafverfolgern und Behörden beschieden sind. Sie werden entlarvt und oftmals abgesetzt oder handgreiflich zurechtgewiesen, während das erzählende Ich und seine Begleiter das aus Straftaten stammende Geld an die Armen verteilen und in einer verdorbenen Welt die Gerechtigkeit wiederherstellen. Gewiß, das alles spielt sich fern in der Türkei ab. Aber May hat im Alter, als er mehr Klarheit über sich gewonnen hatte, immer wieder selbst betont, er erzähle rein deutsche – und zwar innere! – Begebenheiten in exotischem Gewande. Er sagte auch hier die Wahrheit.

Es ist kein Zweifel, daß May unter der Mißachtung der Mitwelt und dem Gedanken, vor dem Leben versagt zu haben, schwer gelitten hat. Sein literarisches „Ich" versagt infolgedessen niemals mehr: Old Shatterhand kann, weiß, durchschaut und dirigiert (fast) alles; und die Geringschätzung, die Mays empirisches Ich erfahren hatte, verwandelt sich in Anerkennung und Ruhm, die er dem idealen Ich von Gnaden seiner Phantasie zuteil werden läßt. Wohl hundertmal hat May die Szene gestaltet, wie der scheinbare Nichtskönner oder gar Verdächtige sich plötzlich als der berühmte Old Shatterhand oder Kara Ben Nemsi zu erkennen gibt. Da fällt es den Menschen dann wie Schuppen von den Augen, und sie stehen in staunender Bewunderung.

Sie werden nun fragen, inwiefern eine solche literarische Selbsttherapie, die auch tatsächlich zu bürgerlicher Resozialisierung führte, über die Bedeutung hinaus, die sie für ihren Autor gehabt hat, einen vernünftigen Leser interessieren kann. Die Antwort liegt nahe: Es gibt hunderttausende gedemütigte, in ihrem Selbstgefühl beschädigte Menschen, vor allem auch junge, die sich als Außenseiter in der Welt der Etablierten und Erwachsenen fühlen. Ihnen allen kann die Identifikation mit den Helden Karl Mays Glücks- und Erfolgserlebnisse und mit ihnen seelische Kraft geben. Ich möchte noch weitergehen und die Behauptung wagen, daß das Motiv der sieghaften Selbsterhöhung auch an uneingestandene Wünsche des psychisch stabilisierten Normalmenschen rührt. Welcher Professor möchte denn, wenn er ganz ehrlich ist, *nicht* seine Feinde (sprich: wissenschaftlichen Gegner) niederschmettern und die

Fährten zu den verborgensten Geheimnissen seines Faches entdecken, auf daß an allen Lagerfeuern (sprich: auf allen wissenschaftlichen Kongressen) sein Ruhm verkündet werde? Welcher Richter möchte nicht gelegentlich den Schönfelder beiseite legen und nach dem von Karl May berufenen Gesetz der Prärie einer paragraphenlosen höheren Gerechtigkeit souverän zum Siege verhelfen? Und welcher Anwalt möchte nicht den Entrechteten so wirkungsvoll beistehen, wie Mays Ich den unterdrückten Indianern oder Kurden? Die scheinbar realitätsferne Welt Mays – und darin liegt ein Geheimnis seines Erfolges – hat so viel Symbolkraft, daß jeder sie leicht auf seine eigene Realität beziehen kann.

Natürlich kann man der Meinung sein, daß literarische Omnipotenzphantasien solcher Art, wirkungsvoll, wie sie sein mögen, doch seriöserweise nicht erlaubt sind und zu viel Knäbisches, Geltungssüchtiges, Unreifes in sich haben, als daß man sie loben dürfte. Daran ist etwas Wahres, und sicher liegt hier ein Element des Trivialen, das mindestens den Abenteuererzählungen Mays immer anhaften wird. Aber in alledem liegt doch noch etwas mehr. Denn die fiktive Selbsterhöhung ist aus der Not des Verstoßenen geboren. Sie dient der Rekonstruktion einer intakten Persönlichkeit, der Wiederherstellung verlorener Menschenwürde. Die Sehnsucht nach erfülltem Menschsein, die sich darin artikuliert, gibt der heldischen Selbststilisierung eine Legitimation, die man vielleicht gelten lassen darf.

2. *Gefangenschaft und Befreiung*

„Gefangenschaft und Befreiung" ist das zweite Zentralmotiv, das Mays gesamtes Werk durchzieht. Die tragenden Figuren werden immer wieder gefangengenommen; immer wieder aber zerbrechen sie ihre Fesseln und entrinnen dem Kerker. Es gibt wohl keinen anderen Autor, bei dem dieses Motiv so zwanghaft wiederkehrt. Es liegt auf der Hand, daß das Trauma einer achtjährigen Haft diese Befreiungsphantasien ausgelöst hat. Die Sehnsucht nach einer zunächst vor allem physisch verstandenen Freiheit geht so weit, daß Mays Helden meist nicht einmal in Häusern übernachten mögen, sondern den Schlaf unter freiem Himmel vorziehen. In Winnetou III[6] heißt es sogar über ein Leben in den Mauern der Städte (S. 300): „Der gute Sam befand sich erst einige Viertelstunden hier und empfand bereits Sehnsucht nach der freien Prärie. Wie muß es den ‚Wilden' zumute sein, wenn sie, um ‚gebessert' zu werden, in die enge, einsame Zelle einer Philadelphischen oder

[6] Alle Zitate aus den Reiseerzählungen Karl Mays sind hier und im folgenden der Erstausgabe seiner gesammelten Reiseromane, Freiburg 1892 ff., entnommen. Ein Reprint dieser Ausgabe ist 1982–1984 im Karl-May-Verlag, Bamberg, erschienen (33 Bände).

Auburnschen Zwingburg gesteckt werden..." Der Nachsatz ist überhaupt nur verständlich, wenn man den lebensgeschichtlichen Hintergrund des Autors kennt.

Das Freiheitsmotiv begründet aber auch die Wahl der Schauplätze. Nicht Wohnungen und enge Städte dienen den Helden Karl Mays zum Aufenthalt, sondern die grenzenlosen Weiten der Wüsten und Savannen. Während der Strafgefangene notgedrungen der seßhafteste aller Menschen ist, sehen wir die Helden Karl Mays in immerwährender räumlicher Veränderung. Sie gehen auch nicht, sondern sie jagen auf pfeilschnellen Pferden und Kamelen durch den unendlichen Raum. „Reiseerzählungen" nannte Karl May seine Bücher mit Recht. Das Bedürfnis nach ungebundener Bewegung bestimmt Aufbau und Struktur dieser Romane. Das zeigen oft schon die Titel: „Durch die Wüste", „Durchs wilde Kurdistan", „Durch das Land der Skipetaren" usw. Das alles wäre wohl nie entstanden, wenn ihr Verfasser nicht acht Jahre seiner Jugend im Kerker hätte verbringen müssen.

Die Sehnsucht nach Freiheit drängt aber unseren Autor immer weiter. Nicht nur der Kerker, die Wohnung, die Stadt und die Heimat werden ihm zu eng, so daß er seine Geschichten in exotische, vorzivilisatorische Räume verlagert. Die Erde selbst hält ihn schließlich nicht mehr. Sein später Großroman „Ardistan und Dschinnistan" spielt auf einem außerirdischen Stern („Sitara"), und das Motiv des Fliegens, der Aviatik, wie man damals sagte, bestimmt seine letzten dichterischen Konzeptionen. Sein Pegasus ist ihm nun (im Silberlöwen IV, S. 208/209) „das Roß der Himmelsphantasie... Die Hufe warfen Zeit und Raum zurück; der dunkle Schweif strich die Vergangenheiten".

May übertrug schließlich das Befreiungsmotiv aus dem Räumlichen ins Seelische. So sagt er in seiner Autobiographie[7], er wolle durch seine Erzählungen das Innere seiner Leser vom äußeren Druck befreien. „Sie sollen empfinden und erleben, wie es einem Gefangenen zumute ist, vor dem die Schlösser klirren, weil der Tag gekommen ist, an dem man ihn entläßt. So leicht es ist, diese Gefangenschaft bildlich zu nehmen, so leicht ist es auch, meine Bücher zu verstehen und ihren Inhalt zu begreifen." Er schrieb ein Buch „Am Jenseits" (1899), wie auch sonst der Übergang in die Transzendenz, die Erlösung von der irdischen Qual sein spätes Dichten und Trachten immer mehr bestimmt. „Mit meinem nächsten Buch", sagte er noch wenige Tage vor seinem Tode in einem Gespräch über sein Schreiben an den Grenzen des Irdischen: „mit dem

[7] *H. Plaul* (Hrsg.): Karl May, Mein Leben und Streben, Reprint der Erstausgabe 1910, Hildesheim 1975, S. 317. Der Band enthält S. 321–570 umfangreiche Erläuterungen des Herausgebers.

nächsten, paßt auf, komme ich dann hinüber. Es wird heißen: ‚Im Jenseits'[8].“ Hier liegt auch der Ursprung des seltsamen Wortes von Arno Schmidt, der May den „letzten Großmystiker“ unserer Literatur nannte. Wie sehr dies alles aber in der traurigen Erfahrung der Haftzeit seinen Ursprung hat, zeigen noch die Gedichtzeilen, mit denen May seine Lebensschilderung schließt[9]: „Nach meines Lebens schwerem Prüfungstag / wird nun wohl bald des Meisters Spruch erklingen, / doch wie auch die Entscheidung fallen mag, / sie kann mir nichts als nur Erlösung bringen. / Ich juble auf. Des Kerkes Schloß erklirrt; / ich werde endlich, endlich nun entlassen“ usw. Er empfand also schließlich die ganze Welt als Gefängnis und sah die Freiheit nur noch außerhalb ihrer.

Ich enthalte mich aller literarischen Wertung. Aber die sozial-psychologische Wirkung solcher Literatur darf man nicht unterschätzen. Sie erlöst den Leser aus der Enge seiner Verhältnisse, unter der in irgendeiner Weise – von den äußeren Lebensbedingungen bis zu den inneren Schranken, die uns gezogen sind – jeder leidet. Das Spektrum der Bedürfnisse, die ein derart entgrenzendes Schreiben befriedigt, reicht vom Trieb zum Wandern und Reiten über die Fernensehnsucht bis zum metaphysischen Drang nach innerer Freiheit und Erlösung. Hören wir noch einmal, was May in der Autobiographie[10] über seine Leser sagt: „Sie sind Gefangene, ich aber will sie befreien. Und indem ich sie zu befreien trachte, befreie ich mich selbst, denn auch ich bin nicht frei, sondern gefangen, seit langer, langer Zeit.“ Nur ein acht Jahre Eingeschlossener hat wohl solche Bücher hervorbringen können.

3. Fremdbestimmung – Selbstbestimmung

„Fremdbestimmung und Selbstbestimmung“ nenne ich als drittes Hauptthema Karl Mays. Auch hier ist der biographische Rückbezug auf den ersten Blick deutlich. Die Strafanstalt ist wohl der fremdbestimmteste Ort der Welt; wenigstens waren es die Zuchthäuser des 19. Jahrhunderts.

May reagiert darauf mit Büchern, deren Protagonisten ein Leben absoluter Selbstbestimmtheit führen können. „Sidhi“, sagt der berühmte Hadschi Halef Omar zu Beginn der späten Reiseerzählung „Am Jenseits“ (S. 1) zu seinem Kara Ben Nemsi, „es war doch immer wunderschön, wenn wir beide, auf unseren unvergleichlichen Pferden sitzend, ... immer hinein in Allahs schöne Welt ritten, wohin es uns gefiel! Diese Welt gehörte uns ... Wir taten, was wir wollten, und unterließen, was

[8] Jb-KMG 1970, S. 109.
[9] Wie Fn. 7, S. 320.
[10] Wie Fn. 7, S. 318.

uns nicht gefiel; wir waren unsere eigenen Herren." In der Reiseerzählung Karl Mays gibt es keine Arbeitszeit, keine Vorgesetzten, keine Pensenschlüssel, keine Arbeitsteilung und keine Spezialisierung auf immer dieselben einseitigen Betätigungen. Statt dessen genießen seine Helden unbeschränkte Autonomie und einen dauernden Aktivurlaub. Der Ich-Erzähler sieht sich, an keinen Beruf gebunden, des Geldes nicht bedürftig und ausgestattet mit unendlich viel Zeit, nach eigenem Entschluß in der Welt um, sucht sich seine Abenteuer und Beschäftigungen selbst, findet seine Nahrung in der freien Natur und beugt sich vor niemandem. Sonne, Mond und Sterne sind ihm der äußere Kompaß, sein christlicher Glaube die innere Richtschnur in einer Welt, die von der Bürokratie, von Verwaltungserlassen und moderner Gesetzesflut noch nicht erreicht ist. Auch bei diesem Motiv ist leicht ersichtlich, daß May mit seinen Erzählungen nicht nur auf ein besonders extremes persönliches Schicksal antwortet, sondern mit seinem fiktiven Weltentwurf seelische Defizite ausgleicht, die durch die Struktur unserer modernen Gesellschaft bedingt sind und unter denen Millionen leiden. Das Leben fast aller Menschen wird heute durch äußere Zwänge diktiert, und der Bundeskanzler ist in seinen Entschlüssen und in der Gestaltung seines Tagesablaufs oft nicht freier als ein gewöhnlicher Lohnarbeiter. Wieviel Glück kann da eine Lektüre vermitteln, die den psychischen Druck der Fremdbestimmung aufhebt!

Freilich hat May sich wegen dieser Tendenz oft von rechts und links gleichermaßen kritisieren lassen müssen. Konservative Eltern und Lehrer fürchten, daß die manchmal geradezu süchtige Karl-May-Lektüre junge Menschen zu Aussteigern und Nichtsnutzen erzieht, anstatt ihnen den einzig angemessenen Weg der Arbeit und Pflichterfüllung zu weisen. Und linke Kritiker bemängeln, daß den Menschen hier ein Fluchtraum geboten wird, der sie vom realen Kampf um bessere Lebensbedingungen und gesellschaftliche Veränderungen abhält und durch fiktive Ersatzbefriedigung erst recht zu Objekten sozialer Ausbeutung werden läßt. Die Kritik hebt sich gegenseitig auf. In Wahrheit ist es so, daß solche Literatur in elementarer und ganz unideologischer Weise das menschliche Grundbedürfnis nach selbstgestaltetem Leben ausspricht. Damit werden gewiß die realen Verhältnisse nicht unmittelbar geändert, aber es wird ein Impuls wachgehalten, ohne den unser Leben verarmen würde.

4. *Haß und Liebe*

„Ich bin im tiefsten, niedrigsten Ardistan geboren, ein Lieblingskind der Not, der Sorge, des Kummers", lautet der erste Satz in der Autobiographie Mays[11]. Dabei bezeichnet „Ardistan“ in der Mythologie des alten May „das Land der Gewalt- und Egoismusmenschen“[12], das unter dem Gesetz steht: „Du sollst der Teufel deines Nächsten sein, damit Du Dir selbst zum Engel werdest.“ Es ist mit anderen Worten: eine Welt ohne Liebe, voller Selbstsucht und Aggression. May hat seine ganze Jugend so gesehen: „aber wehe hat es doch getan, wenn ich den Sonnenschein auf dem Leben anderer liegen sah, und ich stand so im hintersten, kalten Schattenwinkel. Und ich hatte doch auch ein Herz, und ich sehnte mich doch auch nach Licht und Wärme. Aber Liebe muß sein, selbst im allerärmsten Leben[13].“ Die narzißtische Neurose, an der May in der Straftatenzeit erkrankt war, besteht im wesentlichen im Verlust der Liebes- und Bindungsfähigkeit, und es ist kein Zweifel, daß Erbitterung, Aggression und völlige innere Isolierung, daß der Haß auf Menschen und Gesellschaft ihn damals geleitet haben.

May schreibt einen wesentlichen Einfluß auf die Besserung seines Zustandes dem katholischen Anstaltsgeistlichen im Zuchthaus zu, der ihm mit Liebe und Verständnis entgegengetreten war: „Es liegt noch heut eine unendliche Dankbarkeit für diese Wärme und Güte in mir, die sich meiner annahm und keinen einzigen Vorwurf für mich hatte, als alles Andere gegen mich war. Ich habe sie gesegnet, bis auf den heutigen Tag, und werde sie segnen, so lange ich lebe[14]!“ Jedenfalls wird sein Werk mit zunehmendem Alter immer mehr eine Predigt der Liebe, in deren Verlust er die Ursache alles äußeren und inneren Elends in der Welt sah. „Ihr sprecht von Liebe und sprecht auch vom Leben, doch beides ist dasselbe“ sagt er nun (Am Jenseits, S. 515). Oder noch deutlicher (aaO, S. 512): „Das einzige Licht der Seele ist die Liebe; die einzige Nahrung der Seele ist die Liebe ... Mein Dasein aber hatte nur mir gegolten; ich war liebeleer gewesen und hatte also nicht gelebt.“ Er hebt auch sein persönliches Schicksal gleich wieder ins Allgemeine, wenn er sagt (aaO, S. 571), die Sehnsucht nach Liebe gehe „durch die ganze Schöpfung, durch die ganze Menschheit. Grad in der heutigen Zeit ist es kein stilles, heimlich klagendes Verlangen, sondern ein lautes Schreien nach Liebe; aber die, denen es gilt, die wollen es nicht hören!“

In den Reiseerzählungen setzt sich das zunächst in charakteristische Handlungselemente um: Die Helden werden immer milder, vermeiden nach Möglichkeit jedes Blutvergießen, lassen die Schurken immer wieder laufen und engagieren sich für unterdrückte einzelne oder Volksgruppen. Später hat May die dem zugrundeliegende psychische Disposition

[11] Wie Fn. 7, S. 8.
[12] Wie Fn. 7, S. 2.
[13] Wie Fn. 7, S. 37.
[14] Wie Fn. 7, S. 174.

dann zu einer programmatisch seine letzten Werke durchziehenden Liebesethik ausgebaut. Sie beruht auf einem überkonfessionellen Christentum, verarbeitet aber auch das Gedankengut der Aufklärung. Sie lehrt Humanität, Toleranz, Nächstenliebe und Völkerverständigung. In einem von May veröffentlichten Glaubensbekenntnis[15] heißt es mit unzeitgemäßer Emphase: „und ich glaube an das Gute im Menschen, an die Kraft der Nächstenliebe, an die Verbrüderung der Nationen, an die Zukunft des Menschengeschlechtes. Das ist das irdische Paradies, nach dem wir streben sollen, und in diesem Streben beginnt schon hier auf Erden die uns für dort verheißene Seligkeit!" Das führt ihn zu einer scharfen Verurteilung von Kolonialismus und Imperialismus: „ich klage die ganze sich zivilisiert nennende Menschheit an, daß sie trotz aller Religionen und trotz einer achttausendjährigen Weltgeschichte noch heutigen Tages nicht wissen will, daß dieses ‚Zivilisieren' nichts anderes als ein ‚Terrorisieren' ist", heißt es in „Friede auf Erden" (1904, S. 278). Es werden einst, so fährt er fort, „die Wohlmeinenden aller Nationen sich zu vereinigen haben, um die unausbleiblichen Folgen dieses ‚zivilisatorischen' Terrorisierens wieder gut zu machen. Denn gutgemacht muß alles Schlimme werden, vollständig gesühnt und bis auf die letzte Ziffer abgebüßt, so will es die göttliche Gerechtigkeit" (aaO, S. 279).

Man wird sagen müssen, daß dies alles von heute unverminderter Aktualität ist, vom psychologischen Problem der menschlichen Liebesfähigkeit und vom Narzißmus als Zeitkrankheit bis zu den Problemen des Umgangs mit der Dritten Welt. Wenn Mays Bücher vielen Lesern mehr geben als Unterhaltung, dann liegt dieses „Mehr" für sie meist weniger in ästhetischen Erlebnissen als im Ethos seines Spätwerks. Wie sehr es aus dem eigenen Leben und aus den Lehren der Strafzeit geschöpft ist, ist auch bei diesem Motivkomplex nur allzu deutlich sichtbar.

5. *Krieg und Frieden*

Das Thema von „Haß und Liebe" leitet unmittelbar hinüber zum letzten Doppelmotiv von „Krieg und Frieden". Karl May hatte in seiner Jugend die Welt erlebt als einen immerwährenden Kampf: der einzelnen gegeneinander, der einzelnen gegen die Gesellschaft, der Gesellschaft gegen den einzelnen, der Stämme und Völker gegeneinander. Das spiegelt sich in seinen Büchern, die von kämpferischen Auseinandersetzungen beherrscht werden. Der Weg vom Haß zur Liebe, den ich soeben skizziert habe, mußte May aber notwendig auch vom Krieg zum Frieden

[15] In der Donau-Zeitung Nr. 3 des Jahres 1907. Nachdruck in: *K. Serden* (Hrsg.), Schriften zu Karl May, Ubstadt, 1975, S. 246.

führen. So geht es denn in seinen Abenteuererzählungen bei fortschreitender Reife nicht mehr um die Inszenierung kriegerischer Verwicklungen, sondern mehr und mehr um deren Verhinderung. Schon in „Old Surehand" (Bd. 19, 1896, S. 128) schreibt er: „Wie es einen Menschen gab, welcher die erste Mordwaffe erfand, so wird es dereinst, so wahr ein Himmel über uns ist, auch einen Menschen geben, der die letzte Waffe zwischen seinen Fäusten zerbricht. Wie lange aber soll es währen, bis dies geschieht? Den Befehl dazu hat Christus schon vor nun fast zweitausend Jahren gegeben; sollen noch Jahrtausende verstreichen, ehe er in Erfüllung geht? Ich wiederhole es noch einmal: sprecht mir ja nicht von Eurer Zivilisation und von Eurem Christentum, solange noch ein Tropfen Menschenblut durch Stahl und Eisen, durch Pulver und Blei vergossen wird!"

Im Alter wurde er, der einst der Gesellschaft den Krieg erklärt hatte, Pazifist und Mitstreiter Bertha v. Suttners. 1901 erschien „Et in terra pax", 1904 in erweiterter Form „Und Friede auf Erden!". Karl May malt in seiner späten Lyrik den Krieg in apokalyptischen Farben[16]: „Es liegt vor mir ein weites Trümmerfeld, das sich vom Einst bis auf das Heut erstreckt: die Klagewüste einer Schattenwelt, die selbst den Mut des Mutigsten erschreckt. Und mitten in der Öde, blutig rot, getränkt von Krieg und Sieg, ein tiefer See; da haust als Völkermord der Heldentod und badet sein Skelett im Menschenweh!" Eine Schreckensvision, die heute als realistisch erscheint; bedenkt man aber, was die meisten deutschen Dichter noch 1914 drucken ließen, dann überrascht es doch, daß der verachtete Karl May ihnen und dem ganzen deutschen Bürgertum schon Jahre früher einige Einsicht voraushatte. Auch alle Bücher, die auf „Et in terra pax" noch folgten, haben die Friedensbotschaft als Leitthema. Mays wohl bedeutendster Roman, „Ardistan und Dschinnistan" (1907–1909), beschwört in großen Visionen den ewigen Frieden als die Rückkehr des Paradieses: „Umfaßt er mit seinen Wurzeln die ganze Erde..., so wächst er hoch über Irdisches empor und trägt als Früchte die ewigen Sterne in seiner Krone" (Bd. 31, S. 223). „Zwar kommt morgen ein neuer Tag, unaufhaltsam und unwiderstehlich, aber es ist ein ganz anderer Tag als der heutige. Die Erde sehnt sich nach Ruhe, die Menschheit nach Frieden, und die Geschichte will nicht mehr Taten der Gewalt und des Hasses, sondern Taten der Liebe verzeichnen... Die Gewalt herrsche nur noch heute, länger aber nicht. Es sei ihr nur noch diese eine Nacht vergönnt, die Seelen der Menschen zu erschrecken und zu quälen... Schon morgen früh aber sollen diese Menschen aufatmen

[16] Lichte Höhen, Gesammelte Werke, Band 49 (sog. Bamberger Ausgabe), 1956 (viele Nachauflagen), S. 448.

und jubeln, wie hoch über uns das Wort Gottes in der Bibel jubelt: Der gestrige Tag ist vergangen, es ist Alles neu geworden!" (Bd. 32, S. 633). Das war damals und ist noch heute eine Utopie. Aber es ist sicher, daß hier mehr die Angst und Sehnsucht der Menschen von 1987 angesprochen werden, als die der Zeitgenossen Mays, die vor dem ersten Weltkrieg fast alle ahnungslos dahinlebten.

IV.

Wenn man meine beiden Motivreihen gegeneinanderhält, so stehen auf der einen Seite Demütigung, Gefangenschaft, Fremdbestimmung, Haß und Krieg, also alles das, was May erlebt hatte und als Realität vorfand; auf der anderen Seite finden wir sieghafte Erhöhung, Befreiung, Selbstbestimmung, Liebe und Frieden, also die Motive, mit Hilfe derer er in seiner Phantasie die Realität überwand. Es war die Realität eines Straffälligen und Gescheiterten, eines Mannes, der sich zeitlebens als Gefangener empfand und sein irdisches Dasein noch kurz vor seinem Tode als „ununterbrochene Lebensqual" bezeichnete[17]. Aber seine Bücher, deren Erfolg noch heute die auf den Kanon der deutschen Klassiker eingeschworenen Beurteiler schockiert – wohl neun Zehntel seiner Auflage sind erst nach 1950 gedruckt worden –, bringen doch Lebens- und Weltprobleme zur Sprache, die allen zu schaffen machen, heute vielleicht sogar mehr als früheren Generationen.

Sein ungewöhnliches Schicksal als Zuchthäusler und Ausgestoßener hat ihn die Leiden der Epoche nur schmerzhafter erfahren lassen als andere. Er selbst empfand sein „Leben und Streben" – so der Titel seiner Autobiographie – als exemplarisch und schrieb[18]: „Das Karl May-Problem ist das Menschheitsproblem, aus dem großen, alles umfassenden Plural in den Singular, in die einzelne Individualität transponiert". Das klingt beinahe lächerlich. Aber er hatte wohl recht. Ein Schriftsteller kann nur dann hundert Jahre lang eine ständig wachsende Zahl von Lesern finden, wenn seine Themen mehr als private Probleme behandeln. So war es bei May, der sich schließlich als „Monograph der Menschheitsseele" verstand[19]. Das ist ein wenig hoch gegriffen. Aber seine aus existenzieller Betroffenheit entstandene Gegenutopie vom wahren Leben hat ihre Anziehungskraft auf junge oder sonst dem „Prinzip Hoffnung" verpflichtete Menschen bis heute nicht verloren. Es ist kein Wunder, daß Ernst Bloch und seine Schüler zu den Pionieren der May-Forschung gehören.

[17] Jb-KMG 1976, S. 239.

[18] Wie Fn. 7, S. 12.

[19] „Meine Beichte", in: *Lebius,* wie Fn. 5, S. 6. Auch in: „Ich", Gesammelte Werke, Band 34 (Bamberger Ausgabe), 29. Aufl. 1975 (und Nachauflagen), S. 18.

Man kann also sagen: Was Karl Mays bürgerliches Leben in der Jugend zerstört und im Alter ein zweites Mal ruiniert hat, hat sein Leben als Schriftsteller und seinen literarischen Erfolg erst ermöglicht. Straffällig werden ist leicht. Daraus aber etwas Produktives, Fortdauerndes, Freudegebendes und in mancher Hinsicht Menschheitsdienliches zu machen, ist schwer. Man sollte dem viel geschmähten Mann die Achtung dafür nicht versagen.

V.

Nach diesem literarischen Exkurs kehre ich auf den biographischen Weg zurück, der Karl May nach Moabit führte. Dieser Weg beginnt im 63. Lebensjahr Karl Mays, 1904, als der Journalist Rudolf Lebius (1868–1946), die verhängnisvollste Erscheinung in der Biographie Karl Mays, seine Bekanntschaft suchte. Lebius, Redakteur der „Sachsenstimme" in Dresden, war ursprünglich Sozialdemokrat gewesen, wechselte dann zur äußersten Rechten über und wurde zum erbitterten Gegner der SPD. Er versuchte von May, dem inzwischen Berühmten und Begüterten, ein Darlehen, erst drei- bis sechstausend, dann zehntausend Mark, zu erhalten; als Gegenleistung bot er publizistische Unterstützung an. May lehnte ab. Daraufhin erhielt er am 7. September 1904 eine anonyme Postkarte: „Ein gewisser Herr Lebius, Redakteur der ‚Sachsenstimme', erzählte einem Herren, daß er einen Artikel gegen Sie schreibt... Es warnt Sie ein Freund vor dem Manne."

Tatsächlich schrieb Lebius in den folgenden Wochen und Monaten eine Reihe von Enthüllungsartikeln, in denen immer deutlicher auf Mays Vorstrafen hingewiesen wurde. Karl May sei zweimal bestraft worden: „In der nächsten Nummer wird es schon möglich sein zu sagen weshalb." Oder: „Wir wissen, wer Karl May ist. Aber wir sagen es noch nicht[20]." Karl May erstattete am 19. 12. 1904 Strafanzeige wegen Erpressung.

Aber die Ermittlungen wurden eingestellt, und auch ein Klageerzwingungsantrag Mays blieb erfolglos. Zwar wurde das Gutachten eines Schriftsachverständigen, wonach Lebius die Postkarte verfaßt habe, als „überaus überzeugend" beurteilt, doch konnten die Justizbehörden letzte Zweifel nicht überwinden. Auch heißt es in dem Einstellungsbeschluß[21], es fehle „an jedem Anhalt dafür, daß Lebius etwas schreiben konnte, was May zu fürchten gehabt hätte. Desgleichen fehlt in der Karte ein irgendwie zwingender Hinweis auf das, was May tun oder lassen soll, wozu May genötigt werden soll". Das liest sich etwas naiv,

[20] Nachweise bei *Plaul* (Hrsg.), wie Fn. 7, S. 454.

[21] Abgedruckt bei *Lebius*, wie Fn. 5, S. 265–268.

wenn man den Hintergrund kennt und die Postkarte zusammen mit der Darlehensforderung und den Artikeln der „Sachsenstimme" würdigt. Freilich hatte May sich verständlicherweise auch gescheut, Genaueres darüber mitzuteilen, was er tatsächlich zu fürchten hatte.

Immerhin brachte May die Vorgänge nun in die allgemeine Presse, und damit war er erfolgreich. Lebius schrieb später[22]: „Kaum hatte das Konkurrenzblatt der ‚Sachsenstimme' die Maysche Denunziation veröffentlicht, so galt ich in den Augen vieler Spießbürger als gerichtet. Viele Leute sind zu einfältig, um den Unterschied zwischen einer Beschuldigung und einem gerichtlichen Wahrheitsbeweis zu begreifen. Kurz und gut: die großen Firmen entzogen der ‚Sachsenstimme' die Inserate und damit war das Blatt lebensunfähig geworden." Lebius mußte Dresden unter Hinterlassung erheblicher Schulden verlassen. Karl May aber hatte sich einen Todfeind erworben.

VI.

Lebius wandte sich nun nach Berlin, und damit beginnt Karl Mays Alterstragödie, die in seltsamer Weise mit der deutschen Parteiengeschichte verknüpft ist. Lebius war ein Wortführer der von den Arbeitgebern inspirierten „gelben Werkvereine", die den Gewerkschaften das Wasser abgraben sollten. Er lag in ständiger Fehde mit der SPD, die in einem Artikel im „Vorwärts" (vom 26.7.1907) behauptet hatte, Lebius sei kein Ehrenmann[23]. Lebius erhob gegen den Vorwärts-Redakteur Carl Wermuth Privatklage wegen Beleidigung, und dieser bezog sich zum Beweise seiner Behauptung auf den Zeugen Karl May.

Lebius begann daraufhin eine neue Pressekampagne gegen Karl May, die er selbst als „Vernichtungsfeldzug"[24] bezeichnete. Welche Motive ihn im letzten dazu getrieben haben, ist bis heute unklar; eine Biographie dieses bedenkenlosen, aber begabten und auch unabhängig von seiner Rolle im Leben Karl Mays nicht uninteressanten Mannes steht noch aus. Lebius selbst hat sich vor der Strafkammer in Moabit so geäußert[25]: „Die sozialdemokratische Presse berief sich bei ... Angriffen gegen mich immer auf Karl May, der als angesehener Jugendschriftsteller bezeichnet wurde. Es lag mir deshalb daran zu beweisen, daß May unglaubwürdig ist."

Er veröffentlichte zunächst unter Einschaltung eines Strohmannes eine Broschüre: „Karl May, ein Verderber der deutschen Jugend" (1908).

[22] Wie Fn. 5, S. 269.
[23] Vgl. im einzelnen *Plaul,* wie Fn. 7, S. 468 ff., Fn. 315.
[24] Wie Fn. 5, S. 321.
[25] Vossische Zeitung vom 18. 12. 1911, Abendausgabe.

Darin wurde May als „atavistischer Schriftsteller" verunglimpft[26]: „Er machte", heißt es da, „im frühesten Alter eine schwere chronische Krankheit durch, die offenbar kulturhemmend gewirkt hat." May gelang es, die Schrift verbieten zu lassen. Lebius näherte sich nun der geschiedenen ersten Frau Karl Mays und warf sich zu ihrem Interessenvertreter auf. Er fuhr auch nach Ernstthal und horchte die Leute über Mays nun schon 40 und mehr Jahre zurückliegende Straftaten aus. Das Ergebnis verarbeitete er zu Presseartikeln und Flugblättern ganz ungeheuerlicher Art. Danach sollte May jahrelang als Räuberhauptmann durch die erzgebirgischen Wälder gezogen sein; außerdem wurde er verdächtigt, Blutschande getrieben und seinen Schwiegergroßvater erwürgt zu haben.

Die Unwahrheit dieser unglaublichen Beschuldigungen steht heute fest und ist zum größten Teil auch schon zu Lebzeiten Mays gerichtlich erwiesen worden[27]. May erhob diverse Klagen gegen Lebius und seine Gewährsleute, die teils erfolgreich, teils bei seinem Tode noch nicht erledigt waren. Er verfaßte zudem auf das Drängen der Vorwärts-Redaktion eine Schrift „Lebius, der ‚Ehrenmann'", die erst im Jahre 1983 aus dem Nachlaß veröffentlicht worden ist[28]. Zu der Zeugenvernehmung Mays und zur gerichtlichen Verwertung des Materials ist es damals am Ende überhaupt nicht mehr gekommen, weil Lebius im Oktober 1909 seine Klage gegen den Vorwärts-Redakteur zurückzog. Seine Angriffe gegen Karl May setzte er aber mit unverminderter Heftigkeit fort.

VII.

Und damit stehen wir bei dem auf den ersten Blick vergleichsweise harmlosen Fall, der später die Strafkammer in Moabit beschäftigte. Lebius schrieb am 22. November 1909 an die Opernsängerin Selma von Scheidt einen Privatbrief, der folgendermaßen beginnt[29]: „Sehr geehrtes gnädiges Fräulein! Da ich seinerzeit mit dem Schriftsteller Karl May, den ich für einen geborenen Verbrecher halte, sehr schlechte Erfahrungen gemacht hatte, so wandte ich mich im Frühjahr d. J. an seine geschiedene Gattin, die auch ein Opfer seines kriminellen Egoismus geworden war"; die weiteren Ausführungen des Schreibens interessieren hier nicht. Die Adressatin übersandte den Brief an Karl May, der unter Hinweis auf den Ausdruck „geborener Verbrecher" sofort eine weitere Privatklage wegen Beleidigung gegen Lebius erhob.

[26] Vgl. S. 6 der genannten Schrift.

[27] Man vergleiche nur die Aktendokumentation in Jb-KMG 1981, S. 262 ff.

[28] Jb-KMG 1983, S. 13 ff.

[29] Vgl. die Wiedergabe im Charlottenburger Urteil, abgedruckt bei *Lebius*, wie Fn. 5, S. 297.

Die Hauptverhandlung fand am 12. April 1910 vor dem Schöffengericht in Charlottenburg statt. May schrieb später[30]: „Ich hielt es nicht für nötig, einen Rechtsanwalt mitzunehmen. Die Beleidigung schien mir so klar erwiesen, ... daß es gewiß keines Advokaten bedurfte, die Notwendigkeit einer Bestrafung einzusehen." Es kam aber ganz anders. Der Vorsitzende, Amtsgerichtsrat Wessel, hatte schon die Verurteilung Lebius' zu 15 Mark Geldstrafe ausgesprochen, als er sich von dessen Verteidiger Bredereck durch den Hinweis unterbrechen ließ, er habe noch nicht oder nicht ausreichend plädiert. Der Vorsitzende ließ den Verteidiger reden und verkündete anschließend einen Freispruch auf Grund Wahrnehmung berechtigter Interessen.

In der Urteilsbegründung[31] heißt es, die Bezeichnung „geborener Verbrecher" sei „erst neuerlich auf Grund der von Lombroso gemachten Untersuchungen in die gerichtliche Wissenschaft eingeführt". Ob die Ansicht des Beklagten zutreffend sei oder nicht, könne „nur auf Grund eingehender Gutachten von Sachverständigen festgestellt werden". Das Gericht brauche solche Beweise jedoch nicht zu erheben, weil Lebius sowohl eigene Interessen wie auch diejenigen der geschiedenen Frau Mays wahrgenommen habe. Außerdem sei das Verfahren nur wegen formeller Beleidigung nach § 185 StGB eröffnet worden. § 193 StGB beziehe sich auch auf § 185 StGB, und eine Beleidigungsabsicht sei aus dem Brief nicht zu ersehen, u. a. wegen „der Anwendung des fachmännischen Ausdrucks".

VIII.

Der Charlottenburger Prozeß wirft mancherlei Rechtsfragen auf. Noch in der Berufungsinstanz wurde darüber gestritten, ob eigentlich das erste oder das zweite Urteil, das verurteilende oder das freisprechende, wirksam sei. Mit Recht wurde das zweite Urteil, also der Freispruch, als gültig angesehen. Denn die Urteilsverkündung ist erst mit der mündlichen Bekanntgabe der Gründe beendet, die hier noch nicht erfolgt war. Bis dahin ist das Gericht nicht an seinen Ausspruch gebunden und kann noch wieder in die Verhandlung eintreten[32]. Das Gericht durfte sich also noch korrigieren, so sonderbar ein solcher Vorgang wirken mußte.

Dafür war das zweite Urteil freilich der Sache nach unrichtig. Das Gericht hat den Ausdruck „geborener Verbrecher" anscheinend sowohl

[30] In seinem Schriftsatz an die 4. Strafkammer des Königl. Landgerichtes III in Berlin, 1982 aus dem Nachlaß veröffentlicht, S. 114.

[31] Abgedruckt u. a. bei *Lebius*, wie Fn. 5, S. 296 ff.

[32] Ständige Rechtsprechung; zuletzt BGHSt. 25, 393 ff. (335/336).

als eine dem Beweise zugängliche Tatsachenbehauptung nach § 186 wie als Formalbeleidigung nach § 185 StGB angesehen. Richtigerweise kam von vornherein nur eine Formalbeleidigung in Betracht, denn Lombrosos schon damals sehr umstrittene und inzwischen längst widerlegte Theorie von der Existenz geborener Verbrecher konnte als diskriminierender Ausdruck im privaten Briefverkehr eines kriminologisch völlig ungebildeten Menschen nicht als Behauptung beweisbarer Fakten gelten. Wenn das Gericht aber einmal annahm, hier sei ein Faktum angesprochen, das durch Sachverständige hätte geklärt werden können, dann hätte der Wahrheitsbeweis erhoben werden müssen, bevor auf § 193 StGB zurückgegriffen wurde[33]; auch eine Beschränkung des Verfahrens auf § 185 StGB, wie sie das Gericht anscheinend vornehmen wollte, wäre dann nicht möglich gewesen. Bei einer Beweisaufnahme hätte sich dann ohne weiteres ergeben, daß ein Mensch, dessen letzte Straftat mehr als 40 Jahre zurücklag, der sich inzwischen zu Ansehen und Wohlstand emporgearbeitet hatte und außerdem nicht ein einziges der von Lombroso angenommenen Merkmale aufwies, keineswegs ein geborener Verbrecher sein konnte. Um das zu erkennen, hätte es nicht einmal eines Sachverständigen bedurft. Einer so leichtfertig falschen Tatsachenbehauptung hätte dann aber auch nicht der Schutz des § 193 StGB gewährt werden können.

Ging man andererseits, wie es richtig gewesen wäre und worauf sich auch das Gericht bei der Entscheidungsfindung anscheinend beschränken wollte, von einer reinen Formalbeleidigung aus, so war darauf entgegen der Meinung des Gerichts § 193 StGB von vornherein nicht anwendbar. Denn diese Bestimmung kommt nach ihrem Wortlaut nicht in Betracht, wenn „das Vorhandensein einer Beleidigung aus der Form der Äußerung oder aus den Umständen, unter welchen sie geschah, hervorgeht". Eine schlimmere Diskriminierung als die Bezeichnung „geborener Verbrecher" ist aber kaum denkbar. Es verschlägt demgegenüber nichts, wenn das Gericht unter Hinweis auf die „Anwendung des fachmännischen Ausdrucks" an der Beleidigungsabsicht des Angeklagten Lebius zweifelt. Denn erstens kann natürlich eine Beleidigung nicht dadurch gerechtfertigt werden, daß man sie in fachmännische Ausdrücke kleidet; wer einen anderen als verrückt oder idiotisch bezeichnet, begeht auch dann eine Beleidigung, wenn er sich dazu einer psychiatrischen Terminologie bedient. Und zweitens ist nach richtiger, vom Reichsgericht allerdings nicht geteilter Auffassung eine Beleidigungsabsicht für eine Formalbeleidigung überhaupt nicht erforderlich[34];

[33] BGHSt. 11, 273 ff.

[34] Vgl. *Schönke/Schröder/Lenckner*, StGB, [22]1985, § 193, Rdn. 27.

wenn es für eine Beleidigung nach § 185 StGB einer darauf gerichteten Absicht unbestrittenermaßen nicht bedarf, ist es nicht einzusehen, warum im Rahmen der Wahrnehmung berechtigter Interessen etwas anderes gelten sollte.

IX.

Dies alles sind juristische Überlegungen, wie sie als Anmerkung in einer Fachzeitschrift Platz gehabt hätten. Die Wirkung aber, die das Charlottenburger Urteil in der Öffentlichkeit auslöste, war von ganz anderer Art. Nachdem gerichtlich entschieden war, daß Lebius berechtigterweise Karl May einen geborenen Verbrecher hatte nennen dürfen, ging fast die gesamte Presse – von Lebius mit entsprechenden Berichten versorgt – davon aus, daß die von diesem verbreiteten Beschuldigungen nunmehr erwiesen seien. Ich zitiere nur einige Überschriften[35]: „Karl May – ein abgestrafter Räuber"; „Reiseschriftsteller und Räuberhauptmann. Der entlarvte May"; „Vom Räuberhauptmann zum Romancier"; „Ein literarischer Schinderhannes" usw.

Dieser Schlag hat Mays Gesundheit, die durch mancherlei andere Pressekämpfe und Prozesse schon vorher geschwächt war, vollends zerstört. Schwere Nervenschmerzen und ein Gallenleiden setzten ihm zu; mehrere Lungenentzündungen brachten ihn dem Tode nahe. Egon Erwin Kisch, der „rasende Reporter", hat ihm im Mai 1910, wenige Wochen nach dem Charlottenburger Urteil, besucht und berichtet darüber[36]: „Eben schüttelt ihn ein Hustenanfall, und trotzdem er, die Hilfe der Gattin unwirsch abweisend, aufrecht ins Haus zurückgeht, ist nicht zu verkennen, daß sein Lächeln vom hippokratischen Zug erbarmungslos durchstrichen wird." In seiner Selbstbiographie schreibt May wenig später[37]: „Ich kann nicht liegen, nicht sitzen, nicht gehen und nicht stehen, und doch muß ich das alles. Ich möchte am liebsten sterben, sterben, sterben ...".

Man wird wohl sagen müssen, daß nicht nur dieser gesundheitliche Zusammenbruch, sondern auch Mays Tod, knapp zwei Jahre danach, auf den Folgewirkungen des Charlottenburger Urteils beruhte. Fragt man sich, wie es dahin kommen konnte, so trifft, wenn man den Urheber Lebius einmal beiseiteläßt, ein kleiner Teil der Schuld Karl May selbst; hätte er einen Anwalt zur Seite gehabt, der dem Gericht fundierte Rechtsausführungen vorgetragen hätte, so wäre es zu dem Freispruch

[35] Wie Fn. 5, S. 298.

[36] Im Wigwam Old Shatterhands, in: Hetzjagd durch die Zeit, Fischer-Taschenbuch Nr. 1467, S. 32 ff. (54).

[37] Wie Fn. 7, S. 300.

wohl nicht gekommen. Auch das Gericht verdient Kritik; der alte Amtsrichter, der kurz darauf in den Ruhestand versetzt wurde, war anscheinend dem Prozeß nicht mehr recht gewachsen, wie auch der sonderbare Verlauf der Verhandlung zeigt. Aber die bei weitem größte Verantwortung trifft doch die Presse; denn das Charlottenburger Urteil hatte ja die Wahrheit der von Lebius behaupteten Tatsachen weder geprüft noch bestätigt, sondern es hatte durch den Rückgriff auf § 193 StGB ein Eingehen auf die Sache selbst gerade vermieden. Wenn trotzdem fast die gesamte deutsche Presse die Räuberhauptmannslegende übernahm, anstatt eine seriöse Berichterstattung oder gar eine Urteilsanalyse zu liefern, dann war das reiner Sensationsjournalismus. Der schon erwähnte Egon Erwin Kisch gehörte zu den wenigen, die ihn damals verteidigten. Er schrieb[38]: „Man beschimpft ihn, wie man nie einen betrügerischen Kaufmann, einen gemeingefährlichen Fabrikanten, einen bestechlichen Beamten, einen selbstherrlichen Gutsherren oder gar einen mißhandelnden Offizier zu beschimpfen wagen würde." Abgesehen von diesem Versagen der Presse gibt der Fall aber auch zu der rechtspolitischen Überlegung Anlaß, ob es nicht einer humanen Rechtsauffassung entspräche, eine öffentliche Erörterung abgebüßter Straftaten, die vierzig und mehr Jahre zurückliegen, von vornherein als unzulässigen Eingriff in das allgemeine Persönlichkeitsrecht zu verbieten. In der Epoche des informationellen Selbstbestimmungsrechts wäre die Zeit dafür reif.

X.

Aber ich will zu meiner Geschichte zurückkehren, die ihrem Höhepunkt erst jetzt zustrebt. Karl May legte gegen den Freispruch seines Gegners natürlich Berufung ein. Das Verfahren verzögerte sich wegen der häufigen Erkrankungen Mays. Sein letztes Werk[39] ist ein auf den 3. Dezember 1911 datierter Schriftsatz „An die 4. Strafkammer des Königl. Landgerichtes III in Berlin". Am 18. Dezember erschien May vor der Strafkammer in Moabit in Begleitung des Dresdener Anwalts Netcke und des Berliner Justizrats Sello, der durch seine Schriften (u. a. „Die Irrtümer der Strafjustiz und ihre Folgen", 1911) noch heute bekannt ist. Landgerichtsdirektor Ehrecke, der Vorsitzende der Strafkammer, hatte sich mit dem Fall offenbar gründlich beschäftigt. Vor Eintritt in die Verhandlung regte er einen ehrenvollen Vergleich an[40]. Er hielt insbesondere Karl May vor, daß es in einer Hauptverhandlung

[38] Wie Fn. 36.
[39] Vgl. Fn. 30.
[40] Zitiert nach der Berliner Volkszeitung, Abendausgabe vom 18. 12. 1911.

kaum zu vermeiden sein werde, den einmal vorhandenen dunklen Punkt in seinem Vorleben zur Sprache zu bringen. Dieser dunkle Fleck auf seiner weißen Weste sei ja durch seine Verdienste verblaßt, und diese Vorgänge aus längst vergangenen Zeiten würden seinen Ruhm nicht verkleinern können, doch möge er daran denken, daß durch das Waschen im Gerichtssaal der dunkle Punkt nicht beseitigt werde, sondern nur gelbe Ränder bekomme. May erklärte seine prinzipielle Bereitschaft, Lebius aber lehnte ab.

Die Verhandlung hat dann von morgens um 9.00 bis abends um 19.00 Uhr gedauert. Noch einmal wurde Mays ganzes Leben aufgerollt, vor allem erhob Lebius eine Flut von neuen Beschuldigungen. Das ging bis in die nebensächlichsten Details. Ich will eine kurze Passage wörtlich wiedergeben, weil sie trotz ihrer Beiläufigkeit über den Prozeß hinausgewirkt hat[41].

> *Rechtsanwalt Bredereck:* Der Privatkläger hat sich auch in dem Kostüm eines amerikanischen Trappers fotografieren lassen.
>
> *May:* Jeder Schauspieler läßt sich photographieren, wie es ihm beliebt, warum soll sich nicht ein Schriftsteller, der über amerikanische Dinge schreibt, als Trapper abbilden lassen?
>
> *Rechtsanwalt Bredereck:* Alles das wird nur angeregt, um die pathologische Lügenhaftigkeit des Privatklägers zu illustrieren.
>
> *Vorsitzender:* Ein Verbrechen wären doch solche phantastischen Dinge bei einem Dichter nicht, und ich halte Herrn May für einen Dichter.

Schließlich lehnte das Gericht alle weiteren Beweisanträge ab. Karl May sagte in seinem Schlußwort[42]: Er wolle nur als Mensch, als fühlender Mensch noch sagen: er habe heute so oft mit bitterer Empfindung hören müssen, daß er ein Verbrecher sei. Er nehme es Herrn Bredereck nicht übel, daß er ihn für einen Verbrecher halte. Es sei richtig, er habe als Mensch gefehlt und sei in jungen Jahren in den tiefsten Abgrund gesunken. Aber er sei durch ungeheure Kraftanstrengung wieder gestiegen, und es sei traurig, daß nun Superkluge und Pharisäer kämen und sich bemühten, ihn abermals von der mühsam erreichten Höhe hinunterzustürzen.

Um 19.30 Uhr wurde das Urteil verkündet[43]: Das Gericht vertrat die Meinung, daß nur *ein* rechtsgültiges Urteil des Schöffengerichts vorliege, und zwar das freisprechende. Es sah in dem Ausdruck „geborener Verbrecher" keine wissenschaftliche Kennzeichnung, sondern eine allge-

[41] Sie findet sich fast wörtlich übereinstimmend in: Königlich privilegierte Berlinische Zeitung (Vossische Zeitung), 18.12., Abendausgabe. Norddeutsche Allgemeine Zeitung, 20.12., Berliner Lokal-Anzeiger, 18.12., Abendausgabe.

[42] In allen Fn. 1 genannten Zeitungen außer dem Berliner Lokalanzeiger.

[43] Außer den Fn. 1 genannten Zeitungen wird auch die Nachschrift von *Beissel,* wie Fn. 1, S. 43 f., herangezogen.

meine Bezeichnung; geboren bedeute so viel wie „durch und durch". Dem Angeklagten sei an sich der Schutz des § 193 zuzubilligen, doch seien dessen Grenzen überschritten, da die Absicht der Beleidigung dem Gericht nicht zweifelhaft sei; sie werde durch das Adjektiv „geboren" noch gesteigert. Mit Rücksicht auf die Schwere der Beleidigung werde Lebius zu 100 Mark Geldstrafe, ersatzweise 20 Tagen Gefängnis, und zur Tragung der Kosten des Verfahrens verurteilt.

XI.

Warum war dieses Urteil denkwürdig? Hans Wollschläger, der Biograph Mays, meint[44]: Der Prozeß bedeute „Mays endgültigen Sieg über den Bösesten der Feinde; obwohl damit nur eines der ausstehenden Urteile, formell fast ein nebensächliches, gefallen ist, entscheidet es doch sämtliche noch nebelhaft schwebenden Fälle mit". Ähnlich hat es auch Karl May selbst gesehen. Ich besitze eine Postkarte von ihm, auf der er noch am Abend des 18. 12. Freunden den Ausgang des Prozesses mitteilt. Da schreibt er am Ende: „Diesem kleinen Siege folgen nun die größeren[45]." Diese „größeren Siege", die zu einer Verurteilung des Lebius auch wegen seiner zahlreichen sachlichen Falschbeschuldigungen geführt hätten, wären wohl tatsächlich gefolgt[46]. Aber die kurze Lebenszeit, die Karl May noch blieb, hat es dazu nicht mehr kommen lassen.

Ich sehe die Bedeutung des Urteils mehr in der Wirkung, die es auf die literarisch interessierte Öffentlichkeit gehabt hat. Robert Müller (1887–1924), der heute zu Unrecht fast vergessene frühexpressionistische Wiener Dichter, veröffentlichte schon am 1. Februar 1912 im „Brenner", einer der damals bedeutendsten Kulturzeitschriften des deutschsprachigen Raumes, einen Essay[47] unter dem Titel: „Das Drama Karl Mays". Darin zitiert er am Anfang die Bemerkung Ehreckes: „Ein Verbrechen wären doch solche phantastischen Dinge bei einem Dichter nicht, und ich halte Herrn May für einen Dichter!", und er fährt fort: „Diese Worte, die einen Richter als Menschen und Dichter ehren, sind bei dem letzten großen Ehrenbeleidigungsprozeß in Berlin, den Karl May gegen seinen Gegner gewann, gefallen. Wer sich das jugendliche, in schönen Affekten befangene Gemüt auch noch als Richter bewahrt hat, ist auch ein Stück Dichter geblieben. Es wäre zu wünschen, daß alle Richter ihre Aufnahmefähigkeit für Gebilde einer schöpferischen Phantasie also wahrten; Justitia würde, wenn sie schon blind ist, hinter ihrer Binde die

[44] Karl May, Grundriß eines gebrochenen Lebens, Zürich 1976, S. 179.
[45] Wiedergegeben in Jb-KMG 1970, S. 171.
[46] Vgl. dazu meine Darlegungen in Jb-KMG 1980, S. 170 ff.; 1981, S. 294 ff.
[47] Wieder abgedruckt in: Jb-KMG 1970, S. 171.

Träume der Menschenseele nach Größe und Kraft besser verstehen und die daraus emporbrechenden Strahlen der Leidenschaft gütiger zu deuten wissen."

XII.

Robert Müller faßte nun den Plan, Karl May auch vor aller Öffentlichkeit zu rehabilitieren. Er war Leiter des Wiener „Akademischen Verbandes für Literatur und Musik", vor dem zu sprechen er Karl May anläßlich seines 70. Geburtstages am 25. Februar 1912 einlud[48]. Karl May nahm an, obwohl er eine schwere Lungenentzündung noch kaum überstanden hatte. Der Vortrag wurde auf den 22. März angesetzt; im März trat auch Georg Trakl, der große Lyriker, dem akademischen Verband bei. Trakl war „ein begeisterter Karl-May-Leser", und Robert Müller vermittelte ihm nun die erste Veröffentlichung im „Brenner". So seltsam verknüpfen sich die Fäden der Literaturgeschichte[49].

Der Vortrag war publizistisch umsichtig vorbereitet worden, u. a. durch eine Umfrage, die bei Dichtern über Karl May gehalten wurde. Auch in den Antworten klingt das Wort des Richters Ehrecke nach, wenn etwa Heinrich Mann mitteilt[50]: „Ich höre, daß Karl May der Öffentlichkeit so lange als guter Jugendschriftsteller galt, bis irgendwelche Missetaten aus seiner Jugend bekannt wurden. Angenommen aber, er hat sie begangen, so beweist mir das nichts gegen ihn – vielleicht sogar manches für ihn. Jetzt vermute ich in ihm erst recht einen Dichter!" Sein Bruder Thomas war freilich noch nicht ganz auf der Höhe der Moabiter Erkenntnisse; er schrieb: „... soll er nicht Räuberhauptmann gewesen sein? Ich glaube, ich würde mir ein Billet kaufen..."[51].

XIII.

Karl May traf am 20. März in Wien ein. Im Hotel besuchte ihn Bertha von Suttner, die Friedensnobelpreisträgerin, die sich Karl May seit seinem Roman „Und Friede auf Erden!" (1904) verbunden fühlte[52]. Sie bat ihn, in seinem Vortrag auf ihr letztes Buch „Der Menschheit Hochgedanken" hinzuweisen. Schon am 13. März hatte sie ihm geschrieben: „Ich freue mich lebhaft, Sie in Wien ... sprechen zu hören. Daß Sie

[48] Über den Verband vgl. näher *Wollschläger*, Sieg – großer Sieg – Karl May und der Akademische Verband für Literatur und Musik, in: Jb-KMG 1970, S. 92 ff.

[49] Vgl. *Otto Basil*, Trakl, 1965, S. 37, 160.

[50] Jb-KMG 1970, S. 79 (Neues Wiener Tageblatt vom 2. 4. 1912).

[51] Jb-KMG 1970, S. 97.

[52] Über Mays Beziehungen zu B. v. Suttner näher *Hatzig*, Bertha von Suttner und Karl May, in: Jb-KMG 1971, S. 246 ff.

mein Gesinnungsgenosse in Friedenssachen und anderen Fragen sind, das weiß ich ja ... Nicht wahr, wir Geistesarbeiter, die wir die Leiter halten, auf der die Menschheit, die ‚Edelmenschheit', emporsteigen soll, müssen einander behilflich sein." Der heute sonderbar klingende Titel, den May seinem Vortrag gab, „Empor ins Reich der Edelmenschen", ist denn auch, wie dieser Brief zeigt, eine Huldigung an Bertha von Suttner.

Mit dem Vortrag verbanden sich also viele Pläne und Hoffnungen, und – sonderbar genug – sie gingen in Erfüllung. Die 2–3000 Plätze des Sophiensaals waren an jenem Freitag völlig ausverkauft; viele hatten keinen Einlaß gefunden. Karl May sprach in weitgehend freier Rede, über die Notizen und Presseberichte, aber keine Nachschriften erhalten sind. Der Vortrag handelte über sein Leben, über sein Werk und den Weltfriedensgedanken. Bertha von Suttner berichtete[53]: „Er sprach viel vom Sterben und vom Jenseits, von göttlichen und ewigen Dingen, und es lag etwas Seherhaftes, Unendlichkeitssehnendes in seiner ganzen Art." Das „Wiener Montags-Journal" schrieb[54]: „Karl May ist erst vor kurzem von schwerer Krankheit genesen und wurde ungefähr in der Mitte seines Vortrages von Schwäche befallen, welche jedoch erfreulicherweise ebenso rasch als sie gekommen, wieder verschwand." Sonst meisterte er aber die Situation eindrucksvoll. „Eine schlanke, ungebeugte Gestalt", berichtete das „Neue Wiener Tagblatt"[55], „das bleiche Gesicht mit dem buschigen grauen Schnurrbart ausdrucksvoll und interessant, das noch ziemlich dichte Haupthaar grau meliert. Auch sein Organ hat eine überraschende Kraft, es beherrschte den weiten Saal und ließ während des Vortrages, der mehr als zwei Stunden dauerte, keine Ermüdung spüren ."

Ich lasse den näheren Inhalt des Wiener Vortrages und das durchaus kontroverse Presseecho jetzt beiseite und beachte nur die Wirkungen des Moabiter Urteils. Da zeigt sich denn, daß die riesige Menschenmenge, die wohl im wesentlichen aus Karl-May-Lesern bestand, tatsächlich gekommen war, ihren Autor zu rehabilitieren[56]. Das „Neue Wiener Journal", schreibt: „Ein Sturm von Beifall begrüßte den Schriftsteller schon bei seinem Erscheinen, und es vergingen Minuten, ehe er zu Wort kommen konnte", und die „Kleine Österreichische Volkszeitung" berichtet: „Er wird jubelnd begrüßt, und da er sich linkisch, unbeholfen, sichtlich überrascht bedankt, wird der Beifall zehnfach stärker. Die Jungen erhoben sich von ihren Sitzen und grüßten den Mann, der ihnen

[53] In der Wiener „Zeit" vom 5. April 1912; abgedruckt in Jb-KMG 1970, S. 80.

[54] Abgedruckt in Jb-KMG 1970, S. 77.

[55] Abgedruckt in Jb-KMG 1970, S. 73.

[56] Das gesamte Presse-Echo und alle folgenden Zitate sind der Dokumentation „Karl Mays Wiener Rede", von *E. Bartsch*, in: Jb-KMG 1970, S. 47 ff., entnommen.

den Winnetou schenkte…" Entsprechend ging es am Ende des Vortrages zu. „Beifallsgeklatsche umtoste, Anhänger umringten ihn, und nur mit schwerer Mühe konnte May zum Ausgang gelangen. Inmitten des huldigenden Gedränges rief er euphorisch aus: ‚Bleiben Sir mir treu!'" (Deutsches Volksblatt).

XIV.

Die Wiener Anstrengung war über seine Kräfte gegangen. Eine Woche später, am 30. März, starb Karl May an einem Herzschlag. Aber noch in den Nachrufen klingt die Verhandlung in Moabit wider. Bertha von Suttner gab in der Wiener „Zeit", die Karl May noch vor Jahresfrist einen „abgestraften Räuber" genannt hatte, unter dem Titel „Einige Worte über Karl May" ihren Eindruck von dem Wiener Vortrag wieder, pathetisch und etwas verschwärmt – die alte Dame hatte ihn offenbar in ihr Herz geschlossen –, aber doch auch anrührend. Die Schlußsätze lauten: „Er hatte noch eine große Freude erlebt. Der Jubel, mit dem ihn die dreitausend Zuhörer umtosten, war ja nicht nur der Ausdruck von dem Schriftsteller gewidmeten Beifall gewesen, sondern vielmehr eine Demonstration von persönlicher Verehrung, ein Protest gegen die Bosheits- und Verleumdungskampagne, die gegen ihn geführt worden und aus der er voll rehabilitiert hervorgegangen war, die ihm aber durch zehn lange Jahre das Leben verbittert hatte. Wer den schönen alten Mann an jenem 22. März … sprechen gehört, durch ganze zwei Stunden, …, begeisterungsvoll, in die höchsten Regionen des Gedankens strebend – der mußte das Gefühl gehabt haben: In dieser Seele lodert das Feuer der Güte."

Hier erscheint also der kürzlich noch „geborene Verbrecher" schon geradezu verklärt. Gewiß übertrieb die verdienstvolle Frau; aber sie war geleitet von dem humanen Impuls, einen vor kurzem noch Ausgestoßenen in seine Menschenwürde wiedereinzusetzen, wie es in Moabit begonnen worden war. Auch das „Neue Wiener Tagblatt" hielt am 2. April eine Rückschau, die auf Mays Schlußwort in Moabit anspielt: „Und wie er nun hier auf dem Podium im Sophiensaal erschien, totenbleich und fassungslos, und auf einmal den stürmischen Beifall vernahm, der ihm galt, ging ein freudiges Lächeln über sein Gesicht; und er konnte nachher auch gar nicht aufhören, von dem Glücksgefühl zu sprechen, mit dem ihn dieser Augenblick erfüllte, da er sah, daß man ihn, der sich in so schweren Leiden aus einem Abgrund emporgerungen, seine Jugend nicht entgelten ließ, sondern den in Arbeit alt gewordenen phantasievollen Erzähler in ihm ehrte."

Man darf wohl sagen, daß hier ein tragisches Leben einen versöhnlichen Ausklang gefunden hat und daß an jenem 22. März der Wiederaufstieg Karl Mays begann. Eigentlich aber hatte er schon am 18. Dezember des Vorjahres in Moabit begonnen. Denn ohne das Königliche Landgericht und ohne den Kammervorsitzenden Ehrecke wäre es zu dem allen nicht gekommen. Die Annalen der Berliner Justizgeschichte haben diesem Tage bisher keine Aufmerksamkeit geschenkt. Doch meine ich, er sei in einem Jahr, das der Feier Berlins gilt, eines Erinnerns wert.

Berlin und die deutsche Rechtssprache*

Hans Hattenhauer

I. Leibniz und die Berliner Akademie

Das Barockzeitalter mit seinen Sprachgesellschaften hatte im Zeichen der Sprachreinigung viel Lärm verbreitet. Vor allem an den kleinen Fürstenhöfen Norddeutschlands waren Dichtergesellschaften entstanden, deren berühmteste die „Fruchtbringende Gesellschaft" zu Weimar gewesen war. Wenn auch Juristen am Kampf gegen die Fremdwörter beteiligt gewesen waren, so haben alle diese Anstrengungen für die Rechtssprache doch keine Bedeutung gehabt. Etwas Neues kündigte sich an, als auf Anregung von Leibniz AD 1700 die Berliner Akademie gegründet wurde, deren erster Präsident er war. Gottfried Wilhelm Leibniz (AD 1646–1716) konnte an den Herren der Fruchtbringenden Gesellschaft mit Recht rügen, sie hätten mit ihrer Poeterei zwar Blumen, aber keine Früchte hervorgebracht[1] und dadurch andere ohne Not gegen sich erregt[2]. Durch diese Erfahrung gewitzigt, setzte Leibniz neu an, um „den Ruhm unserer Nation und Sprache"[3] zu befördern. Unbefangen übernahm er von den Sprachreinigern des Barock den Satz von der Größe und Schönheit der deutschen „Heldensprache" und daß deren Reinigung der Ehre des Reiches geschuldet werde. Wie jene machte auch Leibniz den Dreißigjährigen Krieg für die Verwilderung der deutschen Sprache verantwortlich. Um das Jahr 1683 verfaßte er seine „Ermahnung

* Grundgedanken des hier veröffentlichten Vortrags sind in einer umfassenden Studie enthalten, die an anderer Stelle publiziert worden ist: *Hans Hattenhauer,* Zur Geschichte der deutschen Rechts- und Gesetzessprache, = Berichte aus den Sitzungen der Joachim-Jungius-Gesellschaft der Wissenschaften e. V., Hamburg, Jahrg. 5 (1987), Heft 2, Göttingen, 1987.

[1] Ermahnung an die Deutschen, ihren Verstand und ihre Sprache besser zu üben, in: W. Schmied-Kowarzik (Hg.), G. W. Leibniz, Deutsche Schriften, Erster Band: Muttersprache und völkische Gesinnung, 1916, S. 15; zu Leibniz: *C. H. Ratschow,* Gottfried Wilhelm Leibniz: Gestalten der Kirchengeschichte, Bd. 8: Die Aufklärung, hg. v. M. Greschat, 1983, S. 121.

[2] Von deutscher Sprachpflege, c. 19, in: W. Schmied-Kowarzik, a. a. O.

[3] A. a. O., c. 28, S. 32.

an die Deutschen, ihren Verstand und ihre Sprache besser zu üben"[4]. Wenn die Schrift auch erstmals 1846 im Druck erschien und zur Zeit ihrer Abfassung ohne Echo blieb, diente sie doch dem Verfasser zur Klärung der eigenen Gedanken. Seine Erwägungen mündeten in die Forderung, eine „deutschgesinnte Gesellschaft" solle gegründet werden, um den Sprachverfall zu beheben. Damit wurde zwar über die Sprachpflege im allgemeinen nachgedacht. Sucht man aber nach Vorschlägen zur Verbesserung der Juristensprache, so findet man bei dem Juristen Leibniz keine Antwort. Allein das Grundsatzprogramm war ihm klar: die Sprachpflege müsse über die Dichtung hinaus auf die Sprache der Wissenschaft erstreckt werden[5]:

> Daraus folgt, daß keine Verbesserung hierin zu hoffen ist, so lange wir nicht unsere Sprache in den Wissenschaften und Hauptmaterien selbst üben, welche das einzige Mittel ist, sie bei den Ausländern in hohen Wert zu bringen und die undeutsch gesinnten Deutschen endlich beschämt machen.

In seinen „Unvorgreiflichen Gedanken betreffend die Ausübung und Verbesserung der deutschen Sprache" griff Leibniz um die Jahre 1696–99 die Sprachfrage erneut auf. Unter Verweis auf die Sprachpflegeeinrichtungen der Italiener, Franzosen und Engländer forderte er „ein deutsches Werk der Kunstworte" sowie einen „Sprachquell" oder „Glossarium Etymologicum". Sprachpflege sei vor allem Wortpflege und -forschung. Doch sei bei der „Erdenkung" neuer Wörter Vorsicht zu üben und eher auf die Wortgeschichte, die Wiederbelebung alter Worte zu setzen. Als Grundsätze der Sprachpflege hätten zu gelten: „Reichtum, Reinigkeit und Glanz" der deutschen Heldensprache.

Die Erwartung, daß er unter dem Leitbegriff „Reinigkeit" auch etwas zur Sprachreinigung in der Jurisprudenz sagen werde, erfüllte Leibniz nur zum Teil[6]. Der sprachgewandte Rechtsgelehrte setzte sich nur mit Vorbehalten für die Eindeutschung der Juristensprache ein. Bei Büchern, die für Gelehrte, Richter und Staatsleute geschrieben seien, dürfe man sich mehr Freiheit nehmen. Zwar hätten einige Gerichte und Fakultäten die löbliche Gewohnheit, ihre Urteile in Deutsch abzufassen, doch seien die lateinischen Worte zu allen Zeiten in Rechtshandlungen üblich gewesen. Dies gelte auch für die Staatsschriften, bei denen man auf das Lateinische wie auch das Französische schwerlich werde verzichten können. Wenigstens solle man aber das Deutsche gebrauchen, wo es ebenso gut oder besser als das Französische tauge.

[4] Schmied-Kowarzik, a. a. O., S. 88.

[5] A. a. O., S. 15.

[6] c. 87–93, S. 47 f.

Um auf diesem Gebiet nicht mit leeren Händen dazustehen, machte Leibniz den Vorschlag, man solle das deutsche Wort mit dem fremden „versetzen“ und das eine zur Erklärung des anderen verwenden:

92. Und dieser Vorteil würde auch sonderlich dienen, gute und wohlgemachte, aber noch nicht so gar gemeine, noch durchgehends angenommene deutsche Worte in Schwang zu bringen, wenn sie anfangs mit den fremden oder mit einheimischen zwar mehr gebräuchlichen, aber nicht zulänglichen zusammengefügt oder auch sonst mit einer Erklärung begleitet würden, bis man deren endlich mit der Zeit gewöhnt worden und solche Vorsorge nicht weiter nötig.

Leibniz stand mit seinen Forderungen an die Pflege der deutschen Rechtssprache an einer Wende. Einerseits hatte er als Zwanzigjähriger 1667 eine Übersetzung des Corpus iuris ins Deutsche gefordert[7] und den Gebrauch des Deutschen bei juristischen Disputationen an der Universität[8] verlangt. Andererseits protestierte er scharf gegen die seichte Mode deutschsprachiger Universitätsvorlesungen und war überzeugt, daß das Lateinische als „lingua Europaea universalis et durabilis ad posteritatem“ erhalten bleiben müsse[9]. Die Übung in der deutschen Sprache blieb Hilfswissenschaft und war nicht Jurisprudenz im eigentlichen Sinne.

Immerhin erkannte Leibniz, daß auf die Dauer dem Deutschen auch in der Rechtswissenschaft mehr Raum verschafft werden müsse. Als praktisch denkender Jurist ließ er sich nicht dazu verleiten, eine Utopie zu entwerfen oder ein Allheilmittel anzubieten. Er hielt sich mit seinem Vorschlag der zwischenzeitlichen Einführung von deutsch-lateinischen Übersetzungsgleichungen an die Rechtswirklichkeit. Diese kam ohne Latein noch nicht aus. Daß die Jurisprudenz dennoch in längerer Zukunft nicht mehr in einer Geheimsprache der Rechtsgelehrten gepflegt werden könne und auch vom gemeinen Mann verstanden werden müsse, war gleichzeitig absehbar. Die Erwartung einer deutschen Rechtssprache und ein erster Schritt in diese Richtung waren um das Jahr 1700 nicht mehr undenkbar.

Gelegenheit zur Verwirklichung seiner Forderungen bot sich Leibniz anläßlich der Gründung der Berliner Akademie der Wissenschaften[10]. Vorbild war ihm die Königliche Akademie der Engländer[11]. Dem Leibnizschen Sprachprogramm folgend, erteilte Kurfürst Friedrich III. in

[7] Nova methodus discendae docendaeque jurisprudentiae, 1667, neu herausgegeben von Christian Wolff, 1748, in: *G. Hartmann*, Leibniz als Jurist und Rechtsphilosoph, 1892, Neudruck 1974, § 65.

[8] A. a. O., § 98.

[9] Kurzes wohlgemeintes Bedenken vom Abgang der Studien und wie denenselben zu helfen, 1711, in: Die Werke von Leibniz, hg. v. O. Klopp, Bd. 10, 1877, S. 435.

[10] *A. von Harnack*, Geschichte der königlich preussischen Akademie der Wissenschaften zu Berlin, 2 Bde., 1900, Bd. 2, S. 103 ff.

[11] Schmied-Kowarzik, a. a. O., S. 60.

dem von Leibniz entworfenen Stiftungsbrief vom Jahre 1700[12] den Auftrag, die Sozietät möge

> Studien zur Erhaltung der deutschen Sprache in ihrer anständigen Reinigkeit auch zur Ehr und Zierde der deutschen Nation

unternehmen und

> eine deutschgesinnte Gesellschaft der Wissenschaften

sein.

Die Erläuterung dieses Programms durch die ebenfalls von Leibniz verfaßte General-Instruction[13] wiederholte die Forderung nach „Reinigkeit und Selbstand der uralten teutschen Haubtsprache" und erhielt dazu den Auftrag des Königs:

> Und wie Wir dahin sehen lassen werden, daß in Unsern Kantzleyen, Regierungen, Collegien und Gerichten bey denen Ausfertigungen die frembde unanständige Worte und übel entlehnte Reden, so viel füglich geschehen kann, vermieden, hingegen gute teutsche Redearten erhalten, herfürgesuchet und vermehret werden, also wollen Wir auch Verordnung machen, daß der Sozietät mit teutschen Benennung- und Beschreibungen an Hand gegangen, nicht weniger aus denen Archiven und Registraturen sowoll die alten, nunmehr abgegangenen, als aus denen Provintzen verschiedene bey dem Landmann nur etwan noch übliche, sonst aber unbekante Worte, worin ein Schatz des teutschen Alterthumbs, auch derer Rechte und Gewohnheiten Unserer Vorfahren, theils zu Erkäntniß der Ursprünge und Historien, theils auch zu Erleuterung heutiger hohen und anderen Rechte, Gewohn- und Angelegenheiten verborgen stecket, angemercket, gesamlet und mitgetheilet werden.

Leibniz hatte sein bisheriges Programm in Rechtsform übertragen dürfen und sogar die Amtshilfe der königlichen Behörden zugesagt bekommen. Sprachreform sollte unter Anknüpfung an die Geschichte und nicht durch willkürlich erfundene „Kunstwörter" geschehen.

Damit war die Sprachpflege eine Sache des Königs, Staatsangelegenheit geworden. Nicht die Dichter, sondern die Wissenschaftler gaben hierzu den Anstoß. Auch die Rechtssprache wurde diesem Anspruch unterworfen. Dies ließ bereits der fast beiläufig geäußerte und dennoch höchstwichtige Auftrag zur Sprachpflege in den Behörden erkennen. Dieses Programm war neu. Blieb es auch vorläufig eine bei der Akademie nicht weiter verfolgte Ankündigung, so war doch der Gedanke in der Welt: der Kurfürst und spätere König interessierte sich für den Stil seiner Beamten. Aus der Standessprache der Juristen sollte eine staatlich überwachte Amtssprache werden.

[12] A. a. O., S. 70.
[13] A. a. O., S. 71.

II. Das Allgemeine Landrecht von 1794 als Sprachkunstwerk

Der Aufstieg Preußens als Verwaltungsstaat ist nicht ohne seinen selbstgesetzten Zwang zur Sparsamkeit der Worte zu erklären, die sprachliche Seite seines „Mehr sein als scheinen!". So sehr man sich in den Behörden aber um die Sprachzucht gemüht haben mag: der eigentliche Durchbruch vollzog sich doch in einer auffälligen und gerade dadurch für die Monarchie, sogar das Reich verbindlichen Weise, mit dem Allgemeinen Landrecht für die Preußischen Staaten vom Jahre 1794[14].

Die Sprachtheorie, unter der die preußische Kodifikation begonnen wurde, war bei dem König wie den Kodifikatoren durch die Lehren Beccarias und Montesquieus bestimmt. In seiner Kabinettsorder „die Verbesserung des Justitz-Wesens betreffend" vom 14. April 1780[15] bemängelt Friedrich II. an den Gesetzen,

> daß solche größtentheils in einer Sprache geschrieben sind, welche diejenigen nicht verstehen, denen sie doch zu ihrer Richtschnur dienen sollen. Eben so ungereimt ist es, wenn man in einem Staat, der doch seinen unstreitigen Gesetzgeber hat, Gesetze duldet, die durch ihre Dunkelheit und Zweydeutigkeit zu weitläuftigen Disputen der Rechtsgelehrten Anlaß geben...

Der König verlangte daher,

> daß alle Gesetze für Unsere Staaten und Unterthanen in ihrer eigenen Sprache abgefaßt, genau bestimmt, und vollständig gesammlet werden.

In demselben Geiste belehrte Carl Gottlieb Svarez seinen Kronprinzen[16], die Gesetze seien in deutscher Sprache und in einem möglichst deutlichen Stil abzufassen,

> so daß jeder Mann von einiger Erziehung und Ausbildung sie selbst lesen, verstehen und von seinen Rechten und Pflichten sich daraus belehren kann.

Ernst Ferdinand Klein, der wichtigste Mitarbeiter von Carmers und Svarez' bei der Ausarbeitung des Gesetzbuches, äußerte sich zur Sprachfrage in demselben Geiste. Im zweiten Band seiner „Annalen der Gesetzgebung und Rechtsgelehrsamkeit" ging er 1788 in zwei Aufsätzen auf das Sprachproblem ein. Anlaß hierzu dürfte der Umstand gewesen sein, daß nach dem Tode Friedrichs des Großen (AD 1786) den aufgeklärten Bestrebungen der Kodifikatoren deutliche Widerstände entgegentraten. Klein hatte sich mit einer Kritik auseinanderzusetzen, die es gegenüber

[14] Allgemeines Landrecht für die Preußischen Staaten von 1794, hg. u. eingeleitet v. H. Hattenhauer mit einer Bibliographie von G. Bernert, 1970/73.

[15] *C. O. Mylius*, Novum Corpus Constitutionum Marchicarum, 6. Bd. (1780), Sp. 1940.

[16] *Carl Gottlieb Svarez*, Vorträge über Recht und Staat, hg. v. H. Conrad und G. Kleinheyer, 1960, S. 16 und 602.

den Formeln der Aufklärung zwar seit langem gegeben hatte, die die Kodifikatoren aber bisher unter dem sicheren Schutz des verstorbenen Königs nicht hatte erreichen können. Der Streit ging nicht zuletzt um Sprachfragen.

Unverfänglich wirkte noch die Erörterung der Frage „In wiefern muß ein Geschäftsmann sich eines schönen Styls befleißigen?"[17]. Klein verflocht die Lehren der Literatur zu dem nun so genannten „Geschäftsstil" oder „Kanzleistil"[18] mit den eigenen politischen Verlegenheiten. Seine Forderung von „Zweckmäßigkeit und Würde des Vortrags", welche durch „Sprachrichtigkeit, Rücksicht auf das, was üblich ist, Bestimmtheit und Kürze" zu erreichen seien, drohte an dem Protest der gegen alle Sprachneuerungen mißtrauischen älteren Herren zu scheitern. Sie waren in Geschäften grau geworden und nicht mehr bereit, sich an Neues zu gewöhnen. Klein bezeugte ihnen seinen vollen Respekt und versicherte, man habe nichts Umstürzlerisches vor. Auch ermahnte er die jungen Geschäftsleute, sie möchten mit den älteren Kollegen nicht zu hart verfahren. Dennoch leitete er aus den vorhandenen Darstellungen zum Geschäftsstil wie aus der eigenen Erfahrung Forderungen ab, die dem Allgemeinen Landrecht zugedacht waren.

Vor allem warnte Klein vor Schachtelsätzen. Man suche oft, die Schwäche eines Gedankens dadurch zu verbergen, daß man ihn in das mittelste Glied stecke, wo man noch nützliche Dienste von ihm zu erlangen hoffe. Dagegen könne man die Schwäche eines Grundes nicht besser wahrnehmen, als wenn man ihm einen eigenen Satz widme. Wer sich die Mühe mache und Schachtelsätze auflöse, werde merken, daß man darin vieles ersatzlos streichen könne, ohne den Sinn zu verkürzen. Der Gedanke dürfe nicht in einer Menge von Worten ersäuft werden.

Beim Ersetzen herkömmlicher Fremdwörter durch neudeutsche Kunstwörter dagegen möge man vorsichtig sein. Noch immer sei es verständlicher, wenn man „präcludiren" sage und nicht „ewiges Stillschweigen androhen". Dagegen sehe er nicht ein, warum nicht „Eigentümer" statt „dominus" oder „mit Vorbehalt des Pfandrechts" statt „salvo iure pignoris" gesagt werden sollte. Zu verwerfen seien auch die herkömmlichen „verworrenen und weitschweifigen Participialkonstruktionen, die Einschaltung der Zwischensätze und das Nachschleppen der Zeitwörter", wenn die älteren Geschäftsleute daran auch sehr hingen. Klein ließ keinen Zweifel darüber aufkommen, daß die Kodifikatoren

[17] A. a. O., S. 3.

[18] *Johan Christoph Adelung*, Über den deutschen Styl, 3 Bde., 1785–86, Bd. II, S. 67, 1785, Neudruck 1974; Johann Christian Christoph Rüdiger, Anweisung zu guter Schreibart in Geschäften, 1792.

eine gründliche Bereinigung des Geschäftsstils anstrebten und trotz der Verstimmung der älteren Generation um einen einfachen Satzbau und deutschen Wortschatz des Gesetzbuches bemüht seien.

Noch heute kann man im Allgemeinen Landrecht lesen, ohne sich darin fremd zu fühlen. Es ist das erste deutschsprachige Gesetzbuch, welches den gebildeten Laien anspricht, weil es sprachlich noch immer überzeugt. Wenn ihm später auch das österreichische Allgemeine Bürgerliche Gesetzbuch (ABGB) vom Jahre 1811 und das schweizerische Zivilgesetzbuch von 1907 an Volkstümlichkeit der Sprache erhebliche Konkurrenz gemacht haben, so kann niemand seinen Verfassern den Ruhm streitig machen, auf dem Felde der Gesetzessprache den Durchbruch geschafft zu haben.

Was Klein in seinem Aufsatz vom Jahre 1788 theoretisch formuliert hatte, machte der Kreis der Gesetzesverfasser wahr. So lange hatte man vergeblich nach Klarheit, Kürze und Deutlichkeit der Gesetzessprache gerufen – nun war die Forderung erfüllt. Am auffälligsten am Landrecht ist die strenge Begrenzung des Stils auf jeweils nur einen Satz mit höchstens einem Nebensatz. Wer je sich selbst um knappe Fassung seiner Sätze bemüht hat, ahnt, wieviel Arbeit in den Gesprächen der Kodifikatoren auf diese Kürze verwendet worden sein muß. Zugleich wurde die von Christian Wolff gelieferte Begrifflichkeit durchgehalten, ohne daß der Stil ledern wirkt. Die Gegenwart lehrt wieder erkennen[19], daß ein klarer Begriffsapparat in der Gesetzgebung keine Selbstverständlichkeit ist. So wird auch die Gegenwart um so leichter bewundern können, eine wie große Leistung die Kodifikatoren des Landrechts mit dieser begrifflichen Eindeutigkeit erbracht haben. Viele Fremdwörter, denen man bei Wolff noch als Erinnerungsposten begegnete und die dort wegen des Lehrbuchcharakters seiner Darstellung zulässig waren, sucht man im Landrecht vergeblich. Während in Wien Josef von Sonnenfels zur gleichen Zeit noch den Volkssprachgebrauch zum Maßstab nahm und dadurch bedingte Unklarheiten durch lateinische Fachausdrücke auszugleichen suchte, sprach man in Berlin reines Deutsch, Gesetzeshochdeutsch, in der sicheren Zuversicht, daß der rechtsuchende Bürger dies verstehen werde.

Dennoch wurden die Kodifikatoren in dieser Erwartung enttäuscht. Nach dem Abschluß ihrer Arbeit mußten sie sich den Vorwurf gefallen lassen, ihr Gesetzbuch sei für den gemeinen Mann unverständlich[20] und bedürfe der Erläuterung. Der von Svarez unter Mitarbeit Goßlers verfaßte populäre Auszug aus dem Allgemeinen Landrecht, „Unterricht

[19] Statt eigener Kritik verweise ich auf *D. Schwab*, Maß für Maß, FamRZ 1986, 128.
[20] Allgemeines Landrecht, a. a. O., Einführung S. 27.

über die Gesetze für die Einwohner der preußischen Staaten", vom Jahre 1793 sollte diesem Vorwurf begegnen. Der „Unterricht" war zu seiner Zeit in der Tat erforderlich. Die aufgeklärten Kodifikatoren hatten in die Zukunft geblickt und erziehen wollen, wo die gewünschte Bildung noch fehlte. Sie hatten mit solcher Herausforderung der Bildung und Rechtsgesinnung ihrer Mitbürger auf die Dauer jedoch den erwarteten Erfolg. Das Landrecht wurde ein Werkzeug der Erziehung zur Sprach- und Rechtsgesinnung. Diese Anstrengung trug Frucht. Das Gesetzbuch war nach kurzer Zeit aus sich selbst heraus verständlich. Was nach seinem Vorhaben eine Sprachneuerung vorauszusetzen schien, bewirkte diese. Es erwies sich darin als so erfolgreich, daß es nach den Worten Pütters[21] Vorbild und Maßstab „für ganz Deutschland" geworden war. Mochte auch das Sozialmodell und der Kompromißcharakter des Gesetzbuches durch spätere Kodifikationen, vor allem den Code Napoléon, überholt werden, so wären doch alle folgenden deutschsprachigen Gesetzbücher ohne das sprachliche Vorbild des preußischen Landrechts nicht möglich gewesen. Das Allgemeine Landrecht für die Preußischen Staaten hat auf dem Gebiet der Gesetzgebung ebensoviel erreicht, wie Martin Luther für die Sprache des Glaubens bewirkt hatte. Es gab künftig im ganzen Reich nur ein Gesetzeshochdeutsch und damit in der Folge ein Juristenhochdeutsch.

So planmäßig die Verfasser des Landrechts diese Aufgabe angegangen waren, so stolz waren sie auf das vollbrachte Werk. Als das damals so noch genannte „Allgemeine Gesetzbuch" 1791 dem König vorgelegt wurde, war dem der Entwurf eines Publikationspatents beigefügt. Klein druckte dessen Text zusammen mit einem Bericht über die Kodifikationsarbeiten in seinen Annalen[22] ab. In der umfangreichen Präambel des Patents sollte der König nach dem Wunsch der Kodifikatoren auch auf die Sprache des Gesetzbuches eingehen. Unter Wiederholung der wesentlichen Aussagen der Kabinettsorder von 1781 führte der Entwurf aus, der König habe damals ein Gesetzbuch verlangt, das die Gegenstände des Rechts auf die einfachen Grundsätze der Vernunft und natürlichen Billigkeit zurückführen müsse, indem

> überhaupt aber das Ganze in einer zusammenhängenden Ordnung, in der Sprache der Nation und dergestalt allgemein verständlich vorgetragen werde, daß ein jeder Einwohner des Staats, dessen natürliche Fähigkeiten durch Erziehung nur einigermaßen ausgebildet sind, die Gesetze, nach welchen er seine Handlungen einrichten und beurteilen lassen soll, selbst lesen, verstehen, und in vorkommenden Fällen, sich nach den Vorschriften derselben gehörig achten könne.

Damit nicht genug, enthielt auch das Gesetzbuch in § 11 der Einleitung ein Stilgesetz für kommende Vorhaben:

[21] Göttingische gelehrte Anzeigen, 105. Stück, 1. Juli 1784.
[22] Klein's Annalen (1791), S. XIII und XIL.

Die Gesetzcommission muß ... eine deutliche bestimmte Fassung des zu gebenden Gesetzes in Vorschlag bringen.

Während § 11 der Einleitung bei der königlich verordneten Schlußrevision bewahrt werden konnte, fanden die stolzen Worte des Jahres 1791 keine Aufnahme in das endgültige Publikationspatent. Der König fand guten Grund, sie ersatzlos zu streichen. Er mochte die sprachkünstlerische Leistung der Kodifikatoren nicht so hoch schätzen. Inzwischen war die Adressatenfrage zum Politikum geworden. Was als „Allgemeines Gesetzbuch" schon dem Titel nach vor allem ein Werk für den Bürger der Monarchie hatte sein sollen, durfte nur als „Landrecht" im herkömmlichen Sinne verkündet werden und sollte sich allein an den Juristenstand wenden. Es wäre eine Beleidigung dieses königlichen Willens gewesen, wenn im Publikationspatent weiter des Bürgers gedacht worden wäre. Andererseits darf bei solchem Mißtrauen des Königs gegen ein Gesetzbuch des Bürgers nicht übersehen werden, daß gerade dadurch die Bedeutung des neu geschaffenen Juristenhochdeutschs um so kräftiger gefördert wurde. Die Juristen ließen ihre Fachsprache um so mehr vom Landrecht formen, zumal der Gedanke einer staatlich verordneten Sprachrevision aller künftigen Gesetzestexte darin Gesetzesrang erlangt hatte.

Man kann verstehen, daß die Kodifikatoren ihre Sprachleistung in das rechte Licht zu rücken suchten. Dennoch war es nicht übertrieben, wenn der überaus bescheidene Svarez das gesetzte Ziel und den erreichten Erfolg in Worte faßte[23]:

Freilich schrumpft jener Berg von Gesetzen schon sehr zusammen..., wenn man endlich auch in der Sprache und im Ausdruck sich der Kürze und Präzision so sehr befleißigt, als es irgend ohne Abbruch der so wesentlich notwendigen Deutlichkeit und Gemeinverständlichkeit geschehen kann. – Nach diesem Plan ist bei der Ausarbeitung des bekannten Entwurfs zum allgemeinen Gesetzbuch verfahren worden; inwiefern man den Zweck dabei erreicht habe, darüber werden jetzt die Stimmen des Publikums gesammelt.

Goßler, einer der Mitarbeiter von Svarez, konnte rückblickend an diesem deutlicher rühmen[24]:

das angestrengte Nachdenken (sc. über die Gesetzgebung) und ihrer Fassung in eine gedrängte, reine, bestimmte und klare, keiner Zweideutigkeit unterworfene Sprache.

Ebenso wies Justizminister von Kircheisen in seiner berühmten Ansprache vor dem Kronprinzen vom Jahre 1792 auf diese Seite des

[23] *Carl Gottlieb Svarez,* Inwiefern können und müssen Gesetze kurz sein, Berlinische Monatsschrift 12 (1788), S. 99: Neudruck in: H. Conrad / G. Kleinheyer, Vorträge über Recht und Staat, 1960, S. 628 f.

[24] *C. Goßler,* Beiträge zur Lebensgeschichte des Geheimen Ober-Justiz- und Tribunal-Rathes Carl Gottlieb Svarez, in: Juridische Miszellen, Erstes Heft, 1810, S. 67 f.

Gesetzbuches hin[25]. Unter Wiederholung der Klage, daß die Deutschen in der Regel ihre eigene Gesetzessprache nicht verstünden, pries er stolz Preußens Leistung:

> Wir deutsches Volk haben nun ein deutsches Gesetzbuch. ... Die Regeln, nach welchen die bürgerlichen Geschäfte einzurichten sind, ... sind darin faßlich, deutlich, vollständig, bestimmt; und es läßt sich mit Wahrscheinlichkeit voraussehen, daß nun eine reichhaltige Quelle von Prozessen verstopft sein dürfte.

Das vollkommene Sprachkunstwerk schien mit dem Allgemeinen Landrecht vollendet zu sein. Dessen Rang machte anscheinend eine weitere Zusammenarbeit der Sprachkünstler aus der Philologie mit jenen der Jurisprudenz überflüssig. Erstere sahen keinen Anlaß mehr, ihre bisherigen vielfältigen Anmerkungen zur Rechts- und Geschäftssprache fortzuführen. Sprachpflege wurde in Rechtsdingen mehr denn je allein eine Sache der Juristen. Zwar machte der in Sprachdingen berühmte Johann Gottfried Herder[26] einige Anmerkungen zur Wissenschaftssprache, verlor dagegen über die Sprache des Rechts kein Wort. Die sprachliche Leistung Christian Wolffs war für ihn kein Maßstab[27]:

> Wolf ging auf Evidenz aus; er hat sie wortgerecht sehr erreicht, ja übertrieben; was ist indessen blos eine Evidenz in Worten? Willkührliche Definitionen, ekelhaft wiederholte Demonstrationen sind nur zu oft die Folge davon. Ich wollte, daß Wolf weniger die Evidenz als die äußere Fruchtbarkeit, den Reichthum an Gedanken, Beweisen und Sätzen erstrebt; indem man lediglich die Form abmißt, verliert man zu sehr die Materie.

Die romantische Sprachphilosophie suchte nun Inhalte und Innerlichkeit. Daß den Juristen die Form vornehmste Garantie der Bürgerfreiheit und die Sprache vor allem nach ihrer Form zu beurteilen ist, konnte Herder nicht mehr verstehen.

Anders scheint die Akademie der Wissenschaften zu Berlin die Sache angesehen zu haben. In den Kämpfen der deutschsprachigen Partei mit den französischsprachigen Akademikern um die Rolle des Hochdeutschen[28] als Akademiesprache suchten die Deutschen nach Verbündeten. Man wollte Svarez und sein Genie für die Akademie gewinnen und schlug dem König dessen Ernennung zum Mitglied der gelehrten Gesellschaft vor. Am 15. April 1792 richtete der Präsident, Staatsminister von Hertzberg, an den Monarchen eine „Eingabe betreffend die Vervollkommnung der deutschen Sprache durch Mithülfe der Akade-

[25] Klein's Annalen, 9 (1792), S. 306.

[26] *Johann Gottfried Herder,* Sprachphilosophische Schriften, hg. v. E. Hein 1964, Aus den Fragmenten, Aus der dritten Sammlung, (a), S. 142.

[27] *Johann Gottfried Herder,* Ueber Christian Wolfs Schriften, in: Sämtliche Werke, hg. v. B. Suphan, 32. Bd., 1899, S. 157.

[28] *A. von Harnack,* Geschichte der königlich preussischen Akademie der Wissenschaften zu Berlin, 1. Bd., 2. Hälfte, 1900, S. 510.

mie"[29]. Er nahm sich die Freiheit, Seiner Majestät vorzuschlagen, die Akademie

puisse élire et proclamer dans la prochaine assemblée publique pour membres internes

1. le Conseiller privé Svarez, qui a prouvé sa capacité supérieure pour la jurisprudence, la philosophie et la langue allemande, non seulement dans les tribunaux, mais aussi dans sa Coopération au noveau Code des loix.

2. ...

Der König mochte von Svarez trotz dessen bekannter Verdienste nichts wissen und notierte an den Rand:

j'accorde Cuhn, Spiess et le Br. de Chambrie pour membre de l'Academie, et je n'ai rien contre la nouvelle Grammaire Allemande...

Den Namen des vorgeschlagenen Svarez ließ er dagegen ungenannt. Der abgewiesene Präsident hat die Sprachbegabung von Svarez so hoch eingeschätzt, daß er seinen Vorschlag beim König bereits fünf Tage später wiederholte:

J'ose donc encore une fois suppléer Votre Majesté, de permettre, que je puisse y associer et faire élire pour cet effet pour membres ordinaires le Bibliothécaire Biester et le Conseiller privé Suarez. ...le Sr. de Suarez pourra nous être fort utile pour la détermination allemande des termes de droit et de Jurisprudence, dont il a déjà donné des preuves très remarquables, dans le nouveau Code de Loi, où il a rendu la plupart des termes latins de la Jurisprudence par des mots allemands très convenables.

Aber der König blieb hart:

«cela en restera à ce que j'ai répondu.»

So blieben die hochfliegenden Pläne der Akademie um die Pflege der hochdeutschen Rechtssprache mangels eines Fachmannes ohne Erfolg. Ob die gelehrte Gesellschaft mehr hätte ausrichten können, als es das preußische Allgemeine Landrecht durch seine täglich spracherziehende Gegenwart in den Gerichten und Verwaltungen bereits bewirkte, wird man ohnehin fragen dürfen.

III. Volksgeist und Sprache: Savigny

Während auch nach dem Inkrafttreten des Allgemeinen Landrechts in der weiterhin blühenden Gesetzgebungslehre die Forderung nach Deutlichkeit und Genauigkeit des Gesetzesstils immer neue Wiederholung fand[30], erhielt das Sprachproblem der Juristen eine neue Wendung durch den großen Neuerer Savigny[31]. Dieser gehörte allerdings nicht zu den

[29] *v. Harnack*, a. a. O., 2. Bd., Nr. 180, S. 322.

[30] Aus der Fülle des Schrifttums vgl. etwa: *Christian Daniel Erhard*, Versuch über das Ansehen der Gesetze und die Mittel ihnen solches zu verschaffen und erhalten, 1791, S. 43 f.; *Johann Friedrich Reitemeier*, Der recurs an den Gesetzgeber, 1818, S. 6; Jeremis Bentham's Principien der Gesetzgebung, hg. v. Etienne Dumont, 1833, S. 119.

[31] *Kleinheyer-Schröder*, a. a. O., S. 229; *J. Rückert*, Idealismus, Jurisprudenz und Politik bei Friedrich Carl von Savigny, 1984.

Anhängern des Landrechts. Er wollte den Geist der Französischen Revolution und der sie tragenden Aufklärungsphilosophie mit Stumpf und Stil ausrotten. Nicht das Gesetz sollte Grundlage der Rechtspflege sein, sondern die am römischen Recht geschulte Rechtswissenschaft, eine mathematisch-philologisch betriebene Kunst des „Rechnens mit Begriffen". Daß bei diesem politisch-philosophischen Ansatz keine Sympathie für die preußische Kodifikation von Savigny zu erwarten war, lag auf der Hand. Obwohl führender Kopf an der Juristischen Fakultät der neugegründeten Berliner Universität, nahm er widerwillig erst im Jahre 1824 das Joch einer Landrechtsvorlesung[32] auf sich. Er tat dies nicht etwa zur Beförderung der Rechtskenntnisse seiner Studenten über das preußische Recht, sondern zur Einbindung der Kodifikation in seine Theorie der Rechtswissenschaft, zur Zähmung und Umdeutung des Landrechts aus einer aufgeklärten Kodifikation in die einigermaßen brauchbaren Quellen historischen Rechts.

Sein Urteil über das Landrecht hat Savigny schon 1814 in seiner folgenreichen Schrift „Vom Beruf unsrer Zeit für Gesetzgebung und Rechtswisenschaft"[33] gesprochen. Es war wohl eine Frage des vaterländischen Taktes, daß der Wahlpreuße Savigny mit dem Landrecht höflicher umsprang als mit dem Code. War letzterer ihm der Gipfel revolutionär-ungeschichtlicher Verirrung, Krebsgeschwür und politische Krankheit, so erkannte er am Landrecht, an dieser „trefflichen Schrift", doch den „Ernst und die Ausdauer" aller um das Gesetzgebungswerk Beteiligten an. Mit einer besonderen Verbeugung wurde Svarez gewürdigt (S. 145):

> Die Seele des Ganzen aber war der geistreiche Svarez, durch welchen Einheit in der Wirksamkeit so vieler verschiedener Mitarbeiter erhalten wurde.

Ein abschließendes Urteil über das, privat als „Sudeley" bezeichnete, Gesetzbuch mochte Savigny nicht abgeben. Über den Wert der preußischen Kodifikation könne solange nichts Endgültiges gesagt werden, wie die Gesetzesmaterialien noch unveröffentlicht seien. Immerhin stellte er in einem Nebensatz fest, daß dem Landrecht mangels Vorliegens der Gesetzesmaterialien „ein geschichtliches und literarisches Leben bis jetzt ganz fehlt".

Auch die Sprachkultur des Allgemeinen Landrechts konnte Savigny nicht rühmen. Indem er kein Wort über den Stil des Landrechts verlor,

[32] *D. Strauch*, Friedrich Carl von Savignys Landrechtsvorlesung vom Sommer 1824, in: Staat–Recht–Kultur, Festgabe für Ernst von Hippel, 1965, S. 245; *U. Bake*, Die Entstehung des dualistischen Systems der Juristenausbildung in Preussen, Diss. iur. Kiel, 1971; im „Beruf" (Thibaut und Savigny. Ihre programmatischen Schriften, hg. und eingeleitet v. H. Hattenhauer, 1973, S. 183) hatte Savigny noch gemeint, daß Vorlesungen über das Landrecht besser nicht gehalten werden sollten.

[33] Thibaut und Savigny, a. a. O., S. 95.

sondern nur eine allgemeine Feststellung über die Eignung der deutschen Sprache für Gesetzgebung traf, schlug er das Landrecht um so härter (S. 150):

> Es darf aber auch nicht übersehen werden, daß eine große, vielleicht unübersteigliche Schwierigkeit in der gegenwärtigen Stufe der deutschen Sprache lag, welche überhaupt nicht juristisch, und am wenigsten für Gesetzgebung ausgebildet ist; wie sehr dadurch die lebendige Darstellung individueller Rechtsverhältnisse erschwert, ja unmöglich gemacht wird, kann jeder finden, der irgend einen eigenen Versuch der Art, z. B. eine Übersetzung aus den Pandekten, unternehmen will.

Savigny besaß die Weisheit, an den großen politischen Schlagwörtern seiner Zeit nicht achtlos vorbeizugehen oder sie direkt zu bekämpfen. So nahm er das Wort „Freiheit" auf, gab ihm aber eine neue Bedeutung. Durch solche Umwidmung gelang es ihm, den Eindruck der Gegenwartsnähe zu erzeugen und doch den Bruch mit der Aufklärung zu vollziehen. Daß er sich im „Beruf" wiederholt zur Sprache äußerte, ist indessen in seinem tiefgegründeten Stilgefühl begründet, einem selten erreichten Sinn für Sprachreinheit. Von der Gesetzessprache zu reden, fand er hier allerdings keinen Anlaß. Angesichts der „gelegentlich" geäußerten Forderung besonderer Kürze der Gesetzessprache wandte er warnend ein, wohl in Anspielung auf das verachtete Landrecht (S. 112):

> Allerdings kann Kürze große Wirkung tun, wie sich durch das Beyspiel Römischer Volksbeschlüsse und des Römischen Edicts anschaulich machen läßt. Allein es giebt auch eine trockene, nichtssagende Kürze, zu welcher derjenige kommt, der die Sprache als Werkzeug nicht zu führen versteht, und die durchaus ohne Wirkung bleibt.

Während alle anderen die Sprache des Gesetzes erörterten, erörterte Savigny die Sprache des Rechts und stellte sie in den Zusammenhang der gesamten Kultur, Sitte und Verfassung. Recht und Sprache „leben im Bewußtsein des Volkes". In einer von Juristen verwalteten Rechtspflege komme die Sprache zu besonderer Bedeutung (S. 104):

> Das Recht bildet sich nunmehr in der Sprache aus, es nimmt eine wissenschaftliche Richtung, und wie es vorher im Bewußtseyn des gesammten Volkes lebte, so fällt es jetzt dem Bewußtseyn der Juristen anheim.

Damit wird Rechtswissenschaft wesentlich eine den Juristen anvertraute Sprachkultur. Sprache ist nicht Werkzeug, sondern Wesen des Rechts (S. 114):

> eine treffliche Kunstsprache, die mit der Wissenschaft so zusammenfällt, daß beide ein unauflösliches Ganze(s) zu bilden scheinen.

Aus der Sprachkunst des Rationalismus sollte die Kunstsprache der Rechtswissenschaft werden. Daß der gemeine Mann sie verstehen müsse, war kein Maßstab mehr für die Güte der Rechtssprache. Die zweckbestimmte Deutung der Sprache als Werkzeug wich einer „organischen" Betrachtung dieser im Volksgeist beheimateten Wesenseinheit von Rechtswissenschaft und Sprache. Die noch immer ausstehende Sprachkultur und Hebung der Rechtssprache war nur über eine Veredelung der Rechtswissenschaft zu erwarten (S. 127):

> Ich frage jeden, der für würdigen und angemessenen Ausdruck Sinn hat, und der die Sprache nicht als eine gemeine Geräthschaft, sondern als Kunstmittel betrachtet, ob wir eine Sprache haben, in welcher ein Gesetzbuch geschrieben werden könnte. Ich bin weit entfernt, die Kunst der edlen Deutschen Sprache selbst in Zweifel zu ziehen, aber eben daß sie jetzt nicht dazu taugt, ist mir ein Zeichen mehr, daß wir in diesem Kreise des Denkens zurück sind. Kommt nur erst unsre Wissenschaft weiter, so wird man sehen, wie unsre Sprache durch frische, ursprüngliche Lebenskraft förderlich seyn wird. Noch mehr, ich glaube wir sind in diesem Stücke auch in neueren Zeiten rückwärts gegangen. Ich kenne aus dem achtzehenten Jahrhundert kein Deutsches Gesetz, welches in Ernst und Kraft des Ausdrucks mit der peinlichen Gerichtsordnung Karls des Fünften verglichen werden könnte.

Daß es nicht bei schönen Hoffnungen blieb, war Savignys eigentliches Ziel. Es zu verwirklichen, sollten die Begriffe dienen. Am Vorbild der unübertrefflichen begrifflichen Klarheit des römischen Rechts sollten die deutschen Juristen sich unter seiner Erziehung zum Range von Rechtswissenschaftlern erheben. In der Tat wurde sein Stil Vorbild für ein Jahrhundert, sowohl im Denken wie in der Sprache. Erst in jüngster Zeit ist das Bild von Savigny als dem reinen Theoretiker berichtigt worden. Wolfgang van Hall hat durch Aufarbeitung von Savignys Staatsratsgutachten nachgewiesen, wie fruchtbar Savigny als „Praktiker"[34] gewirkt hat. Seine Abneigung gegen die Kodifikation hat ihn nicht daran gehindert, selbst an der preußischen Gesetzgebung maßgeblich mitzuwirken. Damit eröffnete er eine neue Epoche der deutschen Rechtssprache.

Der Abstand zwischen dem Stil des Allgemeinen Landrechts und der von Savigny geprägten neuen Sprache muß auch dem Laien auffallen. Bis zum Landrecht hatte man genug damit zu tun gehabt, das römische Sprachvorbild in klares Deutsch zu übersetzen. So gesehen, war die preußische Kodifikation die Erfüllung aller Wünsche der Sprachreiniger zweier Jahrhunderte. Dennoch war ihr Stil immer noch übersetztes Latein geblieben. Wer die römische Rechtssprache beherrscht, hört die deutschen Worte noch heute lateinisch klingen. Als man in Preußen für die neuen polnischen Gebiete das Landrecht in Kraft setzen wollte, mußte dies in der polnischen Staats- und Rechtssprache, also lateinisch geschehen. Es kostete keine Mühe, eine lateinische Ausgabe des Landrechts, das Ius Borussico-Brandenburgensicum commune. Ex Germanico Latine versum, im Jahre 1800 herauszubringen.

Savignys Stil war dagegen nicht mehr ohne weiteres ins Lateinische zu übersetzen. Sein neuer Begriffsapparat, sein von Kant mitgeprägter Denkstil war keine schlichte Erinnerung an das Recht des corpus iuris.

[34] *W. van Hall,* Savigny als Praktiker. Die Staatsratsgutachten (1817–1842), Diss. iur. Kiel, 1981.

Wie sollte man seinen Zentralbegriff „Rechtsverhältnis" auf lateinisch fassen? Was hatte sein Gesetzesbegriff mit der „lex" der Römer zu tun? Sein neuer Denkstil ordnete die römischen Quellen in einem neuen Rahmen und unterwarf sie neuer Deutung. Savigny setzte damit zugleich neue Maßstäbe für den juristischen Sprachstil.

IV. Der preußische Staatsrat und die Gesetzessprache

Neue Maßstäbe setzte auch der preußische Staat unter den Erschütterungen der Niederlage von Jena und Auerstedt. Die Stein-Hardenbergischen Reformen sollten sogar die Staatssprache erreichen. In der „Verordnung über die veränderte Verfassung der obersten Staatsbehörden in der Preußischen Monarchie" vom 27. Oktober 1810[35] wurde bestimmt:

> Wir wollen, daß der bisher noch immer beibehaltene Curialstil, welcher nichts Anderes ist, als der Stil des gemeinen Lebens längst verflossener Zeiten, in allen seinen Abstuffungen von Rescripten, Dekreten und dergleichen, wie Wir es längst beabsichtigt haben, durchgängig abgeschafft und von jeder Behörde, im gegenwärtigen Stil des gemeinen Lebens, sowohl an Obere als an die auf gleicher Stuffe stehende, oder untergebene Behörden und Personen geschrieben und verfügt werde, wie es in den mehrsten anderen Staaten geschieht, ohne der Autorität das Mindeste zu vergeben.

Auch hier setzte das überwältigende Frankreich die Maßstäbe und zwang zur Suche nach der neuen Sprache in Staat und Recht. Wo aber die Reformer nur das Ziel bestimmen konnten, wies Savigny dem Staat wie den Juristen den Weg dahin.

Es hätte bereits genügt, daß Savignys bezwingende Lehre und Sprache vom Berliner Katheder ausging, um den Stil der Juristen zu prägen. Aber der Meister gab sich damit nicht zufrieden. Die Krönung seiner Rechtssprachpolitik dürfte seine Tätigkeit im Staatsrat gewesen sein. Man kann dieses im Jahre 1817 gegründete verfassungsrechtliche Organ getrost als das preußische Ersatzparlament oder auch den Parlamentsersatz bezeichnen[36]. Die nicht mehr zu widerrufenden Verfassungsversprechen des Monarchen sollten auf diese Weise, wenn auch anders als versprochen und erwartet, erfüllt werden. Die hochrangigen und von Geist und Kultur geprägten Mitglieder des Staatsrats würden jedem modernen Parlament zur Ehre gereichen. An politischem Sachverstand fehlte es im preußischen Staatsrat nicht, wenn es um den Entwurf und die Begutachtung von Gesetzen ging. Savigny sollte im Kreise der Erlauchten eine führende Rolle übernehmen. Er nahm sich vor allem der Rechtssprache an. Ihr sollte die „Fassungskommission" des Staatsrates dienen.

[35] Preuß. GS. 1810, S. 9f.

[36] *H. Schneider*, Der preussische Staatsrat, 1952.

Friedrich Wilhelm III. berief durch Verordnung vom 20. März 1817 den Staatsrat, „für Uns die höchste berathende Behörde“[37], ein. Savigny war einer jener „Staatsdiener, welche durch besonderes Vertrauen Sitz und Stimme als Mitglieder des Staatsraths erhalten“. Von einer Fassungskommission war damals jedoch nicht die Rede, so gründlich das Verfahren der Gesetzesredaktion auch geregelt wurde. Allerdings gab es bereits eine Bestimmung über die „Fassung“ der Gesetzentwürfe (§ 16):

> Bevor das Gutachten in das Plenum gelangt, wird der Entwurf zum Gesetz von dem Minister-Staatssekretair und einem vom Präsidenten zu bestimmenden Mitgliede der Justizabtheilung in Absicht auf die Fassung geprüft, und Ausstellungen werden gemeinschaftlich mit der betreffenden Abtheilung berichtigt.

Erst die Ausarbeitung einer besonderen Geschäftsordnung gab Anlaß zu dieser einzigartigen Neuschöpfung der preußischen Gesetzgebungstechnik. Während der vom Staatsrat dem Monarchen 1824 vorgelegte Entwurf von einer Fassungskommission noch nichts sagte, setzte der Monarch sie in Ergänzung des Staatsratsentwurfs ein. Man kann nur rätseln, wer den König zu dieser Maßnahme veranlaßt haben mag. Jedenfalls ordnete dieser am 21. November 1825 an[38]:

> Auf den Bericht des Staats-Raths vom 8. d. M. genehmige ich, daß dessen Schluß-Gutachten über die Bestätigung der vorläufig eingeführten Geschäfts-Ordnung noch ausgesetzt und daß bis dahin dieselbe in Anwendung bleibe. Nur die Bestimmung des §. 19 litt. d. soll abgeändert werden und die Fassung neu redigierter Gesetz-Entwürfe, wenn sie erforderlich wird, nicht von den Abtheilungen *vor* der Diskussion im Plenum, sondern von einer, nach Analogie der Bestimmung im §. 16. der Verordnung wegen Einführung des Staats-Raths, für die Dauer der jährlichen Sitzungen zu bildenden besonderen Kommission, *nach* den im Protokoll verzeichneten Beschlüssen des Plenums ausgehen. Diese Kommission soll bestehen aus dem Vorsitzenden des Staats-Raths, dem Staats-Sekretair, dem jedesmaligen Referenten der Abtheilungen, dem oder denen Ministern oder Verwaltungs-Chefs, aus deren Departement der Gesetzes-Vorschlag ausgegangen ist und für die gegenwärtige Dauer der Sitzungen dem General-Lieutenant von Müffling, dem Wirklichen Geheimen Rath von Kamptz, dem Geheimen Staats-Rath von Stägemann, dem Wirklichen Geheimen Legations-Rath Ancillon und dem Geheimen Ober-Revisions-Rath von Savigny. Nach der Vollziehung des Protokolls fertigt die Kommission, da wo es erforderlich ist, den neu redigierten Gesetzes-Entwurf, oder bezeichnet die geringeren Abänderungen, welche nach den Beschlüssen in dem ursprünglichen Gesetzes-Entwurf zu machen sind und legt in der nächsten Sitzung durch eines ihrer Mitglieder die neue Fassung dem Plenum des Staats-Raths vor, welches bloß sich darüber zu äußern hat, ob durch dieselbe der Sinn seiner Beschlüsse verfehlt worden, ohne jedoch über eine andere Fassung selbst zu deliberieren, welche in diesem Fall der Kommission überlassen bleibt. In der Kommission selbst entscheidet die Mehrheit der Stimmen und bei Gleichheit derselben giebt die des Vorsitzenden den Ausschlag; die Fassungs-Vorschläge der Minderheit werden dem Plenum nicht vorgelegt.

[37] Preuß. GS. 1817, S. 67.

[38] Geheimes Staatsarchiv Merseburg, Rep. 80 I, Staats-Rath, Generalia Nr. 16, Acta über Geschäftsordnung, vol. 1, p. 172.

Dementsprechend wurde in § 57 der Geschäftsordnung vom 28. Juni 1826[39] die Pflege der Gesetzessprache im Staatsrat geordnet. Auch eine Revision der Geschäftsordnung sollte daran nichts ändern. Das „Regulativ betreffend die Abänderung und Ergänzung der Geschäfts-Ordnung des Staatsraths vom 6. Juni 1826", welches am 3. Januar 1844 erging[40], bestimmte:

> 19. Der Entwurf ist, wenn im Plenum keine materiellen Erinnerungen gegen denselben gemacht, oder die nachträglich zur Berathung gebrachten Punkte nach der Ansicht der Abtheilungen entschieden worden sind, sogleich der Fassungs-Commission zur Prüfung und Feststellung der Fassung zu überweisen. Im entgegengesetzten Falle geht der Entwurf nochmals an die Abtheilungen zurück und wird von letzteren, nachdem in Gemäßheit der Plenarbeschlüsse die nöthigen materiellen Änderungen bewirkt und die sonst im Plenum vorgekommenen Erinnerungen näher erwogen werden, der Fassungs-Commission unmittelbar zugefertigt.
>
> § 30 Der von der Fassungs-Kommission abgeänderte oder neu ausgearbeitete Gesetz-Entwurf ist den Mitgliedern des Staats-Raths rechtzeitig vor der zu dessen Genehmigung anberaumten Sitzung mitzuteilen. In derselben bedarf es der Vorlegung des Gesetz-Entwurfs nicht, sondern es genügt, daß der Präsident die Versammlung zur Äußerung darüber auffordert, ob ein Mitglied dafür halte, daß der Sinn der gefaßten Beschlüsse verfehlt worden sei.

Rechtssprachpflege hatte damit in der preußischen Monarchie gesteigerten Verfassungsrang erhalten. Dabei ist zu berücksichtigen, daß die ein Gesetz anregenden Ministerien bereits ausformulierte Entwürfe vorzulegen pflegten und sich dabei keine sprachlichen Unsauberkeiten vorwerfen lassen wollten. Bevor der Entwurf in den Staatsrat gelangte, mußten die Ministerien zudem den Rat des Gesetzgebungsministeriums einholen (1841–1848), an dessen Spitze Savigny stand. Da auch die federführenden Abteilungen des Staatsrats sich zu besonderer Sprachkultur verpflichtet wußten, hat man dort für die Verabschiedung von Sprachwerken gesorgt, von denen man heute nicht einmal zu träumen wagt. Dabei waren auch damals Kompromisse in Rechtsfragen nötig. Sie wurden im Plenum entschieden, mußten aber in eindeutige Sprachform gefaßt werden. Erst das derart zwischen Abteilung und Plenum hin- und herbewegte Rechts- und Sprachkunstwerk wurde in der Fassungskommission der endgültigen Kritik unterworfen. Dort ging es nur um Sprachfragen, während die Sachfragen in letzter Instanz beim Plenum des Staatsrats entschieden werden mußten. Man wußte, daß auch eine eindeutige Sachentscheidung noch der formalen Vollendung bedurfte. Wenn der Fassungskommission die Befugnis nicht nur zur Verbesserung der ihr vorgelegten Gesetzentwürfe, sondern auch zur Ausarbeitung neuer Entwürfe zugesprochen wurde, so scheint dem praktische Erfah-

[39] A. a. O., p. 248 f.
[40] A. a. O., vol. II, p. 134.

rung zugrundegelegen zu haben. Es gehörte anscheinend nicht zu den Seltenheiten, daß ein so erlesenes und kultiviertes Gremium wie der Staatsrat vor dem strengen Gericht seiner Sprachpflegewächter nicht bestehen konnte. Die Fassungskommission genoß als ein vom König berufenes Kollegium besondere Rechte. Auch dort scheint man über die Wahl der rechten Worte bis ins einzelne gestritten und mit Mehrheiten abgestimmt zu haben. Die Gesetzgebung war einer Funktionsteilung unterworfen, bei der jede Seite im Wettbewerb mit der anderen ihr Bestes geben mußte: dem Staatsrat kamen die Sachentscheidungen zu, der Fassungskommission dagegen oblag die vom Staatsrat nicht mehr zu „deliberierende" Entscheidung über die sprachliche Form.

V. Das Bürgerliche Gesetzbuch und der Deutsche Sprachverein

Unberührt von der Sprachpolitik ging die Gesetzgebungsarbeit in den deutschen Ländern ihren Weg. Sie brauchte sich ihrer sprachlichen Leistungen nicht zu schämen. Vor allem die für ganz Deutschland bestimmten Gesetze, etwa die Wechselordnung von 1848, das Allgemeine Deutsche Handelsgesetzbuch von 1861 und der Dresdener Entwurf des Obligationenrechts von 1866, aber auch die Landesgesetzgebung, etwa in Gestalt des Sächsischen Bürgerlichen Gesetzbuches von 1865, können ihre sprachliche Klarheit und Genauigkeit des Ausdrucks bis heute sehen lassen. Daß insbesondere Savignys Begriffsjurisprudenz diese Leistungen ermöglicht hatte, wußte man wohl. Die sprachliche Krönung dieser Gesetzgebung auf dem Gebiete des Privatrechts wurde das Bürgerliche Gesetzbuch des Deutschen Reiches vom 18. August 1896[41]. Zwanzig Jahre lang haben die Redaktoren unter Leitung des Reichsjustizamtes mit aller Kraft daran gearbeitet. Als im Jahre 1888 der Erste Entwurf der Öffentlichkeit zur Diskussion vorgelegt wurde, blieb die Kritik nicht aus[42]. Nicht zuletzt die Sprache des Entwurfs hatte man zu schelten.

Die Zeit war sprachbewußter denn je geworden[43]. Aus dem Deutschen Reich als einem Fürstenverein wurde in den zwei Jahrzehnten

[41] *W. Schubert*, Materialien zur Entstehungsgeschichte des BGB. Einführung, Biographien, Materialien, 1978.

[42] Zusammenstellung der gutachtlichen Äußerungen zu dem Entwurf eines Bürgerlichen Gesetzbuchs, gefertigt im Reichs-Justizamt, 6 Bde., 1890.

[43] *L. Günther*, Recht und Sprache. Ein Beitrag zum Thema vom Juristendeutsch, 1898 m. ausführlichen Literaturhinweisen; *W. Arnold*, Kultur und Rechtsleben, 1865, S. 298 ff.; *H. Weck*, Die Sprache im deutschen Recht, 1913; *O. Wendt*, Über die Sprache der Gesetze, 1904; *F. Thudichum*, Juristen-Deutsch, in: Hirth's Annalen des Deutschen Reiches, 1892, S. 126; zur Diskussion um die Gesetzgebungslehre vgl.: *J. W. Hedemann*, Die Kunst, gute Gesetze zu machen, in: Festschr. Otto von Gierke, 1911, S. 305; *H. Gutherz*, Studien zur Gesetzestechnik, 1909; *E. Zitelmann*, Die Kunst der Gesetzgebung, 1904; *Brons*, Volkstümliche Gesetzessprache, 1925.

nach 1871 allmählich eine deutsche Nation mit einem kräftigen Nationalbewußtsein. Dieser Wandel äußerte sich auch in einer vorher nie gekannten Sprachzucht. An Sorgfalt im Umgang mit der Sprache hatten es die Verfasser des Entwurfs gewiß nicht fehlen lassen. Ein Blick in das bereits 1880 angelegte Wortverzeichnis[44] beweist, daß sie mit Genauigkeit über der Sprache wachten, Fremdwörter zu vermeiden suchten, Fachausdrücke genau faßten und durch Legaldefinitionen erläuterten. Die in mehr als einem Jahrhundert in der deutschen Gesetzgebungsbürokratie gewonnene Sprachkultur und -erfahrung ging bereits in den Ersten Entwurf ein.

Dennoch erhob sich alsbald nach dessen Erscheinen ein Sturm der Kritik. Otto Gierke[45] bemängelte fehlende Volkstümlichkeit, das „Doktrinäre, Pedantische, Verkünstelte und dann wieder ins Triviale, Seichte, Schleppende“ Ausarten der Sprache des Entwurfs. Gerügt wurden die vielen Verweisungen. Die Verbände der Agrarier vermißten eine ihrer Mitgliedschaft angepaßte Verständlichkeit. Einerseits wurde das Streben der Verfasser des Entwurfs nach möglichst allgemeiner, genauer und sicherer Sprache anerkannt, dagegen aber die Forderung nach mehr Volkstümlichkeit und weniger Schwerfälligkeit des Stils gesetzt. Zwar fehlte es nicht an Hinweisen, daß man nicht beides, Genauigkeit und Volkstümlichkeit, zugleich haben könne und daß der Entwurf einen überaus klaren Stil aufweise. Aber Sprachkritik war ebenso Bildungsfrage wie Mode geworden. Kein Kritiker des Entwurfs konnte es sich leisten, nicht wenigstens ein paar Seiten über dessen Sprache zu bieten. Daß aber die Vielfalt der Sprachkritik in aller ihrer Widersprüchlichkeit mit derartiger Wucht hereinbrechen werde, hatten die Verfasser des Entwurfs kaum erwartet und gewiß nicht verdient.

Neben der aus Juristenkreisen kommenden Schelte am Ersten Entwurf hatte vor allem die bis ins einzelne gehende Sprachkritik der Sprachreformer Gewicht. Sie hatten sich unter Leitung des braunschweigischen Museumsdirektors und Professors Hermann Riegel im Jahre 1885 im „Allgemeinen deutschen Sprachverein“[46] zusammengeschlossen,

[44] Wortverzeichnis zu dem Kommissions-Entwurfe, Juni 1880; ungedrucktes Manuskript.

[45] O. *Gierke*, Der Entwurf eines bürgerlichen Gesetzbuchs und das deutsche Recht, 1889, S. 27 ff.

[46] O. *Steuernagel*, Die Einwirkung des Deutschen Sprachvereins auf die deutsche Sprache, 1926; eine Geschichte des DS fehlt; eine Kieler phil. Staatsexamensarbeit von *Klaus Jamsen*, Sprachkritische Bemühungen des Deutschen Sprachvereins untersucht am Beispiel von Fremdwörtern, 1976, kann die Lücke nur zum Teil ausfüllen und ist unveröffentlicht geblieben; Gründungsaufruf des DS in der Zs. d. allgem. dt. Sprachvereins, 1886, S. 3 f.

um das „sprachliche Gewissen im Volke zu schärfen und zu wecken“, damit

> „mit dem Aufschwung der Nation auch das Sprachgewissen wieder lebendiger werden, und die Sprache ihrerseits diesen Aufschwung durck Rückkehr zu ihrem wahren Wesen und echten Geiste widerspiegeln“

sollte. Es waren also nicht Fachwissenschaftler, sondern Nationalbegeisterte aus dem akademischen Bildungsbürgertum, mehr von vaterländischem Feuer als von wissenschaftlicher Neugier getragen, die es verstanden, sich mit ihrer Zeitschrift in kurzer Zeit Gehör zu verschaffen. Die Türen der Ministerien wurden ihnen derart bereitwillig geöffnet, daß sie sich öffentlichen Widerspruch gefallen lassen mußten[47]. In der Tat hatte ihr organisierter Spracheifer etwas Oberlehrerhaftes und Missionarisch-Sektiererisches an sich. Da sie sich schon in ihrem Gründungsaufruf gegen übersteigerte Fremdwortfeindlichkeit verwahrt hatten, dürfte es sie hart getroffen haben, als 1889 die Spitzen aus Wissenschaft und Kunst, die führenden Köpfe der Berliner Akademie, – u. a. Harnack, Freytag, Fontane, Häckel, Groth, Heyse, Sybel, Treitschke, Wilamowitz – „solche Bevormundung entschieden zurückwiesen“.

Die Herren von der Akademie wollten nichts von Sprachbehörden, Reichssprachämtern, einem Reichssprachmeister, nichts von „sittenwidriger Schnellprägung von Ersatzwörtern“, von „Anrufung staatlicher Autorität“ und „behender Geschäftigkeit der Puristen“ wissen. Wenn sich die Sprachreiniger gegen solche Vorwürfe auch mit bescheidenen Worten verteidigten, hatten sie doch die stärkeren Kampftruppen auf ihrer Seite: die deutschen Oberlehrer und die Gymnasien. Mit solchem Werbeapparat und einer überraschend großen Mitgliederzahl konnte der Verband wirksame Sprachpolitik auch im Bereich der Rechtssprache treiben. Dies mußte ihm leicht fallen, obwohl auch hier die Wissenschaftler fehlten; Gustav Rümelin und Rudolf Sohm hatten ihre Namen als Vertreter der Rechtswissenschaft unter den Berliner Protest gesetzt. Dagegen standen die Herren der Justiz, Landgerichtsräte und vaterländisch gesinnte Praktiker zur Verfügung, wenn es galt, die Sprache der Obrigkeit unter die Lupe zu nehmen. Bereits im 3. Jahrgang der Zeitschrift erschien ein Aufsatz über die Sprache des Bürgerlichen Gesetzbuches[48]. An Aufsätzen zur Rechts- und Gesetzessprache, insbesondere zu anstehenden Gesetzesvorhaben sollte es auch in der Folgezeit nicht fehlen[49].

[47] Preuß. Jahrbücher 63 (1889), S. 312ff.; Gegenerklärung des DS in: ZS d. allgem. dt. Sprachvereins, 1890, Sp. 150.

[48] A. a. O., 1888, Sp. 81 ff. und 99ff.

[49] A. a. O., 1886, Sp. 85ff.; 1887, Sp. 217ff.; 1891, Sp. 85; 1897, Sp. 85ff.; 1899, Sp. 16f.; 1908, Sp. 321ff.; 1921, Sp. 89ff.; *J. Erler,* Die Sprache des neuen Bürgerlichen

Das wiederum hatte zur Folge, daß man sich in den Ministerien noch mehr um Sprachpflege bemühte. Insbesondere Reichspostminister Stephan tat sich hervor, aber auch die Justizministerien, vor allem das preußische Justizministerium und das Reichsjustizamt, kümmerten sich um die Eindeutschung von bisher unentbehrlich erschienenen Fremdwörtern, um Satzbau und Wortwahl. Vollkommenheit der Sprache wurde zum wichtigen Beweis der Vollkommenheit eines Gesetzes. Daß die Ministerien sich bei dem unermüdlichen Sprachverein Anregung und Belehrung verschafften, hatten bereits 1889 die Protestanten von der Berliner Akademie angedeutet. Tatsächlich gab es eine bis in die Gegenwart reichende Beratungstätigkeit des Sprachvereins bei der Abfassung von Gesetzentwürfen. Das sollte sich erstmals beim Erscheinen des Zweiten Entwurfs und sodann bei der Schlußredaktion des Bürgerlichen Gesetzbuches zeigen.

Was an sprachlichen Leistungen nach der Verabschiedung der großen Kodifikationen der Monarchie bis hin zur Reichsversicherungsordnung von 1913 kam, verblieb unter dem Anspruch ererbter Sprachzucht. Rückblickend konnte der ehemalige Reichsjustizminister Gustav Radbruch[50] das Reichsjustizministerium der Weimarer Zeit als ein „Ministerium für Gesetzgebung" und dessen Mitarbeiter als „Wort-Graveure" rühmen. Aber diese Arbeit geschah im stillen und ist nicht mit den Namen einzelner Mitarbeiter zu verbinden. Wenn von dem Direktor im Reichs-Justizamt Dr. Hoffmann, dem Sohn des Struwwelpeter-Hoffmann, berichtet wird[51], daß er die jungen Juristen des Hauses besonders genau in seine Sprachzucht genommen habe, so hatte dies Tradition und schuf Tradition bis über das Ende der Monarchie hinaus. Der Deutsche Sprachverein blieb um die Sprache der Gesetzgebung besorgt. Dies zeigen vor allem die „Fingerzeige für die Gesetzes- und Amtssprache", welche der Sprachverein in Zusammenarbeit mit dem Reichsinnen- und dem Reichsarbeitsministerium verfaßte[52]. In der Bundesrepublik Deutschland findet sich die oberste Gesetzessprachnorm in § 35 der Gemeinsamen Geschäftsordnung der Bundesministerien[53]:

> (1) Gesetze müssen sprachlich einwandfrei und soweit wie möglich für jedermann verständlich gefaßt sein.

Gesetzbuchs, 1896; vgl. auch: *W. Gensel*, Unsere Juristensprache. Unsere neue Gesetzessprache, 1911.

[50] *G. Radbruch*, Des Reichsjustizministeriums Ruhm und Ende, in: Süddeutsche Juristenzeitung, 1948, S. 57.

[51] Deutsche Juristen-Zeitung, 1912, Sp. 209.

[52] 1. Aufl. 1930; 10. völlig neu bearb. Aufl. hg. v. d. Ges. für deutsche Sprache, bearb. v. U. Daum, 1980.

[53] Gemeinsame Geschäftsordnung der Bundesministerien, Besonderer Teil (GGO II) i. d. Fassung v. 15. 10. 1976, GMBl., S. 550.

(2) Verweisungen sind möglichst zu vermeiden, insbesondere sollen Verweisungen auf Vorschriften unterbleiben, die ihrerseits wiederum auf andere Vorschriften verweisen. Wenn sie vorkommen, sollen sie so gefaßt werden, daß der Leser den Grundgedanken der Vorschrift ohne nachzuschlagen versteht.

(3) Werden durch ein Gesetz Rechtsvorschriften aufgehoben oder gegenstandslos, so sind sie in der Regel in den Schlußvorschriften des Gesetzes einzeln aufzuführen.

Berühmte Berliner Kriminalprozesse der Zwanziger Jahre

Wolfgang Schild

Lassen Sie mich mit einigen *Vorbemerkungen* beginnen*! Als ich die so ehrenvolle Einladung erhielt, vor der Juristischen Gesellschaft zu Berlin sprechen zu dürfen, nahm ich sie selbstverständlich mit Dank an. Auch das vorgeschlagene Thema schien auf den ersten Blick verlockend; deshalb sagte ich auch diesbezüglich zu. Nähere Betrachtung und die tastenden Versuche, das Thema in einen ersten Griff zu bekommen, brachten freilich bald und immer mehr Ernüchterung. So einfach war die Sache nicht! Schon allein die Frage, was denn eigentlich so ein „berühmter Kriminalprozeß der Zwanziger Jahre" gewesen sei und sein könnte, war nur schwer zu beantworten. Eines war freilich klar: nicht jeder Kriminalprozeß, den die damals Lebenden für berühmt hielten, konnte berücksichtigt werden: denn da gab es allzu viele! Man bedenke nur, daß in der damaligen Weltstadt Berlin (mit ihren vier Millionen Einwohnern) jährlich über 2000 Hauptverfahren wegen eines Verbrechens vor dem Schöffengericht und ca. 80 vor dem Schwurgericht der drei Berliner Landgerichte mit Urteil beendet wurden[1]. Viele dieser Prozesse erfüllten die Voraussetzungen eines Sensationsprozesses[2]! Zusätzlich ist zu berücksichtigen, daß damals in Berlin 70 große und 77 kleinere Zeitungen und 153 Zeitschriften erschienen, in denen über diese Prozesse berichtet wurde[3]. Jedenfalls konnte an die damalige Berühmtheit eines

* Der nachfolgende Text wurde mündlich nur in verkürzter Form (ausführlich nur die Prozesse Leib und Krantz) vorgetragen; insgesamt ist der Vortragsstil beibehalten. Den Mitarbeitern des Landesarchivs Berlin (vor allem Herrn Dr. Wetzel) und des Instituts für Zeitungsforschung Dortmund gebührt Dank für die freundliche Unterstützung. Für wertvolle Hilfe danke ich meinen Mitarbeiter(inne)n, vor allem Birgit Paetow und Hildegard Kaib.

[1] Vgl. dazu die einschlägigen Statistischen Jahrbücher der Stadt Berlin.

[2] Dazu *Behr* 1968.

[3] Dazu *Erman* 1969, S. 399 ff; *Marckwardt* 1982; *de Mendelssohn* 1982; *Meynen/Reuter* 1928; *Oschilewski* 1975, S. 162 ff.

Kriminalverfahrens nicht angeknüpft werden. Zu untersuchen und Ihnen vorzutragen waren die Prozesse, die auch später berühmt blieben, vielleicht es erst in nachfolgender Zeit wurden; die den Menschen in Erinnerung blieben, unvergessen waren, die immer wieder erzählt wurden, weil sie wesentlicher Bestandteil der Zwanziger Jahre in Berlin geworden waren und es bis heute sind. Was erforderlich wurde, war somit der Blick in die allgemeinen Darstellungen der Weimarer Republik, in Selbstbiographien, auch in die Versuche, einen Pitaval dieser Zeit zu schreiben und die berühmten Kriminalfälle und -prozesse darzustellen. Das Thema gewann dadurch zunehmend an Farbe und Lebendigkeit, mit den Prozessen trat das Leben der Menschen in das Licht. Die anfängliche Ernüchterung wich einer Begeisterung, die nur durch das ebenfalls anschwellende Material in Grenzen gehalten wurde, aber davon nicht gedämpft werden konnte. Denn es kristallisierte sich wie von selbst eine überschaubare Reihe von acht Kriminalprozessen heraus, die wirklich berühmt genannt werden können und deshalb im folgenden in unterschiedlichem Umfang vorgestellt werden sollen: unter 1. drei sogen. „politische" Prozesse, unter 2. zwei Korruptionsprozesse und drei sogen. „normale" Prozesse.

Eingerahmt sollen diese Fall- und Prozeßschilderungen werden durch einige theoretische Betrachtungen, die den Horizont zu allgemeinen Fragen der Weimarer Republik anrühren und die auch beantworten sollen, warum diese Prozesse (bis) heute berühmt sind. Über Thesen komme ich dabei nicht hinaus. Ich bitte diesbezüglich um Nachsicht; auch diejenigen um Entschuldigung, die vielleicht andere Verfahren erwartet haben. Nicht zu rechtfertigen habe ich freilich das Bild, das die folgenden Ausführungen von der Weimarer Republik entwerfen werden. Es muß – wenn es von den Kriminalprozessen her entwickelt wird – ein einseitiges Porträt werden, das mehr die Schattenseiten herausstellt als den Glanz der Goldenen Zwanziger Jahre. Deshalb bleibt mir nur, auf diese Verengung des Blickwinkels hinzuweisen; und darauf, daß nicht das Ganze dieser Zeit vorgestellt wird und werden kann. Aber was war schon das Ganze[4]? Ist die Weimarer Republik nicht bis heute ein zugänglicher und zugleich rätselhafter Abschnitt unserer Geschichte; zugänglich, weil in Dokumenten offen liegt, was sich in Regierungssitzen und Hauptquartieren, in Diplomatenzimmern, Parteilokalen und Gerichtssälen abgespielt hat; rätselhaft, weil kaum eine andere Zeit so vielen unterschiedlichen Deutungen unterliegt wie jene Jahre, in denen die Deutschen ihre erste Republik gründeten und wieder verspielten. Waren die Zwanziger Jahre wirklich die Goldene Zeit voller Kultur und

[4] Das Folgende nach: *Behr* 1964, Vorwort.

Freiheit; oder verblendete nur ein goldener Schein die Wirklichkeit der Verzweiflung und Ängste, auch der unendlichen Gewalt; waren Träume Wirklichkeit geworden (und wenn auch nur für einige und nur für kurze Zeit) oder war das Leben Traum, Cabaret und Maske, für manche Alptraum? Die Antwort darauf kann und will dieser Vortrag nicht geben.

I. Politische Prozesse

Beginnen will ich mit drei Prozessen, die ein viel diskutiertes Antlitz der Weimarer Republik in Sicht bringen: nämlich mit drei Beispielen der sogenannten „politischen Justiz“[5], die berühmt sind.

Dabei ist zuvor zu erinnern daran, daß die Weimarer Republik durch eine Revolution entstanden ist, besser: zunächst versucht wurde. Denn lange Zeit war sie umstritten, stand auf des Messers Schneide. Den einen war sie zu viel Republik, den anderen zu wenig. Einmal putschten die Rechten, dann die Linken; es gab zahlreiche gewaltsame Zusammenstöße mit vielen Toten: eine bürgerkriegsähnliche Situation, die uns heute (vor allem den Jüngeren) nicht mehr nachvollziehbar ist. Von 1919 bis 1923 war die Hoch-Zeit der politischen Morde, die zwar (noch) nicht als bewußt angewandte Mittel der Politik angesehen wurden – weshalb man seinen Abscheu erklärte und sich laut von ihnen distanzierte –, aber man doch den Tätern zumindest zu entkommen half. Jedenfalls suchte die junge Republik lange nach einem Halt; und fand ihn nicht oder zumindest nicht leicht. Dies galt auch bezüglich der Justiz. Die Richter hatten sich vor 1918 ein hohes Selbstverständnis in der alleinigen Bindung an den Monarchen geschaffen, 1918 mußte die Ernüchterung bis Verzweiflung bringen. Trotzdem wurden die Richter in der Mehrzahl „Vernunftrepublikaner“; aber begeistern oder auch nur erwärmen für diese Republik konnten sie sich lange nicht. Dazu kam, daß die Justiz von vornherein mit Ablehnung konfrontiert wurde. Die Kommunisten mußten in ihr aufgrund ihrer Theorie Klassenjustiz sehen. Jedes Urteil wurde von daher als bloßer Fall der erkannten sozioökonomischen Gesetzmäßigkeiten begriffen und abgelehnt; daran änderten auch Urteile nichts, die eigentlich als korrekt angesehen werden mußten: sie seien eben nur aufgrund der massiven, bereits im Vorfeld geübten Kritik der

[5] Zu diesem viel behandelten Komplex vgl. nur: *Apfel* 1935, S. 105 ff; *Hannover/Hannover-Drück* 1977; *Hattenhauer* 1980, S. 169 ff; 1980 a, S. 295 ff; *Hirschberg* 1962, S. 151 ff; *Hempel* 1978; *Hoegner* 1958, S. 261 ff; *Jasper* 1982, S. 167 ff; *Müller* 1987, S. 19 ff; *Neusel* 1972; *Staff* 1978, S. 13 ff; *Streit* 1961, S. 63 ff (jeweils m. w. N.).

KPD zustande gekommen oder seien bloße Heuchelei. Auch die Sozialdemokraten erlebten eine Vertrauenskrise der Justiz, da sie sich in ihr doch ein Mittel zur Gesellschaftsveränderung erwartet hatten. Und wenn einmal tatsächlich von linker Seite ein Urteil akzeptiert wurde, waren immer noch die Nationalsozialisten da, die von jüdischer Rassenjustiz sprachen und von ihrer Rache, die kommen werde, wenn die nationale Revolution gesiegt hätte.

Man darf zudem nicht vergessen, daß die Justiz mit Problemen konfrontiert wurde, die sie mit ihren traditionell juristischen Methoden nicht zur Zufriedenheit aller lösen konnte, weshalb die Vorurteile gegen sie nur gesteigert wurden. Man wollte nämlich die Massenbewegungen der Revolution und der Putschversuche juristisch bewältigen. Doch kann das Recht wohl nur dann sinnvolle Anwendung finden, wenn es um Einzelfälle geht, die Ausnahmen von der sonst grundsätzlich gegebenen Übereinstimmung darstellen; es kann also nur bereits vorhandene Ideen (auch einer Reform) bestärken und unterstützen, nicht aber Neues schaffen oder Grundlegendes verändern: Recht braucht Konsens! Und Recht stellt auf Individuen ab, das Strafrecht auf individuelle Tatschuld, die noch dazu bewiesen werden muß. Hier standen aber oft als Zeugen nur Freunde oder Feinde zur Verfügung, deren Aussagen einander widersprachen. Es ist verständlich, daß in diesen Fällen irrationale Momente die Beweiswürdigung bestimmten: die Vorurteile; die Schlüsse, die man aus dem Auftreten vor Gericht zog; die Möglichkeit der Identifikation mit den Betreffenden. Ferner verlangte die traditionelle juristische Methode abstrahierendes Denken, das die Rechtsfrage von dem sozialen und sonstigen Hintergrund abtrennt und nur die tatbestandliche Tat aus dem Gesamtkomplex herausschneidet. Was allen ein Ärgernis war, die das Ganze im Blick hatten und verlangten, daß die Justiz auch politisch (in ihrem Sinne) denken sollte. War für jene schon die Einordnung in allgemeine Zusammenhänge ausreichend, einen Sachverhalt zu beurteilen, so mußte es als kleinlich oder gar feindlich erscheinen, wenn diese auf der Beweisbarkeit jeder Einzelheit bestand und beharrte. Die 1. Strafkammer des LG III Berlin formulierte das Problem genau (in dem Beschluß, mit dem der Wiederaufnahmeantrag des noch vorzustellenden Oberleutnants Schulz am 9. 1. 1929 abgelehnt wurde): „Die wahre Schwierigkeit liegt darin, daß die Gerichte nach dem Gesetz gezwungen sind, Vorgänge der Geschichte mit dem Maßstab von Gesetzesbestimmungen, welche für normale Zeiten bestimmt sind, zu bewerten. Solche Erkenntnisse werden immer in einzelnen Teilen des Volkes Mißfallen erregen und das Ansehen der Gerichte gefährden[6]."

[6] Zitiert nach: *Apfel* 1929, S. 553.

Vieles mehr ließe sich sagen, um das Ergebnis zu verstehen, das Emil Julius Gumbel bereits 1922 herausgestellt hatte: daß die Weimarer Justiz von der Tendenz „Milde gegen rechts, Härte gegen links" getragen gewesen sei und daß die Richter mehr am Schutz der Nation als an dem der Republik interessiert gewesen seien, weshalb sie vaterländische Gesinnung besser bewertet hätten als Verfassungstreue, von proletarischen Motiven ganz zu schweigen[7]. Der Heidelberger Privatdozent für Statistik legte eine Broschüre vor, die diese unterschiedliche Behandlung anhand der politischen Morde, die die Republik in den ersten unruhigen Jahren erschütterten, aufzeigte. Gumbel zählte 15 von links begangene Morde, die von den Gerichten mit acht Hinrichtungen und im Durchschnitt 14 Jahren Einsperrung geahndet wurden, während auf 314 Morde von rechts nur durchschnittlich zwei Monate Einsperrung entfielen, weil rund 90 % dieser Morde ungesühnt blieben und nur 22 einer teilweisen Strafe zugeführt wurden. Diese Erhebungen Gumbels – die er für die nächsten Jahre 1924 ergänzte – wurden durch eine Denkschrift des Reichsjustizministeriums unter Gustav Radbruch bestätigt, die allerdings von Reichs wegen nicht veröffentlicht wurde (sondern auf Kosten Gumbels gedruckt wurde). Gumbel sah in diesem Ergebnis im übrigen keine Rechtsbeugung der Richter, sondern eine objektive Konsequenz des richterlichen Vorverständnisses; auch machte er keinen moralischen Unterschied zwischen rechts und links, sondern sah diesbezüglich nur einen Unterschied in der Technik: die Linken bevorzugten Massenaktionen, die Rechten die Liquidierung der Führer (aufgrund ihrer heroischen Geschichtsauffassung)[8]. Entscheidend dafür, daß so viele Morde von Rechts ungesühnt geblieben seien, sei gewesen, daß die Gerichte die Behauptung „auf der Flucht erschossen" anerkannt hätten[9].

Gerne wird aus diesem Ergebnis die These[10] abgeleitet, daß die Weimarer Justiz zumindest objektiv der Wegbereiter des Nationalsozialismus gewesen sei, weshalb von einer Kontinuität von 1918 bis 1945 (und länger) ausgegangen werden könne; zumindest habe die Vertrauenskrise, die sie verursacht habe, dazu geführt, daß die Republik in der Mentalität der Bürger immer weniger überzeugend geworden sei und daß dadurch die Republik immer mehr vor allem von der Arbeiterschaft distanziert worden sei. Auf diese These kann hier nicht genauer eingegangen werden. Es soll nur angemerkt werden, daß sie völlig unberück-

[7] *Gumbel* 1922; 1924.
[8] *Gumbel* 1924, S. 147 f, 145 f.
[9] *Gumbel* 1962, S. 46.
[10] Vgl. Fn. 5.

sichtigt läßt, daß die Weimarer Republik durchaus eine Entwicklung aufweist; und zwar nicht zu immer radikaleren Positionen – die Radikalität der extremen Linken und Rechten veränderte sich zumindest in der Theorie nicht! –, sondern eine Entwicklung zu republikanischem Bewußtsein vieler Bürger, gerade auch der Schicht der Beamten (und Richter). Ab 1925 wuchs die Zustimmung zur Republik: bewirkt durch Erziehungsarbeit, Kritik (etwa durch den 1922 gegründeten Republikanischen Richterbund[11]) und durch eigene Erfahrungen auch gerade der radikalen Gruppen. So gab 1926 die Preußische Richtervereinigung ein klares und deutliches Bekenntnis zur Weimarer Republik ab; so ließ die Kritik des Republikanischen Richterbundes an der Justiz ab 1928 eindeutig nach; und nahm die massive Kritik der Nationalsozialisten an der Justiz gewaltig zu. Auch Gumbel spricht davon, daß 1926/1927 die „Zeit der Stabilisierung, als die Existenz der Republik anerkannt war", eingetreten sei[12]. Selbst die Kommunisten mußten erkennen, daß der Zustand der Justiz besser sei: auch wenn sie darin nur die besondere Heuchelei und Scheinhaftigkeit der bürgerlichen Gesellschaft anerkannten[13]. Es ist bezeichnend, daß 1932 der Nationalsozialist Freisler im preußischen Landtag erklärte, daß 90% aller Staatsanwälte auf die Anklagebank gehören würden.

Aber auch für die Zeit vor 1925 ist die These zu einfach und oberflächlich[14]. Denn es ist z. B. zu beachten, daß anfangs mit leicht vorhersehbarer Einstellung Militärgerichte über Soldaten (im Bürgerkrieg mit Kommunisten) urteilten, dann bei den normalen Gerichten bis zur Emminger-Reform 1924 die alten Geschworenengerichte, bei denen die Schuldfrage nur die Laien zu beantworten hatten. Ferner muß das Zusammenspiel und die Differenz von Untersuchungsbehörde, Ankläger und Gericht berücksichtigt werden: viele Fälle kamen überhaupt nicht vor Gericht, sondern die Verfahren wurden zuvor eingestellt; wobei auch regionale Unterschiede zu beachten sind (und z. B. die besondere Stellung von Bayern). Zudem bringt der Blick auf die Instanzen des Gerichtszuges kein einheitliches Bild: Entscheidungen wurden aufgehoben; weshalb nicht alle Richter in der gleichen Weise rechtslastig gewesen sein können. Auch das Reichsgericht muß differenziert gesehen werden. Schließlich muß auch die Bedeutung der Begnadigungen und der zahlreichen Amnestiegesetze – zu denen oft auch die KPD zustimmte! – berücksichtigt werden.

[11] Dazu: *Rasehorn* 1985; *Schulz* 1982.
[12] *Gumbel* 1962, S. 56.
[13] Vgl. *Kaul* 1953, S. 335 (nach *Gumbel* 1929, S. 337).
[14] Vgl. vor allem *Hattenhauer* 1980, S. 169 ff; 1980 a, S. 295.

Jedenfalls ist die These von der Kontinuität zwischen Weimarer Justiz und Justiz des Dritten Reiches nicht in dieser Form zu akzeptieren; auch nicht in der Fassung, daß die erstere das Vertrauen in die Republik geschwächt habe[15]. Angesichts der ungeheuren, uns heute nicht mehr vorstellbaren Justizkritik, besser: Justizschmähung von Links und Rechts – die alle Argumente der heutigen Theoretiker einsetzte, nur in schärferer Form! – war der Ruf der Justiz für eine solche vertrauensbildende Wirkung von vornherein zu schlecht (gemacht worden). Sie konnte urteilen, wie sie wollte: immer fand sich eine Stimme, die ihr Mißbrauch und Willkür vorwarf; weil oft kein Verständnis für die und keine Anerkennung von den notwendigen Grenzen des Rechts vorhanden war. Es wäre zu fragen, ob nicht für alle radikalen Bewegungen der Weimarer Zeit die Justiz ein Hindernis darstellte, das fortwährend unter Beschuß gehalten wurde; und ob nicht der Nationalsozialismus sich über diese Barriere einfach hinweggesetzt hat, getragen von der Vorstellung, nun ein besseres, weil nicht mehr begrenztes Recht und eine bessere Justiz zu schaffen. Es bedarf jedenfalls noch zahlreicher Einzeluntersuchungen, die vorurteilsfrei unternommen werden müssen, d. h. die auch den Einzelfall ernst nehmen und nicht nur in ihm den Fall einer ohnehin schon gewußten allgemeinen Gesetzlichkeit sehen. In diesem Sinne möchte ich nun die drei Berliner Prozesse vorstellen.

Max Hölz

Als erstes ist der Prozeß Max Hölz zu nennen[16]. Am 14.10.1880 bei Riesa in Sachsen als Sohn eines Landarbeiters geboren, hatte Hölz eine schwere Jugend (als 2. von sechs Kindern). Er arbeitete als Ackerknecht, dann als Hausdiener. 1908 übersiedelte er nach London, wo er sich als Küchenjunge und Wagenwäscher den Unterhalt verdiente und gleichzeitig am Polytechnikum in Chelsea studierte. 1910 kehrte Hölz nach Deutschland zurück und wurde Gehilfe eines Landmessers in Falkenstein. 1914 meldete er sich kriegsfreiwillig bei den Husaren, wurde schwer verletzt (mit der Folge eines Nervenleidens) und mit dem Eisernen Kreuz ausgezeichnet. Hölz war bis zum Kriegsende völlig unpolitisch und hatte keinerlei Verbindung zur Arbeiterbewegung. Im November 1918 wurde er in den Arbeiter- und Soldatenrat in Falken-

[15] So *Jasper* 1982, S. 167 ff.

[16] Dazu vgl. *Apfel* 1935, S. 61 ff; *Bauer* 1921, S. 11 ff; *Bock* 1969, S. 308 ff; *Bergmann* 1921 (von Hölz in der Hauptverhandlung als Verleumder bezeichnet); *Gebhardt* 1983; *Gumbel* 1922, S. 66 f; *Hannover/Hannover-Drück* 1977, S. 216 ff; *Hölz* 1977 (m. w. N.); *Krain* 1921, S. 218 f; *Kreiler* 1978, S. 125 ff; *von Schmidt* 1955, S. 397 f; *Schumann* 1923; *Schweder* 1961, S. 266 ff; *Toller* 1927, S. 172; 1927 a, S. 696; *Tucholsky* 1929, S. 938 f; *Weber* 1972, S. 338 f.

stein gewählt und schloß sich der Unabhängigen Sozialdemokratischen Partei an. Doch schon 1919 gründete er in Falkenstein die KPD und wurde Vorsitzender des Arbeitslosenrates, welche Tätigkeit er mit organisatorischem Schwung, aber auch mit viel Härte ausübte: er terrorisierte das Besitzbürgertum, belegte die Fabrikanten mit Abgaben und verteilte das Geld an die Bevölkerung. Polizeilich gesucht, flüchtete Hölz und führte ein abenteuerliches Leben als Agitator der KPD in Bayern und Sachsen. Beim Kapp-Putsch 1920 kehrte er nach Falkenstein zurück und rief im Vogtland die letzte auf deutschem Boden gegründete Räterepublik aus. Durch seine Aktivität, seinen Einsatz, durch Propaganda usw. wurde Hölz bekannt, man kann sagen: eine legendäre Figur. Eine eigene Max-Hölz-Kapelle spielte sein Lied:

„Schlag ein auf die Trommel,
Tambour, schlag ein,
nach München wolln wir hinein
nach München wolln wir marschieren,
die ‚Sipo' soll unsere Waffen spüren.
Max Hölz, der reitet uns voraus
auf einem roten Rosse...
Max Hölz, den hier ein jeder kennt,
der führt das rote Regiment.
Voran, mit uns, Genosse!"[17]

Er gewann Popularität auch durch Bekanntmachungen wie z. B.: „Wer in Zukunft den Genossen Hölz mit Präsident anredet, wird in Haft genommen und mit einer empfindlichen Geldbuße belegt... Der Genosse Hölz hat nicht monatelang darum gekämpft, um sich nun mit der Strahlenkrone eines Präsidenten zu schmücken und sich die Herrschergelüste eines solchen anzueignen, sondern vielmehr für eine neue Gesellschaftsordnung gelitten und gestritten, in der es keine Herrscher und Beherrschte gibt, sondern nur Menschen und Brüder mit gleichen Rechten und gleichen Pflichten. Die beste und einzige Anrede wird sein: Genosse Hölz, nicht aber ‚Herr Genosse'. Schon in dem Wort ‚Herr' liegt die ganze bürgerliche Ideologie begraben. In einer kommunistischen Gesellschaft gibt es keine Herren und seine Knechte, sondern nur freie Menschen in einer freien Welt[18]." – Doch hatte die Vogtländer Räterepublik keinen langen Bestand; die Reichswehr schlug die „Rote Armee" des Hölz. Dieser floh – wegen Disziplinlosigkeit aus der KPD ausgeschlossen! – in die Tschechoslowakei. Er blieb illegal tätig (Sprengstoffanschläge, Überfall auf Banken). Nach Ausbruch der Kämpfe im

[17] Nach: *Gebhardt* 1983, S. 60.
[18] Nach: *Gebhardt* 1983, S. 90.

März 1921 in Mitteldeutschland (Mansfelder Bergarbeiteraufstand) – deren Heftigkeit durchaus auch von der KPD durch gezielte Provokationen und Falschmeldungen über eine gesamtdeutsche Revolution gesteigert wurde – übernahm Hölz die militärische Leitung der Roten Garde. Nach deren Niederlage flüchtete er nach Berlin, wurde verhaftet und dann vor das für politische Delikte zuständige Außerordentliche Gericht beim Landgericht I Berlin – ein Dreiersenat von Berufsrichtern unter Vorsitz des Landgerichtsrates Braun – (gegen dessen Urteil es kein Rechtsmittel gab) gestellt. Hölz wurde wegen insgesamt 50 Straftaten, darunter 18 Schwerverbrechen (Hochverrat, Landfriedensbruch, Raub, Brandstiftung, auch Mord) angeklagt, die er in eben diesem März 1921 begangen haben sollte. Wegen der Mordanklage ging es – wie die Medien lauthals verkündeten – um seinen Kopf.

Am 13. 6. 1921 begann der Prozeß, der großes Aufsehen erregte. Die Persönlichkeit des Angeklagten war auch interessant und wurde unterschiedlich gewürdigt. Für manche war er ein neuer Michael Kohlhaas oder Robin Hood, sogar mit Anklängen an den heiligen Crispin; manche sahen in ihm romantisierend den edlen Räuberhauptmann im Sinne des Karl Moor; einige betrachteten ihn als Verrückten, den die Kriegsverletzungen zurechnungsunfähig gemacht hatten: bezeichnete er sich selbst doch als „Statthalter des Erzengels Michael“, setzte Doppelgänger ein, um überall zu sein und doch nirgends erwischt zu werden, führte ohne Rücksicht auf Parteidisziplin anarchisch Krieg. Viele akzeptierten die politischen Motive nicht, sahen darin nur Täuschung und Mache: eigentlich sei Hölz ein primitiver Gewaltverbrecher. So urteilte auch die SPD über ihn: ein geistig degenerierter Mordbrenner, der wie ein Unteroffizier mit beschränktem Horizont den Krieg in die Revolution fortführe, dabei konterrevolutionär wirke und den proletarischen Klassenkampf mit Entartung, Verwilderung, Demoralisation und Zerrüttung bedrohe, insgesamt ein kranker und durch die bürgerliche Gesellschaft verdorbener Mensch[19]. Die KPD hatte Hölz 1920 wegen Disziplinlosigkeit ausgeschlossen, doch bald erkannt, daß seine Selbstinterpretation – „Ich bin Gefühlskommunist aus begeistertem Herzen!“ – zutraf. Sie hielt zwar Distanz zu seinen Taten, nahm ihn aber als furchtlosen, ehrlichen Kämpfer für das Proletariat unter ihre Fittiche (und nach seiner Zusage, sich an die Parteidisziplin ab nun zu halten, wieder auf): konnte sie ihn bzw. seinen Prozeß doch auch zum Anlaß nehmen, die Justiz anzugreifen, indem sie ihn als Opfer der blutrünstigen Justizbestie und als Märtyrer des Klassenkampfs hochstilisierte. Für die Nationalsozialisten war Hölz ein einfacher Mordbrenner und Räuber und vor allem ein Kommunist.

[19] Freiheit 23. 6. 1921.

Der Prozeß hielt auch das, was er versprochen hatte. Hölz brach sein Schweigen in der Voruntersuchung und benützte seine Angeklagtenrolle zur Selbstdarstellung und politischen Agitation. Oft schlugen die Wellen der Erregung im Gerichtssaal hoch. So verlas Hölz einen Brief eines Zuschauers an ihn: ein einfacher Arbeiter – so die Unterschrift – fand es darin für eine Schande, daß es Menschen gäbe, die einen Verbrecher wie ihn, der schlimmer sei als ein Vieh und für den der Galgen noch zu gut sei, um schnöden Mammon verteidigten. Die „Rote Fahne" der KPD veröffentlichte einen Leserbrief des Genossen M. F., der über den Berichterstatter des Deutschen Abendblattes – der dafür eingetreten war, Hölz zur Abschreckung und Sühne auf das Rad zu flechten! – herfiel und schrieb: „Dieser Hund hat vorher von seinem Christentum geredet. Diese Mörderbande muß man austilgen wie das Ungeziefer. Auge um Auge. All unsere Toten sind noch ungerächt. Erst wenn wir ihre Mörder aufs Rad geflochten haben, haben wir Ruhe... Ich weiß jetzt, was Klassenhaß ist[20]."

Im einzelnen bekannte sich Hölz zu allen angeklagten Taten (mit Ausnahme der Tötungsdelikte), interpretierte sie aber überwiegend um. Die Wegnahme von Nahrungsmitteln und Kleidungsstücken von den Besitzenden sei kein Raub oder Diebstahl gewesen, sondern stelle „proletarisches Recht" dar. Sein Aufruf zum „Abschlachten der Bourgeoisie" sei nicht ernst gemeint gewesen: aber anders hätte man nicht auf ihn gehört, und er hätte Blutvergießen nicht verhindern können. Er habe Ohrfeigen ausgeteilt, nur damit nicht seine Leute zu schwereren Mißhandlungen greifen würden. Er habe Soldaten an die Wand gestellt und den Erschießungsbefehl gegeben nur, um zu testen, daß der Vorwurf – die Rote Garde würde Soldaten töten oder verstümmeln! – unzutreffend sei. Und in der Tat konnte bewiesen werden, daß Hölz seine Truppen zumindest in diesen Fällen vom Blutvergießen abgehalten und für Disziplin gesorgt hatte. Ebenso war klargestellt, daß er nicht aus eigennützigen (finanziellen) Motiven gehandelt hatte.

Hölz ging aber im Prozeß weiter. Er fühle sich – so sagte er zu Beginn – nicht als Angeklagter, sondern als Ankläger gegen die bürgerliche Gesellschaft, deren Vertreter die Richter seien: „Dieses Gericht ist ein Klassengericht, man versucht mit allen Mitteln, mich zu beseitigen." Hölz schreibt in seinen Memoiren, daß er ruhig und sicher in die Hauptverhandlung eingetreten sei und mit einer Strafe von mehreren Jahren Zuchthaus gerechnet habe, dann aber bemerkt habe, wie ungünstig die Sache (vor allem bezüglich der Mordanklage) gestanden sei: es sei ihm ab dieser Erkenntnis nicht mehr möglich gewesen, die Gerichtsver-

[20] Rote Fahne 21. 6. 1921.

handlung ernst zu nehmen[21]. Von daher ist sein Benehmen vor Gericht verständlich. Er beschimpfte die Richter als Blutrichter und Mörder; schrie sie an: „Das ist hier eine Komödie", als das Gericht sich nicht auf das Thema „Morde an Arbeitern" einlassen wollte. Die Gerichtsreporter notierten Aussprüche wie: „Der Ausgang dieser Gerichtskomödie ist mir gleichgültig. Ich weiß, daß, wenn es dem Gericht nicht gelingen sollte, mir einen Mord nachzuweisen, die Gesellschaft der Parasiten und der Ausbeuter, diese Gesellschaft von Meuchelmördern, Mittel und Wege finden wird, mich zu beseitigen." „Sie [d.i. die Richter] haben doch den Auftrag (und die Absicht), hier einen Mord zu konstruieren und mich dann zu verurteilen." Die Gerichtskomödie sollte besser in ein Weinrestaurant am Kurfürstendamm verlegt werden. Und – entsprechend der Komödie – bat Hölz um Urlaub, um mit seiner Frau einen Ausflug machen zu können: die Verhandlung habe ihn bisher doch sehr angestrengt. Auch wolle er mit solchen Hottentotten im Zuschauerraum nicht weiter verhandeln. Und immer wieder stellte er seinen Prozeß in das Ganze des Klassenkampfes: „Es handelt sich hier nicht um meinen Kopf, um eine Hand voll Fleisch [die Knochen gäbe er gerne dazu], sondern um eine Idee; und [die Richter] wollen durch die Verurteilung das revolutionäre Proletariat treffen." Als der Vorsitzende nach sichtlichem Bemühen um Ruhe die Beherrschung verlor und zurückbrüllte, forderte ihn Hölz auf, ihn und seine drei Verteidiger doch einfach auszuschließen, noch besser ihn vor der Tür sogleich erschießen zu lassen.

Der Wortwechsel wurde noch hitziger, als es um die Anklage ging, Hölz habe auf den Gutsbesitzer Heß – der sich geweigert hatte, Mäntel herauszugeben – geschossen und auch den Schußbefehl an seine Leute gegeben. Hölz bedauerte den Tod des durch zahlreiche Kugeln – ob aus Revolvern oder Gewehren, blieb strittig – getöteten Heß, lehnte aber jede Verantwortung dafür ab: er habe damals keine Waffe besessen, sei auch nicht unmittelbar am Tatort gewesen; und im übrigen sei Heß nach seinen Informationen von der Roten Garde in Notwehr erschossen worden[22]. Die Witwe und die Wirtschafterin auf dem Gut beschuldigten jedoch Hölz schwer. Was freilich problematisch erscheinen mußte, da sie in der Voruntersuchung noch nicht so sicher von seiner Täterschaft überzeugt gewesen waren. Der Angeklagte und seine Verteidiger wurden noch erregter, als der Staatsanwalt zwei Überläufer (also ehemalige Mitglieder der Roten Garde) als Belastungszeugen präsentierte. Der Vorwurf der gekauften Zeugen und des zu konstruierenden Mordes

[21] *Hölz* 1977, S. 196f.
[22] Vgl. auch *Hölz* 1977, S. 191ff.

wurde laut und immer lauter. Es kam zu Tumulten, als das Gericht Beweisanträge der Verteidigung ablehnte. Der Staatsanwalt (Dr. Jäger) plädierte – neben Hochverrat, Raub, Brandstiftung und versuchtem Totschlag wegen der Verletzung eines Kaufmanns (für welche Taten er lebenslängliches Zuchthaus forderte) – auf Mord und auf Todesstrafe: der Angeklagte sei ein minderwertiger Mensch, daher auch auf Aberkennung der bürgerlichen Ehrenrechte. Die Verteidiger verlangten die Freisprechung von der Mordanklage und sonst die Anerkennung der politischen Motive des Angeklagten: Hölz sei Idealist, Heerführer der Roten Armee gewesen; deshalb dürfe nicht auf Zuchthaus erkannt werden. Leise schwangen in den Plädoyers Drohungen mit: andernfalls brauche man sich nicht zu wundern, wenn der Klassenkampf sich zuspitze.

Dann hielt Hölz seine später veröffentlichte und berühmt gewordene Verteidigungsrede[23], die mehr eine Anklagerede war. Er bezeichnete die Richter als Marionetten der bürgerlichen Gesellschaft ohne Gefühl, sah in der Anklage des Staatsanwalts die Leichenrede für die bürgerliche Gesellschaft. Dann schilderte er sein Leben: nicht um das Gericht zu beeinflussen, sondern um dem Proletariat zu zeigen, daß er nicht die von der bürgerlichen Presse konstruierte Bestie sei. Daran schloß er die Anklage gegen die bürgerliche Gesellschaft, gegen den Staatsanwalt und gegen das Gericht an. In seinen Memoiren schreibt Hölz, daß er überzeugt gewesen sei, zum Tode verurteilt zu werden: deshalb habe er den Richtern seine ganze Verachtung entgegengeschleudert: „Wenn Sie mich freisprechen, was ich mir natürlich nicht einbilde, und was Sie auch nicht können, dann würde es morgen in Berlin vier Tote geben: Drei Richter und einen Angeklagten. Sie müßten sich aufhängen, weil Sie sich vor Ihren eigenen Klassengenossen nicht mehr sehen lassen dürften. Ich müßte mich hängen, weil ich mich vor dem revolutionären Proletariat schämen würde. Sie können mich zu zehn, fünfzehn Jahren oder zu lebenslänglichem Zuchthaus, ja sogar zum Tode verurteilen. Zehn Jahre Zuchthaus bedeuten für mich eine ‚Vier' (mangelhaft). Fünfzehn Jahre Zuchthaus eine gute Note, lebenslänglich Zuchthaus: Zensur ‚Eins'. Wenn Sie mich aber zum Tode verurteilen, dann erhalte ich Zensur I a, das ist das beste Zeugnis, das Sie mir ausstellen können. Dann beweisen Sie den revolutionären Arbeitern der Welt, daß ein wirklicher Revolutionär sein Klassenbewußtsein mit dem Tode besiegeln muß." Gegen die Aberkennung der bürgerlichen Ehre habe er nichts einzuwenden, denn diese habe er nie besessen: „Bürgerliche Ehre heißt für mich die Kunst, von der Arbeit anderer zu leben. Sie bedeutet Monokel im Auge, voller Bauch und hohler Kopf. Für mich gibt es eine proletarische Ehre ... [Sie]

[23] Abgedruckt in: *Kreiler* 1978, S. 133 ff.

heißt Solidarität aller Ausgebeuteten, heißt Nächstenliebe, heißt: durch die Tat beweisen, daß man seinen Nächsten liebt wie seinen Bruder. Die Welt ist unser Vaterland und alle Menschen Brüder[24]." Aber dies alles könnten die Klassenrichter gar nicht verstehen. Der Vorsitzende entzog ihm das Wort, doch konnte er den Abschluß der Rede nicht verhindern: „Ihr könnt das Wort verbieten, Ihr tötet nicht den Geist." „Es lebe die Weltrevolution!"

Die „Rote Fahne" rief zur Demonstration im Bourgeoisieviertel Berlins auf: „Geifernd lechzt die Bürgerbestie nach dem Kopf von Max Hölz. In widerlicher Mordgeilheit peitschen die bürgerlichen Pressetrabanten das sensationslustige und rachegierige bürgerliche Publikum zur Raserei!" Das Schandurteil über Hölz müsse verhindert werden! Doch konnte man auf derselben Titelseite der Ausgabe vom 22. 6. 1921 ganz unten lesen: „Im Hölzprozeß wurde heute abend gegen 9 Uhr das Urteil verkündet. Es lautet auf lebenslängliches Zuchthaus."

Das Gericht verurteilte somit Max Hölz nur, aber immerhin doch wegen Totschlags an Heß (in Tateinheit mit Hochverrat und anderen Delikten, auch dem versuchten Totschlag): es sei zwar bewiesen worden, daß Hölz auf den Gutsbesitzer geschossen und den Schießbefehl gegeben habe; doch sei der Beweis des Mordes – und § 211 RStGB verlangte damals vorsätzliche Tötung mit Überlegung! – nicht ausreichend geführt worden. Die Strafe wurde mit lebenslänglichem Zuchthaus und Verlust der bürgerlichen Ehrenrechte festgesetzt. Doch wiederum nahm sich Hölz das letzte Wort, indem er den Schluß der Verhandlung kommentierte: „Es kommt der Tag der Freiheit und der Rache – dann werden wir die Richter sein! Die Justiz ist eine Hure und Sie [d. i. die Richter] sind ihre Zuhälter!" Allerdings reichte er auch vorsorglich 1922 einen Wiederaufnahmeantrag beim Staatsgerichtshof zum Schutze der Republik in Leipzig ein.

Das Urteil kam unerwartet (nicht nur für die „Rote Fahne", die freilich die Nichtverhängung der Todesstrafe alleine auf ihre Kampagne und auf die politische Wirkung der Demonstrationen zurückführte[25]; ohne dabei zu sehen, daß sie damit ihre konterrevolutionäre Funktion bekanntgab). Es wurde einerseits vielfach als zu milde gescholten, andererseits als Fehlurteil beschimpft und immer wieder als Beispiel der Klassenjustiz der Weimarer Republik herangezogen. Deshalb blieb dieser Prozeß bekannt und ist bis heute berühmt: berühmt gemacht im und durch das Interesse der Kritik an der Weimarer Justiz und an ihrer in Kontinuität gedachten Nachfolgerin in der Bundesrepublik.

[24] *Hölz* 1977, S. 191 ff. Der Hinweis auf die „Nächstenliebe" findet sich im übrigen nicht in den Memoiren, sondern nur in der gedruckten Fassung der Verteidigungsrede (oben Fn. 23).

[25] Rote Fahne 24. 6. 1921.

Die Kritik an diesem Urteil bestand – wenn ich als These eine Einschätzung wagen darf! – wohl zum Teil zu Recht. Deutlich ist m. E., daß das Gericht – dessen Vorsitzender sich sonst sicherlich um einen fairen Prozeß bemüht hatte – sich weder zu einem Schuldspruch wegen Mordes noch zu einem Freispruch von einem Tötungsdelikt in dubio pro reo durchringen konnte und so den Ausweg in dieser Vermittlung der Verurteilung wegen Totschlags sah. Auch der Schuldspruch bezüglich des versuchten Totschlages stand auf schwachen Füßen, war fast die Konsequenz der Beurteilung des Falles Heß: wer einmal getötet hat, dem ist auch versuchte Tötung zuzutrauen. Die Verurteilung wegen der anderen Delikte war dagegen sicherlich korrekt, sie wurde auch von Hölz akzeptiert, freilich als Produkt der Klassenjustiz und als Risiko eines Revolutionärs betrachtet[26]. Für die KPD und andere linke Radikale war das Urteil freilich als Ganzes Unrecht; und Hölz sei sofort freizulassen. *Erich Mühsam* vertrat in seiner Kampfschrift „Gerechtigkeit für Max Hölz“[27] sogar den Standpunkt, die angeklagten Taten seien gerechtfertigte Bürgerkriegshandlungen aus proletarischem Interesse gewesen. Zu Recht lehnen *Hannover/Hannover-Drück*[28] diese Argumentation ab: denn auf ein ebensolches Motiv (nämlich: „Handeln aus Vaterlandsliebe“) hätten die Fememörder ihre Rechtfertigung gestützt. Wie sie überhaupt meinen, daß die KPD der sozialistischen Bewegung sicher keinen guten Dienst erwiesen habe, als sie Hölz zu einem der Ihren erklärte. Dies mag zutreffen. Jedenfalls war Hölz in der Weimarer Republik einer der populärsten Kommunisten[29], über den u. a. *Rudolf Fuchs* 1929 ein Drama („Aufruhr im Mansfelder Land“) verfaßte[30]. Hymnen wurden auf ihn gedichtet, deren Überschwang sicherlich ebenfalls die Parteidisziplin verletzte, z. B. wenn eine Frau in einer Zeitschrift schrieb: „Hölz, Du unser Bruder, unser Blut, ich küsse Dir die Hände, die Wunden, die man Dir schlägt für uns alle... Dir, Hölz, Bruder, werden Dichter und Sänger erstehen, weil Du das Leben bist und die Zukunft[31]!“ Einer dieser Dichter war Wilhelm Stolzenburg:

„Dem ersten Soldaten, Max Hölz, zugeeignet.

Du Leib an Leib, du Hand an Hand,
Du Welle, aus dem Licht geboren,
Du Glanz in unserm nächt'gen Land,
Du Atem, Lebenden verschworen.

[26] So *Hölz* 1977, S. 365.
[27] *Mühsam* 1926.
[28] *Hannover/Hannover-Drück* 1977, S. 219.
[29] So *Weber* 1972, S. 339.
[30] Dazu *Hiller* 1928, S. 611 f.
[31] Nach: *Gebhardt* 1983, S. 178.

Erhebe uns in einen Tag,
Der vor den finstern Wolken weilet.
Ruf, Stimme, alle Herzen wach,
Damit die lange Nacht sich eilet.

Wohlan, die Zukunft ist bestellt,
Die Welt wird wieder wie ein Garten.
Wer unsere warmen Hände hält,
Der soll nicht lange warten."[32]

Zur Popularität von Max Hölz trug sicherlich auch die weitere Entwicklung bei, die kurz zu schildern ist. Der Wiederaufnahmeantrag wurde zwar für zulässig erklärt, aber in der Sache abgelehnt. Hölz trat seine Zuchthausstrafe an, die er in seinen Memoiren als qualvolles Leben schilderte (was ihn zu mehreren Revolten motivierte). Versuche der Verteidiger, eine Umwandlung der Zuchthausstrafe in Gefängnis oder Festungshaft zu erreichen, schlugen fehl, obwohl das Urteil Tateinheit zwischen Hochverrat und Totschlag angenommen hatte, da alle Taten auf einem einheitlichen Willen (die Diktatur des Proletariats herbeizuführen) und damit auf politischer Gesinnung beruhten[33]. Freunde und sein neuer Anwalt – Dr. Alfred Apfel – trugen umfangreiches Entlastungsmaterial zusammen, das einflußreiche Männer der Weimarer Republik beeindruckte: Thomas und Heinrich Mann, Stefan Zweig, Albert Einstein u. a. forderten als „Neutrales Komitee für Max Hölz" seine Freilassung. Die Gründe waren überzeugend[34]: 1924 und 1926 hatten zwei Belastungszeugen (Frau Heß und einer der Überläufer) ihre Aussagen zurückgezogen; 1926 hatte ein damaliges Mitglied der Roten Garde namens Erich Friehe außergerichtlich gestanden, Heß erschossen zu haben. Trotzdem wurde eine Wiederaufnahme noch immer abgelehnt: sie sei für die über Hölz verhängte Strafe irrelevant, da er wegen zahlreicher Delikte (u. a. auch des versuchten Totschlages) verurteilt worden sei. So kam nur Amnestie in Betracht. Doch die unterschiedlichen Amnestie-Ausschüsse vertagten jeweils die Entscheidungsfindung. Auch ein Verfahren gegen Friehe wurde lange nicht eingeleitet, dann endlich 1927 begonnen. Der Oberstaatsanwalt Dr. Luther – der bereits im Verfahren Hölz mitgewirkt hatte – beantragte März 1928, Friehe trotz Geständnisses und Zeugenaussagen mangels an Beweisen außer Verfolgung zu setzen, welchem Antrag das Hallenser Gericht zustimmte. Es trat die ungewöhnliche Situation ein, daß der Staatsanwalt

[32] Nach: *Gebhardt* 1983, S. 178 f.

[33] Vgl. *Fraenkl* 1926, S. 394 f.

[34] Dazu *Apfel* 1927, S. 5 ff; 1928, S. 741 ff, 784 ff; *Apfel/Halle* 1928, S. 819 ff; *Rudert* 1926, S. 353; *Schumann* 1923; *Winter* 1926, S. 768 ff.

den geständigen Friehe quasi verteidigte und der Verteidiger desselben Friehe in einer Eingabe an den Preußischen Justizminister die strafrechtliche Verfolgung seines Mandanten verlangte[35]. Trotzdem kam es allmählich zu einer Änderung des allgemeinen Bewußtseins (außer bei den Nationalsozialisten). In Publikationen und Zeitungsartikeln (vor allem in der „Vossischen Zeitung" von dem bekannten Gerichtsreporter *Sling* [d. i. *Paul Schlesinger*][36] und in der „Welt am Montag" von *Dr. Frosch*[37]) wurde der Fall Hölz immer wieder angeprangert und Gerechtigkeit für ihn gefordert. *Egon Erwin Kisch* gab 1927 die „Briefe aus dem Zuchthaus", die Hölz geschrieben hatte, heraus. Der (erneuerte) Wiederaufnahmeantrag wurde gedruckt und an die Abgeordneten der Parlamente und an bekannte Juristen geschickt. Das Amnestiegesetz aus Anlaß des 80. Geburtstages des Reichspräsidenten von Hindenburg – erst am 14. 7. 1928 beschlossen – bezog zwar die Verbrechen gegen das Leben nicht ein, wandelte aber die für Mord oder Totschlag verhängte lebenslängliche Zuchthausstrafe in 7½ Jahre Gefängnisstrafe um[38]. Hölz war April 1920 in Untersuchungshaft gekommen, die anzurechnen war. Er fiel deshalb unter die Amnestie[39]. Hölz selbst schreibt in seinen Memoiren, daß er nicht (nur) aufgrund des Amnestiegesetzes freigelassen worden sei, sondern aufgrund eines Telegrammes des Reichsgerichts, das am 18. 7. 1928 in nicht öffentlicher Sitzung beschlossen habe, auf den Wiederaufnahmeantrag und auf das Amnestiegesetz hin gemäß § 360 II StPO – also im Wiederaufnahmeverfahren – die beantragte Unterbrechung der Strafvollstreckung anzuordnen[40]. Jedenfalls war Max Hölz ab 18. Juli 1928 wieder frei. Er legte das Treugelöbnis zur KPD ab, schrieb seine Memoiren (für das Proletariat) und trat bei zahlreichen Parteiveranstaltungen – die zunehmend von gewalttätigen Nationalsozialisten gesprengt wurden – als Redner auf. Dabei zeigte sich erneut seine Neigung zu Handgreiflichkeiten: nicht nur gegenüber den Nazis, sondern auch gegenüber Journalisten und selbst Parteifreunden. Die „Vossische Zeitung", deren Berichterstatter – der inzwischen verstorbene *Sling* – sich so für ihn eingesetzt hatte, schrieb am 25. 4. 1929: „Hölz auf dem Kriegspfad" und warnte ihn vor der Gefahr, „diese Sympathien ... zu verlieren, weil er immer wieder beweist, daß der Glaube an das eigene Recht bei ihm niemals durch die Besinnung auf das Recht der anderen

[35] Vgl. *Apfel* 1928, S. 749 ff.
[36] Vossische Zeitung 22. 5. 1927.
[37] Welt am Montag 12. 9. 1927.
[38] Vgl. *Großmann* 1929/30, S. 409 ff; *Landsberg* 1929/30, S. 667 ff.
[39] So auch z. B. *Bock* 1969, S. 316; *Großmann* 1929/30, S. 411; *Hannover/Hannover-Drück* 1977, S. 217; *Kreiler* 1978, S. 126.
[40] *Hölz* 1977, S. 383 f. Ebenso z. B. *Weber* 1972, S. 339.

kontrolliert wird". 1929 ging Hölz in die Sowjetunion, kehrte im Sommer 1930 wieder nach Deutschland zurück. Nach tumultartigen Auftritten, auf denen er schwer verletzt wurde, übersiedelte Hölz im September 1930 erneut in die Sowjetunion, wo er ein Studium begann, auch wieder heiratete, dann verschiedene Funktionen im Komintern-Apparat übernahm. Dabei soll er mit der Führung erneut wegen seiner ungewöhnlichen Auffassungen in Konflikt gekommen sein. Am 15. 9. 1933 ertrank Hölz bei einem Bootsunglück in der Oka bei Gorki, welcher Tod vielen Spekulationen Nahrung gab.

Paul Schulz

Das Amnestiegesetz vom 14. 7. 1928 hatte Auswirkungen auch und vor allem – manche sahen darin sogar den Anlaß für dieses Gesetz (obwohl auch die KPD zustimmte, sogar weitergehend allen Verbrechen gegen das Leben aus politischen Motiven Straffreiheit gewähren wollte)[41] – auf die sogenannten „Fememörder"[42]. Auf den berühmtesten dieser Prozesse (in Berlin vor dem Außerordentlichen Schwurgericht beim Landgericht III unter Vorsitz des Landgerichtsdirektors Siegert vom 11. 3. bis 26. 3. 1927) gegen vier dieser Täter, darunter den ehem. Oberleutnant Paul Schulz, ist kurz einzugehen.

Dabei muß zunächst klargestellt werden, daß diese Mordtaten mit der mittelalterlichen Feme (den Femegerichten) nichts zu tun haben. Diese waren westfälische Gerichte der Freibauern, die sich als Reichsgerichte ansahen, sich auf die Einsetzung durch Karl den Großen beriefen und dort Rechtsschutz (genauer: Strafverfolgung) boten, wo die anderen Rechtsinstanzen untätig blieben oder sonst versagten. Sie tagten unter freiem Himmel und öffentlich; geheim war nur der Vollzug der Todesstrafe (des Hängens), wobei die Feme überall im Reich zuschlug. Die Romantik hatte daraus einen Geheimbund von still und des Nachts tötenden Henkern gemacht, das Wort „verfemt" ging in die Alltagssprache ein. Und diese Charakteristik traf auf die Morde zu, die vor allem 1923 im Rahmen der sogenannten Schwarzen Reichswehr begangen wurden; übrigens auch in der Terminologie der Täter selbst: die Satzung der O. C. (Organisation Consul) (um den ehemaligen Marinekapitän Ehrhardt) enthielt den Satz: „Verräter verfallen der Feme!" Fememorde

[41] Vgl. Fn. 38.

[42] Dazu vgl. nur: *Apfel* 1935, S. 84 ff; *Behr* 1964, S. 35 ff; *Feder* 1971, S. 41; *Gay* 1987, S. 40 ff; *Grimm* 1928; 1931, S. 140 ff; 1953, S. 56 ff; *Gumbel* 1922, S. 13, 64 ff; 1928/29, S. 532 ff; 1929; 1962, S. 48 ff; 1984, S. 138 ff; *Habedank* 1965, S. 7 ff; *Hirschberg* 1962, S. 160 ff; *Hoegner* 1958, S. 83 ff; *Mertens* 1926; *Neusel* 1972, S. 62 ff; *Rasehorn* 1985, S. 184 f, 189 f, 191 ff; *Streit* 1961, S. 53 ff, 75 ff, 85 ff; *Tergit* 1984, S. 98 ff. Vgl. auch Fn. 53.

(in dem nun zu behandelnden Sinne) waren somit die Morde an Mitgliedern der Schwarzen Reichswehr, die (vermeintliche) Verräter waren.

Es ist hier nicht der Ort, die Geschichte und Struktur dieser Schwarzen Reichswehr zu erörtern[43]. Angemerkt sei nur, daß sie im Ruhrkampf 1923 entstand als Verstärkung der offiziellen Reichswehr, benötigt von der Regierung Cuno gegen Frankreich und gegen dessen Alliierten Polen im Osten (wobei wahrscheinlich militärische Beziehungen auch zur Sowjetunion geknüpft wurden). Doch durfte die Reichswehr nach dem Versailler Vertrag nur 100 000 Mann stark sein, weshalb die Aufrüstung geheim (eben: „schwarz") erfolgen mußte und nur Freiwillige betreffen durfte: vor allem Mitglieder der „Freikorps", die sich nach 1918 in Oberschlesien schon militärisch betätigt hatten, bestehend aus jungen, überwiegend national eingestellten, ehemaligen Soldaten. Auf diese und auf andere Freiwillige griff man nun zurück; und auch auf die bewährten Organisatoren, auf Major Buchrucker und Oberleutnant Paul Schulz. Letzterer – geboren am 5. Februar 1898, damals also 25 Jahre jung, ein vielfach ausgezeichneter Soldat, der es vom Gemeinen zum Offizier gebracht hatte; ein Mann von ungeheurer Energie und letzter Rücksichtslosigkeit[44] – wurde anfangs 1923 in das Wehrkreiskommando III Berlin berufen, um Mobilmachungsvorarbeiten zu leisten, vor allem Waffen zu besorgen und bereitzustellen. Formell hießen die Abteilungen „Arbeitskommandos" oder „Erfassungsabteilungen", ihre Mitglieder erhielten zivilrechtliche Arbeitsverträge. Materiell aber waren sie Soldaten: genauso uniformiert und ausgerüstet wie die Reichswehr, man hielt gemeinsame Übungen ab, arbeitete oft zusammen. Die preußische Staatsregierung billigte vor dem Hintergrund der drohenden Kriegsgefahr diese Maßnahmen der Heeresleitung, also auch die Gründung der Schwarzen Verbände. Nach der Niederlage im Ruhrkrieg (September 1923) und auf dem Höhepunkt der Inflation versuchte Major Buchrucker den Küstriner Putsch, wahrscheinlich gemeinsam mit den Nationalsozialisten in München und der Organisation Consul in Franken als Versuch einer umfassenden nationalen Revolution[45]. Der Ausnahmezustand wurde ausgerufen, die Reichswehr damit zur legalen Macht. Die Putschversuche schlugen fehl, die Schwarze Reichswehr wurde aufgelöst. Paul Schulz wurde Direktor des Verbandes der Landvolkgenossenschaft.

1925 begann der ehemalige Untergebene des Schulz, *Carl Mertens*, anfangs anonym, später mit vollem Namen auf Fememorde hinzuweisen, die vor allem von dem „Kommando zur besonderen Verwendung"

[43] Vgl. nur *Wohlfeil* 1970, S. 204 ff (m. w. N.).
[44] So *Gumbel* 1962, S. 53.
[45] Vgl. *Gumbel* 1929.

unter der Führung des Schulz begangen worden seien, nach dem „Vorbild" der Feldgerichte in Oberschlesien[46]. Der Hintergrund war klar. Die französische politische Polizei hatte Wind von den geheimen Verbänden bekommen und versucht, Spitzel einzuschleusen oder Verräter zu gewinnen. Um den geheimen Charakter der Schwarzen Reichswehr aufrechterhalten zu können, lag der Gedanke nahe, vorsorglich Verräter zu eliminieren (was den freiwillig Eintretenden auch mitgeteilt wurde): nämlich solche, die Informationen über die Waffenlager usw. an die Feinde – an Frankreich, aber auch an die der nationalen Sache feindlich gegenüberstehenden Kommunisten – weitergaben und so die nationalen Bestrebungen gefährdeten. Lange leugnete man (auch aus außenpolitischen Gründen) offiziell die Existenz der Schwarzen Reichswehr; Berichte über sie wurden mit unhaltbaren rechtlichen Konstruktionen sogar als Landesverrat bestraft[47].

Trotz anfänglicher Schwierigkeiten kam es ab 1926 zu den ersten Prozessen. Bekannt ist das Verfahren wegen Ermordung des Bäckers Erich Pannier[48] im Februar 1926 vor dem Schwurgericht beim Landgericht Berlin III (unter Vorsitz des Landgerichtsdirektors Bombe), in dem vier Todesurteile, aber auch vier Freisprüche verhängt wurden. Die Öffentlichkeit war ausgeschlossen worden, weshalb der Hintergrund der Femeorganisation nicht offenbar wurde; auch spielte der Vorsitzende eine dubiose Rolle in diesem Prozeß. Jedenfalls gingen die möglichen Befehlsgeber frei.

Paul Schulz selbst wurde vom 28. Oktober bis 3. November 1926 vor dem Schwurgericht Landsberg (unter Vorsitz des Landgerichtsdirektors Weßling) angeklagt der Anstiftung zum Mord an dem Gelegenheitsarbeiter Paul Gröschke, der wegen des Verratverdachts gemartert, in den Kopf geschossen und dann verscharrt worden war: von den Untergebenen des Schulz, die wegen Teilnahme an diesem Mord mitangeklagt waren (der eigentliche Täter war flüchtig)[49]. Das Gericht verurteilte sieben der Angeklagten zu Zuchthausstrafen, Schulz wurde freigesprochen: zwar sei bewiesen, daß er den ernstlichen Plan gehabt habe, Gröschke ermorden zu lassen; doch sei es nicht zu einer für die Anstiftung erforderlichen Einwirkung auf den Täter gekommen. Allerdings hielt es das Gericht „für seine Pflicht, noch besonders zu erwähnen, daß die juristische Freisprechung ihn von der moralischen Schuld am Tode eines Menschen keineswegs befreit". – Bereits am 8.11.1926 stand Schulz erneut vor dem Landsberger Schwurgericht: angeklagt der An-

[46] *Mertens* 1926.
[47] Dazu *Behr* 1964, S. 27 ff; *Gumbel* 1926/27, S. 75 ff; *Kantorowicz* 1926/27, S. 92 ff.
[48] Dazu *Gumbel* 1929, S. 265 ff; *Kaul* 1953, S. 307 ff.
[49] Dazu *Gumbel* 1929, S. 296 ff.

stiftung zum Mordversuch an dem Feldwebel Gaedicke[50]. Er wurde erneut freigesprochen (ohne Zusatz). Der Täter selbst wurde wegen § 223 a (Gefährlicher Körperverletzung) zu 1 Jahr Gefängnis verurteilt; das Urteil nannte ihn eine brave, gerade, ehrliche Soldatennatur. Das Reichsgericht hob das Urteil auf, die erneute Verhandlung vor dem Schwurgericht Stettin im Mai 1928 führte zur Bestätigung des ersten Urteils.

Vom 11. bis 26. März 1927 geriet Schulz aber – wie *Berthold Jacob* in der „Weltbühne" schrieb – vor den Berliner Landgerichtsdirektor Siegert; „und nun wurde es Ernst"[51]. Siegert galt als ein strenger, ja sogar als „furchtbar grausamer Richter", freilich auch als „objektiver Richter, durchdrungen von der Souveränität seines Standes", ein kalter und unbestechlicher Mann mit konzilianten Formen. *Jacob* meinte: „Diesmal sollte endlich reiner Tisch gemacht werden[52]." Und sah den ersten Hinweis darin, daß nicht das Schwurgericht (unter Bombe), sondern ein Außerordentliches Schwurgericht eben unter Siegert beim Landgericht III Berlin einberufen wurde. Die Verteidiger sahen darin ein Ausnahmegericht, drohten die Mandate zurückzulegen; nur zähneknirschend ließen sie sich in das Verfahren ein[53]. Angeklagt war der Fall des Kaufmanns und Feldwebels Walter Wilms. Dieser war im Juli 1923 in Verdacht geraten, Spitzeldienste für die Kommunisten geleistet zu haben. Nach einem gemeinsamen Saufgelage, wodurch er betrunken gemacht wurde, wurde er aus Rathenow weggefahren und im Auto erschossen, die Leiche mit Kabelschutzmuffen beschwert in die Havel geworfen. Schulz war wiederum der Anstiftung zum Mord angeklagt, seine sechs Mitangeklagten der Täterschaft daran.

Die Verhandlung machte in der Tat Ernst. Die Öffentlichkeit wurde trotz mehrfachen Antrags nicht ausgeschlossen, die Prozeßführung ließ erkennen, daß das Gericht erstmals das Bestehen einer Feme (als Organisation) annehmen werde. Die Verteidiger sahen nur den Weg, die Angeklagten als Soldaten aufzubauen und zumindest Schulz in die Befehlsstruktur der Reichswehr selbst einzugliedern. Dadurch zogen sie die Reichswehr in den Prozeß hinein, begingen also das, was früher Grund zur Verurteilung wegen Landesverrats gewesen war; und was eigentlich gegen ihre eigenen nationalen Interessen ging. *Carl Misch*

[50] Dazu *Falkenfeld* 1926/27, S. 291 ff; *Gumbel* 1929, S. 285; *Hannover/Hannover-Drück* 1977, S. 166 ff; *Mamroth* 1926/27, S. 206 ff; *Rasehorn* 1985, S. 184 ff; *Spectator* 1926/27, S. 211 ff.

[51] *Jacob* 1927, S. 446.

[52] *Jacob* 1927, S. 449.

[53] Dazu *Apfel* 1929, S. 549 ff; *Gumbel* 1929, S. 307 ff; 1962, S. 55; *von Hentig* 1928/29, S. 166 ff; *Kaul* 1953, S. 316 ff; *Radbruch* 1928/29, S. 164 ff; *Rasehorn* 1985, S. 189 f; *Tergit* 1984, S. 98 ff.

forderte in der „Vossischen Zeitung“ vom 18.3., daß eigentlich der Vorgesetzte von Schulz – Hauptmann Keiner – auf die Anklagebank müsse. *Jacob* meinte in der „Weltbühne“, daß man auch den Oberst von Bock, wahrscheinlich auch den Oberst von Schleicher und sogar den General von Seeckt dazu setzen müsse. Und in derselben „Weltbühne“, deren Artikelserie von Mertens überhaupt zur Verfolgung von Schulz geführt hatte, hielt *Jacob* ein „Plädoyer für Schulz“: dieser habe sich zu seiner Tat aufgrund Herkommens, eingedrillter Dienstauffassung und im Bewußtsein der Erfüllung wichtiger, unabweisbarer und zudem befohlener vaterländischer Pflichten bevollmächtigt geglaubt; werde daher bewiesen, daß der Befehl zur Tötung auch dem Schulz gegeben worden sei, dann müsse dieser (wie auch die Mitangeklagten) freigesprochen werden[54].

Der Prozeß drohte zu kippen, seinen Gegenstand zu verlieren. Bis jetzt hatte man vermieden, getreu der traditionellen juristischen Methode, alle Fememorde einheitlich zu verhandeln, und die einzelnen Taten getrennt untersucht. Sollte nun dieser einheitliche Prozeß zustande kommen und in ihm über die Reichswehr, vielleicht sogar über die preußische Staatsregierung geurteilt werden? *Carl von Ossietzky* – der Herausgeber der „Weltbühne“ – schrieb nach dem Ende dieses Prozesses (und auch des eigenen, auf den noch hingewiesen werden wird), daß die Femekampagne seiner Zeitung fast ihr Ziel erreicht hätte, nämlich die letzte politische Verantwortlichkeit für die Morde festgestellt zu sehen[55]. Doch kam der Prozeß unter der kundigen Leitung des Vorsitzenden von den Sandbänken wieder los. Vor allem auch deshalb, weil die Verteidiger nun versuchten, die preußische Staatsregierung hineinzuziehen, was aber nicht gelang. Ebensowenig war das Vorgehen gegen die Reichswehr erfolgreich. Die Sachverständigen und Zeugen aus dem Reichswehrministerium wiesen die Vorwürfe zurück, Schulz nannte die Befehlsgeber nicht. So konzentrierte sich der Prozeß wieder auf die angeklagte Ermordung des Wilms. Die Staatsanwaltschaft beantragte für die drei Mittäter und für den Anstifter Schulz die Todesstrafe und die Aberkennung der bürgerlichen Ehrenrechte. Nach sechsstündiger Beratung verkündete der Vorsitzende den vierfachen Schuldspruch. Auch Schulz wurde wegen Anstiftung zum Mord verurteilt: mit einer Begründung, die eigentlich auf die damals nicht anerkannte mittelbare Täterschaft kraft Organisation ging: er sei die Schaltfigur der Feme gewesen, sein Wille habe alle Aktionen der Täter zusammengefaßt und bestimmt, seine Machtposition habe alles bis in die Einzelheiten

[54] *Jacob* 1927, S. 450.
[55] *von Ossietzky* 1927, S. 954.

beherrscht. Das Gericht mußte – da es Mord bejaht hatte – zwingend viermal auf Todesstrafe erkennen, doch werde es – wie der Vorsitzende verkündete – von sich aus ein Gnadengesuch an das Staatsministerium befürworten, denn die Verurteilten seien als Gesinnungstäter anzuerkennen. Noch mehr: von der Aberkennung der bürgerlichen Ehrenrechte werde abgesehen, weil die Angeklagten zwar verwerfliche und scheußliche Taten (im Plural!) begangen hätten, aber dies im Glauben, eine gute Sache durchzuführen; sie hätten also im guten Glauben gehandelt. Und außerdem käme ihnen eine gewisse Entschuldigung dadurch zugute, daß die Reichswehr die aus der Tatsache der notwendigen Geheimhaltung zwingend folgende Kontrolle versäumt habe.

Die Reichswehr war also noch einmal davongekommen; und *Jacob* und *von Ossietzky* – als Verfasser des Plädoyers für Schulz bzw. als verantwortlicher Redakteur – wurden für ihren Angriff auf die Offiziere wegen Beleidigung aufgrund eines Strafantrags des Reichswehrministers mit zwei bzw. 1 Monat(en) Gefängnis bestraft, da sie den Wahrheitsbeweis nicht führen konnten: der zum Tode verurteilte Schulz verschwieg weiter seine Befehlsgeber[56]! Die 2. Instanz hob die Gefängnisstrafe auf und verhängte Geldstrafen, da den beiden Angeklagten zuzubilligen sei, daß sie sich um die Aufdeckung eines Krebsschadens ernsthaft bemüht hätten[57]. Das Verfahren versandete in den Wellen der Amnestie des Jahres 1928[58].

Die Reaktion auf die Todesurteile war – wie zu erwarten! – höchst unterschiedlich. Vielfach wurden sie als entscheidender Schritt zur Vergangenheitsbewältigung aufgefaßt und gelobt. Die „Rote Fahne" mußte ebenfalls zustimmen, meinte aber auch den Grund angeben zu sollen: die Beweise seien so erdrückend gewesen, daß die Klassenjustiz einen Freispruch des Femehäuptlings Schulz nicht hätte vertuschen können. Gleichzeitig verkündete sie das politische Resultat dieses Prozesses: die Sozialdemokraten (der seinerzeitige Reichspräsident Ebert und der Reichskanzler Wirth) seien die Väter der Schwarzen Reichswehr und daher die eigentlich Schuldigen und hätten mit der Reichswehr die Front der zu bekämpfenden Bourgeoisie gebildet. – Die Rechtsradikalen tobten! Es sei – so schrieben „Der Angriff" und der „Völkische Beobachter" – ein Verstoß gegen die primitivste Auffassung von Treue und Mannespflicht und eine Unanständigkeit von der Reichswehr, zuerst Soldaten an die vorderste Front zu schicken und sie dann feige zu verraten; und nachzugeben der Femehetze der Judenpresse (die im übrigen dadurch

[56] Vgl. *von Ossietzky* 1927, S. 951 ff.

[57] Dazu *Gumbel* 1929, S. 350 ff; *Hannover/Hannover-Drück* 1977, S. 169 ff; *Kaul* 1953, S. 347 ff.

[58] So *Apfel* 1929, S. 549.

nur von den Korruptionsfällen der Brüder Barmat – über die unter 2. berichtet werden wird – ablenken wolle); das Urteil sei ein Schandmal einer Parteijustiz der schlimmsten Sorte. Ein Verehrer namens *„Jaromir"* widmete Schulz ein Gedicht:

„An Oberleutnant Schulz!
Dich geb ich verloren!
Du hast, dieweil andre Geschäfte machten,
gekämpft und gefochten in hundert Schlachten,
aus siebenzig Wunden floß Dein Blut,
hast nimmer gerastet und nimmer geruht,
und als wir andern, erschöpft und verraten,
den Feind um den schmählichen Frieden baten,
da zeigtest Du recht Dich als deutscher Mann:
da fingen Kampf und Arbeit erst an!

Von Schergen des eigenen Landes gehetzt,
hast wieder Dein Leben Du eingesetzt,
im Krieg mit Pollacken und Bolschewisten,
der armen Heimat Leben zu fristen
und mit Deiner kleinen tapferen Schar,
zu retten, was noch zu retten war.
Und noch ein Verbrechen hast Du verschuldet:
hast den Feind nicht im eigenen Lager geduldet!
Den Lumpenkerl, der um Judaslohn
die Deinen verriet, den feilen Spion,
der den Dolch in den Rücken Dir stoßen wollen,
– den hättest Du besser beschützen sollen!
Daß ihm ja nichts geschieht, daß ihm ja nichts passiert,
daß der kostbare Schuft nicht erschlagen wird!

Dich geb ich verloren: Du warst *ein Mann,*
hast nichts für Dich, alles für uns getan –
dafür magst Du nun mit gebundenen Händen
im Kerker verkommen, verfaulen, verenden."[59]

Und man forderte die sofortige Freilassung der Verurteilten! Denn – so war das erste Argument! – die Täter hätten aus Vaterlandsliebe gehandelt: und dies müsse als Schuldausschließungsgrund anerkannt werden, da dadurch moralischer Zwang und Gewissensnot eingetreten seien, die die freie Willensbildung ausschlössen[60]. Das Reichsgericht

[59] *Jacob* 1927, S. 450.
[60] So z. B. *Grimm* 1928. Dazu: *Radbruch* 1928/29, S. 164 ff.

lehnte ab[61]. Man versuchte auf Rechtfertigung durch Staatsnotwehr oder (übergesetzlichen) Staatsnotstand zu plädieren oder zumindest Entschuldigung durch einen diesbezüglichen Irrtum anzunehmen[62]. Wie letzteres das Schwurgericht Schwerin 1929 in einem Fememordprozeß (Fall Eckermann) tatsächlich annahm, daher hätte wegen fahrlässiger Tötung verurteilen müssen, die aber unter das Amnestiegesetz 1928 fiel; und daher das Verfahren einstellte[63]. Das Reichsgericht hob aber dieses Urteil auf und ließ erkennen, daß für die Fememorde weder Rechtfertigung noch Entschuldigung in Betracht kämen[64]. So wurde auch die Revision gegen das Berliner Urteil abgewiesen.

Waren die Berliner Todesurteile nun richtig? oder Klassenjustiz? oder ein nationales Schandmal? Waren sie ein Zeichen für die rechtslastige, politische Justiz? Die Antwort fällt noch schwerer, wenn man Folgendes mitbedenkt. Das Schwurgericht Stettin, das im Mai 1928 – wie bereits berichtet – erneut über den Mordversuch an Gaedike zu urteilen hatte, bestätigte den Freispruch von Schulz, ließ sich also durch die Beweisführung im Wilms-Prozeß nicht beeindrucken. Auch der Berliner Oberstaatsanwalt, der den Fememord an Leutnant Georg Sand (im August 1923 auf dem Truppenübungsplatz Döberitz bei Spandau) zu untersuchen hatte, schrieb in seinem Bericht an den Preußischen Justizminister am 1. 12. 1928, daß er beabsichtige, die Einstellung der Voruntersuchung gegen Schulz und andere wegen mangelnden Beweises zu beantragen; und dies, obwohl die Beweislage im Fall Sand erdrückender erschien als im Fall Wilms. Doch wurde am 28. 5. 1929 erneut die Eröffnung der Voruntersuchung im Fall Sand beantragt: war doch inzwischen der flüchtige ehemalige Feldwebel Fahlbusch aus Amerika nach Berlin ausgeliefert worden und hatte gestanden, Wilms getötet zu haben, dazu aber nicht von Schulz angestiftet worden zu sein, sondern von einem Hauptmann Gutknecht, der aber vielleicht mit Schulz in Verbindung stand (und im übrigen im Berliner Pannier-Prozeß freigesprochen worden war). Auf der anderen Seite gestand Fahlbusch, den Unteroffizier Alfred Brauer im August 1923 getötet zu haben: und zwar auf Anstiftung des Schulz. So wurde gegen Schulz am 22. 4. 1929 das Verfahren wegen Anstiftung zum Mord an Brauer (wieder) eröffnet, zugleich auch wegen Anstiftung zum Mord an dem Bäcker Legner (im März 1923), worüber Fahlbusch ebenfalls Mitteilungen gemacht hatte (wie auch über den Fall

[61] RGSt. 63, 215 (224).

[62] Dazu *Grimm* 1929/30, S. 329 ff; *Oetker* 1928, S. 411 ff; 1930, S. 156 ff; *Radbruch* 1929/30, S. 125 ff.

[63] Dazu *Kaul* 1953, S. 354 ff; *Raseborn* 1985, S. 191 ff; *Schulz* 1982, S. 120 ff; *Sinzheimer* 1929/30, S. 65 ff; *Streit* 1961, S. 85 ff.

[64] RGSt. 64, 101. Vgl. RGSt. 63, 215 (220 ff).

Sand). Diese Voruntersuchungen zogen sich hin. Am 4. 7. 1929 wurde sie im Fall Sand geschlossen, der Staatsanwalt rührte sich nicht. Mit fast spürbarer Erleichterung stellte er am 15. 11. 1930 den Antrag auf Einstellung des Verfahrens aufgrund des Amnestiegesetzes vom 24. 10. 1930.

Kurz ist auch das Schicksal des Todesurteils gegen Schulz noch zu erwähnen. Über das Gnadengesuch des Gerichts selbst wurde schon berichtet. Im Februar 1928 wandelte das Preußische Staatsministerium die Strafe in lebenslängliches Zuchthaus um. Das Amnestiegesetz vom 14. 7. 1928 – das bereits bei Max Hölz begegnet ist – wandelte diese Strafe um in Gefängnis von 7½ Jahren. Anzumerken ist, daß die Reichswehr nun auch das Schweigen des Schulz mit Eingaben im Wiederaufnahmeverfahren belohnte; selbst Reichswehrminister Gröner schrieb in dieser Sache zur Unterstützung des Gnadengesuchs einen Brief an den Preußischen Justizminister[65]. Bereits am 28. 6. 1929 wurde Schulz entlassen, da bei fortbestehender Haft eine schwere Gefährdung des Gesundheitszustandes zu befürchten sei[66]; Schulz war freilich erst 31 Jahre alt und nach einem Bericht von bester Gesundheit. Mit (Wieder-)Eröffnung der Voruntersuchung (Fall Legner, Brauer, Sand) wurde erneut Haftbefehl ausgestellt, aber gegen Kaution von 50 000 Mark abgewendet. Das Amnestiegesetz vom 24. 10. 1930 – das im übrigen auch von der KPD beschlossen wurde[67] – gewährte auch den aus politischen Motiven begangenen Verbrechen gegen das Leben Straffreiheit. Das Kapitel der Fememorde war damit für die Justiz abgeschlossen.

Paul Schulz machte später Karriere. 1931 half er mit, den Stennesputsch innerhalb der NSDAP niederzuschlagen. 1932 wurde er oberster Militärbefehlshaber der NSDAP in Berlin. Er gehörte zur Gruppe um Gregor Strasser, stand 1934 deshalb auf der Mordliste, weshalb er in die Schweiz floh[68].

Josef Bornstein / Paul Jorns

Auf den dritten Prozeß in diesem Zusammenhang ist nur hinzuweisen, denn er ist sorgfältig aufgearbeitet und leicht nachlesbar[69]; und auch er ist schwierig in die Kontinuitätsthese einzuordnen: nämlich der Prozeß wegen Beleidigung und übler Nachrede, der am 17. April 1929

[65] Vgl. *Apfel* 1929, S. 549 ff.

[66] Dazu *Eike von Repkow* 1932, S. 118: nach ärztlichem Gutachten sei Schulz zusammengebrochen; er leide an Angstzuständen, pseudo-halluzinatorischen Erscheinungen, Menschenscheu; insgesamt sei eine Veränderung im paranoiden Sinne festzustellen.

[67] Vgl. *Großmann* 1929/30, S. 409 ff.

[68] Zum weiteren Leben vgl. die Angaben bei *Hannover/Hannover-Drück* 1977, S. 319 Fn. 38. Vgl. auch *Eike von Repkow* 1932, S. 117 ff.

[69] Vgl. *Hannover-Drück/Hannover* 1967.

vor dem Großen Schöffengericht Berlin-Mitte (unter Vorsitz des Landgerichtsdirektors Marcard) gegen den verantwortlichen Redakteur der Zeitschrift „Das Tagebuch“ – Josef Bornstein – begann und sich wegen des gelingenden Wahrheitsbeweises in ein Verfahren gegen den Reichsanwalt Paul Jorns – der den Strafantrag gestellt hatte (zusammen mit seinem Dienstvorgesetzten) – verkehrte[70].

Anlaß war ein anonymer (von *Berthold Jacob* verfaßter) Aufsatz mit dem Titel „Kollege Jorns“, der am 24. 3. 1928 im „Tagebuch“ erschien. Darin warf der Autor dem inzwischen zum Reichsanwalt avancierten, ehemaligen Kriegsgerichtsrat Jorns vor, er habe 1919 (und später) als Leiter der Untersuchung der Morde an den kommunistischen Volkstribunen Karl Liebknecht und Rosa Luxemburg (15. 1. 1919) den Mördern, die der Garde-Kavallerie-Schützen-Division angehörten, Vorschub geleistet und an der Vertuschung des Sachverhalts mitgewirkt; Jorns sei deshalb für den Posten eines Reichsanwalts ungeeignet.

Die Hauptverhandlung, in der Jorns sich als Nebenkläger anschloß, erregte großes Aufsehen, da in ihr die Ermordung der beiden Kommunistenführer ausführlich zur Sprache kam, was die einen erschütterte und nach Rache rufen ließ, die anderen wieder deshalb wütend machte, weil die alte Geschichte neu aufgerollt wurde. Das Gericht nahm in seinem Bornstein freisprechenden Urteil vom 27. 4. 1929 an, daß zwar nicht für alle Angaben des Artikels der Wahrheitsbeweis erbracht sei, daß aber aufgrund der Beweisaufnahme festzustellen sei, daß der Nebenkläger Jorns als Kriegsgerichtsrat Zustände geduldet habe, die die damalige Untersuchung gefährdeten. Damit sei der Kern der Behauptungen als erwiesen anzusehen; und deshalb sei auch die Folgerung – daß Jorns zu einer Tätigkeit im Verbande der Reichsanwaltschaft nicht geeignet sei – berechtigt[71].

Jorns legte Berufung ein. Aber auch die Große Strafkammer des Landgerichts I Berlin erachtete den Nachweis für die Behauptung der Vorschubleistung für erbracht, sah aber in dem Vorwurf mangelnder juristischer Qualifikation ein Werturteil, das dem Wahrheitsbeweis nicht zugänglich sei, und verurteilte Bornstein wegen Beleidigung zu einer Geldstrafe von 100 Mark. Die Revision des Angeklagten wurde vom Reichsgericht verworfen, der des Nebenklägers aber stattgegeben: der Angeklagte müsse den Wahrheitsbeweis auch dahingehend führen, daß Jorns bewußt rechtswidrig das Verfahren verschleppt habe. Dieser

[70] Vgl. dazu *Anonym* 1929; *Gumbel* 1929, S. 50 ff; 1962, S. 41 f; *Hannover/Hannover-Drück* 1977, S. 200 ff; *Heine* 1929, S. 389 ff; *Hirschberg* 1962, S. 158 ff; *Kaul* 1953, S. 239 (als „Jörns“); *Kreiler* 1978, S. 260 ff; *Levi* 1929; *Oborniker* 1930/31, S. 42 ff; *Rasehorn* 1985, S. 190 f; *Bornstein* 1930.

[71] Urteil abgedruckt in: Die Justiz 4 (1928/29), S. 567–595.

Nachweis der subjektiven Tatseite gelang Bornstein in dem letzten Verfahren vor einer anderen Strafkammer des Landgerichts III Berlin nicht. Er wurde zu 500 Mark Geldstrafe verurteilt[72]. Die Revision des Angeklagten und des Nebenklägers gegen dieses Urteil wurde vom Reichsgericht mit Beschluß vom 17. 9. 1931 als offensichtlich unbegründet verworfen.

Anzumerken ist, daß Paul Jorns weiterhin Reichsanwalt blieb. 1936 wurde er zum Reichsanwalt beim Volksgerichtshof berufen[73]. 1938 starb er.

Hat sich die Justiz in diesem Verfahren korrekt verhalten? oder haben die Gerichte im 1., 2. oder 4. Verfahren rechtmäßig gehandelt? oder das Reichsgericht? Oder ist dieser Prozeß Bornstein/Jorns gerade kein Beispiel für die Kontinuitätsthese, sondern deshalb so berühmt, weil er ein Schlaglicht auf die Zustände von 1919 und die damalige Justiz (bzw. auf die damalige Voruntersuchung) geworfen hat?

Überhaupt wäre noch zu fragen, ob diese drei „politischen" Prozesse bereits damals berühmt waren oder erst nachträglich berühmt gemacht wurden, weil sie für geeignet gehalten wurden, die Weimarer Republik als rechtslastig zu entlarven. Die damaligen Berliner scheinen – wenn man Berichten glauben darf[74] – politische Prozesse nicht besonders interessiert zu haben. Es habe die Ansicht vorgeherrscht, daß die politischen Verbrechen nur einen kleinen Kreis von Eingeweihten betreffen würden, daß vor allem die Schuld für die Gewalttaten der unverständlichen Welt der politischen Machtkämpfe zuzuschreiben sei; und zudem habe man diese Taten ohnehin unmittelbar im Alltag erleben können, weshalb man nicht auch noch in den Gerichtssaal zu blicken brauchte. Interesse daran hatten freilich die politisch aktiven Gruppen selbst: aber so wie an allen anderen staatlichen Handlungen, die man im Sinne der eigenen politischen Ziele bewerten konnte und mußte.

II. Allgemeine Prozesse

Ich verlasse den Bereich der politischen Justiz und wende mich Prozessen zu, in denen allgemeine, sozusagen „normale" Verbrechen verhandelt und abgeurteilt wurden. Freilich heißt das nicht, daß diese Verfahren nicht auch politisch ausgeschlachtet und als politisches Kampfmittel eingesetzt worden wären. Denn zwar ist jedes Verbrechen

[72] *Kaul* 1953, S. 280 spricht irrigerweise von einem Freispruch auch in diesem 4. Prozeß; daraufhin sei Revision eingelegt worden: das Reichsgericht habe nun Bornstein wegen Verleumdung zu einer Gefängnisstrafe von 5 Monaten verurteilt!

[73] So *Hannover/Hannover-Drück* 1977, S. 213. – Nach *Kaul* 1953, S. 280 sei Jorns nach 1933 der 1. Präsident des Volksgerichtshofs geworden.

[74] Vgl. *Liang* 1977, S. 131.

individuelle Tat, der Bruch der Rechtsordnung, damit selbst Akt der Unordnung (und Unfreiheit); es verletzt die Grundlagen des Zusammenlebens. Es ist eben Un-Recht, d. h. die Negation des Rechts, weshalb es vom Recht aufgehoben, der Täter zur strafrechtlichen Verantwortung gezogen wird. Doch gab es in den Zwanziger Jahren Theorien, die diesen Charakter des Verbrechens als Schein ansahen: eigentlich und wesentlich sei das Verbrechen Produkt der Ordnung, notwendiger Bestandteil der Ordnung, ihr Symptom und Zeichen, das diese Ordnung entlarve als eigentliche wesentliche Unordnung und Unfreiheit und Unrecht. Diese Theorien gingen also durch das Verbrechen hindurch auf die Gesellschaft, als deren Produkt es angesehen wurde; weshalb nicht eigentlich das Verbrechen zu bekämpfen und zu verhindern sei, sondern diese Gesellschaft selbst. Das Verbrechen galt nur als Anlaß des Angriffs auf die bestehende, selbst verbrecherische Ordnung der Gesellschaft (und ihres Rechtes und Staates) und auf deren Vertreter. Zugleich wurden die Erregungen, Emotionen und Ängste, die das Verbrechen erzeugte und die durch Berichterstattung und das Berühmt-Machen noch gesteigert wurden, dazu ausgenutzt, die Veränderung dieser Gesellschaft zu dem theoretisch das Verbrechen ausschließenden Ziel einer recht-losen und widerspruchsfreien (daher notwendig friedlichen) Gemeinschaft zu propagieren und in Angriff zu nehmen. Konkret gesprochen: weg von der ausbeuterischen Klassengesellschaft oder der jüdisch verseuchten Scheinordnung hin zu dem Ziel einer klassenlosen Weltgemeinschaft oder einer reinrassigen deutschen Volksgemeinschaft.

Material für diese Zwecke gab es in ausreichendem Maße. Nämlich jedes Verbrechen konnte dazu benutzt werden. Besonders geeignet waren die Korruptionsfälle, war doch hier die Qualität der Herrschenden (und der Parteien, denen sie angehörten) offensichtlich und leicht in das Feuer der Kritik zu nehmen. Auf den bekanntesten dieser Fälle – den der Brüder Sklarek, die durch fingierte Aufträge für ihre Gesellschaft (die das Monopol des Vertriebs von Kleidern an die städtischen Dienststellen und deren Beschäftigte hatten) die Banken schwer schädigten und durch ihre Bestechungen (von Stadträten aller Parteien, auch der KPD, und Stadtbankdirektoren) einen Kommunalskandal hervorriefen, der u. a. zum Rücktritt des Berliner Oberbürgermeisters Gustav Böß führte – ist hier nur hinzuweisen[75], da der Prozeß erst am 28. Juni 1932 endete.

[75] Dazu vgl. *Arnau* 1966, S. 272 f; *Behr* 1964, S. 131 ff; *Büsch* 1960, S. 198 ff; *Friedrich* 1973, S. 264; *Herzfeld* 1981, S. 257; *Hohenau* 1929, S. 566 f; *Lange* 1951, S. 90 f, 128 ff, 150; *Malzacher* 1970, S. 29 ff; *Mann* 1957, S. 144 f; *Ruland* 1972, S. 253 ff; *Schweder* 1961, S. 354 ff.

Iwan Kutisker

Zu nennen ist aber der Fall und der Prozeß Iwan Kutisker[76], der im April 1926 wegen Kreditbetruges zu fünf Jahren Zuchthaus verurteilt wurde, aber kurz vor Ende des Berufungsverfahrens starb. Kutisker war Inhaber der Privatbank „H. von Stein" und hatte von der Preußischen Staatsbank 12 Millionen Mark Kredite erschwindelt, indem er als Sicherheit ein bei Hanau gelegenes Lager aus fast wertlosen, schrottreifen ehemaligen Heeresbeständen anbot; das er freilich bereits einer Schweizer Bankengruppe verpfändet hatte. 1924 machte er bankrott. Aus dieser Geschichte ließ sich einiges politisches Kapital schlagen: denn Kutisker war Ostjude! Zudem hatte er – um die Direktoren der Staatsbank geneigt zu machen! – Geschenke gemacht: in einer Art, die man dem Publikum schön verkaufen konnte. Er lieferte nämlich Gänse zu dem außergewöhnlichen Preis von 70 Pfennig das Pfund. Er beziehe – so gab er an – diese Tiere auf dem Seeweg aus Litauen direkt vom Produzenten. In Wahrheit kaufte er das Federvieh in der Berliner Markthalle zum Kleinhandelspreis von 2,50 Mark pro Pfund. Diese „Kutisker-Gänse" konnten von den rechtsradikalen Gruppen immer wieder gegen die jüdische Verseuchung vermarktet werden. Aber auch z. B. der linksliberale *Sling* – der bekannte Gerichtsberichterstatter der „Vossischen Zeitung" *Paul Schlesinger* – kommentierte damals in einem witzig-ironischen Bericht: „Die Gänse des Kapitols retteten einst Rom. Preußen war es vorbehalten, durch Gänse verdorben zu werden. Durch die Gänse des Kapitals mit'm a. Durch Kutiskers Gänse[77]."

Julius und Henry Barmat

Noch geeigneter für politische Zwecke war der Fall der Brüder Barmat[78]. Julius – den der „Völkische Beobachter" nur mit seinem ursprünglichen jüdischen Vornamen Judko nannte – und Henry Barmat waren ebenfalls Ostjuden (aus Russisch-Polen), die in Holland Geschäfte machten (vor allem im Exportgeschäft mit Lebensmitteln als Firma „Amexima") und nach dem Krieg nach Berlin kamen. Hohe Inflationsgewinne ermöglichten ihnen, das Geschäft zu einem Konzern zu vergrößern, der 14 000 Menschen beschäftigte. Sie waren bekannte, weil großzügige, Gastgeber, bei denen die Prominenz aus Wirtschaft,

[76] Dazu *Arnau* 1966, S. 271 f; *Behr* 1964, S. 133; *Kaul* 1954, S. 12 ff; *Kiaulehn* 1958, S. 551; *Nübell* 1927, S. 92 ff; *Schweder* 1961, S. 344 f; *Sling* 1969, S. 144 ff; *Stössinger* 1925, S. 47 ff.

[77] *Sling* 1969, S. 144.

[78] Dazu *Anonym* 1925, S. 587 ff; *Arnau* 1966, S. 272; *Behr* 1964, S. 133; *Friedrich* 1973, S. 264; *Kaul* 1954, S. 16 ff; *Kiaulehn* 1958, S. 551; *Morus* 1925, S. 27 ff; 1928, S. 531; *Ostwald* 1931, S. 87 f; *Schweder* 1961, S. 344 f; *Sling* 1969, S. 143 f; *Stössinger* 1925, S. 47 ff.

Kultur und Politik aus- und einging. Als die Kutisker-Affäre aufflog, entdeckte man, daß die Staatsbank auch den Barmats sehr hohe Kredite gegeben hatte. Der Verdacht auf Kreditbetrug lag wohl zunächst nicht fern. Am 31.12.1924 wurden die Brüder verhaftet. Doch stellte sich bald heraus, daß die Kredite sauber waren. Trotzdem blieben sie weiter in Haft, wobei nicht einmal die nähere Beschuldigung genannt werden konnte. Aber der Leiter des Sonderdezernates, das zur Aufklärung des Komplexes „Staatsbank" geschaffen worden war – der Oberstaatsanwalt Linde, der wie seine beigegebenen Assessoren Kußmann und Caspary der rechtsgerichteten Deutschnationalen Partei angehörte – blieb hartnäckig. Er vermutete wie bei Kutisker Bestechung. Doch ließen sich konkrete Beweise nicht finden. So blieb nur der Weg, vage Vermutungen publik zu machen und Rufschädigung zu betreiben. Die Assessoren gaben unbefugt Informationen an die Presse heraus, die aufgebauscht wurden und als bewiesene Vorwürfe veröffentlicht wurden. Die SPD reagierte sensibel: der ehemalige sozialdemokratische Reichskanzler Bauer mußte auf Drängen seiner Partei das Reichstagsmandat zurücklegen. 1925 wurde publik, daß der Postminister Dr. Anton Höfle – der dem katholischen Zentrum angehörte – von Julius Barmat durch Vermittlung des Zentrumsabgeordneten Lange-Hegermann zweimal ein zinsfreies Darlehen (von über 60 000 Mark) erhalten hatte; und daß ebendieser Höfle ein halbes Jahr später den Barmats einen Kredit von 15 Millionen Mark für Industriezwecke aus den Mitteln der Postscheckverwaltung gewährt hatte. Nun konnte man das Zentrum an den Pranger stellen: was nicht ungünstig war, da die Wahlen zum Reichspräsidenten vor der Tür standen und der reaktionäre Generalfeldmarschall von Hindenburg u.a. gegen den Zentrumskandidaten Marx anzutreten hatte! Höfle wurde am 11.2.1925 verhaftet und trotz seines sehr schlechten Gesundheitszustandes in Untersuchungshaft (später im Lazarett) behalten. Er starb dort am 21.4.1925, was die Presse als Selbstmord wertete und darin einen Schuldbeweis sah. Der „Völkische Beobachter" nahm das gesamte Verfahren zum Anlaß, sowohl auf die fromme Zentrumspartei zu schimpfen, deren Heuchelei offenkundig geworden sei, als auch allgemein auf den Sumpf der Weimarer Republik, die nur als „Höllenbreughel politischer Versauung" darzustellen sei; der Fall Barmat gebe ein vernichtendes Urteil über die Errungenschaften der Novemberrevolution ab; eigentlich sitze der Marxismus auf der Anklagebank. Die nationalsozialistische Zeitung wies auf die Behandlung des historischen Jud-Süß hin und veröffentlichte eine Artikelserie über die „Barmatologie" (ab März 1927). Für den sozialdemokratischen „Vorwärts" dagegen war Julius Barmat das Vorbild eines redlichen Geschäftsmannes von blütenweißem Gemüt.

Das Verfahren gegen die Brüder Barmat zog sich lange hin, obwohl in einem Vorgriff – genannt der „kleine Barmatprozeß" – 1926 eine Reihe von Staatsbankbeamten wegen Bestechung verurteilt worden waren. Der „große" Prozeß begann am 10. 1. 1927 vor dem erweiterten Schöffengericht des Amtsgerichts Berlin-Mitte (Vorsitz: Landgerichtsdirektor Neumann) gegen insgesamt elf Angeklagte; die Anklage lautete auf Betrug, Betrugsversuch, Anstiftung zur Untreue und aktive Bestechung; die Anklageschrift füllte 644 Druckseiten. Nach 196 Verhandlungstagen wurde am 30. 3. 1928 das Urteil gefällt. Der Staatsanwalt hatte noch in seinem Plädoyer für Julius Barmat 5 Jahre Gefängnis und 430 000 Mark Geldstrafe (und Aberkennung der bürgerlichen Ehrenrechte auf 5 Jahre) wegen Betrugs, Anstiftung zur Untreue und Bestechung gefordert, für Henry Barmat 2½ Jahre Gefängnis (und Aberkennung der bürgerlichen Ehrenrechte für 3 Jahre): ein Antrag, den der „Völkische Beobachter" für lächerlich fand: er nehme als selbstverständlich an, daß das Gericht dreimal so hohe Strafen verhängen werde. Das Urteil nahm aber nur Bestechung in zwei Fällen an – sonst Freispruch – und verurteilte die Barmats zu elf bzw. sechs Monaten Gefängnis, auf welche Strafe 155 bzw. 157 Tage Untersuchungshaft angerechnet werden sollten. Der „Völkische Beobachter" tobte: das Urteil lasse allen Deutschen das Blut vor Empörung in die Stirne steigen, dies sei ein ganz unerhörter Skandal; er forderte: „Fort mit einer solchen Justiz! Galgenstrafe für Barmat und Genossen!"

Diese Korruptionsprozesse (auch gegen Heinrich Sklarz, Sally Bergmann und Staatsanwalt Walther Jacoby I)[79] wurden berühmt gemacht von der deutschnationalen und rechtsradikalen Presse, vor allem weil die Täter Ostjuden waren. Durch ihre (angeblichen) Verbindungen zu Regierungskreisen sollte die Weimarer Republik verunglimpft und Antisemitismus verbreitet werden. Auch die „Rote Fahne" berichtete gerne über diese Prozesse, wenn sich daraus für die KPD politisches Kapital schlagen ließ. – Doch muß gesehen werden, daß Kutisker und die Barmats kleine Geschäftsleute waren, verglichen mit den wirklichen Schiebern von damals, wie sie in dem Osthilfe-Skandal, dem Prozeß der Pommerschen Hauptgenossenschaft oder dem Panama der Lahusens offenbar wurden[80]. Doch waren diese bald vergessen, weil nicht mehr verwertbar. Das Dritte Reich wies gerne auf Kutisker und Barmat hin, um dadurch die völlige Korruption des eigenen Systems zu überdecken, deren Symbol die Millionen-Dotationen Hitlers an seine hohen zivilen und militärischen Gefolgsleute waren. *Robert M. W. Kempner* machte

[79] Zu Sklarz vgl. *Ostwald* 1931, S. 88; *Sling* 1969, S. 165 ff; zu Bergmann/Jacoby I vgl. *Kaul* 1954, S. 83 ff; *Sling* 1969, S. 148 f.

[80] Zu Lakusen vgl. *Behr* 1964, S. 134; *Kaul* 1954, S. 321 ff.

schon 1932 in seiner unter dem Pseudonym *Eike von Repkow* verfaßten Schrift „Justizdämmerung" darauf aufmerksam, daß bereits damals Korruption in nationalistischen und nationalsozialistischen Kreisen weit höher war als unter angeblichen Freunden von „Systempolitikern"[81].

Abgesehen von diesem politisch verwertbaren Hintergrund waren Korruptionsprozesse wie auch Verfahren gegen Schieber und Betrüger eigentlich nicht interessant. Es gab in den wirtschaftlich schlechten Zeiten der Weimarer Republik so viele Schieber und Raffkes! Berühmtheit konnte ein solcher Prozeß nur erlangen und behalten, wenn ihm etwas zusätzlich Erzählbares und Erinnerungswürdiges anhaftete, wenn seine Geschichte sozusagen einen „Gag" aufwies[82] und sich dadurch als Unterhaltungslektüre erwies. Man denke in diesem Zusammenhang nochmals an Kutiskers Gänse!

Max Klante

Oder man denke an den Fall und Prozeß des am 25. 5. 1883 in Breslau geborenen Max Klante[83]. Nach einer Lehre als Bürstenbinder ging er in den Krieg und kehrte 1918 als Halbinvalide (Lungen- und Nervenleiden) zurück. Er wurde nun Zeitungshändler, dann Gelegenheitsfotograf; und schließlich Geschäftsmann. Er gründete im Mai 1920 den „Wettkonzern Klante": mit dem Ziel, durch Wetten am Totalisator – seine große Leidenschaft, deretwegen er bereits 1912 zu 60 Mark Geldstrafe (Vergehen gegen das Totalisatorgesetz) verurteilt worden war! – Geld zu verdienen. Die Werbebroschüre versprach demjenigen, der diesem „Weltunternehmen" eine Geldeinlage zur Verfügung stellte (und dadurch dem Klante-Konzern beitrat), nach einigen Monaten in 5 Raten den fünffachen Betrag zurückzuzahlen. Grund für dieses Angebot seien die Erfahrung und die Stellung des Klante, der Verbindungen zu den Rennställen habe, Insidertips bekomme usw. Würde schlecht spekuliert werden, dann würde der Konzern die Einlage mit 5 % Verzinsung zurückzahlen.

Das Geschäft startete mit 6000 Mark Kapital und war anfangs erfolgreich, so sehr, daß Klante am 14. 12. 1920 mit einem Mitgesellschafter die „Max Klante & Co. GmbH" gründete. Gegenstand des Unternehmens war das Fortsetzen des vom Klante-Konzern bisher betriebenen Rennstallbetriebes, Gründung neuer Rennställe und eines Gestütes zur

[81] So *Kempner* in: *Sling* 1969, S. 142.

[82] Vgl. *Steinert* 1978, S. 217. Zum Ganzen vgl. *Schild* 1983, S. 90 ff (m. w. N.).

[83] Dazu *Behr* 1964, S. 43 ff; *Erman* 1969, S. 424 ff; *Kiaulehn* 1958, S. 550 f; *Malzacher* 1970, S. 10 ff; *Morus* 1922, S. 651 f; *Ostwald* 1931, S. 38 ff; *Pollack* 1922, S. 686 f; *Ruland* 1972, S. 250 ff.

Hebung der inländischen Pferdezucht und Führung der mit der Unterhaltung von Rennställen und Gestüten zusammenhängenden Geschäfte. Zur Erreichung dieser Ziele sei Geld notwendig – so der Prospekt! –: um dieses zu beschaffen, nehme die Gesellschaft Geld auf. Die Einzahler würden Mitglieder des Klante-Konzerns (der aus der Gesamtheit der Mitglieder besteht). Mit dem Geld wette die Gesellschaft am Totalisator mit einem ganz bestimmten System (das im Prospekt auch genau dargestellt wurde).

Es ist nur mehr schwer möglich, den Geschäftsverlauf bis zu dem Zusammenbruch genauer nachzuzeichnen. Bilanzen wurden nicht geführt, die später erstellten waren falsch. Es ist auch schwer zu sagen, ob Klante bereits zu Beginn betrügen wollte oder ob er anfangs tatsächlich an sein System glaubte. Sicher ist, daß er zwar angab, seine drei Rennpferde als Einlage der Gesellschaft zu übereignen (die 500 000 Mark Stammkapital haben sollte), daß aber diese Pferde weiterhin unter seinem Namen liefen; geritten von Jockeys in den bald bekannten blauen Jacken mit gelben Schnüren. Auch fragt man sich (und ihn) natürlich, warum er sein sicheres System nicht nur für sich ausgebeutet hat. Als Antwort veröffentlichte Klante in den von ihm herausgegebenen Broschüren „Berliner Sportjournal“, später „Der Meldereiter“, die Erklärung: „Alle vom Schicksal Benachteiligten fordere ich auf, ihre Rechte wahrzunehmen. Alle von der Regierung Vergessenen will ich zusammenfassen. Sie sollen die gleichen Chancen haben wie die Herren des Großkapitals“. Und knapp vor dem Zusammenbruch konnte man lesen: „Max Klante will sein Unternehmen von großkapitalistischen Einflüssen freihalten. Für die Großkapitalisten und jüdischen Spekulanten, für die Schieber darf keine Möglichkeit sein. Volksgenossen, mit Euren Darlehen wird der Konzern Fabriken, Häuser, Grundbesitz kaufen. Alles soll einer großen Genossenschaft der Volksaktionäre gehören. Max Klante ist durch die Armen groß geworden. Max Klante wird die Armen groß machen. Max Klante ist Max Klante.“ Freilich kam es zu diesem Projekt der Genossenschaft nicht mehr! Denn das Unternehmen konnte nicht gut gehen, vor allem seit immer mehr Geld zum Wetten zur Verfügung stand. Denn durch diese gewetteten hohen Summen – die am Totalisator ja aufschienen – wurden die Quoten gedrückt, selbst für den Fall, daß richtig gewettet worden wäre. Das Klante-System hätte nur Chancen gehabt bei weniger Einzahlungen; was die juristische Abteilung der Firma Ende 1921 auch mitteilte: „Durch eine falsche Auffassung einiger Vertreter der Firma ist ein bedeutend höheres Kapital zur Einzahlung gelangt, als es in den Wünschen der Firma lag. Sie werden zugeben, daß niemand auf der Welt imstande ist, ein derartiges Kapital binnen Jahresfrist mehr als zu verdoppeln.“ Klante mußte seine Versprechungen deshalb fortlaufend ändern. Anfangs sollte man für 100 Mark, die am

1.1. eingezahlt wurden, am 1.2., 1.3. und 1.4. jeweils 100 Mark zurückerhalten (also eine 200%ige Dividende). Bald mußte er auf 100 % Dividende nach 8 Wochen heruntergehen, im April 1921 sogar auf 50 %. Doch hatten andere Firmen sein Beispiel nachgeahmt, weshalb er wieder 100 % Dividende versprechen mußte. Daneben bot er eine Art Sparbuch an: für 1000 Mark sollte man nach 12 Monaten 10 500 Mark (also 950 % Gewinn) erhalten. Zusätzlich versuchte Klante sich abzusichern. § 14 des Prospektes lautete: „Das Mitglied gibt sein Geld hin, in der Hoffnung, den 1½fachen (bzw. doppelten) Betrag nach zwei Monaten ausbezahlt zu bekommen. Es hat aber für den Fall, daß die Gesellschaft andauernd große Verluste erleiden sollte, einen Anspruch auf Rückzahlung seines Geldes, wie ein Konkursgläubiger ihn hat." Freilich las diese Bestimmung niemand: zu sicher trat Klante auf, zu verläßlich schien sein System! Wurden doch in der Tat zunächst diese ungeheuren Gewinne ausbezahlt. Nur wußte man nicht, daß das Geld dafür nicht aus Wettgewinnen, sondern aus den neuen Einzahlungen genommen wurde. Die ersten Zweifler wurden durch eine große Veranstaltung im Zirkus Busch und eine Rede von Klante beruhigt, bei der er einen Lorbeerkranz aufgesetzt erhielt; den er selbst zuvor gekauft hatte! Doch mußte der Zusammenbruch bald kommen. Gefördert wurde er dadurch, daß die Finanzämter im August 1921 gegen alle Wettkonzerne mit Beschlagnahme von Guthaben zur Sicherung der hinterzogenen Kapitalertragsteuer vorgingen: bei der Max Klante & Co GmbH wurden über 10 Millionen Mark beschlagnahmt! Im September 1921 verließ Klante das sinkende Schiff. Sein Bruder Gerhard und ein Oberbuchhalter wurden neue Geschäftsführer, er selbst ging unter falschem Namen in ein Sanatorium. Am 11.9.1921 wurde er verhaftet, zwei Tage später wurde der Konkurs eröffnet.

Vorhanden waren 80 000 Gläubiger mit Forderungen von über 50 Millionen Mark (bei einer Aktivmasse von 20 Millionen Mark), von denen über 70 % nur 500 bis 2000 Mark eingezahlt hatten: also wirklich die kleinen Leute, von denen Klante gesprochen hatte, vor allem viele schlecht besoldete Beamte und Arbeitslose. Die meisten von ihnen verstanden nichts vom System des Wettens, glaubten eher an eine Bank, der sie ein Darlehen gaben. Es gab erschütternde Szenen noch im Gerichtssaal, als ruinierte Existenzen – die an die große Chance geglaubt hatten – als Zeugen aussagten. Da half nicht viel, daß man sie von einer Mitschuld aus Leichtgläubigkeit nicht lossprechen konnte: man bedenke nur die hoffnungslose bis verzweifelte Lage dieser Leute! Der nachmalige Berliner Bürgermeister *Friedrich C.A. Lange* schrieb 1921 in sein Tagebuch: „Wettkonzerne und Sportbanken, die seit einem Jahr in Berlin und von hier aus in ganz Deutschland ihr Unwesen trieben, sind nacheinander mit Passiven bis zu 60 Millionen Mark zusammengebrochen. Die Leichtgläubigkeit der Wettenden, denen ein Gewinn von 50 % ihrer Einlagen zugesichert wurde, ist erschütternd[84]."

Aber dieser Sachverhalt als solcher wäre nichts Erwähnenswertes! Solche Betrüger gab es zu allen Zeiten, nur vielleicht zahlreicher in den Notzeiten der Weimarer Republik; auch Dumme gab es immer! Was aber Max Klante berühmt gemacht hat, das war der Rummel, den er um seine Person zu machen verstand. *Kurt Tucholsky* hat darüber (unter dem Pseudonym *Theobald Tiger)* in der „Weltbühne" ein Gedicht gemacht:

Klante:
Hier spricht die Seele deines Volkes.
Von wegen: Macht ers? 7 : 10!
Ja, junger Mann: so, wie der Holk es
gekonnt, das – hab ich noch gesehn.

Zart überwölbt der Frühlingshimmel
Knaatsch und Tumult, den Schiebe-Ritt,
den Schnelligkeits- und Pferde-Fimmel
und Alle mit und Alle mit.
Und da kam Klante.

Klar zum Tippen!
Die Völker, so er ausgemist't,
sie hängen an des Herrschers Lippen...
Schon Einer war, was der jetzt ist.
Denn das ist Wilhelm.

Jede Geste
ist ganz S. M., der große Mann:
die Heldenbrust, die Kleckerweste –
nur, daß es Klante schöner kann.
Das ist noch immer so gegangen:
Der kleine Wetter, recht und schlecht,
kann Eines für sein Geld verlangen:
er will Verpackung, wenn er blecht.
Hier das Genie, das man verkannte,
und dort das Volk, das Hurra schrie.
Die Deutschen brauchen immer einen Klante.
Und ferner liefen: Germany.[85]

Max Klante wurde überall als Volksbeglücker gefeiert, so wenn er am Rennplatz mit einem Koffer voll Geld auftauchte, um damit die Wettein-

[84] *Lange* 1951, S. 20.
[85] *Tucholsky/Tiger* 1922, S. 271.

sätze zu tätigen. Er erwarb das Café „Rheingold“ und gestaltete es zum „Gallipolli“ – nach dem Namen eines Rennpferdes – um, das als „Anreißercafé“ diente und viel besucht war. Er besaß drei Autos und zwei Chauffeure, zahlreiche Geliebte (neben einer Frau in einer luxuriösen Villa), veranstaltete großartige Feste. In Breslau dirigierte er mit Zustimmung von Richard Strauss das Orchester. In seinem Café spielte eine uniformierte Musikkapelle den Max-Klante-Marsch:

Es braust ein Ruf durch ganz Berlin.
Voran! Laßt uns mit Klante ziehn!
Und wär' der Weg auch hart, der Weg so steil,
Wir rufen laut: Max Klante Heil, ja, Heil!

Mit diesen Worten „Heil Klante“ wurde er von seinen Kunden – die er (wie erwähnt) als „Volksgenossen“ ansprach – begrüßt. Er war eine stadtbekannte Persönlichkeit.

Max Klante wurde am 6. 1. 1923 nach mehrwöchiger Verhandlung – die einige Male am Abbruch stand, da sich das Lungenleiden (chronische Tuberkulose) des in U-Haft sitzenden Angeklagten verschlechterte – von der Strafkammer des Landgerichtes III Berlin (unter dem uns schon bekannten Landgerichtsdirektor Siegert) wegen Betruges, gewerbsmäßigen Glücksspieles, Vergehen gegen die Konkursordnung u. a. zu einer Gesamtstrafe von 3 Jahren Gefängnis, 105 000 Mark Geldstrafe und 5 Jahren Ehrverlust verurteilt. Er hatte Betrugsabsicht immer abgelehnt und bis zuletzt darauf bestanden, daß sein System geklappt hätte, wenn nicht der Druck der unsauberen Konkurrenz, der Zugriff des Finanzamtes und seine Verhaftung dazwischen gekommen wären. – Der kriminell vorbestrafte Max Klante wurde nach Haftentlassung Vertreter einer Kartonagenfabrik. Er verlor diesen Posten, als der Nationalsozialismus den jüdischen Inhaber der Fabrik enteignete. Danach übernahm er einen kleinen Papierladen. Nach 1945 lebte er in einem halbzerfallenen Zimmer in der Nähe des Alexanderplatzes (mit dem Schild „Bürstenmacher“ an der Tür). 1955 wurde er tot aufgefunden: er hatte sich mit Gas vergiftet. – Seinen vielen Opfern blieb nur der (schwache) Trost, daß sie 1923 – während der galoppierenden Inflation – ohnehin ihre gesamten Ersparnisse eingebüßt hätten!

Adolf Leib u. a.

Ein Prozeß mit „Gag“ wurde auch wegen eines Falles geführt, der sich in der Nacht des 29. 12. 1928 in der Nähe des Schlesischen Bahnhofes ereignet hatte und der die erschreckten, verärgerten, jedenfalls erstaunten Berliner mit einer Welt konfrontierte, die sie zwar am 31. August 1928 kennengelernt hatten, aber niemals im Leben für Realität gehalten hätten: nämlich mit der Welt von Mackie Messer, wie sie *Bertholt Brecht* in seiner an dem zuletzt genannten Datum uraufgeführten „Dreigroschenoper" auf die Bühne gebracht hatte; wobei der Dichter selbst die Realität seiner Geschichte – die des Gustav „Matrosen-Willy" Passarge[86] – kannte.

Was war denn so Merkwürdiges geschehen an diesem 29. 12. 1928? Es hatte eine Schlägerei gegeben, genauer zwei Schlägereien nacheinander. Zunächst prügelten sich ungefähr 50 Männer in einem Lokal zehn Minuten lang; dann kam die Polizei, aber schon zu spät; deshalb fuhr sie wieder ab. Um Mitternacht kam es zur Neuauflage. Diesmal führten ca. 200 Männer eine Straßenschlacht durch. Nach 20 Minuten (und dem Eintreffen der Polizei) lagen ein Toter und sechs Schwerverletzte auf der Straße, zahlreiche Verwundete waren entkommen.

Zunächst war dies nichts Aufregendes! Straßenkämpfe mit noch mehr Toten und Verletzten standen in Berlin dieser Zeit auf der Tagesordnung[87]. Fortwährend krachten linke und rechte radikale Gruppen aufeinander; die Polizei hatte gelernt, diesbezüglich objektiv zu sein: sie prügelte auf alles ein, was sich bewegte. Aber das Interessante an dieser Dezember-Schlacht war, daß auf der einen Seite ehrenwerte Handwerker – Zimmerleute und Maurer –, auf der anderen Seite noch ehrenwertere Männer in Frack und Zylinder kämpften, ohne Hakenkreuz- oder rote Binden zu tragen. Und plötzlich sprach man von einem kleinen Chicago in Berlin.

Denn die Herren in schwarzer Festkleidung kamen von dem Begräbnis eines ihrer Freunde. Dies waren sie ihm schuldig, weil die Satzung ihres Vereins – dem sie alle angehörten – die Ehrung der Verstorbenen vorschrieb. Auch sonst war der „Sport- und Geselligkeitsverein Immertreu" (gegründet 1921) ehrenwert. Man gab große Stiftungsfeste und Bälle, bei denen die Berliner Prominenz (vor allem aus der Kunst) anwesend war; sogar Polizeikommissare dirigierten das Orchester. Ehrenwert war auch die satzungsgemäße Aufgabenstellung: man betrieb Sport, veranstaltete Ausflüge, legte Geld zurück; und: der Verein sollte seinen Mitgliedern Arbeit verschaffen und ihnen auch sonst helfen. Diese Unterstützung war auch durchaus notwendig, denn die Mitglieder waren (fast) alle vorbestraft; und die Hilfe bestand häufig darin, einen Verteidiger zu bestellen. Verteidiger und Geld hatte man genug: viele Rechtsanwälte standen in enger Verbindung zum Verein; die Mitglieder mußten auch hohe Aufnahmegebühr und wöchentliche Beiträge zahlen. Zudem pflegte man Kontakt zu anderen Vereinen dieser Art, die in einem Ring zusammengeschlossen waren, weshalb man sie „Ringver-

[86] Dazu *Frey* 1959, S. 196ff, 247.
[87] Dazu vgl. *Gailus* 1984.

eine"[88] nannte. Die Verbindungen gingen von dem „Ring Groß-Berlin", dem „Freien Bund" und der „Freien Vereinigung" – alle drei in Berlin, zusammen etwa 80 Vereine mit mindestens 1000 Mitgliedern – über den „Mitteldeutschen Ring" bis zu ausländischen Organisationen[89].

Die Existenz dieser Ringvereine war zwar der Masse der Bevölkerung bis zu diesem Straßenkampf unbekannt geblieben, nicht aber vielen Angehörigen der Prominenz – die Gäste bei deren Feierlichkeiten waren – und auch nicht der Polizei. Diese stand im wesentlichen – obwohl auch diesbezüglich die Meinungen auseinandergingen[90] – den Ringvereinen positiv gegenüber, da sie ausdrücklich gegen Gewalt waren, für Ruhe und Ordnung in ihren Bezirken (vorwiegend der Gegend um den Schlesischen Bahnhof und im Scheunenviertel) sorgten; und der Polizei manchen Tip gaben; wie *Fritz Lang* in seinem bekannten Film „M" dargestellt hat. (Allerdings begann – wie anzumerken ist – die Stimmung umzuschlagen, als mancher Ringverein begann, Schutzgebühren von den Geschäftsleuten zu verlangen.)

Die Straßenschlacht vom 29. 12. 1928 ordnete sich in dieses Bild ein. Am Vortag war bei einer Schlägerei im „Klosterkeller" der Arbeiter Emil Malchin von dem Zimmergesellen Schulnies (wohl in Notwehr) niedergestochen und schwer verletzt worden. Er war Mitglied des „Lotterie- und Vergnügungsvereins Norden", dessen Abgeordnete auch dem oben erwähnten Begräbnis des Immertreuen beiwohnten. Beim anschließenden Totentrunk kam die Rede auch auf den gestrigen Vorfall. Die Immertreu-Leute sahen sich durch das auch sonst bereits bemerkte selbstsichere und furchtlose Auftreten der fremden (nämlich: Hamburger) Zimmerleute – die geschlossen und stolz in ihrer Zunftkleidung (breitrandige Hüte und sehr weite Hosen) durch die Straßen gingen und auch ein Zunftlokal hatten – gerade in ihrer Gegend (um den Schlesischen Bahnhof) in ihrer Machtstellung bedroht und wollten die Dinge wieder klarstellen. Als bekannt wurde, daß sich Schulnies in dem Zunftlokal in der Breslauer Straße aufhalte, beschloß Adolf Leib – einer der Geschäftsführer des Vereins –, mit einigen Leuten sofort und in Trauerkleidung dorthin zu gehen; wohl nicht – wie sie im Prozeß behaupteten! – um den Täter der Polizei auszuliefern, sondern um ihm und den anderen Zimmerleuten die realen Machtverhältnisse leiblich spüren zu lassen. Sie forderten auch den Schulnies auf, mit nach draußen zu kommen, und waren zu einer Schlägerei bereit. Doch plötzlich strömten aus dem Hinterzimmer über 20 dort Zunftversammlung abhal-

[88] *Malzacher* 1970, S. 51 führt den Namen auf den 1890 gegründeten Ringer-Verein zurück.

[89] Vgl. *Liang* 1977, S. 164. Vgl. auch die Angaben in Fn. 91.

[90] Vgl. *Liang* 1977, S. 163 ff.

tende Zimmerleute herein, weshalb die Immertreuen nach kurzem Handgemenge fliehen mußten, nicht ohne zuvor ihre (massivere) Wiederkehr anzudrohen. In der Tat sammelten sie sich im Lokal gegenüber, was die Zimmerleute dazu bewog, befreundete Maurer – die in einem anderen Lokal feierten – um Hilfe zu bitten. Doch kam diese Unterstützung nicht weit. Die sieben Maurergesellen wurden von den gerade zum Angriff aufbrechenden Ringvereinlern entdeckt und verprügelt, was für die Zimmerleute das Zeichen des Eingreifens mit Äxten, Beilen, Hämmern usw. war. Bald fielen auch Schüsse! Nach 20 Minuten waren ein Maurergeselle gestorben, vier Maurer und zwei Zimmerleute schwer verletzt; überdies starb einer der Zimmerer später an Lungenentzündung im Krankenhaus (wie auch der Stein des Anstoßes – das Norden-Mitglied Malchin – während des Prozesses seinen Stichverletzungen erlag).

Angeklagt[91] wurden wegen schweren Landfriedensbruchs und Schlägerei (§§ 125 I, II, 227, 73 RStGB) insgesamt neun Berliner, darunter der 29jährige, oftmals vorbestrafte Adolf Leib und sieben weitere Immertreue. Der Verein fuhr großes Geschütz auf, da es um seine Existenz ging: der Berliner Polizeipräsident hatte am 7.1.1929 Immertreu und Norden verboten, weil ihre Zwecke den Strafgesetzen zuwider laufen würden. Der Verein engagierte die beiden besten Strafverteidiger dieser Zeit, Dr. Max Alsberg und Dr. Dr. Erich Frey (die nur dieses eine Mal für die Hauptverhandlung vom 4.2. bis 9.2.1929 vor dem Schöffengericht Berlin-Mitte zusammen auftraten). Ihrer Rhetorik und Schärfe waren die als Zeugen geladenen Hamburger Zimmerleute nicht gewachsen. Ihre Aussagen wurden widersprüchlich oder unbestimmt, ihre Selbstsicherheit schmolz im Trommelfeuer der Verteidigerbefragungen. Rechtsanwalt Frey verlangte die Vernehmung von 30 Zeugen, die über die Gefährlichkeit und Rüpelhaftigkeit (und damit Unzuverlässigkeit als Zeugen) der Zimmerleute aussagen sollten; und – gemeinsam mit Rechtsanwalt Alsberg – die Vernehmung von weiteren 80 Zeugen, die dartun sollten, daß der Verein Immertreu keine Verbrecher-Organisation sei und nur der Polizei den Messerstecher habe ausliefern wollen. Die Angeklagten widerriefen ihre Teilgeständnisse vor der Polizei (weil erfoltert!) und bekräftigten die Thesen ihrer Verteidiger. Viele Zeugen konnten sich nicht mehr an die Vorfälle erinnern, nahmen frühere Aussagen zurück: sie hätten jedenfalls niemanden erkannt bei der Dun-

[91] Zu diesem Prozeß vgl. *Behr* 1964, S. 121 f; *Engelbrecht/Heller* 1925, S. 85 ff; *Engelbrecht* 1930, S. 94 ff; *Frey* 1959, S. 247 ff; *Friedrich* 1973, S. 290 ff; *Hildebrandt* 1966, S. 48 ff; *Kaul* 1954, S. 105 ff; *Kiaulehn* 1958, S. 528 ff; *Malzacher* 1970, S. 44 ff; *von Ossietzky* 1929, S. 72 f; *Paneth* 1932, S. 72 ff; *Ruland* 1972, S. 203 ff, 283; *von Schmidt* 1955, S. 358 ff, 392 ff; *Schwerk* 1984, S. 41 ff; *Ullrich* 1961, S. 74.

kelheit und der Dynamik des Geschehens! Die wenigen Belastungszeugen wirkten unsicher. Kriminalkommissar Dr. Berndorff versuchte es mit einem Zeugnis vom Hörensagen, wollte den Namen des Spitzels nicht verraten: gegen diese Verteidiger wagte das Gericht nicht, einen solchen Beweis zugrunde zu legen. Auch schreckte das Gericht sicherlich die Vorstellung, alle 110 von der Verteidigung genannten Zeugen vernehmen zu müssen. Daher ging es den Mittelweg. Das Urteil erkannte an, daß der Ringverein Immertreu ein eigener Lebenskreis mit eigener Moral, eigenem Ehrenkodex, eigenen Sitten und Gebräuchen sei; dessen Zweck aber nicht in der Begehung von Straftaten liege, sondern in der Unterstützung der vorbestraften Mitglieder. Es nahm weiters an, daß von vornherein Feindschaft zwischen den Zimmerleuten und den Immertreuen bestanden habe, weshalb auch für das Betreten des Lokals Landfriedensbruch zu bejahen sei; aber nicht auch § 125 II, weil nicht nachgewiesen worden sei, daß die Angeklagten die Absicht gehabt hätten, im Lokal gegen Personen oder Sachen gewalttätig zu werden. Adolf Leib habe seine Beteiligung an der 2. Straßenschlacht zugegeben, dabei aber versucht, die Schlägerei abzubrechen und Blutvergießen (vor allem durch die Schüsse) zu verhindern. Daher verurteilte das Gericht Leib wegen §§ 125 I, 227, 73 RStGB zu 10 Monaten Gefängnis, einen der Mitangeklagten wegen § 125 I zu 5 Monaten Gefängnis; alle übrigen wurden freigesprochen.

Das Urteil wurde unterschiedlich aufgenommen. Die Radikalen von links und rechts tobten. Die „Rote Fahne“ sah in dem Ganzen einen gut inszenierten Schauprozeß, bei dem die Ringvereine, Verteidiger, Staatsanwalt und Richter faulen Schein produziert hätten: nämlich der erschreckten Öffentlichkeit vorgespielt, daß durchgegriffen werde. Mitgespielt habe auch die Polizei, die diese Verbrecherorganisationen brauche, um ihren Spitzeldienst gegen Kommunisten aufrechtzuerhalten; zudem habe sie es nicht nötig, gegen Verbrecher vorzugehen, da sie genug mit dem Niederknüppeln von Arbeitern zu tun habe. Auch die Zimmerleute seien nicht fortschrittlich genug: zwar selbstbewußte Arbeiter, aber in Zünften organisiert; erforderlich sei aber die Vereinigung des gesamten Proletariats. Eigentlich hätte – so die „Rote Fahne“ weiter – auf die Anklagebank die bürgerliche Gesellschaft – die große Verbrecherorganisation – gehört: das siegreiche Proletariat werde schon ihr Richter sein! – Auch der „Völkische Beobachter“ sah den Unterschied im Vorgehen der Polizei: Verbrecher würden milde, ehrliche Nationalsozialisten hart behandelt, niedergeprügelt und eingesperrt; die Ringvereine seien erlaubt, die NSDAP verboten; zugleich würden die Berichte in der jüdischen Presse zeigen, daß die Bürgerlichen diesen Verbrechern wohlwollend gegenüberstünden, was auch der hemmungslose Einsatz der jüdischen Verteidiger gezeigt habe; andererseits habe der Prozeß deutlich gemacht, daß die Verbrecherbanden bereits besser organisiert seien als die Polizei, die sich bei deren Festlichkeiten zeige und andienere; vielleicht könne der Präsident der Ringvereine die staatliche Regierung übernehmen; wie mächtig diese Verbrecher seien, habe die Angst der Zeugen gezeigt. Und das NS-Blatt fügte hinzu: das Verbrecherviertel am Schlesischen Bahnhof sei auf den Zustrom von Ostjuden zurückzuführen. – Die meisten anderen Zeitungen anerkannten, daß das Gericht bei dieser Sach- und Beweislage kein anderes Urteil habe fällen können, bedauerten dies aber, weil der Sieger dieses Prozesses nicht das eigentliche Recht gewesen sei.

Jedenfalls hatte der Prozeß ein Bild der Ringvereine entwickelt, das den Bürgern der Weimarer Republik (und bis heute) – weshalb der Prozeß auch so berühmt ist! – gefiel; wie ihnen auch der Film „M" und die „Dreigroschenoper" gefielen. Solche Verbrecher hatte die bürgerliche Gesellschaft doch wohl im Griff! wurde doch deutlich, daß sie selbst in unbeholfener, „entzückender", auch krampfhafter Weise nach Bürgerlichkeit strebten. Ihre Feste in Frack und Fliege, ihre strengen Sitten, der Ehrenkodex; und alleine schon die Namen: „Immertreu", „Heimatklänge", „Hand in Hand", „Weiße Rose", „Deutsche Kraft". Wie veraltet und kindlich diese Vorstellung einer echten, zur Hilfe verpflichteten Gemeinschaft (sogar mit Totenehrung) war, wußten die aufgeklärten und erwachsenen Bürger der entwickelten Gesellschaft nur zu gut! Deshalb war man den Ringvereinlern überlegen, diesen „schweren Jungs", diesen Kindern, die selbst die ernsten Zeitungen nur mit ihren Spitz- und Kosenamen darstellten: „Muskel-Adolf", „Klamotten-Ede", „Mollen-Albert"; und ihre sie so liebenden und durch Prostitution ernährenden Damen wie „Aktien-Mieze". – Selbstverständlich wurde das Verbot der beiden Ringvereine wieder aufgehoben.

Anzumerken ist, daß diese bürgerliche Sicht des Verbrechers, die von diesem als Selbstverständnis geteilt wurde – also diese Verbürgerlichung des Verbrechens – überhaupt und auch für die neuen Formen der Einzeltäter aufzufinden war. Die Weimarer Republik war die Gesellschaft der „Gentlemen-Verbrecher"[92], die aus den Reihen verarmter Intellektueller, ehemaliger Offiziere, entlassener oder zu schlecht besoldeter Beamten kamen. Sie lehnten Gewalt ab, arbeiteten mit Geschick, Können, technischer Meisterschaft, intelligenter Planung; waren jedenfalls in der Regel besser als die Polizei. Sie imitierten die englischen und amerikanischen Meisterverbrecher, wie sie sie aus Zeitungsberichten und den Romanen von *Edgar Wallace* kennenlernen konnten. Sie sind bis heute bekannt: z. B. die Fassadenkletterer Paul und Wilhelm Kassner

[92] Dazu *Liang* 1977, S. 128 ff.

und Fritz Wald, die die steilsten Mauern bezwangen, wie Nachtgespenster eindrangen, immer freundlich und zu den plötzlich erwachten weiblichen Opfern sogar höchst liebevoll waren (wie *Hans Possendorf* in seinem „Klettermaxe" verherrlicht hat)[93]; die Meistereinbrecher Emil und Erich Strauß[94]; der König der Hoteldiebe Eugen Nieburg (Doktor der Jurisprudenz)[95]; die Königin der Ladendiebe Dora Röber[96]; der angesehene Direktor Karl Friedrich Bernotat, der aus der Sucht nach wertvollen Büchern zum Verbrecher wurde[97]; die zahlreichen männlichen und weiblichen Hochstapler, wie z. B. Anni Sanek und Ella Lewald in Berlin, natürlich Harry Domela[98]; und all die Heiratsschwindler und Betrüger.

Diese Verbrecher, die aus einem Theaterstück oder einem Roman entsprungen sein könnten, waren Realität; wie auch die berühmten Strafverteidiger, die das Verfahren zu einer Show werden ließen, zu der sie die Berichterstatter der Zeitungen einluden und auch Schauspieler, die von ihnen noch etwas lernen konnten[99]; wie auch die Polizeibeamten, die – z. B. der dicke Berliner Kriminalrat Gennat – bei der Bevölkerung bekannt waren und Kosenamen hatten. Dem Kampf von Polizei und Verbrecher sah das Publikum (und die Presse) oft wie einer Theateraufführung oder einer Sportveranstaltung zu; und häufig lag die Sympathie nicht auf der Seite der Polizei und des Rechts. Aber war diese Realität nicht als solche bürgerliches Theater, wie die ganze Weimarer Republik, die nichts ernst nahm? auch nicht die Verbrecher, „ihre" Verbrecher, über die man sogar Schlager sang (selbst über den Massenmörder Haarmann, der mit dem Beilchen kommt, wenn man nur ein Weilchen wartet)?[100], die die Augen verschloß vor der wirklichen Gewalt: in den Armenvierteln, den verelendeten Mietskasernen, in den autoritären Familien und Schulen und in den politischen Gruppierungen?, ja sich ablenken wollte von der Gewalt, die sie selbst in sich produzierte?

Ich komme zum letzten Prozeß, der den wohl bekanntesten Kriminalfall der Weimarer Republik behandelte. Er ist berühmt, weil er damals schon in aller Munde war. Eine Delegation aus Japan, Interessenten aus

[93] Dazu *Adlon* 1955, S. 145 ff; *Liang* 1977, S. 129 f; *Ruland* 1972, S. 273; *Sling* 1969, S. 183 ff.

[94] Dazu *Liang* 1977, S. 129, 151; *von Schmidt* 1955, S. 173 ff; *Ullrich* 1961, S. 67 f.

[95] Dazu *Ruland* 1972, S. 273.

[96] Dazu *Frey* 1959, S. 100 ff.

[97] Dazu *Frey* 1959, S. 161 ff; *Malzacher* 1970, S. 20 ff.

[98] Dazu *Behr* 1964, S. 107 ff; *Frey* 1959, S. 83 ff; *Kempner* 1986, S. 34 ff; *Liang* 1977, S. 129.

[99] Vgl. *Kempner* 1986, S. 35 ff (in bezug auf Rechtsanwalt Frey).

[100] Vgl. den Text bei *Behr* 1964, S. 78. Zum „Nachtgespenst" vgl. *Ruland* 1972, S. 273.

vielen Ländern saßen im dicht gedrängten Zuschauerraum. 103 Meter und 80 cm dick sollen die zusammengelegten Prozeßberichte in den Zeitungen sein[101]. Der Prozeß ist bis heute bekannt, weil in ihm das Problem der Weimarer Republik in vielfachen Aspekten sichtbar gemacht werden konnte. Und er ist berühmt, weil er ein sensationeller Mordfall war. Morde sind ohnehin gerne Objekte von Berühmtheit: vor allem dann, wenn sie „originelle Todesfälle"[102] darstellen oder Morde mit „Gag" sind, wie z. B. der Mord an einem Geldbriefträger, den der (falsche) „Baron Winterfeld" im Hotel Adlon verübte, wobei der Täter nach seiner Verhaftung darüber ein Schauspiel „Der Fluch der Vergeltung" schrieb[103]; oder wenn sie mehr sind als bloße Tötungen aus Überlegung – wie der damals geltende § 211 RStGB formulierte! –: z. B. begangen aus sexuellem Motiv wie vom Berliner Polizeibeamten Bruno Wilhelm Gehrt[104] oder von den beiden Frauen Elli Link und Grete Bende, deren Giftmord Alfred Döblin dichterisch dargestellt hat[105]; oder begangen aus krankhaftem Trieb wie von den Berliner Massenmördern Friedrich Schumann[106] und Carl Grossmann[107]. In diesen Fällen wird bewußt, daß der Mord an der Grenze des Menschlichen steht: entweder zum Übermenschen und Werkzeug des Absoluten oder zum Tierischen (zu der Bestie, von der dann die Zeitungen und nicht nur sie sprechen). Dieses Grauen, das ein Mord hervorrufen kann, wurde auch in dem nun als letzten zu behandelnden Prozeß fühlbar; auch vor dem, was für den Angeklagten auf dem Spiele stand: auf Mord mußte damals die Todesstrafe (durch das Beil) verhängt werden!

Paul Krantz

Interessant[108] waren die beiden Toten, die am Morgen des 28. Juni 1927 im Schlafzimmer des Kaufmanns Otto Scheller in seiner Wohnung

[101] So die Angaben in „Germania" vom 26. 2. 1928.

[102] Dazu *Jungwirth/Kromschröder* 1982.

[103] Dazu *Adlon* 1955, S. 120 ff; *Friedrich* 1973, S. 286 ff.

[104] Dazu *Frey* 1959, S. 385 ff; *Sling* 1969, S. 95 ff.

[105] *Döblin* 1978 (geschrieben 1924).

[106] Dazu *Frey* 1959, S. 13 ff; *Liang* 1977, S. 130; *von Schmidt* 1955, S. 168 ff.

[107] Dazu *Arnau* 1966, S. 266 f (als Wilhelm Großmann); *Behr* 1964, S. 77 f; *Frey* 1959, S. 42 ff; *Friedrich* 1973, S. 286 (als Wilhelm Großmann); *Liang* 1977, S. 130; *Ruland* 1972, S. 244 f; *von Schmidt* 1955, S. 190 ff; *Schweder* 1961, S. 259 ff (als Wilhelm Großmann).

[108] Dazu *Arnau* 1966, S. 285 f; *Feder* 1971, S. 156; *Fischer-Fabian* 1960, S. 41 ff; *Frey* 1959, S. 269 ff; *Friedrich* 1973, S. 208 ff; *Hussong* 1934, S. 75 ff; *Kempner* 1986, S. 32 ff; *Kiaulehn* 1958, S. 520 ff; *Kosswitz* 1927, S. 1020 ff; 1927 a, S. 22 ff; *Kraus* 1928, S. 40 ff; *Liang* 1977, S. 131; *Noth* 1971, S. 93 ff; *PEM* 1962, S. 97 ff; *Pohl* 1928, S. 276 ff; *Ruland* 1972, S. 256 f; *Schoeps* 1928, S. 225 ff; *Schweder* 1961, S. 311 ff; *Schwerk* 1984, S. 26; *Sling* 1969, S. 19 ff; *Stegmann* 1928, S. 146 ff; *Zucker* 1928, S. 363 ff.

in Berlin-Steglitz, Albrechtstraße 72c, von der Polizei aufgefunden wurden, schon auf den ersten Blick. Der eine war der 19jährige Sohn des Wohnungsinhabers – der Primaner Günther Scheller –, der andere der gleich alte Kochlehrling Hans Stephan. Beide waren erschossen worden. All dies und das Milieu des Wohlstandes, das offensichtlich war, machten die beiden interessant.

Das aber, was die Nacht davor und die Tage vor diesem 28. Juni geschehen war, begründete die Weltberühmtheit dieser „Steglitzer Schülertragödie" (wozu freilich auch der nähere Verlauf des Prozesses beitrug). Denn im Hause der Scheller waren drei weitere junge Menschen anwesend: die gerade (am 16.6.) 16 Jahre alt gewordene Tochter Hildegard (Hilde, genannt auch „Männe"), ihre einen Monat ältere Schulfreundin Elinor Ratti und der am 25.2.1927 18 Jahre alt gewordene Primaner Paul Krantz. Nicht anwesend waren die Eltern Scheller; sie befanden sich auf einer Geschäfts- bzw. Erholungsreise in Dänemark mit der jüngeren Tochter. Paul Krantz war der Freund des Günther Scheller gewesen; und hatte in der Nacht zuvor mit dessen Schwester Hilde geschlafen. Hilde hatte in der Todesnacht (vom 27. auf den 28. Juni) mit dem getöteten Hans Stephan das elterliche Bett geteilt, in dem am Abend des 27.6. auch Paul und Elinor Ratti gelegen hatten. Und schließlich stand Elinor im Ruf, die Geliebte des Günther gewesen zu sein.

Was war das für eine Jugend? So fragten sich die Erwachsenen erschrocken. Es ist schwer herauszubringen, ob bzw. wieweit diese Reaktion Heuchelei war. Die Weimarer Republik hatte überaus schnell eine sexuelle Freizügigkeit gebracht[109]: in der Mode, in der Badekultur, in den Theaterstücken, auch in anzüglichen Schlagern. Die Inflation hatte das Ihrige zum Verfall der traditionellen Normen auch auf sexuellem Gebiet gebracht[110]. Freilich wußten die Kinder in den kleinen Wohnungen der Mietskasernen schon immer durch eigenes Zuhören (und vielleicht auch Zuschauen) über sexuelle Dinge bereits frühzeitig Bescheid[111]; und wußten genau, was gemeint war mit: „Was machst du mit dem Knie, lieber Hans?", „Wenn du nicht kannst, laß mich mal!", „Am Sonntag will mein Süßer mit mir segeln gehn". Auch sah man in der Virginität nicht mehr unbedingt etwas Positives, jedenfalls nicht mehr die Voraussetzung einer guten Ehe (was ohnehin für den Mann nie gegolten hatte, eher das Gegenteil). Von daher erscheint die heftige

[109] Dazu *Hermand/Trommler* 1978, S. 80ff.

[110] Dazu *Ostwald* 1931.

[111] Zur Situation der Arbeiterjugend vgl. *Peukert* 1987. Allgemein auch *Hermand/Trommler* 1978, S. 89ff.

Reaktion der Erwachsenen als Heuchelei, wie auch die im Gerichtssaal geführte Diskussion darüber, ob Hilde noch unversehrt sei oder nicht (wobei der Hausarzt ersteres behauptete). Manche Stimmen in der Presse brachten diese Auffassung auch zum Ausdruck: es sei doch nichts Außergewöhnliches (bezogen auf das Sexuelle) passiert; früher hätte man doch auch gewußt, daß es zwei Geschlechter gäbe und wozu der Unterschied gut sei; man möge doch das Ganze nicht übertreiben. Für diese Auffassung war das ungeheure Aufsehen, das Fall und Prozeß erregten, anders zu erklären: Sensationslust, Ehrgeiz des Staatsanwalts; vielleicht Wirkung eines tiefliegenden Komplexes und Schuldgefühls, das man im Alltag verdrängt habe. Oft war diese Auffassung von dem Gefühl des eigenen überlegenen Wissens um die Situation des Menschen, des besseren Durchblicks getragen; oder von einem tiefen Pessimismus, daß ohnehin alles immer gleich gewesen sei und sein werde. – Trotzdem, denke ich, war das Erschrecken der Erwachsenen vielfach echt. Die Jugend wurde doch zumindest im Bürgertum anders gesehen, als rein, brav, sexuell uninteressiert. Und galten die neuen Freiheiten nicht ohnehin nur für die Reichen und/oder für die Künstler, die in ihren Werken von sich auf alle anderen schlossen? Zwar kannten viele *Wedekinds* „Frühlings Erwachen"; aber dies war auch Kunst, Phantasie, zumindest Übertreibung, aber doch nicht Realität! Auch der Krantz-Prozeß wurde – so meine ich – von vielen wie ein Theaterstück erlebt, in der Rolle des Zuschauers, vor dessen Augen Sensationelles, aber eigentlich ihm Fremdes abgespielt wird, über das man sich aufregt, ohne aber innerlich berührt zu sein; man hatte jedenfalls Gesprächsstoff. Für die, die diesen Fall wirklich ernst nahmen, war Theater plötzlich Realität geworden: erschreckend, ernüchternd. Und dieses Gefühl führte entweder zur Aggression auf die Jugend, die sich gehen ließe, keine Selbstzucht übe, von Verantwortung nichts wissen wolle; wobei die Jugend im Stile des damals so beliebten Vatermord-Themas[112] zurückschlug und den Alten (Vater und Mutter) vorwarf, keine Erzieher und Vorbilder mehr zu sein: die Besten seien 1918 nicht mehr heimgekommen! Überhaupt nahmen viele den Fall zum Anlaß, auf Familie und/oder Schule zu schimpfen, selbstverständlich auch auf die moderne Gesellschaft und die Zeit überhaupt; oft verbunden mit dem Aufruf, alles ab nun besser zu machen! Aber – nochmals darf es gefragt werden! – war die Realität, auch diese Realität in Steglitz, nicht selbst wieder Theater, Inszenierung durch die Berichte in den Massenmedien oder in der Show im Gerichtssaal? und war nicht auch diese ernste und ernstgemeinte Kritik Theater, theoretisch aufgeblähte und auf Wirkung bedachte Propagandarede für

[112] Dazu *Gay* 1987, S. 138ff; *Hermand/Trommler* 1978, S. 89ff.

das, was man für richtig hielt oder zumindest für richtig halten zu sollen glaubte? weshalb die Aufregung bald wieder verblaßte, sich anderen Sensationen zuwandte, jedenfalls keine wirkliche Veränderung nach sich zog. War diese ganze Auseinandersetzung nicht theoretisches Spiel, Spiel der Theorien, die in bunter Vielfalt und Beliebigkeit dem Schoß der neuen Denkfreiheit der Weimarer Republik entsprossen, die man ernstlich zu vertreten, aber nicht ernst zu nehmen brauchte? wie auch nicht die Theorie, die spätestens 1933 das Spiel zur Tragödie werden ließ?

Jedenfalls wurden zuerst die Eltern Scheller angegriffen und wegen des Alleinelassens der jungen Menschen, aber grundsätzlicher wegen der offensichtlich fehlenden Erziehung von Günther und – vor allem – Hilde beschimpft. So in die Enge getrieben, beschuldigten sie Paul, die beiden jungen Männer erschossen zu haben. Die Tatwaffe gehörte auch wirklich dem Paul. Bezüglich des Hans hatte er ein Motiv: Eifersucht; vielleicht sei Günther dazugekommen und hätte als Zeuge erschossen werden müssen. Und außerdem: Paul kam aus armen Kreisen, lebte mit seiner Familie – Vater (im übrigen nicht sein leiblicher) Musiker, oft arbeitslos; Mutter kränklich und am Leben verzweifelnd – in einer elenden Mietskaserne; nur wegen seiner guten Schulleistungen hatte er eine Freistelle auf dem Gymnasium erhalten, wo er auch immer zu den Besten gezählt worden war. Aber in letzter Zeit hatten seine Schulleistungen nachgelassen. Im September des vorigen Jahres hatte er sogar mit einem Schulkameraden eine Fahrt nach Passau und München (geplant: nach Konstantinopel und von dort weiter nach Amerika) unternommen, die dann wegen Geldmangels abgebrochen werden mußte: aus Frustration über die schlechten Lehrer, aus Abenteuerlust und im Bestreben, aus sich selber durch eigene Kraft ein Großer zu werden; die beiden Ausreißer wurden (auch von der Schule) pardonniert. Doch hätte – so argumentierte Vater Scheller weiter – dieser Emporkömmling, dem man Mädchengeschichten nachsagte, der so komische Gedichte machte – weshalb ihn manche sogar für einen Dichter hielten! – und der wie ein Schlot Zigaretten rauchte, seinen Sohn vom rechten Wege abgebracht, was dadurch erleichtert worden sei, daß er es zugelassen habe, daß Paul zu seinem Sohn in sein Sommerhaus in Mahlow habe ziehen dürfen. Günther sei jedenfalls durch Paul verdorben worden; er – Otto Scheller – habe feststellen müssen, daß die beiden sich immer häufiger über seinen Weinkeller hergemacht hätten, wenn er auf einer seiner vielen Geschäftsreisen war. Er war erstaunt, aber noch überzeugter in seiner Auffassung, als ihm gesagt wurde, daß sein Sohn die letzte Zeit fast dauernd die Schule geschwänzt und die Entschuldigungsbriefe gefälscht habe. Er hielt an dieser Mordversion selbst dann noch fest, als die Schußsachverständigen und die Gerichtsmediziner feststellten, daß der Schießende Linkshänder gewesen sein mußte, was nur auf Günther zutraf. Es stand somit fest, daß Günther den Hans erschossen und dann sich selbst getötet hatte. (Die bis Ende des Prozesses immer wieder gestellten Anträge des Otto Scheller, als Nebenkläger zugelassen zu werden, wurden aus rechtlichen Gründen stets abgewiesen.)

Wieder erschraken die Erwachsenen über den jungen Mörder und Selbstmörder, wieder wurden Theorien über die depressive Jugend, die Hoffnungslosigkeit der Zeit usw. – verbunden mit Vorwürfen an die für dafür verantwortlich Gehaltenen – laut verkündet. Der Sumpf von Steglitz – verstanden als Symptom – wurde tiefer und bedrohlicher. Auch dadurch, als bekannt wurde, daß das Motiv zur Erschießung des Hans nicht Ritterlichkeit und Sühne für die Verführung der Schwester gewesen war; Günther ließ Hilde – und sie ihm – diesbezüglich freie Bahn. Sondern aus dem ehemaligen Freund Hans war ein Todfeind geworden dadurch, daß – zumindest nach Auffassung des Günther – dieser den Eltern Scheller erzählt habe, Günther sei mit einem homosexuellen älteren Freund nach Paris gefahren (was zum Teil stimmte: es ging nur nach Hamburg und Günther lehnte den Geschlechtsverkehr ab). Günther hatte deshalb auch seiner Schwester mit drohenden Worten verboten, den Hans – mit dem sie früher eine Zeitlang eng befreundet gewesen war, bis ihr Vater ihn wegen zu weitgehender Intimitäten hinausgeworfen hatte! – jemals wiederzusehen. Hilde hielt sich aber an diesem Abend nicht an dieses Verbot, sondern rief – als die Verabredung zu einem Theaterbesuch platzte – den Hans an und lud ihn in die Steglitzer Wohnung ein, da sie annahm, daß Günther und Paul in Mahlow bleiben würden. Zufällig hatten die beiden aber beschlossen, in Steglitz zu übernachten. Günther war so auf Hans gestoßen und hatte ihn aus Wut und Rache erschossen. Dann kam ihm wohl zu Bewußtsein, was er getan hatte; und er beging Selbstmord. Letzteres erschien um so einsichtiger, als er früher mehrmals davon gesprochen hatte, wie schön es sein müßte, im Rausch aus dieser Welt zu gehen. Vermutungen wurden laut, er sei eines der Mitglieder eines „Selbstmörderklubs“ gewesen, die geschworen hätten, jedem anderen zu helfen, wenn dieser sich an einem Nebenbuhler rächen wolle. Die Gerüchte gingen noch weiter: Günther habe den Hans deshalb gehaßt, weil dieser den von ihm gewünschten homosexuellen Verkehr abgelehnt hätte; mit Paul – mit dem er in Mahlow in einem Bett schlief – hätte es diesbezüglich besser geklappt. Darüber hinaus wurde mit geheimnisvollen Wendungen angedeutet, daß Günther vielleicht auch mit seiner Schwester ...; und deshalb auch den Hans aus Eifersucht (als den oben genannten Nebenbuhler) erschossen hätte.

Diese Rekonstruktion der Geschichte rief erneut Kritiker auf den Plan. Auch die Schule des Günther wurde nun einbezogen, als bekannt wurde, daß Günther geschminkt, sogar in Frauenkleidern den Unterricht besucht hatte (was andere auf den vorabendlichen Besuch eines

Der Prozeß Paul Krantz

Der Angeklagte Paul Krantz

Der Verteidiger Dr. Dr. Erich Frey

Der getötete Hans Stephan

Günther Scheller im Kreis der Familie (li. Hilde)

Maskenballes zurückführten). Die Lehrer hätten doch die Selbstmordgefährdung erkennen können usw. Und überhaupt – riefen vor allem die Deutschnationalen! – sei das Schulsystem falsch, da die Schule nur abstraktes Wissen vermittle und nicht zu (vaterländischem) Pflichtbewußtsein, Verantwortung und Selbstzucht erziehe. Man rief nach Reformen!

Aber da blieb auch noch Paul Krantz, der einzige überlebende Mann. Welche Rolle hatte er in diesem Fall gespielt? Die Geschichte von der Verführung des Günther glaubte man nicht mehr, seit diese Fahrt nach Paris genannt und auch bekannt geworden war, daß Günther seit langem zahlreiche Geliebte gehabt habe (was mit seiner angenommenen Homosexualität durchaus vereinbar gehalten wurde), auch viel getrunken habe, charakterlich schwach, von unsteter Lebensart, kurz: ein verwöhnter reicher Jüngling gewesen sei. Die Rollen wurden vertauscht. Nun war es Günther, der den strebsamen, ehrgeizigen, der Unterschicht entstammenden Paul vom richtigen, harten Weg der Arbeit abgebracht hatte, der ihm durch den Aufenthalt in Mahlow das süße leichte Leben schmackhaft gemacht hatte. Und es war natürlich die frühreife Hilde, die den biederen, unschuldigen, reinen Toren Paul verführt hatte. Denn der Hilde – die schon mehrere Erfahrungen hinter sich hatte! – hatten die Gedichte des Paul imponiert, wohl auch seine sexuelle Unerfahrenheit gereizt. Sie verleitete ihn – im Badeanzug auf dem Bett liegend – zum ersten Kuß; und sie war es, die in der Nacht vor dem 27. Juni in Mahlow im Nachthemd zu Paul hinaufging und sich zu ihm legte; und sexuelle Handlungen zuließ, die wohl zumindest als beischlafsähnlich aufzufassen waren (worüber im Gerichtssaal ausführlich geforscht und in den Zeitungen mit Schlagzeilen berichtet wurde). Als Grund gab sie an, daß sie in den letzten Wochen oft so sinnlich erregt gewesen sei; „ich kann gar nicht sagen, wie ich dazu kam... Ich mußte es einfach tun!" (In ähnlicher Weise wird sie übrigens bei der Frage, warum sie denn den Hans trotz der Gefahr, von Günther entdeckt zu werden, ins Schlafzimmer genommen habe, antworten: „Ich hatte Hans [der ihr im übrigen einen Heiratsantrag gemacht hatte] plötzlich so gern, und da war alles andere egal!"; diese Antwort begeisterte den Gerichtsreporter der „Vossischen Zeitung" *Sling* so sehr, daß er über die „Vorlesung über weibliche Psychologie, gehalten von Hilde Scheller" seinen Kommentar schrieb[113].) Paul hatte zwar schon vorher Mädchen gekannt, auch geküßt. Aber diese Nacht mit Hilde war seine erste echte Liebesnacht. Genauer kann man freilich von einer Nacht nicht sprechen. Hilde blieb ca. 10 Minuten; nach dem Orgasmus des Paul verließ sie ihn wieder. Für

[113] *Sling* 1969, S. 21 ff.

sie war diese Begegnung wohl nicht das Richtige gewesen; sie fühlte sich auch nicht dem Paul verpflichtet oder ihm gar in Treue verbunden! Sie hatte einer reizvollen Verlockung nachgegeben: sie war in der Stadt gewesen, Paul hatte sie um Mitternacht vom Bahnhof abgeholt, sie hatten sich beim Nachhausegehen geküßt, Paul hatte die Tür zur Kammer, wo er mit Günther schlief, verschlossen vorgefunden, stieg deshalb zur Dachkammer hinauf; auch Paul spielte mit dem Gedanken, den Hilde dann durch ihre Aktivität Realität werden ließ. Wie Paul selbst diese Begegnung erlebt hat, kann nicht eindeutig bestimmt werden. Die Aussagen in der Voruntersuchung und in der Hauptverhandlung deuteten darauf hin, daß „das ganze Erlebnis dieser Nacht einen sehr starken Eindruck auf mich gemacht (hat)". Er habe der Hilde gesagt, daß er sie liebe; und auch geglaubt, daß dieses Gefühl gegenseitig sei. Deshalb sei das Geschehen am nächsten Abend in Steglitz so ein schwerer Schlag für ihn gewesen. Im Abschiedsbrief – über den noch zu sprechen sein wird! – schrieb Paul von der Liebe und von Mädchen, deren Hingabe ein so durchdringendes, süßes Gefühl hervorrufe, daß man es niemals vergessen könne, daß man im seligen Rausch und Taumel das Glück besessen habe. Aber dies war im Alkoholrausch niedergeschrieben; und ist mit den 10 Minuten Zusammensein auch nicht leicht zu vereinen. Auch vergessen wir nicht, daß Paul sich als Dichter verstand! – In seinen Memoiren – die Krantz als 62jähriger veröffentlichte – schrieb er: „Von ‚Liebe' konnte auf keiner Seite die Rede sein; das meistens völlig unbeaufsichtigte Zusammenleben im Mahlower Landhaus hatte lediglich einmal jene Gelegenheit geschaffen, die allzu leicht Diebe macht"; doch hätte ihn diese erste näscherische Erfahrung ohne wirkliche Erfüllung begirrt und verwirrt, wie vieles andere in diesem fremdartigen Milieu. Deshalb – so kann man weiter lesen! – habe er sich auch in der Steglitzer Wohnung am nächsten Abend mit Hans gut unterhalten und sogar die letzte Zigarette mit ihm geteilt. „Kurzum, ich fand die etwas pikante Situation ... durchaus in Ordnung, d. h. jener Unordnung und Verwahrlosung angemessen, der wir uns während dieser letzten Tage mit allzu wehrloser Bereitwilligkeit überlassen hatten[114]." Krantz schrieb 1971 noch mehr: die eigentliche Reaktion auf diese Nacht mit Hilde sei eine Art Reue über den Fehltritt gewesen, der ihm als Verrat an seiner wirklichen Jugendliebe vorgekommen sei, die er rein platonisch angehimmelt habe, die ihn aber mit einem anderen betrogen hätte[115]. Fühlte Paul vielleicht der Hilde gegenüber Liebe und Haß zugleich? wollte er ihr in gleicher Weise guttun und wehtun? Jedenfalls wird so

[114] *Noth* 1971, S. 95f.
[115] *Noth* 1971, S. 96.

verständlicher, daß Paul aus der Mörderzelle – in die man ihn gesteckt hatte (zusammen mit Schwerkriminellen) – am 20. 10. 1927 an einen Freund schrieb: „Und dann geriet ich ganz in das Netz des Mädchens, das in einer Juninacht geruhte, mich als Mittel zur Stillung ihres tierischen Triebes – für den sie aber auch nicht kann – zu gebrauchen"; er fühle sich als Ritter von der traurigen Gestalt! Aber wie sehr kann man einem solchen Brief, verfaßt unter solchen Umständen, Glauben schenken?

Aber was ist Wahrheit?! Jedenfalls schlief Paul den ganzen nächsten Tag bis 17 Uhr. Dann war Hilde fort, ins Theater gefahren. Paul war irgendwie gestört, satt, traurig, vielleicht auch wütend, wer weiß auf wen. Er nahm den Vorschlag des Günther an, in die Steglitzer Wohnung zu fahren und sich dort mit Vaters Obstweinen und gegebenenfalls mit Mädchen zu amüsieren. Und dann die Überraschung, in der Wohnung Hilde – offensichtlich ertappt bei einem Rendezvous – zu sehen; dann der Schlag, als Günther das Haus verlassen hatte, den bis dahin versteckt gehaltenen Hans kennenzulernen. Paul ist erschüttert, enttäuscht, trotzig; er spielt den überlegenen Lebemann – sich ja nichts anmerken lassen! –, unterhält sich freundlich mit Hans, teilt sogar mit ihm die letzte Zigarette; und beginnt mit Elinor, die zu Besuch gekommen ist, eine heftige Küsserei, ja begibt sich mit ihr sogar ins Schlafzimmer, wo es aber verhältnismäßig keusch bleibt: ihm ist nicht zu mehr! Als Elinor nach Hause gehen muß und Hilde sich mit Hans ins Schlafzimmer zurückzieht (und die Tür absperrt, damit Günther sie nicht überraschen kann), ist Paul wieder irgendwie fertig. Er beginnt noch mehr zu trinken und findet in dem zurückgekehrten Günther den Kumpan dazu. Man raucht und säuft und ...

Und dann passiert das, was die Staatsanwaltschaft dazu bringt, Paul Krantz zunächst wegen Mittäterschaft zum Mord und dann auch wegen Verabredung zum Mord anzuklagen (und damit die Todesstrafe anzudrohen). Die beiden jungen Männer sitzen und trinken die ganze Nacht. Günther weiß, daß seine Schwester mit einem Mann im Schlafzimmer ist; er vermutet, daß es Hans sein könnte, zu sehr ist Hilde seinen früheren Fragen ausgewichen. Er erzählt Paul den Grund seines Hasses auf Hans, steigert sich im Rausch und in der Wut, verlangt schließlich unter Berufung auf ihre Freundschaft von Paul zu hören, ob er recht habe mit seinem Verdacht. Dieser zögert lange, hat er doch der Hilde das Ehrenwort zu schweigen gegeben. Andererseits: was hat sie ihm alles angetan! Es ist wohl nicht so sehr Eifersucht und Wut; sondern eher das dumpfe Gefühl, daß Hilde an dem augenblicklichen schlechten Zustand schuld sei; daß sie irgendetwas schlecht gemacht habe, irgendwie schlecht sei; so wie so vieles schlecht ist in dieser Welt für einen 18jährigen, sich als Dichter verstehenden Mietskasernenbewohner im

Wohlstandsmilieu des gehobenen Mittelstandes der Scheller; wie wohl auch Günther schlecht ist und doch irgendwie ein Vorbild. So bestätigt Paul Günthers Verdacht. Dieser ist ohnehin nicht in Ordnung an diesem Abend, eine Begegnung mit einem Mädchen – in der Zeit seiner Abwesenheit von der Steglitzer Wohnung – hat ihn ziemlich durcheinander gebracht; er ist betrunken und müde. Jedenfalls dreht er durch, regt sich maßlos auf, fühlt sich von seiner Schwester hintergangen und verraten; der Haß auf Hans kommt hoch. Doch wendet sich die Aggressivität zunächst noch gegen ihn selbst: Günther redet von Selbstmord. Mit Hans könne er nicht unter einem Dache leben; und überhaupt! Der Plan findet bei dem betrunkenen und von einer unbestimmten, daher die ganze Welt umfassenden Traurigkeit erfüllten Paul Anklang: auch er werde sich erschießen. Schon früher hat Paul oft an die triste Mietskaserne, in der er wohnen muß, an das elende Los seiner Mutter und dann – so wie diese auch – an Selbstmord gedacht. Der Revolver, den er in der Tasche trägt, gibt – wie er 1971 schreibt – „das prickelnde Überlegenheitsgefühl, eine Welt, die wir für verständnislos, schnöde und feindselig hielten, in Gedanken mit unserem Selbstmord zu bedrohen: endgültige Absage, Verweigerung und Flucht“[116]. Paul legt die Waffe auf den Tisch. Er hat sie von einem Mitschüler geschenkt bekommen, um auf dem nächtlichen Nachhauseweg sicher zu sein: denn Paul ist in dem nationalen Jungdeutschen Orden, dessen Mitglieder oft von Kommunisten angegriffen wurden (und Paul vertritt – wie auch Günther in seinem Abschiedsbrief an das Weltall! – Theorien einer rassischen Einheitsgesellschaft der Weißen gegen die Schwarzen und Gelben). Günther hantiert mit der Waffe herum, es löst sich ein Schuß, der knapp am Kopf des Paul in die Wand fährt. Hilde wacht auf – es ist frühmorgens gegen 2 Uhr! –, kommt zu den beiden in die Küche und fragt, was denn los sei. Nichts, bedeuten beide. Hilde geht zurück ins Schlafzimmer zu Hans und sperrt die Türe wieder zu. Ihr Erscheinen aber hat die Ernüchterung, die vielleicht dieser Schuß zunächst herbeigeführt hat, wieder vertrieben, verdrängt; die Aggressivität – die auch in dem Schuß liegt (wie leicht ist doch damit das Töten!) – wallt wieder auf und lenkt sich auf neue Opfer: die Tötungshemmschwelle ist gefallen! Günther beschließt nun, auch Hans zu töten. Paul fragt: und Hilde? Beide finden sich in dem Beschluß, den Paul auf einen Zettel niederschreibt, schon trunken im Rausch der (in Gedanken) begangenen Tat: „In diesem Momente werden Hans Stephan und Männe sterben (durch unsere Hand). Wir beide, Günther und ich, werden lächelnd aus dem Leben scheiden.“ Sie schreiben einen Brief an die „Berliner Morgenpost“, in

[116] *Noth* 1971, S. 94.

dem sie wie Reporter über das – nun geplante – Geschehen des Doppelmordes und -selbstmordes berichten. Günther verfaßt einen Abschiedsbrief an seine Freundin Edith, Paul einen an seinen Schulfreund Fritz: „Lieber Fritz, nimm diese Zeilen als den Gruß, den Dir Dein wirklicher, wahrhafter Freund zum letzten Mal sendet. Dir mag mein Schritt unverständlich sein (was ich jedoch kaum annehme). Du magst evtl. wenig Wert darauf legen, daß Dich ein Doppel- und Selbstmörder mit seinen letzten Grüßen beehrt. Jedoch, mon cher ami Fritz, verstehe ich mich selbst vollkommen. Ich glaube, daß *Liebe* (staunste, was?) mich zur letzten Konsequenz verleitet. Es gibt Mädchen, deren Hingabe in Dir ein so durchdringendes, süßes Gefühl hervorruft, daß Du es niemals vergessen kannst, daß Du in seligem Rausch und Taumel Dein Glück besessen hast. Lieber Fritz, hiermit bitte ich Dich, Sachwalter meines letzten Willens zu sein. Ad I prosaisch: meinen Anzug sowie sämtliche gangbaren Sachen erhält Günter Dylla!! Meine Werke sollen *Dir* einzig und allein zustehen, ich gebe Dir das volle Recht, sie in meinem Namen zu veröffentlichen (im Tode geniert man sich nicht so). Das war das Geschäftliche. – Rein menschlich und freundschaftlich möchte ich Dich bitten, einmal im Jahr meiner zu gedenken[117]. Und wünsche Dir für die Zeit, die Dir zum Leben bleibt (2 Jahre?) alles auf Erden Erreichbare...[118] Fritz! Ich erschieße erst Günter[119], dann Hilde, während Günter Hans Stephan zuerst erschießt. Dies ist die volle Wahrheit. Nun lache nicht, sondern denke daran, daß mein Schritt die letzte Konsequenz eines vom Leben Getöteten ist. Günter ist vollkommen einverstanden und grüßt Dich, wie ich *mein Freund* zum *letzten* Mal, Paul Krantz." Günther unterschreibt mit; und richtet seinerseits eine Abschiedserklärung an: „Liebes Weltall! Ein winziges Stück Deines Organismus vergeht. Sei nicht böse darüber, Du wirst den Untergang einer Zelle kaum als Verlust empfinden. Tausend andere drängen sich als Ersatz. Die Zeit rollt weiter und weiter, was kümmert sie mein bißchen Leben. Ein kurz aufleuchtender Schein in der Gemeinschaft der Menschen und dann Erlöschen, Staub, Asche. Einer Idee sei mein Tod geweiht: dem Gedanken der Menschheit, kein Klassengegensatz, sondern Rassengegensatz, Weiße contra Schwarze, Gelbe. Sobald wir uns von der Monde entier" – und Paul vollendet den Brief! – „ein Empfang bereitet werden soll, würden wir die letzten Konsequenzen ziehen!" Die beiden diskutieren noch darüber, ob die Reihenfolge der Opfer nicht

[117] Manche lesen die Worte „in ein und einem halben Jahr".

[118] Diese ... stehen für unleserliche Worte: „Hier ist es banal und schal" oder „lies Bananenschale". Die Schrift von Paul ist sehr schlecht lesbar, noch dazu geschrieben in diesem Zustand auf schlechtes Papier.

[119] Paul schreibt „Günter". Offiziell wird der Name mit „Günther" angegeben.

geändert werden sollte: zuerst Hans durch Günther, dann Hilde durch Paul, dann Günther durch Paul (so wird entgegen dem Original meist der Abschiedsbrief an Fritz abgedruckt).

Paul sagt in der Verhandlung aus, daß der Entschluß ernst gewesen sei; was sie sich aber beim Schreiben dieser Zeilen gedacht hätten, wisse er nicht (mehr); sie hätten soviel getrunken – Paul immerhin 1½ Flaschen Obstwein und 6–7 Kümmelschnäpse! – und geraucht (und nichts gegessen)! In seiner 1971 geschriebenen Selbstbiografie meint Krantz, daß sie „im unsäglichsten Vokabular schlechtverdauter Kitschlektüren, unverstandener Pessimismus-Philosophien und schwülstiger erotischer Reminiszenzen" und von Weltschmerz triefend geschrieben hätten[120].

Während dieses schaurigen Treibens – wie viel Theater wird in dieser Realität verborgen gewesen sein! – ist die Nacht fast schon um. Günther hat die Waffe neu geladen, denn er hat in einem Schrank passende Patronen gefunden; vielleicht hat er das alte rostige Ding auch funktionstüchtig gemacht. Er starrt finster vor sich hin. Allmählich kommt Paul zu sich, der Rausch weicht einer schwereren, aber nun passiven Müdigkeit. Die „dämonische Stunde" – wie er sie in seiner Selbstbiographie nennt[121] – ist abgelaufen; der Wille zum Leben ist wieder da, war wohl niemals ganz erloschen, nur durch sich aufspreizende Worte in den Hintergrund und hinter die Kulissen des geplanten Dramas gerückt. Krantz hat in seinem ersten Roman „Die Mietskaserne" (1931) das Schicksal eines Primaners geschildert, der sich schließlich selbst tötet, während die Hauptfigur – die eindeutig autobiographische Züge trägt – zwar auch mit diesem Gedanken des Selbstmordes spielt, ihn aber dann scharf zurückweist: er wolle unbedingt leben und die Herausforderung des Lebens mit eigener Kraft annehmen (wobei sicherlich zu bedenken ist, daß dieser Wille zum Leben auch durch die Erlebnisse in der Untersuchungshaft und in der Konfrontation mit der Todesstrafendrohung bestärkt worden ist, wie einige seiner Briefe an Freunde ergeben)! Paul versucht jedenfalls Günther umzustimmen; der bleibt schweigend sitzen. Dann zieht sich auch Paul zurück, um zu schlafen, was ihm aber nicht gelingt. So schweigen beide vor sich hin, es wird Morgen. Hilde kommt aus dem Schlafzimmer, um zu sehen, ob die Luft rein sei; enttäuscht erblickt sie beide in der Küche; enttäuscht auch von Paul, der ihr nicht hilft, Günther so abzulenken, daß Hans unbemerkt das Haus verlassen kann (durch das Fenster des Schlafzimmers sollte er nicht hinausklettern, weil ihn da vielleicht Nachbarn sehen könnten). Vorsorglich hat Hilde die Türe abgesperrt; so scheitert der Versuch von

[120] *Noth* 1971, S. 101.
[121] *Noth* 1971, S. 101.

Günther, in das Schlafzimmer zu gelangen. Da kommt das Mädchen auf eine List. Sie versteckt Hans im Schlafzimmer zwischen Wand und Schrank und verhüllt ihn mit einem Bademantel. Dann öffnet sie die Fenster und auch die Türe des Schlafzimmers und geht ins Badezimmer: so als sei der Mann bereits über alle Berge! Sie sieht, wie Günther ins Schlafzimmer geht und sich umsieht, auch unter das Bett sieht; und plötzlich – wie er sich beim Kämmen im Spiegel sieht! – zusammenzuckt. Er hat sicher (wie auch der Lokalaugenschein nachher ergab!) den Hans hinter dem Bademantel entdeckt. In dem Moment läutet Elinor an der Tür, sie will Hilde zur Schule mitnehmen, es ist 7 Uhr morgens. Alle drei sind zur Türe gegangen und begrüßen Elinor. Dann geht Günther zurück in das Schlafzimmer, schießt zweimal auf Hans und sich dann in den Kopf. Als Hilde in das Zimmer stürzt, kniet Paul neben der Leiche des Günther, hat die Waffe aufgehoben; er spricht davon, daß alles aus sei, daß er sich töten müsse. Die beiden Mädchen nehmen ihm den Revolver ab. Alle drei sind verzweifelt, ernüchtert, verwirrt, mutlos, zerschlagen. Schließlich rufen sie den ehemaligen Hausarzt, dieser die Polizei.

Das ist der sichere Sachverhalt! Fraglich bleibt aber, was die überlebenden Personen dieses Dramas im entscheidenden Moment getan haben. Hilde sagte aus – und ihr glaubte der Staatsanwalt! –, daß Günther nicht alleine, sondern mit Paul gegangen sei; sie sei nachgelaufen, da sie befürchtete, Paul habe ihrem Bruder den Namen des Mannes mitgeteilt; worin sie dadurch bestärkt worden sei, daß Paul sie zuvor – als sie ihrem Bruder bei dem Versuch, in das (noch) versperrte Schlafzimmer zu gelangen, nachgehen wollte – an den Armen festgehalten habe. Beide hätten die Türe hinter sich geschlossen und zugehalten, weshalb sie nicht hätte öffnen können. Und dann seien die drei Schüsse gefallen; und plötzlich sei die Türe wieder offen gewesen, und sie sei hineingelaufen.

Für den Staatsanwalt war die rechtliche Beurteilung einfach. Günther und Paul hätten die Ermordung des Hans und der Hilde beschlossen und am Morgen an ersterem auch gemeinschaftlich ausgeführt. Zwar habe nur Günther geschossen; doch habe auch Paul Täterwillen gehabt (Rache aus Eifersucht), habe als der intelligentere und willensstärkere den völlig betrunkenen und willensschwachen Günther beherrscht, auch dessen Tötungswillen durch Übergabe des Revolvers, durch das Mitgehen in das Schlafzimmer und durch das Zuhalten der Türe gestärkt, wodurch der Mangel der äußeren Tatseite aufgewogen sei. Dabei sind die Ausführungen der Anklage so, daß nach heutiger Strafrechtsdogmatik Paul als mittelbarer Täter (§ 25 I 2. Alt. StGB) aufzufassen wäre. Wie stark der Tötungswille des Paul gewesen sein müsse, zeige – so die Anklage weiter! – ein Gedicht, das Paul in sein

Tagebuch geschrieben habe und das seine Einstellung verdeutlichen könne:

„Mord.
Auf dem Boden liegt die Leiche
Meines Freundes Robert Krause,
Aus der Wunde sickert langsam
Rotes Blut zur grauen Erde.
Neben ihm sitzt stieren Blickes
Er, der ihn gemordet hat,
Es verglimmt die Zigarette
Zitternd in der Mörderhand.

Blutbeschmiert liegt neben ihm
Noch der Dolch, der den getroffen,
Der ihm seine Liebste stahl,
Den die Rache jetzt erreichte.

Und mit mattem Flügelschlage
Schwingt sich krächzend fort die Krähe,
Einz'ge Zeugin dieser Tat.
Rot fließt Blut zur grauen Erde,
es verglimmt die Zigarette."

Und Hans sei doch derjenige gewesen, der ihm seine Liebste gestohlen habe! Die Kaltblütigkeit des Paul zeige – so die Anklageschrift weiter! – auch sein Verhalten nach der Tat: er habe vom herbeigerufenen Arzt eine Zigarette erbeten; und auch gemeint, daß es nun wahrscheinlich mit dem Abitur aus sein werde! Auch habe er die beiden Mädchen zu Falschaussagen verleiten wollen. – Zusätzlich warf die Anklage – in einem Nachtrag, der Paul am 24.12.1927 zugestellt wurde – vor, mit dem verstorbenen Günther den Mord an Hilde verabredet zu haben (§§ 49 a, 211 RStGB); und auch das Vergehen des unerlaubten Waffenbesitzes begangen zu haben. – Alle Anklagepunkte sind in der rechtlichen Begründung (im Zusammenspiel mit den dafür herangezogenen Sachverhalten) korrekt und einwandfrei.

Paul dagegen sagte aus, daß er zwar Günther ins Schlafzimmer nachgegangen sei, aber nur, um nicht für feige gehalten zu werden. Denn er sei überzeugt gewesen, daß Günther nach Hans suchen werde; aber er habe geglaubt, daß dieser schon das Zimmer durch das offene Fenster verlassen habe. Außerdem habe er den im Rausch gefaßten Plan schon lange aufgegeben; aber auch angenommen, er müsse nicht mehr eingreifen (und etwa Günther den Revolver wieder wegnehmen), da er eben vom leeren Schlafzimmer ausgegangen sei. Er habe auch dankbar das Erscheinen der Elinor wahrgenommen, das ihm das Ende dieser furchtbaren Nacht bedeutet hätte. Keinesfalls habe er die Tür des Schlafzimmers zugehalten oder zuvor Hilde festgehalten. Und das Gedicht „Mord“ habe mit diesem Fall überhaupt nichts zu tun: es sei von einem Bild *Lovis Corinths* und noch mehr von *Klabunds* Gedicht „Der Sonnengott“ inspiriert gewesen, das er aufgrund einer Wette bis in das letzte Versmaß parodiert habe (wobei angemerkt sei, daß der zu dieser Frage bestellte Sachverständige Arnold Bronnen nicht mehr zu seinem Gutachten aufgerufen wurde)[122].

Elinor Ratti war keine gute Zeugin, vielleicht weil sie so ehrlich war. Sie könne sich nicht mehr klar erinnern, alles sei so schnell und für sie undurchschaubar gegangen; sie habe mit anderen schon so oft gesprochen, daß sie zwischen eigener Wahrnehmung und fremdem Zeugnis nicht unterscheiden könne. Doch glaube sie, daß sie mit Hilde in das Badezimmer gegangen sei; dann sei Paul gekommen und habe hereingerufen, daß beide im Schlafzimmer seien (aber dies könne sie nicht mehr genau sagen!); dann sei Paul Günther nachgegangen und habe die Türe zugemacht, während Hilde sich noch im Badezimmer aufgehalten habe. Als Hilde Paul folgen wollte, seien die Schüsse gefallen.

Für den erfahrenen Rechtsanwalt Dr. Dr. Erich Frey, der die Verteidigung (aus welchen Gründen auch immer)[123] übernahm, war klar, wie die Strategie in diesem Prozeß aussehen mußte. In seinen Memoiren – die in 115 Seiten die Steglitzer Schülertragödie behandeln – gibt er sie auch offen zu: um Paul – der ihm wie ein Sohn ans Herz gewachsen sei – vor dem Beil zu bewahren, mußte vor allem Hilde unglaubwürdig gemacht werden; zusätzlich war es erforderlich, die Annahmen der Anklage vom willensschwachen Charakter des Günther und von der Ernstlichkeit des Tötungsplanes zu bekämpfen.

[122] In Frage kommen dabei wohl folgende Verse aus dem Gedicht „Eifersucht“ von *Klabund* (1984, S. 135 f):

„Da erbleichte selbst die Sonne, vorzustellen: Michael Jaroschin,
Hob den goldnen Sonnendolch und stieß ihn strahlend durch das Fenster,
Stieß dem Mann ihn in den Nacken, fuhr der Dolch da durch den Nacken
Und dem Weibe in die Brust noch: Also lagen auf dem Diwan beide hingestreckt, durchbohrt
Von dem Dolch des Sonnengottes, vorzustellen: Michael Jaroschin.
Hütet euch, ihr ungetreuen Weiber, vor dem Sonnengotte!
Ihn betrog die Sonnenfrau, und sie mußte darum sterben.
Vorzustellen: Michael Jaroschin hält die Wacht im Irrenhause
Als ein Rächer seiner Ehre, Rächer jeder Mannes Ehre.
In ihm glüht die edle Flamme, heilge Flamme: Eifersucht.“

[123] Vgl. dazu die unterschiedlichen Angaben bei *Frey* 1959, S. 269 ff; *Kempner* 1986, S. 35; *Noth* 1971, S. 105.

So begann der Prozeß am 9.2.1928 vor dem Schwurgericht beim Landgericht II Berlin (Vorsitz: Landgerichtsdirektor Dr. Dust) – ein Verfahren nach dem Jugendgerichtsgesetz kam nicht in Frage, da Paul die Altersgrenze von 18 Jahren überschritten hatte (und die Anwendung auf Heranwachsende damals nicht – so wie heute – vorgesehen war) – mit einem Knalleffekt. Rechtsanwalt Frey teilte mit, er habe heute gegen Hilde Scheller Strafanzeige wegen § 139 RStGB – Nichtanzeige geplanter Verbrechen – erhoben: denn sie habe in der Früh sicherlich die in der Nacht geschriebenen Zettel gelesen und vom Mordplan an Hans erfahren, sei aber nicht eingeschritten; und wenn der Staatsanwalt schon eine solche Anklage gegen Paul zusammen konstruiere, dann müsse er konsequent auch gegen Hilde vorgehen; oder aber die Anklage gegen beide fallenlassen, was das einzig Richtige wäre! Damit verschaffte sich der Anwalt zugleich ein Argument für den Antrag, die Zeugin Hilde nicht zu vereidigen: sie sei doch selbst eines Delikts verdächtig! Allerdings wurde der Antrag abgelehnt, die 16jährige vereidigt. Nun griff Frey zu schärferen Mitteln. Er beantragte die Vernehmung des Polizeibeamten, der Hilde die erste Aussage abgenommen hatte: sie sei damals lachend und tänzelnd in das Verhörzimmer gekommen! Frey las einen Brief vor, den er erhalten haben wollte: darin wurde mitgeteilt, Hilde sei am Vorabend des Prozeßbeginns wegen ungebührlichen Verhaltens aus einem Tanzlokal geworfen worden; was im übrigen nicht der Wahrheit entsprach, ebensowenig wie die Behauptung, Hilde sei mit dem Boxerkönig von Berlin – derzeit in U-Haft – zum Theaterbesuch verabredet gewesen. Auch würde Hilde gegen Geld Zeitungen Interviews geben! Zudem konnte Frey die Chance ergreifen, die der Vorsitzende – der sicherlich von diesem Prozeß (und diesem Verteidiger) überfordert war! – geschaffen hatte. Er hatte nämlich den Antrag der Staatsanwaltschaft, die Öffentlichkeit auszuschließen, abgelehnt (bzw. einen diesbezüglichen Beschluß des Gerichts herbeigeführt): es sei wegen des Aufsehens, das dieser Fall hervorgerufen habe, notwendig, nicht hinter verschlossenen Türen zu verhandeln, weil sonst die Gerüchte nur noch schlimmeren Schaden anrichten würden. Dann begann der Vorsitzende selbst intime Fragen an die Zeugin zu stellen, die das an sich erstaunlich ruhige und selbstsicher wirkende Mädchen oft in peinliche Situationen brachte. Frey hackte sofort nach und fragte tiefer.

Diese Prozeßführung ist sicherlich mit ein Grund für die Berühmtheit des Krantz-Prozesses. Je mehr die Medien das gesamte Material ausbreiteten, oft genüßlich Frage und Antwort in Schlagzeilen druckten, desto heftiger entflammte die Kritik: am Vorsitzenden, am Verteidiger, am Staatsanwalt, am Justizsystem; auch an den Zeitungen, von deren Berichten die jungen Leser mehr angetan seien als von pornographischen Heften. Man verlangte Änderungen des Beweisrechtes und des Pressegesetzes (sogar in den Sitzungen des Reichstages). Dadurch heizte man natürlich das Interesse noch mehr an!

Doch führte die Taktik des Verteidigers zu einem ersten Erfolg. Am 14. 2. verkündete der Staatsanwalt, daß er an der Anklage wegen gemeinschaftlichen Mordes nicht mehr festhalte: er klage nun gemeinschaftlichen Totschlag an; d. h. er halte das Mordmerkmal der „Überlegung" nicht mehr für beweisbar. Damit war die Drohung der Todesstrafe beseitigt! Doch blieben schwere Anklagepunkte aufrecht. Rechtsanwalt Frey beantragte die Aufhebung des Haftbefehls, welchem Antrag stattgegeben wurde. Die Verhandlung ging weiter. Zahlreiche Zeugen und Sachverständige wurden gefragt, die größtenteils vom Verteidiger durch den Gerichtsvollzieher geladen worden waren. Die Beteiligten wurden müde, die Stimmung gereizt. Und als der Vorsitzende eine Frage des Verteidigers als nicht zur Sache gehörig beanstandete, brüllte dieser ihn an: „Ich verbitte mir entschieden, daß Sie mich immer unterbrechen, Herr Vorsitzender!" Dr. Dust war getroffen, verließ erregt den Saal und kehrte mit dem Beschluß des Gerichts zurück, die Frage nicht zuzulassen; außerdem sei zu erklären, daß das Gericht über das Benehmen des Herrn Verteidigers empört sei. Nach einer Überlegungszeit legte Frey die Verteidigung nieder. Der Vorsitzende bestellte einen Pflichtverteidiger. Doch durfte der Prozeß für nicht mehr als vier Tage unterbrochen werden, andernfalls müßte ein völlig neues Verfahren stattfinden.

Bereits diese kurze Schilderung des Geschehens im Gerichtssaal – geprägt durch einen überforderten Vorsitzenden und einen aggressiven Verteidiger, der diesen viel beachteten Prozeß sicherlich zu seiner eigenen Profilierung ausnutzte – kann verdeutlichen, daß nicht nur der Fall, sondern auch das Verfahren selbst sensationell waren. Und es ging – stichwortartig zusammengefaßt – in dieser Weise weiter! Paul erlitt nach dem Wechselbad der Gefühle – zuerst Aufgabe der Mordanklage und Beseitigung der Todesstrafendrohung, auch Aufhebung der U-Haft und Freilassung, Begrüßung durch jubelnde Menschenmassen vor dem Gericht (vor denen er in ein Lokal fliehen mußte, wo er sich erbrach; welcher „Besuch" einer Gaststätte ihm am nächsten Morgen vom Staatsanwalt und von einigen Zeitungen sofort vorgehalten wurde), dann Niederlegung der Verteidigung durch den vertrauten Dr. Dr. Frey – einen Zusammenbruch und wurde in das Auguste-Viktoria-Krankenhaus eingewiesen. Es wurde überlegt, an seinem Krankenbett weiter zu verhandeln. Durch Vermittlung des Krankenhausdirektors trafen sich der Vorsitzende und Rechtsanwalt Frey in einem Lokal und begruben das Kriegsbeil. Am 18. Februar konnte es daher weitergehen: mit den Aussagen weiterer Sachverständiger. Am 20. 2. hielt der Staatsanwalt sein Plädoyer. Er ließ die Anklage wegen Verabredung zum Mord fallen, weil die Gutachten der Sachverständigen ergeben hätten, daß die von

§ 49 a RStGB geforderte „Ernsthaftigkeit" des Beschlusses wegen Trunkenheit des Paul nicht anzunehmen sei. Er beantragte wegen gemeinschaftlichen Totschlags und unbefugten Waffenbesitzes eine Gesamtstrafe von 1 Jahr und 1 Woche Gefängnis. Der Verteidiger plädierte auf Freispruch vom Totschlag. Nach vierstündiger Beratung verkündete der Vorsitzende das Urteil: Verurteilung wegen verbotenen Waffenbesitzes zu drei Wochen Gefängnis (die durch die U-Haft bereits verbüßt waren); sonst Freispruch. Denn es könne nicht bewiesen werden, daß Paul gewußt habe, daß Hans sich noch im Schlafzimmer aufgehalten habe. Daher könne in dem Mitgehen ins Schlafzimmer weder vorsätzliche Täterschaft noch wissentliche Beihilfe zum Totschlag angenommen werden; auch Unterlassungstäterschaft sei auszuschließen, da keine Pflicht bestanden habe, den Revolver von Günther zurückzufordern. Im übrigen ein völlig korrekt begründetes Urteil!

Die Presse diskutierte das Verfahren. War es sinnvoll, daß Rechtsanwalt Frey so scharf auf die Bemerkung des Vorsitzenden erwiderte? Manche glaubten, nach Lage der Dinge sei ohnehin ein Freispruch zu erwarten gewesen und Frey habe nur Aufsehen erregen wollen (was seiner theatralischen Pose durchaus entsprochen hätte); er habe unverantwortlich gehandelt. Frey selbst bleibt in seiner Selbstbiografie diesbezüglich seltsam farblos; er gibt eigentlich keinen genaueren Grund an außer: die Bemerkung des Vorsitzenden sei ungeheuerlich und in der Justizgeschichte einmalig gewesen, weshalb seine Ehre als Verteidiger und die Würde des gesamten Standes seinen Schritt verlangt hätten[124]. Krantz schreibt in seiner Autobiographie, daß Frey nach eigenen Angaben befürchtet habe, Gericht und Staatsanwalt würden sich auf Beihilfe zum Totschlag einigen: zur Wahrung des Gesichts der Justiz und Vermeidung von Schadenersatzansprüchen für die lange Haftzeit[125]. Vielleicht wollte Frey auch das Ende dieses Verfahrens nach vier Tagen Unterbrechung erreichen (wie im Fall Gerth, wo er gleichfalls die Verteidigung niedergelegt hatte): in der Hoffnung, daß wegen der vielen Kritik an diesem Prozeß kein neues Verfahren mehr eingeleitet werden würde.

Viel diskutiert wurde selbstverständlich auch das Urteil; und von ihm her nochmals das gesamte Verfahren. Der Freispruch wurde allgemein begrüßt. Doch kritisiert wurde, daß dieses Ergebnis doch von Anfang an vorherzusehen gewesen sei; verbunden mit Kritik an Staatsanwaltschaft und Justizministerium. Kritisiert wurde die Art der Prozeßführung gegen Hilde: manchen erinnerte das Verfahren diesbezüglich an die

124 *Frey* 1959, S. 351 ff.
125 *Noth* 1971, S. 107.

Hexenprozesse! Und überdies sei nicht erkennbar, warum man für diese Anklagepunkte die sexuellen Verhältnisse der Beteiligten so stark in das Licht der Öffentlichkeit zu rücken brauchte! Viele zogen über die Vereidigung der Hilde her und verbanden damit die Forderung nach einer Reform des Beweisrechts. Andere wieder sahen ihre Reformpläne zur Erweiterung des Jugendgerichtsgesetzes auf Heranwachsende bestärkt: vor dem Jugendrichter wären Paul und Hilde viel besser aufgehoben gewesen. Andere verlangten eine Verschärfung des Waffengesetzes.

In der Gesamtbewertung schieden sich die Geister. Für die einen war dieser Fall die Ausnahme: die normale Jugend sei überhaupt nicht so; was auch Zuschriften von Jugendlichen an die Zeitungen meinten. Die anderen (die Mehrzahl!) sah darin das Typische: das Bild dieser Zeit, der Weimarer Republik, der Nachkriegszeit überhaupt. Man sprach von einem kulturhistorischen Prozeß. Die moderne Jugend sei anders als früher, selbstbewußt, früher reif, selbständig; auch ehrlicher: sie brauche keine Prostitution, sondern lebe ihre Sexualität offen aus (was wiederum Zuschriften von Jugendlichen an Zeitungen meinten). Einige sahen darin den Fortschritt der Freiheit; andere verdammten diese hemmungslose Freizügigkeit und suchten die Ursachen beim Krieg, bei der Emanzipation der Frau, bei der zerstörten Familie oder der schlechten Schule. Manche hatten die Lösung der Probleme sofort bei der Hand: die Jugend sollte mehr Sport betreiben! – Tiefer dachten die Wissenschaftler: die Welt der Jugendlichen – so verkündete der Psychologe *Eduard Spranger*[126] – sei völlig anders geworden, nicht mit den Maßstäben der Erwachsenen zu begreifen (daher von diesen auch nicht durch noch so viele Vernehmungen zu rekonstruieren); man könne als Erwachsener nur Vertrauen für das Unergründbare aufbringen und praktisches Vorbild sein. Und überhaupt sei das Strafrecht für dieses komplizierte Seelenleben der Jugendlichen untauglich! Dem widersprachen wieder andere, indem sie der Wissenschaft Kompetenzüberschreitung vorwarfen: sie mache noch aus dem Nichtwissen eine wissenschaftliche Disziplin!

Auch die politischen Parteien schlachteten den Prozeß aus. Die Deutschnationalen verlangten – wie bereits erwähnt – eine neue Schule mit Erziehung zu vaterländischem Pflichtbewußtsein und Manneszucht. Der „Vorwärts" der SPD wies darauf hin, daß Steglitz für seine reaktionäre deutschnationale Jugend berüchtigt sei (schließlich seien auch die Mörder von Rathenau aus Steglitzer Gymnasien gekommen). Der Fall Krantz – der dem Jungdeutschen Orden angehört habe – zeige eine im

[126] Als Sachverständiger im Prozeß. Theoretisch ausformuliert auch in seinem Buch „Psychologie des Jugendalters" (erstmals 1924). Zum Problem vgl. *Schild* 1983, S. 12ff.

Nichts existierende Bürgerschaft und eine deshalb haltlose Jugend, die die Wirklichkeit nicht mehr erkenne. Für die „Rote Fahne" der KPD war alles ohnehin von vornherein klar (gewesen): eine verfaulte, verrottete Gesellschaft könne nur so eine Jugend hervorbringen; Paul habe das Proletariat verraten und sei konsequent in den Sumpf gestürzt; das gesamte Verfahren sei Spektakel, Komödie, Schein, indem so getan werde, als gäbe es individuelle Schuldige; schuldig alleine sei aber die Gesellschaft selbst, der Kapitalismus. Am 16. 2. sprach die „Rote Fahne" überhaupt von einem Justizskandal: das Gericht habe bereits das fertige Urteil – 2 Jahre Freiheitsstrafe – in der Schublade liegen, um den Schein einer Verurteilung wahren zu können; der Freispruch wurde als Schlappe und Hanswurstiade beschimpft und auf diese proletarische Enthüllung des drohenden Skandals zurückgeführt. Jedenfalls gebe der Prozeß der Arbeiterklasse Mut für die notwendigen Aufgaben! – Die Nationalsozialisten schimpften auf die jüdische Presse, die sich an der Sexualität begeile, auf die jüdische Literatur, die Hilde und die anderen Jugendlichen verdorben habe (wie auch Jazz und Negermusik und Nackttänze), auch auf die jüdische Sexualwissenschaft, die Spezialisten für alle widernatürlichen Sauereien ausbilde. Zu fordern sei strengste Erziehung und Ertüchtigung des Körpers, was nur in einem zu errichtenden nationalsozialistischen Staat gelingen könne. Und „Der Stürmer" vom Februar 1928 wußte überhaupt das Wesentliche zu berichten: Hildes erster Freund sei ein Jüdlein gewesen; und von diesem sei sie verdorben und versaut worden; von diesem habe sie die Technik gelernt, trotz Beischlafs anatomisch Jungfrau zu bleiben. „Hilde Scheller ist entraßt. Das ist der Grund zu ihrem Verhalten, das jeder Deutsche nicht fassen kann."

Für viele war der Prozeß eigentlich gerichtet gegen dieses 16jährige Mädchen. Die Anklage sprach ausdrücklich von ihrer moralischen Mitschuld an den beiden Toten. Die Presse zeichnete sie als verwahrlost, verrufen, als Verkörperung der Wedekindschen Lulu, als Circe, selbst als die biblische Salome. Jedenfalls konnte sie nicht mehr in Berlin bleiben. Sie wurde in eine ausländische Schule geschickt und erlernte später den Beruf einer Bibliothekarin[127]. War ihr in diesem Prozeß Gerechtigkeit widerfahren? und ihrem Bruder, der in ähnlicher Weise als haltlos, charakterschwach, launisch dargestellt wurde? und ihren Eltern, denen man jede Erziehungstätigkeit, selbst den Erziehungswillen absprach? *Karl Kraus* berichtet in der Fackel Anfang Juni 1928, daß ihm Hildegard Scheller (mit Datum vom Tag der Urteilsverkündung) geschrieben habe: sie und ihre ganze Familie seien von Rechtsanwalt Frey und der ihn

[127] So *Kiaulehn* 1958, S. 524 f.

Hilde Scheller

fürchtenden Presse fertiggemacht worden; sie wage es in ihrer Not, ihn um Schutz zu bitten: denn er sei für sie nun der einzige Anwalt des Rechts. Und weiter schreibt *Kraus:* er habe sich mit Hilde getroffen, Dokumente durchgesehen, Gespräche geführt und müsse nun festhalten, daß die Presse gelogen und erpreßt und sich alles, „was immer da erschienen ist, aus den schmierigen Fingern gesogen" habe[128]. – Ich glaube, daß *Kraus* hier im wesentlichen richtig gesehen hat; und meine auch, daß z. B. *Sling* in einer ähnlich positiven Weise über dieses Mädchen berichtet hat: „Recht jungfräulich, zart und frisch steht sie da mit allen farbigen Kontrasten, die ihr die Natur mitgegeben: Ein dunkel-

[128] *Kraus* 1928, S. 40 ff.

brauner, glatthaariger Bubikopf, unter schwarzen Brauen und Wimpern zwei dunkelblaue Augen, die zarten Wangen in dem feinen und klug geschnittenen Gesicht frisch gerötet, die Stimme sanft, silbern hell. Aber eindrucksvoller noch als die anmutige Erscheinung die Klarheit ihres Denkens, die Sicherheit und Ruhe, mit der sie ihre gefährdete Situation verteidigt[129]." Oder glauben Sie, daß das folgende Gedicht, das die damals 15jährige Hilde dem Paul ins Tagebuch schrieb, für ein verwahrlostes, verkommenes Triebwesen spricht?

„Dies Buch trägt die Ergüsse Deiner Seele.
Mein Sohn, Du bist poetisch angehaucht.
Die Reime sind wohl ohne Fehle,
Doch die Gedanken sind in Finsternis getaucht.
Ich will hiermit durchaus nicht sagen,
Daß der Sinn *stets* im Dunkel ist:
In Liebe muß man Dich wohl fragen,
Nach den Gedichten scheint's, daß Du darin bewandert bist.
Doch denk' ich, da Du noch sehr jung an Jahren,
Daß Dein Erleben in der Liebe nur erträumt.
Ich fürcht', Du bist darin noch ziemlich unerfahren. –
Beeile Dich, Du hast schon viel versäumt.
Was nützt die Liebe in Gedanken.
Kommt die Gelegenheit, dann kannst Du's nicht.
Ein Mädel wird sich schön bedanken,
Wenn Deine Liebesglut nur aus Gedichten spricht!
Dies ist nun ganz bestimmt kein Grund, sich zu erschießen.
Die Kugel spar' zu anderm Zweck!
Auch würd' dann manche Träne fließen.
Das lohnt sich sicher nicht um solchen Dreck."

Vergleichbares ließe sich m. E. auch über die anderen Mitglieder der Familie Scheller sagen. Günther z. B. war sicherlich ein sensibler, sehr musikalischer – er spielte gerne Chopin! –, aber auch sportlicher und im Basteln geschickter junger Mann; seine Mutter eine weltoffene, den neuen liberalen Erziehungstheorien verpflichtete, moderne Frau, die für alternative Medizin schwärmte.

Auch Paul Krantz kam nicht wie der Phönix aus der Asche unversehrt aus diesem Prozeß heraus. Daran konnten auch die beispiellosen Ovationen, die man ihm nach dem Freispruch bereitete, nichts ändern. Er wurde nur mangels an Beweisen freigesprochen; seine moralische Mitschuld an den beiden Toten stand außer Zweifel (im übrigen auch für

[129] *Sling* 1969, S. 22.

ihn). Aber mehr noch: die Sachverständigen hatten ihre Gutachten über ihn öffentlich verkündet, die Massenmedien diese Festlegung seiner Persönlichkeit verbreitet: er sei ein haltlos Zerrissener zwischen Minderwertigkeitsgefühlen und Überschätzung, der zur Melancholie neige; er sei zwar sensibel, musikalisch begabt, immer ein Musterkind gewesen, der Ausbruch der aufgeladenen Aggressivität sei aber notwendig gewesen und ein Zeichen seines Charakters; er sei – wie auch das Urteil in der Begründung festhielt! – zwar kein Psychopath, aber doch abnormal. War dies der wahre Paul Krantz? Oder hatte der Sachverständige Spranger recht, der von der Unbegreifbarkeit der Jugend sprach und trotzdem darüber eine Theorie machte? Oder konnte nur er nicht begreifen, welche Konflikte einen 18jährigen bestürmen mußten, der aus der Unterschicht kam, von allen als Bester und als Großer gelobt wurde, Aufsteiger werden konnte und mit dem Wohlstand und dem Lebensstil der Scheller hautnah konfrontiert wurde? Lag der Widerspruch und diese Zerrissenheit, auch die Abnormität, wirklich in seiner Seele oder nicht eher in den Verhältnissen, in denen er leben mußte und durfte zugleich? Ich denke, daß Krantz sich und seine damalige Situation besser noch als in seiner 1971 geschriebenen Selbstbiografie in seinem ersten Roman „Die Mietskaserne" (aus 1931) begriffen hat, genauer in der Darstellung des „Helden", dem es im Unterschied zu seinem Freund (der sich selbst tötet) gelingt, wenn auch mit vielen Schwierigkeiten und bleibenden Problemen, seiner Herkunft – eben dieser Mietskaserne – zu entfliehen. – Einige Zeitungen fanden ernste Worte der Mahnung und Belehrung: Paul solle aus den furchtbaren Fehlern lernen und ein Mann werden! Andere wiederum veröffentlichten seine Gedichte, wollten seine Memoiren drucken; er sollte in einem Theaterstück seine eigene Geschichte spielen. Jedenfalls konnte auch Paul nicht in Berlin bleiben[130]. Er ging als Stipendiat in die Odenwaldschule und legte im Sommer 1929 als Externer das Abitur am Realgymnasium zu Darmstadt ab. Dann studierte er in Frankfurt am Main Germanistik, Soziologie und Pädagogik. Dabei schloß er sich kommunistischen Zirkeln an (was zeigt, daß seine Mitgliedschaft im Jungdeutschen Orden in der Tat nicht ernstgemeint, sondern eher zufällig war). Seine Arbeit über „Die Gestalt des jungen Menschen im deutschen Roman der Nachkriegszeit" war von den Gutachtern schon sehr positiv beurteilt worden, wurde aber nach der Machtübernahme der Nationalsozialisten nicht als Dissertation angenommen. Der 1931 veröffentlichte, sehr erfolgreiche Roman „Die Mietskaserne" wurde anläßlich der Bücherverbrennung mit auf den

[130] Zu seinem weiteren Lebensweg vgl. die Angaben im Autorenlexikon deutschsprachiger Literatur des 20. Jahrhunderts (hrsgg. *Manfred Brauneck*), 1984.

Scheiterhaufen geworfen. 1933 verließ Paul Deutschland: er wurde bereits wegen seiner kommunistischen Tätigkeit polizeilich gesucht. In Frankreich wurde er anerkannter Schriftsteller (in französischer Sprache!) und Essayist. Doch 1939 wurde er als Deutscher interniert. 1941 gelang ihm die Flucht nach New York. Er leitete den deutschsprachigen Dienst von NBC und arbeitete von 1949 bis 1963 als Literaturprofessor an den Universitäten Oklahoma und Milwaukee. 1964 kehrte er nach Europa, 1971 in die Bundesrepublik zurück, wo er bis 1974 als Honorarprofessor an der Universität Frankfurt lehrte. Am 15. 1. 1983 starb er in Lindenfeld im Odenwald. Vielleicht haben Sie die Bücher gelesen, die er geschrieben hat[131] unter dem Namen, der nach der Steglitzer Schülertragödie sein neuer geworden war: Ernst Erich Noth.

III. Schlußbemerkung

Ich komme zum Schluß; und muß doch noch einen Fall nennen, der über die Zwanziger Jahre hinausgeht, dessen Täter aber die wohl bekanntesten Berliner Straftäter sind (und der mir zugleich diese Schlußbemerkung ermöglicht). *Erich Kästner* hat diesen Kriminalfall in seinem „Emil und die Detektive" angesprochen, wenn er zwei Berliner sich über einen großen Bankeinbruch unterhalten läßt: „Einen richtigen Schacht haben sie gegraben, da sind sie hinein und haben alle Tresorfächer ausgeraubt. Der Schaden beläuft sich vermutlich auf mehrere Millionen[132]." Die Täter dieses Einbruchs in die Tresorkammer der Disconto-Gesellschaft des Jahres 1929 kannte ganz Berlin (oder glaubte sie zumindest zu kennen), auch die Polizei, die aber rechtlich machtlos war gegen die Cleverness dieser beiden: der Brüder Franz und Erich Saß[133]. Sie waren die Meisterdiebe von Berlin, Publikumslieblinge, Helden ihrer Zeit; so bekannt, daß man ihren Namen auch als den der Täter des Reichstagsbrandes nannte: Saß, d. h. SA und SS[134]. *Paul Gurk* schrieb über sie den Roman „Tresoreinbruch" (1935), Martin Held und Hardy Krüger stellten sie dar in dem Film „Banktresor 713" (aus den 50er Jahren). Aber der Fall der Brüder Saß ist noch aus einem anderen Grunde bemerkenswert: ihnen wurde in der Weimarer Republik wegen dieses Einbruchs niemals der Prozeß gemacht. Das Bewußtsein von Rechtsstaatlichkeit war so stark und bestimmend, daß alles Wissen um

[131] *Noth* 1931; 1937/1982; 1971.

[132] *Kästner* 1987, S. 66.

[133] Dazu *Arnau* 1966, S. 274 ff; *Behr* 1964, S. 119 ff; *Erman* 1969, S. 444; *Friedrich* 1973, S. 292; *Harder* 1963, S. 48 ff; *Kiaulehn* 1958, S. 530 f; *Malzacher* 1970, S. 67 ff; *Ruland* 1972, S. 205 ff, 283, 362; *von Schmidt* 1955, S. 374 ff; *Schweder* 1961, S. 368 ff; *Schwerk* 1981, S. 187 ff; 1984.

[134] Vgl. *Harder* 1963, S. 98.

ihre Täterschaft es wegen mangelnder Beweisbarkeit nicht zu einem Prozeß kommen ließ. Da ging es 1940 schon anders zu. Sie wurden aufgrund derselben Beweislage (u. a.) dieses Einbruchs schuldig gesprochen, zu 13 bzw. 11 Jahren Zuchthaus verurteilt, bald der Gestapo ausgeliefert und am 27. 3. 1940 „bei Widerstand“ erschossen. (Ein ähnliches Schicksal erlitten übrigens viele Mitglieder der 1933 aufgelösten Ringvereine[135].)

Diesen Unterschied der beiden Systeme gilt es festzuhalten; und er ehrt – wie immer man sonst zu ihr stehen mag! – die Justiz der Weimarer Republik. In den Worten von *Gabriele Tergit,* der Gerichtsreporterin des „Berliner Tageblattes“, niedergeschrieben im Jahre 1932 in Rückschau auf die Zwanziger Jahre: „In Moabit, niemand, der gerecht, nicht durch eine Parteibrille sieht, kann es leugnen, herrschte bisher eine humanisierte Atmosphäre[136].“

Anhang

Adlon, Hedda (1955), Hotel Adlon. München.

Anonym (1925), Die Barmat-Hetze. In: Weltbühne 21/1, Nr. 16, S. 587–590.

Anonym (1929), Der Jornsprozeß. Berlin.

Apfel, Alfred (1927), Kalendarium in Sachen Max Hölz. In: Weltbühne 23/2, Nr. 27, S. 5–10.

– (1928), Der Kampf um Max Hölz. In: Weltbühne 24/1, Nr. 20, S. 741–752, Nr. 21, S. 784–790.

– (1929), Oberleutnant Schulz. In: Weltbühne 25/1, Nr. 15, S. 549–554.

– (1935), Behind the scenes of German Justice. London.

– / *Halle, Felix* (1928), Die kriminal-politische Bedeutung des Falles Hölz. In: Weltbühne 24/1, Nr. 22, S. 819–822.

Arnau, Frank (1966), Jenseits der Gesetze. München.

Bauer, Hans (1921), Der Mensch Max Hölz. In: Weltbühne 17/2, Nr. 27, S. 11–13.

Behr, Hermann (1964), Die Goldenen Zwanziger Jahre. Hamburg.

Behr, Jürgen (1968), Der Sensationsprozeß. Dissertation Mainz.

Bergmann, Ludwig (1921), Max Hölz. Berlin.

Bock, Hans Manfred (1969), Syndikalismus und Linkskommunismus von 1918 bis 1923. Meisenheim.

Bornstein, Josef (1930), Der Fall Jorns und das Reichsgericht. Berlin.

Büsch, Otto (1960), Geschichte der Berliner Kommunalwirtschaft in der Weimarer Epoche. Berlin.

Döblin, Alfred (1978), Die beiden Freundinnen und ihr Giftmord. Reinbek.

Eike von Repkow (d. i. Kempner Robert M. W.) (1932), Justizdämmerung. Berlin.

Engelbrecht, Ernst (1930), In den Spuren des Verbrechertums. Berlin-Schöneberg.

– / *Heller, Leo* (1924), Berliner Razzien. Berlin.

– / *Heller, Leo* (1925), Kinder der Nacht. Neu-Finkenkrug bei Berlin.

Erman, Hans (1969), Berliner Geschichten – Geschichte Berlins. 4. Aufl. Tübingen/Basel.

Falkenfeld, Max (1926/27), Noch einmal „Landsberger Femeprozeß“. In: Die Justiz 2, S. 291–295.

[135] Vgl. *Malzacher* 1970, S. 66; *Ruland* 1972, S. 222.

[136] *Tergit* 1984, S. 225.

Feder, Ernst (1971), Heute sprach ich mit... Stuttgart.
Fischer-Fabian, Siegfried (1960), Müssen Berliner so sein... Berlin.
Fraenkl, Victor (1926), Max Hölz. In: Weltbühne 22/1, Nr. 10, S. 394–395.
Frey, Erich (1959), Ich beantrage Freispruch. Hamburg.
Friedrich, Otto (1973), Weltstadt Berlin. Größe und Untergang 1918–1933. München/Basel/Wien.
Gailus, Manfred (Hrsg.) (1984), Pöbelexzesse und Volkstumulte in Berlin. Berlin.
Gay, Peter (1987), Die Republik der Außenseiter. Frankfurt a. M.
Gebhardt, Manfred (1983), Max Hoelz. Wege und Irrwege eines Revolutionärs. Berlin-Ost.
Grimm, Friedrich (1928), Grundsätzliches zu den Femeprozessen. München.
– (1928 a), Rechtsgutachten in der Strafsache des Oberleutnants a. D. Paul Schulz aus Berlin. München.
– (1929), Antrag auf Begnadigung für Schulz. München.
– (1929 a), Oberleutnant Schulz, Femeprozesse und Schwarze Reichswehr. München.
– (1929/30), Staatsnotstand, Staatsnotwehr und Fememord. In: Die Justiz 5, S. 329–332.
– (1931), „Femeprozesse". In: Handwörterbuch der Rechtswissenschaft Bd. 7, S. 140–146.
– (1938), Politischer Mord und Heldenverehrung. Berlin.
– (1953), Politische Justiz, eine Krankheit unserer Zeit. Bonn.
Großmann, Kurt (1929/30), Der Kampf um eine neue Amnestie. In: Die Justiz 5, S. 409–417.
Gumbel, Emil Julius (1926/27), Landesverrat, begangen durch die Presse. In: Die Justiz 2, S. 75–92.
– (1928/29), Femeliteratur. In: Die Justiz 4, S. 532–546.
– (1929), „Verräter verfallen der Feme." Opfer/Mörder/Richter 1919–1929. Berlin.
– (1932), „Laßt Köpfe rollen." Berlin.
– (1962), Vom Fememord zur Reichskanzlei. Heidelberg.
– (1980), Vier Jahre politischer Mord und Denkschrift des Reichsjustizministers zu „Vier Jahre politischer Mord". Heidelberg.
– (1984), Verschwörer. Frankfurt a. M.
Gurk, Paul (1981), Tresoreinbruch. Berlin/Darmstadt.
Habedank, Heinz (1965), Der Feind steht rechts. Berlin-Ost.
Hannover-Drück, Elisabeth / Hannover, Heinrich (Hrsg.) (1967), Der Mord an Rosa Luxemburg und Karl Liebknecht. Frankfurt a. M.
Hannover, Heinrich / Hannover-Drück, Elisabeth (1977), Politische Justiz 1918–1933. Hamburg.
Harder, Alexander (1963), Kriminalzentrale Werderscher Markt. Bayreuth.
Hattenhauer, Hans (1980), Zur Lage der Justiz in der Weimarer Republik. In: Erdmann, Karl Dietrich / Schulze, Hagen (Hrsg.), Weimar – Selbstpreisgabe einer Demokratie. Düsseldorf, S. 169–176.
– (1980 a), Geschichte des Beamtentums. Köln.
Heine, Wolfgang (1929), Die Bedeutung des Jorns-Prozesses. In: Sozialistische Monatshefte 35/2, S. 389–391.
Hempel, Norbert (1978), Richterleitbilder in der Weimarer Republik. Bern / Frankfurt / Las Vegas.
Hentig, Hans von (1928/29), Die tatsächlichen Feststellungen des Urteils gegen Paul Schulz wegen Anstiftung zum Morde. In: Die Justiz 4, S. 166–171.
Hermand, Jost / Trommler, Frank (1978), Die Kultur der Weimarer Republik. München.
Hildenbrandt, Fred (1966), ... ich soll dich grüßen von Berlin. München.
Hiller, Kurt (1928), Ein Hölzdrama. In: Weltbühne 24/2, Nr. 42, S. 611–612.
Hirschberg, Max (1962), Das Fehlurteil im Strafprozeß. Frankfurt a. M.
Hoegner, Wilhelm (1958), Die verratene Republik. München.

Hölz, Max (1927), Briefe aus dem Zuchthaus. Hrsg. Egon Erwin Kisch. Berlin.
– (1977), Vom „Weißen Kreuz“ zur roten Fahne. Frankfurt a. M. (Nachdruck).
Hohenau, Hans (1929), Sklareks. In: Weltbühne 25/2, Nr. 41, S. 566–567.
Holmsten, Georg (1984), Die Berlin-Chronik. Düsseldorf.
Hussong, Friedrich (1934), „Kurfürstendamm“. Zur Kulturgeschichte des Zwischenreichs. Berlin.
Jacob, Berthold (1926), Landsberg. In: Weltbühne 22/2, Nr. 46, S. 766–768.
– (1927), Plaidoyer für Schulz. In: Weltbühne 23/1, Nr. 12, S. 446–450.
Jasper, Gothard (1982), Justiz und Politik in der Weimarer Republik. In: Vierteljahrshefte für Zeitgeschichte 30, S. 167–205.
Jungwirth, Nikolaus / Kromschröder, Gerhard (1982), Originelle Todesfälle. Frankfurt a. M.
Kästner, Erich (1987), Emil und die Detektive. Hamburg/Zürich.
Kantorowicz, Hermann (1926/27), Der Landesverrat im deutschen Strafrecht. In: Die Justiz 2, S. 92–102.
Kaul, Friedrich Karl (1953), Justiz wird zum Verbrechen. Der Pitaval der Weimarer Republik Bd. 1. Berlin-Ost.
– (1954), Verdienen wird groß geschrieben. Der Pitaval der Weimarer Republik Bd. 2. Berlin-Ost.
– (1962), Es knistert im Gebälk. Der Pitaval der Weimarer Republik Bd. 3. Berlin-Ost.
Kempner, Robert M. W. (1986), Ankläger einer Epoche. Frankfurt a. M. / Berlin.
Kiaulehn, Walther (1958), Berlin-Schicksal einer Weltstadt. München/Berlin.
Kisch, Egon Erwin (1928), 7 Jahre Justizskandal Max Hölz. Berlin.
Klabund (1984), Die Harfenjule. 2. Aufl. Berlin/Ost.
Kosswitz, Albert (1927), Die Lisbeths wissen es... In: Weltbühne 23/1, Nr. 26, S. 1020–1022.
– (1927 a), Hildegard in Schutzhaft. In: Weltbühne 23/2, Nr. 27, S. 22–24.
Kraus, Karl (1928), Für Hildegard Scheller. In: Die Fackel 30, Nr. 781–786, S. 40–46.
Kreiler, Kurt (Hrsg.) (1978), Traditionen deutscher Justiz: Große politische Prozesse der Weimarer Zeit. Berlin.
Landsberg, Otto (1929/30), Das Amnestiegesetz. In: Die Justiz 5, S. 667–671.
Lange, Friedrich C. A. (1951), Groß-Berliner Tagebuch 1920–1933. Berlin-Lichtenrade.
Laqueur, Walter (1977), Weimar. Die Kultur der Republik. Frankfurt a. M. / Berlin.
Levi, Paul (1920), Hölz. In: Die Internationale 2, H. 23, S. 1–4.
– (1929), Der Jorns-Prozeß. Berlin.
Liang, Hsi-Huey (1977), Die Berliner Polizei in der Weimarer Republik. Berlin / New York.
Liebermann von Sonnenberg, Erich / Trettin, Otto (1934), Kriminalfälle. 2. Aufl. Berlin.
Luetgebrune, Walter (1928), Wahrheit und Recht für Feme, Schwarze Reichswehr und Oberleutnant Schulz. München.
– (1928 a), Antrag und Begründung zur Wiederaufnahme des Verfahrens zugunsten des Oberleutnants Paul Schulz. München.
Malzacher, Werner Wolfgang (1970), Berliner Gaunergeschichten. Berlin.
Mamroth (1926/27), Glossen zum sogenannten Fememordprozeß in Landsberg. In: Die Justiz 2, S. 206–211.
Mann, Thomas (1925), Zu diesen Barmats. In: Weltbühne 21/1, Nr. 4, S. 132.
Mann, Willy (1957), Berlin zur Zeit der Weimarer Republik. Berlin-Ost.
Marckwardt, Wilhelm (1982), Die Illustrierten der Weimarer Zeit. München.
Mendelssohn, Peter de (1982), Zeitungsstadt Berlin. Frankfurt a. M. / Berlin.
Mertens, Carl (1926), Verschwörer und Fememörder. Berlin.
– (1928), Amnestie. In: Weltbühne 24/1, Nr. 24, S. 898–900.
Meynen, Otto / Reuter, Franz (1928), Die deutsche Zeitung. München/Leipzig.

Morus (1922), System Klante. In: Weltbühne 18/2, Nr. 51, S. 651–654.
– (1925), Strese, Barmat, Michael. In: Weltbühne 21/1, Nr. 1, S. 26–29.
– (1928), Otwi und Barmat. In: Weltbühne 24/1, Nr. 14, S. 531–533.
Mühsam, Erich (1926), Gerechtigkeit für Max Hölz. Berlin.
Müller, Ingo (1987), Furchtbare Juristen. München.
Neusel, Werner (1972), Höchstrichterliche Strafgerichtsbarkeit in der Republik von Weimar. Frankfurt a. M.
Noth, Ernst Erich (1931), Die Mietskaserne. Frankfurt a. M.
– (1971), Erinnerungen eines Deutschen. Hamburg/Düsseldorf.
– (1982), Weg ohne Rückkehr. Frauenfeld/Stuttgart.
Nübell, Ferdinand (1927), Kutisker und die Ärzte. In: Weltbühne 23/2, Nr. 29, S. 92–95.
Oborniker, Alfred (1930/31), Vor der 4. Jorns-Verhandlung. In: Die Justiz 6, S. 42–49.
Oetker, Friedrich (1928), Hilfeleistung in Staatsnotwehr und Staatsnotstand. In: Gerichtssaal 97, S. 411–430.
– (1930), Zum Urteil des Reichsgerichts 2. Strafsenat vom 8. Mai 1929 gegen R., Entsch. Bd. 63, S. 215 fg. In: Gerichtssaal 99, S. 156–168.
Oschilewski, Walther G. (1975), Zeitungen in Berlin im Spiegel der Jahrhunderte. Berlin.
Ossietzky, Carl von (1927), Hindenburg und Hölz. In: Weltbühne 27/2, Nr. 40, S. 509–510.
– (1927 a), Der Femeprozeß. In: Weltbühne 23/2, Nr. 52, S. 951–955.
– (1929), „Immer treu". In: Weltbühne 25/1, Nr. 2, S. 72–73.
Ostwald, Hans (1931), Sittengeschichte der Inflation. Berlin.
Paneth, Philipp (1932), Nacht über Berlin-Alexanderplatz. Leipzig.
PEM (d. i. Marcus Paul Erich) (1962), Heimweh nach dem Kurfürstendamm. Berlin.
Peukert, Detlev J. K. (1987), Jugend zwischen Krieg und Krise. Köln.
Pohl, Gerhart (1928), Komödie vor uns Allen. In: Weltbühne 24/1, Nr. 8, S. 276–280.
Pollack, Heinz (1922), Klante vor Gericht. In: Weltbühne 18/2, Nr. 52, S. 686–687.
Possendorf, Hans (1927), „Klettermaxe". Eine Berliner Kriminalgeschichte zwischen Kurfürstendamm und Scheunenviertel. München.
Radbruch, Gustav (1928/29), Zum Fememordprozeß Schulz. In: Die Justiz 4, S. 164–166.
– (1929/30), Staatsnotstand, Staatsnotwehr und Fememord. In: Die Justiz 5, S. 125–129.
– (1929/30 a), Erwiderung. In: Die Justiz 5, S. 333–335.
– (1929/30 b), Landesverrat und Fememorde. In: Die Justiz 5, S. 663–665.
Rasehorn, Theo (1985), Justizkritik in der Weimarer Republik. Frankfurt / New York.
Riedinger (1929/30), Landesverrat und Fememorde. In: Die Justiz 5, S. 788–789.
Rudert, Max (1926), Der Fall Hölz. In: Weltbühne 22/1, Nr. 9, S. 353.
– (1926 a), Max Hölz Anarchist? In: Weltbühne 22/1, Nr. 26, S. 1025–1026.
Ruland, Bernd (1972), Das war Berlin. Die goldenen Jahre 1918–1933. Bayreuth.
Schild, Wolfgang (1983), Der Strafrichter in der Hauptverhandlung. Heidelberg/Hamburg.
Schmidt, Franz von (1955), Vorgeführt erscheint. Stuttgart.
Schoeps, H. (1928), Zur Psychologie der Schülertragödien. In: Deutschen Spiegel 1928, S. 225–229.
Schulz, Birger (1982), Der Republikanische Richterbund (1921–1933). Frankfurt a. M.
Schumann, Georg (1923), Max Hölz, der „gemeine Verbrecher". Halle.
Schweder, Paul (1961), Die großen Kriminalprozesse des Jahrhunderts. Hamburg.
Schwerk, Ekkehard (1981), Nachwort in: Gurk, Paul, Tresoreinbruch, Berlin/Darmstadt, S. 187–205.
– (1984), Die Meisterdiebe von Berlin. Berlin.
Sinzheimer, Hugo (1929/30), Die Legalisierung des politischen Mordes. In: Die Justiz 5, S. 65–69.
Sling (d. i. Paul Schlesinger) (1969), Richter und Gerichtete. München.
Spectator (1926/27), Die Landsberger Prozesse. In: Die Justiz 2, S. 211–213.

Staff, Ilse (Hrsg.) (1978), Justiz im Dritten Reich. Frankfurt a. M.
Stegmann, Margarete (1928), Die Autorität des Kriminalgerichtes und der Prozeß gegen Krantz. In: Der Klassenkampf 2, Nr. 5, S. 146–149.
Steinert, Heinz (1978), Phantasiekriminalität und Alltagskriminalität. In: Krim. Journal 3, S. 215–223.
Stössinger, Felix (1925), Lex Cuno-Kutisker. In: Weltbühne 27/1, Nr. 2, S. 47–49.
Streit, Josef (1961), Entschleierte Justiz. Berlin/Ost.
Tergit, Gabriele (1984), Blüten der Zwanziger Jahre. Berlin.
Toller, Ernst (1927), Max Hölz. In: Weltbühne 23/1, Nr. 5, S. 172–175.
– (1927 a), Die Erschießung des Gutsbesitzers Heß. In: Weltbühne 23/1, Nr. 18, S. 696–697.
Tucholsky, Kurt (1921), Klante. In: Weltbühne 17/2, Nr. 37, S. 271.
– (1927), Und immer wieder Max Hölz. In: Weltbühne 23/2, Nr. 43, S. 652.
– (1929), Auf dem Nachttisch. In: Weltbühne 25/1, Nr. 25, S. 935–941.
Ullrich, Wolfgang (1961), Verbrechensbekämpfung. Neuwied.
Weber, Hermann (1972), Max Hölz. In: Neue Deutsche Biographie Bd. 9, Berlin, S. 338–339.
Weidmüller, Helmut (1956), Die Berliner Gesellschaft während der Weimarer Republik. Dissertation Berlin.
Winter, Albert (1926), Gerechtigkeit für Max Hölz. In: Weltbühne 22/2, Nr. 46, S. 768–771.
Wohlfeil, Rainer (1970), Heer und Republik. In: Handbuch zur deutschen Militärgeschichte 1648 bis 1939 Abschnitt VI.
Zucker, Hermann (1928), Generation der Selbstmörder. In: Weltbühne 24/1, Nr. 10, S. 363–366.

Die Berliner Justiz in der Zeit des NS-Regimes*

ADOLF LAUFS

„Il y a des juges à Berlin" – on cite les mots pour opposer le bon droit à la force[1]. Das historisch nicht verbürgte, oft berufene Wort geht zurück auf die Geschichte des Müllers von Sanssouci, der sich im Streit mit Friedrich dem Großen wegen der berühmten Windmühle bei Potsdam zuversichtlich auf einen Spruch des Kammergerichts berief. Eine anonyme Vie de Fréderic II und eine poetische Erzählung von François Andrieux nahmen das Thema früh auf und prägten den Gedanken[2]: „Es gibt noch Richter in Berlin." In seinem apologetischen Werk „Der Richter im Dritten Reich"[3] hat es Hubert Schorn vielen eindrucksvollen Auskünften vorausgeschickt. Im Zeichen des Hakenkreuzes Verfolgte und von Richtern Geschützte fanden selbst das geflügelte Wort bestätigt und eingelöst. So erfuhr kurz nach der Machtergreifung Hitlers der jüdische Stadtoberarzt Dr. Junack in einem Dienststrafverfahren unter dem Vorsitz des Kammergerichtsrates Beleites einen Freispruch, der den Vorsitzenden diesen Teil seiner Dienstfunktionen kostete. Jahrelang erhielt dieser gerechte Mann am Jahrestag des Freispruchs ein anonymes Schreiben mit nur dem einen Satz: „Es gibt noch Richter in Berlin"[4].

Zahlreiche Zeugnisse belegen das hohe Berufsethos, die Rechtstreue und den Mut einzelner Berliner Richter während der zwölf dunklen Jahre der Diktatur und der Rechtsperversion[5]. Zugleich stellvertretend für andere und ohne Rangfolge seien wenigstens einige der tapferen Juristen mit Respekt vor ihrer aufrechten Haltung im Berliner Justizalltag des Dritten Reiches mit Namen genannt. Landgerichtspräsident Dr.

* *Vortrag*, gehalten im Rahmen der Reihe „Berlin und seine Justiz" am 21. Oktober 1987 im Otto-Braun-Saal der Staatsbibliothek zu Berlin. – Für förderliche Mitarbeit dankt der Verfasser seinem Assistenten Alexander Eichener.

1 *P. Dupré*, Encyclopédie des Citations, 1960, S. 78 (No. 1 671).

2 *W. A. Krüger*, Dichter- und Denkerworte, 1945, Sp. 1238; *G. Büchmann*, Geflügelte Worte. Der Zitatenschatz des deutschen Volkes, 1972, S. 417.

3 Untertitel: Geschichte und Dokumente, 1959.

4 *H. Schorn*, Der Richter im Dritten Reich, 1959, S. 49.

5 *F. v. Hippel*, Die Perversion von Rechtsordnungen, 1955.

Kirschstein erklärte dem ihn kurz nach der nationalsozialistischen Machtübernahme bedrängenden Staatssekretär Freisler, er habe stets liberale und demokratische Grundsätze vertreten und lege keinen Wert auf irgendeine Zusammenarbeit mit dem NS-Regime. Daraufhin verlor er sein Richteramt. Dr. Kirschstein nahm sich während seines erzwungenen Ruhestandes in nobler Weise seiner bedrängten jüdischen Kollegen vom Landgericht III Berlin an[6]. Auch Dr. Frege, stellvertretender Vorsitzender am dritten Senat des Oberverwaltungsgerichts Berlin, hielt dem Druck des Regimes stand und steuerte einen antinationalsozialistischen Kurs, der ihn sein Richteramt kostete: die braunen Machthaber versetzten den Unbotmäßigen ins Reichskriegsschädenamt und dann in den vorzeitigen Ruhestand[7]. Dr. Landsrath, Richter bei der 45. Zivilkammer des Landgerichts Berlin, wies eine persönliche telephonische Intervention von Goebbels in einer anhängigen Rechtssache entschieden zurück mit dem Bemerken, als Richter sei er allein dem Gesetz unterworfen und bedauere deshalb, den Wünschen des Ministers nicht entsprechen zu können[8]. Seine richterliche Unabhängigkeit wahrte Landgerichtsdirektor Ohnesorge, der 1934 den „Maikowski-Prozeß" leitete, ein gegen Kommunisten geführtes Verfahren wegen Landfriedensbruchs, bei dem der Vorsitzende sich durch die bedrohliche Hetze der NS-Presse nicht beirren ließ, die Todesurteile verlangte. Die Strafkammer sprach keine Todesurteile aus, blieb weit hinter den Anträgen der Staatsanwaltschaft zurück und rechnete allen Verurteilten die Untersuchungshaft an. Ohnesorge erhielt dafür von Freisler eine „Mißbilligung" ausgesprochen und sah sich alsbald beruflich eingeschränkt. Die Loyalität leitender Richter bewahrte ihn vor Schlimmerem[9]. Im Kirchenkampf bewährte sich die 36. Zivilkammer des Landgerichts Berlin; deren Richter – Landgerichtsdirektor Dr. Günther, Landgerichtsrat Dr. Peister und Gerichtsassessor Dr. Bartelt – bestätigten dem in den Ruhestand versetzten Pfarrer Martin Niemöller durch ein Urteil im Jahre 1934 das diesem zugefügte Unrecht[10]. Auch in Grundbuchsachen konnten Richter Gelegenheit finden, ihre Unabhängigkeit zu verteidigen, so wie der Amtsgerichtsrat Becker von Berlin-Lichterfelde 1941 dies tat[11]. Er wies einen Umschreibungsantrag des Oberfinanzpräsidenten ab, der ein Wohngrundstück ausgebürgerter jüdischer Eheleute einziehen wollte. Der Lichterfelder Amtsrichter erklärte die dem Antrag zugrundegelegte, aus dem schmählichen Reichsbürgergesetz folgende Verordnung unerschrocken für ungültig. Auch an den 1933 eingeführten Berliner Sonder-

[6] *Schorn,* S. 45 f. u. 330.
[7] *Schorn,* S. 144 f. u. 248 ff.
[8] *Schorn,* S. 350 f.
[9] *Schorn,* S. 390 f.
[10] *Schorn,* S. 519 ff.
[11] *Schorn,* S. 543 ff.

gerichten[12] bewiesen einzelne Richter mitunter ungebrochenen Gerechtigkeitssinn und Mut. Das erfuhr Generalsuperintendent im Ruhestand Dr. Otto Dibelius 1937 vor dem Sondergericht I beim Landgericht Berlin in einem Strafprozeß[13] wegen Verstoßes gegen das Heimtückegesetz[14]. Der Angeklagte hatte sich in einem vielbeachteten offenen Brief an den Reichsminister für die kirchlichen Angelegenheiten Kerrl mit dessen abwertendem Urteil zu einem Glaubenssatz kritisch befaßt. Landgerichtsdirektor Dr. Wesenberg, Landgerichtsrat Thierbach und Landsgerichtsrat Grosse sprachen Dibelius mit einem taktisch klugen Urteil frei. Dieser auch im Ausland verfolgte Richterspruch, der den nationalsozialistischen Reichsminister vor aller Öffentlichkeit in die Schranken wies, erforderte ein hohes Maß rechtsstaatlicher Unbeugsamkeit. Nach dem Urteil gerieten dessen Urheber in Bedrängnis; das Regime traf Vorkehrungen gegen weitere forensische Niederlagen[15].

Im Kriegsjahr 1941 tat sich der Amtsgerichtsrat Dr. Seidel als Leiter der Abteilung 605 des Amtsgerichts Berlin mit einem strafrechtlichen Beschluß hervor, der zu seiner Versetzung in das Zivilfach führte und durch den er sich die Beförderung zum Landgerichtsdirektor verscherzte, der außerdem seinen Ausschluß aus der NSDAP durch das Oberste Parteigericht[16] zur Folge hatte. Was war geschehen? Im Herbst 1940 erhielten die Berliner eine Sonderration Bohnenkaffee. Dabei meldeten sich auch zahlreiche jüdische Bürger zum Bezug an, der ihnen als von vornherein Ausgeschlossenen aber verwehrt blieb. In dem Verhalten der jüdischen Bürger sah das Ernährungsamt einen Verstoß gegen die „Verordnung über Strafen und Strafverfahren bei Zuwiderhandlungen

[12] *B. Schimmler,* Recht ohne Gerechtigkeit. Zur Tätigkeit der Berliner Sondergerichte im Nationalsozialismus, 1984.

[13] *Schorn,* S. 560 ff. Auch in einem anderen Verfahren hat Dibelius gerechte Richter gefunden, vgl. *F. Gollert,* Dibelius vor Gericht, 1959 (das geflügelte Wort S. 181 f.).

[14] Gesetz gegen heimtückische Angriffe auf Staat und Partei und zum Schutz der Parteiuniformen v. 20. Dez. 1934, RGBl. I, 1269, auch bei: U. Brodersen (Hg.), Gesetze des NS-Staates, 1968, S. 75 ff.; M. Hirsch, D. Majer u. J. Meinck (Hg.), Recht, Verwaltung und Justiz im Nationalsozialismus. Ausgewählte Schriften, Gesetze und Gerichtsentscheidungen von 1933 bis 1945, 1984, S. 453 f.

[15] So wurde der Prozeß gegen Martin Niemöller vor dem Sondergericht II des Landgerichts Berlin verschoben. Auch in diesem Verfahren bewiesen die Richter durchaus nicht alltäglichen Mut. Die „Baseler Nachrichten" begannen ihren Bericht mit dem Satz: „Es gibt noch Richter in Berlin." Vgl. *Schorn,* S. 564, 589 ff., ferner *H. Buchheim,* Ein NS-Funktionär zum Niemöller-Prozeß, Vierteljahreshefte für Zeitgeschichte 4, 1956, S. 307 ff.

[16] Zu Funktion und Bedeutung des aus den Untersuchungs- und Schlichtungsausschüssen der NSDAP hervorgegangenen Obersten Parteigerichts vgl. die auf umfassender Quellenauswertung fußenden, detaillierten Studien von *D. M. McKale,* The Nazi Party Courts. Hitler's Management of Conflict in his Movement 1933–1945, 1974 (Kansas Univ. Press); *ders.,* Der öffentliche Dienst und die Parteigerichtsbarkeit der NSDAP, in: D. Rebentisch u. K. Teppe (Hg.), Verwaltung contra Menschenführung im Staat Hitlers, 1986, S. 237–254.

gegen Vorschriften auf dem Gebiet der Bewirtschaftung bezugsberechtigter Erzeugnisse". Das Amt verhängte Ordnungsstrafen. Dagegen stellten mehrere hundert jüdische Bürger Antrag auf gerichtliche Entscheidung. Der Richter teilte der Behörde mit, die Strafbescheide ließen sich aus Rechtsgründen nicht aufrecht erhalten. Das Ernährungsamt lehnte indessen die Zurücknahme der Bescheide ab. Das Gericht hob nun einen der Ordnungsstrafbescheide auf; die übrigen Verfahren sollten formularmäßig unter Bezugnahme auf diesen Beschluß ihr Ende finden. Die Richterbriefe, mit denen der Reichsjustizminister Thierack die deutsche Justiz zu lenken suchte, spießten diesen Fall auf. Der Minister erklärte in seinem ersten Rundbrief dazu: „Der Beschluß des Amtsgerichts grenzt nach Form und Inhalt an die Bloßstellung einer deutschen Verwaltungsbehörde gegenüber dem Judentum. Der Richter hätte sich fragen sollen, mit welchem Gefühl wohl der Jude diese Entscheidung des Gerichts aufnehmen wird, die ihm und seinen fünfhundert Rassegenossen auf einer zwanzig Seiten langen Begründung sein Recht und seinen Sieg über eine deutsche Behörde bescheinigt, ohne auch nur ein Wort darüber zu verlieren, wie das gesunde Volksempfinden jenes freche und anmaßende Verhalten der Juden beurteilt. Auch wenn der Richter der Überzeugung war, daß das Ernährungsamt die Rechtslage unrichtig beurteilt hatte, und wenn er sich nicht entschließen konnte, seine Entscheidung zurückzustellen, bis die Frage notfalls durch die Obersten Behörden geklärt war, hätte er für seinen Beschluß eine Form wählen müssen, die es unter allen Umständen vermied, das Ansehen des Ernährungsamts zu verletzen und den Juden ihm gegenüber ausdrücklich ins Recht zu setzen"[17].

Zur Justiz im weiteren Sinne gehört auch die Anwaltschaft als Organ der Rechtspflege. Ebenfalls gleichgeschaltet und gegängelt, kannte sie neben vielen überzeugten oder opportunistischen Mitläufern nicht wenige Advokaten mit aufrechtem Gang, die ihren Mandanten beistanden gegen den Fanatismus überzeugter Nationalsozialisten und gegen die ungerührte Geschäftsmäßigkeit der Handlanger des Diktators. Zu den Tapferen gehörte der Berliner Anwalt Dietrich Güstrow, der in einem eindrucksvollen Buch konkret, anschaulich und packend vom tödlichen Alltag eines Strafverteidigers während der Kriegsjahre berichtet[18]. Zum juristischen Alltag unter der Gewaltherrschaft gehörten die Anklagen gegen einen Hühnerdieb, der auf dem Schafott endete; gegen eine Marinehelferin, die eines vermuteten Kameradinnendiebstahls wegen in die Mühle der Justiz geriet; gegen einen Jagdflieger, der 1944

[17] H. Boberach (Hg.), Richterbriefe. Dokumente zur Beeinflussung der deutschen Rechtsprechung 1942–1944, 1975, S. 14 ff.

[18] *D. Güstrow*, Tödlicher Alltag. Strafverteidiger im Dritten Reich, 1981. Vgl. dazu *R. Schmid*, in: Redaktion Kritische Justiz (Hg.), Der Unrechts-Staat Bd. II, 1984, S. 205 ff.

nicht mehr an den „Endsieg“ glaubte und seine Wandlung mit dem Leben bezahlte.

Der Berliner Rechtsanwalt Stefan König nennt in seinem jüngst erschienenen instruktiven, umfassend belegten Buch über die „Rechtsanwälte als Strafverteidiger im Nationalsozialismus“[19] weitere Juristen namentlich, denen es gebührt, nicht in Vergessenheit zu geraten, weil sie „Lockung und Zwang“ (A. Kranig), „Verführung und Gewalt“ (H.-U. Thamer) widerstanden.

Die genannten Verteidiger des Rechtsstaats im Justizalltag der dunkelsten Zeit deutscher Geschichte verdienen Notiz, weil sie ein Beispiel gegeben und Maßstäbe gesetzt haben, an denen sich ihre vielen hinter dem Gebotenen und Möglichen zurückgebliebenen Kollegen messen lassen müssen. Die Vorbilder zeigen, wieviel Widerstand immer noch dem Einzelnen möglich war, trotz kriegsbedingter Not und Terror des totalitären Systems. Im ganzen aber hat, wie zu zeigen, die Justiz – auch in Berlin – den Anfechtungen und Bedrängnissen der nationalsozialistischen Machthaber keineswegs standgehalten. Das leuchtende Zeugnis einzelner Richter und Anwälte bot Beschuldigten und Parteien nicht die Gewähr, vor Gericht stets und überall, oder auch nur im allgemeinen, Recht zu erhalten. Eben dies verheißt aber der Satz: „Es gibt noch Richter in Berlin.“ Er galt von 1933 bis 1945 leider nicht.

Die Justiz in Berlin bildete ein Stück deutscher Rechtspflege und doch auch mehr. In der Reichshauptstadt residierten viele und hohe Spruchinstanzen, auch solche von altehrwürdigem Rang und weiter Ausstrahlung wie das Kammergericht und das Preußische Oberverwaltungsgericht. Die Richter waren dem politischen Geschehen wie seinen Akteuren nah und die Wege zwischen Justiz und Ministerien kurz. „Berlin war die Zitadelle der Gewaltherrschaft, von hier aus wurde erst Deutschland, dann Europa beherrscht, zwölf lange Jahre hindurch blickte die Welt gebannt auf die Stadt“[20], auch auf ihre Justiz.

Schrecken verbreitete vor allem ein Tribunal, das sich der Berliner Justiz schwerlich zurechnen läßt, weil es deren gewachsenem Gefüge nicht angehörte und weil die Institution den Namen eines Gerichts, jedenfalls unter dem Vorsitz Freislers seit 1942, gar nicht verdient: der Volksgerichtshof[21]. Ein Gesetz entzog 1934[22] dem Reichsgericht die

[19] *St. König,* Vom Dienst am Recht. Rechtsanwälte als Strafverteidiger im Nationalsozialismus, 1987.

[20] *W. J. Siedler,* Berlin, aber wo liegt es?, in: FAZ Nr. 96 v. 25.4.1987 (Bilder u. Zeiten).

[21] *W. Wagner,* Der Volksgerichtshof im nationalsozialistischen Staat, 1974; H. Hillermeier (Hg.), „Im Namen des Deutschen Volkes“, Todesurteile des Volksgerichtshofes, [3]1983. – Eine zeitgenössische Stimme etwa *K. Engert,* Stellung und Aufgaben des Volksgerichtshofes, Deutsches Recht 1939, S. 485 f.

[22] Gesetz vom 24.4.1934, Art. III, IV, RGBl. 1934 I, 341–348 (345).

erstinstanzlichen Strafsachen und übertrug die Aburteilung von Hoch- und Landesverratsverbrechen der neu geschaffenen Instanz, die – bezeichnend für die dabei verfolgten Zwecke – am Sitz der politischen Zentralgewalten zu Berlin und nicht wie das Reichsgericht in Leipzig residieren sollte. Das zweite grundlegende Gesetz über den Volksgerichtshof[23] bestimmte diesen zum ordentlichen Gericht im Sinne des Gerichtsverfassungsgesetzes. Ein Erlaß des Führers und Reichskanzlers[24] verlieh im selben Jahr den Richtern des Volksgerichtshofs die rote Robe der Mitglieder des Reichsgerichts. Das Tribunal bezog Diensträume im Gebäude des Preußischen Landtags in der Prinz-Albrecht-Straße, dann in der Bellevuestraße und teilweise auch im Mosse-Haus am Leipziger Platz, während der letzten Kriegsmonate in Potsdam.

Hielt sich die verhängnisvolle Härte der Spruchpraxis des Volksgerichtshofs unter dem späteren Reichsjustizminister Thierack noch in gewissen Grenzen, so verlor das hinter einer dürftig justizförmigen Fassade prozedierende Werkzeug des Regimes unter der Präsidentschaft Freislers jedes rechtliche Maß. Die weit über fünftausend, fast durchweg vollstreckten, ebenso grausamen wie willkürlichen Todesurteile des Ungerichts bezeugen auf ihre Weise den Umfang der über das Reich hereingebrochenen Barbarei.

Der Mißbrauch des unscharfen § 91 b StGB (Feindbegünstigung) durch den Volksgerichtshof etwa habe, so urteilte der Bundesgerichtshof 1956[25], „nur eine Ausnutzung gerichtlicher Formen zur widerrechtlichen Tötung" dargestellt. Durch schlichten Parlamentsbeschluß stellte der Deutsche Bundestag 1985 fest, die als Volksgerichtshof bezeichnete Institution sei „kein Gericht im rechtsstaatlichen Sinne, sondern ein Terrorinstrument zur Durchsetzung der nationalsozialistischen Willkürherrschaft" gewesen[26]. Die Lektüre der Prozeßberichte und Urteile[21] erweckt Abscheu, Scham und Trauer um die Opfer.

Der Berliner Nachkriegsjustiz oblag die Aufgabe, die Tätigkeit der Richter und Staatsanwälte am Volksgerichtshof nach den Maßgaben des Rechtsstaates zu untersuchen und zu würdigen. Die kürzlich erschienene, nun schon in zweiter Auflage zugängliche, aufschlußreiche Dokumentation der Berliner Staatsanwälte Jahntz und Kähne belegt das Bemühen wie die Schwierigkeiten der Strafverfolgung, die – auch im Wettlauf mit der Zeit – am Ende keinen der Täter im Talar des Richters

[23] Gesetz vom 18.4.1936, Art. I, RGBl. 1936 I, 369.

[24] Erlaß vom 19.6.1936, RGBl. 1936 I, 503.

[25] BGHSt 9, 302, 307.

[26] Vgl. *H. Rüping* u. *A. Schwarz*, Sind die Urteile des Volksgerichtshofes nichtig?, NJW 1985, 2391 f., mit weiteren Nachweisen, auch zur Problematik dieser „Einheitslösung". Siehe ferner *H. Rüping*, „Streng, aber gerecht. Schutz der Staatssicherheit durch den Volksgerichtshof", in: Festschr. f. R. Wassermann, 1985, S. 983–994.

zur Rechenschaft zog[27]. Kein deutsches Gericht der drei Westzonen und später der Bundesrepublik Deutschland hat einen Richter nach Kriegsende wegen justiziellen Unrechts während der NS-Zeit rechtskräftig verurteilt – ein bedrückender Befund[28]. Dieses Ergebnis entlastet freilich die Judikative im Zeichen des Hakenkreuzes keineswegs. Vielfache Schuld blieb unabgegolten. Die Zeit für den Einsatz des Strafrechts zur Sühne der Justizverbrechen im Dritten Reich verstrich ungenutzt, weil Richterschaft und Öffentlichkeit der Nachkriegszeit sich als überfordert erwiesen. Durch die richterrechtliche Einführung des bestimmten, direkten Vorsatzes als Tatbestandserfordernis gewann der Straftatbestand der Rechtsbeugung die Funktion eines Richterprivilegs[29]. Dieses juristische Instrument entsprach der verbreiteten Unwilligkeit, mit der weite Kreise nicht nur der Justiz sich der zeitgeschichtlichen Aufgabe stellten[30]. Auch das weithin dem gouvernementalen Rechtspositivismus verhaftet gebliebene Denken und falsch aufgefaßte Standessolidarität trugen zu Zurückhaltung und Verlegenheit bei[31]. Mögen die Akten unserer Staatsanwaltschaften und Gerichte[32] sich nun endgültig schließen, so bleibt das Thema der „furchtbaren Juristen"[33], des Versagens der Justiz 1933 bis 1945, auch der Versäumnisse seitdem ein Thema, dem wir uns stellen müssen, wenn wir ehrlich mit unserer Geschichte umgehen, die Opfer der Diktatur achten und uns unserer Identität versichern wollen.

[27] *B. Jahntz* u. *V. Kähne,* Der Volksgerichtshof. Darstellung der Ermittlungen der Staatsanwaltschaft bei dem Landgericht Berlin gegen ehemalige Richter und Staatsanwälte am Volksgerichtshof, ²1987.

[28] Dazu aufschlußreich und mit vielen Nachweisen *B. Diestelkamp,* Die Justiz nach 1945 und ihr Umgang mit der eigenen Vergangenheit, in: Rechtshistorisches Journal 5, 1986, S. 153–174. Informativ allgemein ferner *A. Götz,* Bilanz der Verfolgung von NS-Straftaten, 1986; *E. Noam* u. *K. Moritz,* NS-Verbrechen vor Gericht 1945–1955. Dokumente aus hessischen Justizakten, 1978.

[29] Allgemein dazu auch *G. Spendel,* Rechtsbeugung durch Rechtsprechung. Sechs strafrechtliche Studien, 1984.

[30] Vgl. auch die kritischen Beiträge von *B. Asbrock* und *H. Kramer* in der v. H.-E. Böttcher hg. Festschrift für R. Schmid, 1985. Siehe ferner: *J. Friedrich,* Freispruch für die Nazi-Justiz. Die Urteile gegen NS-Richter seit 1948. Eine Dokumentation, 1983; *E. Klee,* Was sie taten – Was sie wurden. Ärzte, Juristen und andere Beteiligte am Kranken- oder Judenmord, 1986.

[31] *G. Spendel,* Rechtspositivismus und Strafjustiz nach 1945, JZ 1987, S. 581–587.

[32] Zu der überaus verdienstvollen Arbeit der Zentralen Stelle der Landesjustizverwaltungen zur Aufklärung nationalsozialistischer Verbrechen siehe A. Rückerl (Hg.), NS-Prozesse. Nach 25 Jahren Strafverfolgung: Möglichkeiten – Grenzen – Ergebnisse, 1971. Vgl. allgemein auch *A. Rückerl,* Die Strafverfolgung von NS-Verbrechen 1945–1978. Eine Dokumentation, 1979.

[33] *Ingo Müller,* Furchtbare Juristen. Die unbewältigte Vergangenheit unserer Justiz, 1987; dazu die mit Grund positive Rezension von *M. Stolleis,* Rechtshistorisches Journal 6, 1987, 73–78. Aus eigenem Erleben des Jurastudiums in Berlin 1933 schöpfend die beeindrukkende Rezension des dann emigrierten *Werner Lansburgh,* in: „Neue Bücher", Norddeutscher Rundfunk / NDR III, Sdg. v. 20. 8. 1987.

Die Justiz im nationalsozialistischen Deutschland[34] zeigte sich in allen ihren Gerichtszweigen von justiziellem Unrecht durchsetzt. Die dunkelsten Schatten warf die Strafgerichtsbarkeit; aber auch auf den anderen Feldern ergingen neben einer Vielzahl alltäglicher ordnungsgemäßer, unverbogener Judikate beschämend zahlreiche, von der nationalsozialistischen Ideologie verformte Urteile. In ihrer Anfälligkeit für die neuen Heilslehren und Parteiphrasen, in ihrer Gefügigkeit den braunen Machthabern gegenüber unterschieden sich die Gerichte und die Rechtswege zwar vielfach voneinander. Das deutsche Justizsystem verstrickte sich indessen als Ganzes mit dem Machtapparat der erklärtermaßen rechtsfeindlichen Diktatur und bildete alsbald selbst einen Teil des Unrechtsstaates. Auf allen Stufen und in allen Formen belud es sich mit Verbrechen und Rechtsbeugungen in justizförmigem Gewand.

Eine verhängnisvolle Rolle spielten dabei das Reichsjustizministerium und die Spitzen der Justizverwaltung, die eh und je die normativen Legitimationen für justizielles und administratives Unrecht lieferten – vom Entwurf für die scheinlegale Rechtfertigung der Morde im Zusammenhang mit dem „Röhm-Putsch" 1934[35] bis zu dem berüchtigten „Nacht- und Nebelerlaß" 1942, auf dessen Grundlage die Schergen der Hitlerei Menschen rechtswidrig aus den besetzten Gebieten in das Reich verschleppten und einer Geheimjustiz überantworteten[36]. Verhängnisvoll wirkten auch die juristischen Fachschriftsteller, die sich dazu hergaben, ihre Federn in den Dienst der Bewegung zu stellen und eine „neue Rechtswissenschaft" zu schaffen im Sinne des „völkischen Rechtsdenkens" mit seinem Führerprinzip und seiner Rassentheorie[37]. Über Figuren wie das konkrete Ordnungs- und Gestaltungsdenken, über die Umfüllung von tatbestandsarmen Normen, etwa die Ausbeutung der

[34] Vgl. die Literaturangaben bei *A. Laufs,* Rechtsentwicklungen in Deutschland, [3]1984, S. 292 f.; *G. Fieberg,* Justiz im nationalsozialistischen Deutschland, 1984, S. 77 ff.; *K. E. Claussen,* Justizverwaltung 1933–1945, in: K. G. A. Jeserich, H. Pohl u. G.-C. von Unruh (Hg.), Deutsche Verwaltungsgeschichte Bd. 4, 1985, S. 1044 ff. Vgl. auch *I. Staff,* Justiz im Dritten Reich. Eine Dokumentation, 1978. Beste Literaturverarbeitung in dem bislang umfassendsten, wiewohl politisch einseitigen Literaturbericht von *H. Kramer,* Entstehung, Funktion und Folgen des nationalsozialistischen Rechtssystems, in: Kritische Justiz 20, 1987, S. 218–245.

[35] Gesetz vom 3. 7. 1934, RGBl. I, 529: „Einziger Artikel: Die zur Niederschlagung hoch- und landesverräterischer Angriffe am 30. Juni, 1. und 2. Juli 1934 vollzogenen Maßnahmen sind als Staatsnotwehr rechtens."

[36] Umfassend *L. Gruchmann,* „Nacht- und Nebel"-Justiz. Die Mitwirkung deutscher Strafgerichte an der Bekämpfung des Widerstandes in den besetzten westeuropäischen Ländern 1942–1944, Vierteljahreshefte für Zeitgeschichte 29, 1981, S. 342–396.

[37] *K. Anderbrügge,* Völkisches Rechtsdenken. Zur Rechtslehre in der Zeit des Nationalsozialismus, 1978.

Gemeinwohlformeln[38], und über den Weg unbegrenzter Auslegung[39], auch mittels rabulistischer Gesetzesablehnung gelangten diese willfährigen Rechtswissenschaftler zu den von der NSDAP gewünschten Ergebnissen, auf die sich dann auch die Justiz stützen konnte.

In der Fachpresse der ersten Jahre scheinen die nationalsozialistisch gefärbten Aufsätze nach Zahl und Schnelligkeit den angepaßten Urteilen durchaus voranzugehen. Der Verfall der fachlichen Qualität sticht bei den Abhandlungen zunächst stärker ins Auge als bei der Judikatur. Spruchkörper mit Tradition und juristischem Rang, wie in Berlin das Kammergericht und das Preußische Oberverwaltungsgericht, erwiesen sich dem Nationalsozialismus gegenüber deutlich resistenter.

Der Grad ihrer Verstrickung in den Unrechtsstaat hing bei den Justizbediensteten regelmäßig wesentlich ab von ihrer Position. Zu den offiziell und unmittelbar voll in den Terror Eingeweihten gehörten gelegentlich die Oberlandesgerichtspräsidenten und Generalstaatsanwälte. Bei ihrer Arbeitstagung im April 1941 erfuhren sie durch Vorträge von Brack und Heyde detailliert von der „Aktion T 4", von der – wie die menschenverachtende Formel hieß – „Vernichtung lebensunwerten Lebens". Als Heyde seinen mit Fotografien unterlegten Vortrag beendet hatte, herrschte nach dem Bericht des damaligen Generalstaatsanwalts von Berlin Dr. Jung „bei den Teilnehmern ein eisiges Schweigen ... Ich war über die Ungeheuerlichkeit des Gehörten wie vor den Kopf geschlagen und schwer erschüttert. ... Ich habe meinem Nachbarn, dem Kammergerichtspräsidenten Dr. Hölscher, zugeflüstert: ‚Jetzt möchte ich sehen, wer vor Scham nicht rot wird'"[40]. Eine Diskussion fand aber nicht statt. Der Oberlandesgerichtspräsident von Köln berichtete dazu später: „Es war das Vorlesen einer Anordnung des Führers und daran anschließend die Auslegung dieser Anordnung durch die Vortragenden. Ich bin ... der Auffassung, daß eine Stellungnahme von den teilnehmenden Juristen nicht erwartet wurde und auch gar nicht in Frage kam." Der Tagesordnungspunkt gelangte dadurch zum Abschluß, daß der seit kurzem mit der Wahrnehmung der Geschäfte des Reichsjustizministers beauftragte Schlegelberger erklärte, nachdem „ein rechtlich geltender Erlaß des Führers für diese Maßnahme vorliege, könnten Bedenken gegen die Durchführung der Euthanasie nicht mehr gegeben sein"; er

[38] *M. Stolleis*, Gemeinwohlformeln im nationalsozialistischen Recht, 1974.

[39] *B. Rüthers*, Die unbegrenzte Auslegung. Zum Wandel der Privatrechtsordnung im Nationalsozialismus, 1968; *ders.*, Wir denken die Rechtsbegriffe um ... Weltanschauung als Auslegungsprinzip, 1987.

[40] *L. Gruchmann*, Euthanasie und Justiz im Dritten Reich, Vierteljahreshefte für Zeitgeschichte 20, 1972, insbes. S. 271 ff., mit Belegen, auch zum Folgenden. Zum einzigen bekannt gewordenen Fall offenen richterlichen Widerstandes gegen die T 4-Aktion siehe *L. Gruchmann*, Ein unbequemer Amtsrichter im Dritten Reich. Aus den Personalakten des Dr. Lothar Kreyßig, Vierteljahreshefte für Zeitgeschichte 32, 1984, S. 463–488.

beauftragte die Oberlandesgerichtspräsidenten und Generalstaatsanwälte, bei ihren nachgeordneten Gerichten und Behörden die Durchführung zu betreiben und dabei die Geheimhaltungspflicht zu wahren.

Auch für die Justiz im nationalsozialistischen Deutschland bedeutete der Beginn des Weltkrieges 1939 einen tiefen Einschnitt. Die Rechtspflege verlor den überwiegenden Teil ihrer Kräfte. Im Mai 1942 berichtete Schlegelberger, 53,5 % der 21 500 Richter, Staatsanwälte, Gerichtsassessoren und Referendare seien zum Wehrdienst eingezogen, weitere 1200 in eingegliederte und besetzte Gebiete abgeordnet[41]. Schon vor Kriegsbeginn hatte die Justiz durch die ruchlose Verfolgung der jüdischen Juristen, ihre Entlassung, Austreibung und Ermordung, viele wertvolle Kollegen verloren[42]. In Berlin mußten ungefähr sechshundert jüdische Rechtsanwälte aus ihrem Berufsstand ausscheiden. Nur wenige von ihnen konnten als Rechtskonsulenten für ihre jüdischen Mitbürger noch einige Jahre wirken. Viele jüdische Anwälte hatten in der Reichshauptstadt als hochqualifizierte Syndici und Verbandsjuristen die Rechtskultur mitgeprägt. Nach ihrem zwangsweisen Ausscheiden verblieben 1935 zweitausend Rechtsanwälte und Notare in der Stadt Berlin, die bei Kriegsbeginn über vier Millionen Einwohner zählte[43]. 1942 gab es noch an die eintausendfünfhundert Richter in Berlin[44].

Kriegsvorschriften änderten den Rechtsgang. Die „Verordnung über Maßnahmen auf dem Gebiete der Gerichtsverfassung und der Rechtspflege" vom 1. September 1939[45] eröffnete eine Reihe weiterer Verordnungen[46], die das Verfahren vereinfachten, Zuständigkeiten zusammenfaßten, die Justiz stärker an die Verwaltung banden und im Ergebnis den Rechtsschutz wesentlich einschränkten. „Der weitere Einsatz von Rechtswahrern in Wehrmacht und Rüstung", so erklärten die Richterbriefe im Oktober 1944[47], „kann nur zum Teil durch tiefgreifende Einschränkungen und weitere Vereinfachungen der Rechtspflege ausgeglichen werden. Darüber hinaus ist eine äußerste Konzentration der Kräfte aller Rechtswahrer erforderlich, die künftig die deutsche Rechts-

[41] H. Boberach (Hg.), Richterbriefe, 1975, S. 343, Fn. 2.

[42] *Horst Göppinger,* Die Verfolgung der Juristen jüdischer Abstammung durch den Nationalsozialismus, 1963.

[43] Vgl. *D. Güstrow,* Tödlicher Alltag. Strafverteidiger im Dritten Reich, 1981, S. 9.

[44] *F. Scholz,* Berlin und seine Justiz, 1982, S. 69.

[45] RGBl. I, 1658. – Vgl. allgemein W. Hoche (Hg.), Deutsches Kriegsrecht, 5 Bde., Losebl.-Sammlung, Stand 1943.

[46] Vgl. etwa die VO über außerordentliche Maßnahmen auf dem Gebiete des bürgerlichen Rechts, der bürgerlichen Rechtspflege und des Kostenrechts aus Anlaß des totalen Krieges (Zweite Kriegsmaßnahmenverordnung) v. 27. Sept. 1944, RGBl. I, 229. VO zur weiteren Anpassung der Strafrechtspflege an die Erfordernisse des totalen Krieges (Vierte Verordnung zur Vereinfachung der Strafrechtspflege) v. 13. Dez. 1944, RGBl. I, 339.

[47] H. Boberach (Hg.), Richterbriefe, 1975, S. 343.

pflege weiter zu führen haben. ... Alle nicht kriegswichtigen Angelegenheiten sind, auch wenn dies im Einzelfall zu Härten führt, jetzt zurückzustellen ..." Die Härten und Zwänge des „totalen Krieges" dünnten Rechtspflege und Jurisprudenz fortschreitend aus[48] und mußten deren Qualität weiter tief herabsetzen.

Am schwersten wog der Verlust der richterlichen Unabhängigkeit. Die Justizführung bekämpfte schon das Wort[49]. Die Machthaber beseitigten die im 19. Jahrhundert von den Verfechtern des liberalen konstitutionellen Rechtsstaats durchgesetzten Garantien der richterlichen Unabhängigkeit. Durch bescheidene oder klägliche Rückzugsgefechte von Justizpersonen ließen sich die nationalsozialistischen Führer weder beeindrucken noch aufhalten. So empfahl etwa der Berliner Kammergerichtspräsident Hölscher am Beginn des Jahres 1942 in einem Bericht an das Ministerium über die allgemeine Lage in den Bezirken, die den Staatsanwälten 1939 durch Erlaß auferlegte Fühlungnahme mit dem Gericht – gemeint: Absprachen und Anweisungen – sollte sich auf die Zeit vor Beginn der Hauptverhandlung beschränken. Er halte Fühlungnahmen erst unmittelbar vor der Verhandlung und noch dazu im Beratungszimmer für unerwünscht, solche nach Schluß der Beweisaufnahme oder gar nach Schluß des Plädoyers für unzulässig[50].

Hitler und seine Helfer gaben sich keineswegs mit dem Erlaß von Richtlinien zur Lenkung der Justiz zufrieden. Sie bestanden entschlossen auf ihrer angemaßten Befugnis, jederzeit in individuelle Gerichtsverfahren, vornehmlich Strafprozesse, einzugreifen. Immer wieder betätigten sich Schlegelberger, Thierack und andere leitende Juristen als willfährige Werkzeuge der ebenso dynamischen wie willkürlichen Diktatur. Furchtbare Belege dafür finden sich im Nürnberger Juristenurteil[51]. Daraus das folgende wörtliche Zitat: „Als letztes Beispiel für eine allgemeine Praxis verweisen wir auf den Fall des Juden Luftgas[52], der wegen Eierhamsterns

[48] Vgl. etwa *H. Reuss*, Die Verwaltungsrechtspflege im Krieg, VerwArchiv 45, 1940, S. 154–173; *H. Muth*, Die Verwaltungsgerichtsbarkeit und der Krieg, Deutsches Recht 1939, S. 1874–1877.

[49] *E. Kern*, Geschichte des Gerichtsverfassungsrechts, 1954, 275. – *D. Simon* verkennt in seiner Vorlesung: „Waren die NS-Richter ‚unabhängige Richter' im Sinne des § 1 GVG?" (Rechtshistorisches Journal Bd. 4, 1985, S. 102–116) u. a. den tiefen Kontinuitätsbruch der Jahre 1933–1945.

[50] *M. Broszat*, Zur Perversion der Strafjustiz im Dritten Reich, Vierteljahreshefte für Zeitgeschichte 6, 1958, S. 423 ff.; vgl. auch *U. Schumacher*, Staatsanwaltschaft und Gericht im Dritten Reich. Zur Veränderung der Kompetenzverteilung im Strafverfahren unter Berücksichtigung der Entwicklung in der Weimarer Republik und in der Bundesrepublik, 1985.

[51] Das Nürnberger Juristenurteil (vollständige Ausgabe), hg. v. Zentral-Justizamt für die Britische Zone, 1948, insbes. S. 65 ff., 70.

[52] Richtig „Luftglass"; vgl. das Schreiben des Reichsministers der Justiz in: *M. Broszat* (Fn. 50), S. 423.

zu zweieinhalb Jahren Gefängnis verurteilt worden war. Lammers (Chef der Reichskanzlei) benachrichtigte Schlegelberger am 25. Oktober 1941, daß ‚der Führer wünscht, daß gegen Luftgas auf Todesstrafe erkannt wird'. Am 29. Oktober 1941 schrieb Schlegelberger an Lammers: ... ‚Ich habe den zu zweieinhalb Jahren Gefängnis verurteilten Juden Markus Luftgas der Geheimen Staatspolizei zur Exekution überstellt'."

Neue und konkurrierende Spruchinstanzen schwächten die Justiz außerdem. Zahlreiche Standes- und Spezialgerichtshöfe schränkten die ordentliche Gerichtsbarkeit und die Arbeitsgerichtsbarkeit ein: Erbhofgerichte, Parteigerichte, die Gerichtsbarkeit der SA, der SS und der Polizei, die Standesgerichte des Reichsnährstandes, der Presse und der Deutschen Arbeitsfront, nicht zuletzt das Gericht der Wehrmachtskommandantur in Berlin, das viele Todesurteile gegen Deserteure verhängte[53]. Für Verstöße gegen die „Verordnung zum Schutz von Volk und Staat" und gegen das „Heimtückegesetz", sowie für bestimmte „politische" Delikte wie Verstöße gegen den „Kanzelparagraphen", Abhören ausländischer Sender, verbotener Umgang mit Kriegsgefangenen, waren in allen Oberlandesgerichtsbezirken Sondergerichte eingeführt, deren Zuständigkeit wuchs. Schließlich konnten die Staatsanwaltschaften nach freiem Ermessen Anklage vor den Sondergerichten oder bei der ordentlichen Justiz erheben. Im ganzen bestand ein vielfältiges Nebeneinander von Instanzen, das der Willkür mannigfache Wege eröffnete[54].

Die skizzierten allgemeinen Entwicklungslinien ergeben noch kein im einzelnen gültiges Bild, sondern deuten den Hintergrund an. Erst differenzierende Studien mittels der örtlich und regional unterschiedlichen Quellen erlauben zutreffende Urteile. Justizakten aus der NS-Zeit: Prozeß-, General- und Personalakten, besitzen hohen rechtshistorischen wie zeitgeschichtlichen Erkenntniswert. Für die Oberlandesgerichte liegen mit Ausnahme von Hamburg[55] und Celle[56] noch keine Urteils- und

[53] *N. Haase*, Deutsche Deserteure. Mit einem Beitrag v. Otl Aicher, 1987. Methodisch unpräzise und in seiner Polemik nicht überzeugend dagegen das gegen die mit Grund angegriffene Arbeit von *O. P. Schweling* u. *E. Schwinge*, Die deutsche Militärjustiz in der Zeit des Nationalsozialismus, ²1978, gerichtete, durch Vorabdruck im *Spiegel* 1987 einer breiteren Öffentlichkeit bekanntgewordene Werk von *M. Messerschmidt* u. *F. Wüllner*, Die Wehrmachtsjustiz im Dienste des Nationalsozialismus, 1987.

[54] Aufschlußreich *O. Kirchheimer*, Politische Justiz. Verwendung juristischer Verfahrensmöglichkeiten zu politischen Zwecken, ²1981.

[55] *W. Johe*, Die gleichgeschaltete Justiz. Organisation des Rechtswesens und Politisierung der Rechtsprechung 1933–1945 dargestellt am Beispiel des Oberlandesgerichtsbezirks Hamburg, 1967, ND 1983.

[56] S. jüngst die auf wertvolles Aktenmaterial gegründeten Darstellungen von *U. Hamann*, Das Oberlandesgericht Celle im Dritten Reich – Justizverwaltung und Personalwesen, in: Festschr. z. 275jährigen Bestehen des Oberlandesgerichts Celle, 1986, S. 143–231, und ebd. die weiteren Beiträge von *H. Wick*, *D. Scholz* und *D. Horneffer;* sowie

Aktenpublikationen oder Analysen vor. Archivforschungen versprechen differenzierte Aufschlüsse, verlangen indes hohen Aufwand[57]. Aber auch die in großer Zahl für dieses Referat ausgewerteten, in der damaligen Fachpresse gedruckt vorliegenden Judikate der Berliner Gerichte von 1933 bis 1945 gewähren Einblicke, die Vergleiche und Bewertungen ermöglichen.

Die Fachorgane „Juristische Wochenschrift" und „Deutsches Recht", jeweils mit Schriftleitung in Berlin und 1939 vereinigt, bieten ein reichhaltiges Material. Kammergerichtliche Erkenntnisse nehmen breiten Raum ein. Seit Mitte der dreißiger Jahre überstieg die Zahl der veröffentlichten Kammergerichtsurteile diejenige aller anderen Oberlandesgerichte zusammen. Nach seiner Größe beanspruchte das Kammergericht den ersten Rang; mit 32 Senatspräsidenten und 140 Oberlandesgerichtsräten war es ungefähr doppelt so stark besetzt wie das nächstgrößte OLG, nämlich dasjenige zu Dresden[58]. In seinem eindrucksvollen historischen Gebäude in der Elßholzstraße 32 residiert heute der Alliierte Kontrollrat mit seiner Luftsicherheitszentrale.

Die Ergebnisse der Berliner Spruchpraxis wirkten durch ihr Gewicht und ihre breite Publizität wohl als Leitbilder im Reich. Im Sog der Zeit, durchaus auf dem neuen, verhängnisvollen Kurs, doch verhalten, dabei um Qualität und vielfach um den Fortbestand rechtlicher Traditionen bemüht, mitunter gar in durch zeitgemäße Terminologie verhüllter Opposition gegen den nationalsozialistischen Ungeist – so läßt sich die Tätigkeit des Kammergerichts zusammenfassend beurteilen. Einige repräsentative Belege mögen diese Summe veranschaulichen.

Im Revolutionsjahr erkannte das Gericht, die Neuordnung des Staatswesens habe die Bindung des Strafrichters an die Rechtsnormen der Vergangenheit jedenfalls insoweit nicht beseitigt, als diese den wesentlichen Grundsätzen des „nationalsozialistischen Gedankengutes" nicht

V. Kregel: Die Personalpolitik der Justiz im 3. Reich – dargestellt am Beispiel der Personalbewirtschaftung für den höheren Dienst im Oberlandesgerichtsbezirk Celle, 1986, Diss. iur. Göttingen. Daß dem Verfasser bei der „Verwertung des Archivmaterials Schwierigkeiten" gemacht wurden (Vorwort), bestätigt die etwa von K. Bästlein (folgende Note) geäußerten Befürchtungen über Einschränkungen der zeithistorischen Forschung durch mißverstandene „Datenschutz"-Gründe. – Unbegründeten ministeriellen Vorbehalten begegnete auch die vortreffliche Dokumentation von *H. Hattenhauer,* Rechtswissenschaft im NS-Staat. Der Fall Eugen Wohlhaupter, 1987, S. 2, Fn. 5.

[57] *K. Bästlein,* Zum Erkenntniswert von Justizakten aus der NS-Zeit. Erfahrungen in der konkreten Forschung, in: J. Weber (Hg.), Datenschutz und Forschungsfreiheit, 1986, S. 85–102; sowie *A. Streim,* Staatsanwaltschaftliche Ermittlungsakten als geschichtliche Quellen. Probleme der Praxis, ebd., S. 79–83.

[58] Handbuch der Justizverwaltung, bearb. im Büro des Reichsjustizministeriums, 1942, S. 6. – Zur Geschichte des Kammergerichts jetzt auch *U. Wesel,* Ja, wenn das Berliner Kammergericht nicht wäre. Seine Geschichte und seine Gegenwart, in: Kritische Vierteljahresschrift für Gesetzgebung und Rechtswissenschaft, 1987, S. 157–182.

widerstritten. Reformen einzuführen, sei Aufgabe des Gesetzgebers. Das Kammergericht bemühte das Führerprinzip, von dem Volk und Reich ihre Rettung aus höchster Not erwarteten, auch den Gedanken der Rechtseinheit, um eine Strafkammer in die Schranken zu verweisen, die zugunsten wohl nationalsozialistischer Täter nicht mehr zeitgemäß erscheinendes Recht verworfen hatte. Zur Beseitigung einer Spannung zwischen Recht und Billigkeit komme lediglich das Institut der Gnade „als das Sicherheitsventil des Rechts" in Betracht[59]. „Nur in ganz besonders gelagerten Ausnahmefällen", so das Gericht in einem anderen Erkenntnis[60], obliege der richterlichen Rechtsfindung die Aufgabe, „eine dem gesunden Volksempfinden entsprechende gerechte Entscheidung" gegen das positive Gesetz zu ermöglichen. Eine strenge Gesetzesbindung vertrat das KG auch im Testamentsrecht. Es sei den Gerichten verwehrt, „sich über die als zwingend behandelten Formerfordernisse mit der Begründung hinwegzusetzen, daß die Wirksamkeit eines vernünftigen und pflichtbestimmten Testamentes nicht an Formalitäten scheitern dürfe"[61]. Bei der Ehelichkeitsanfechtung kam das Gericht dem vorherrschenden Zeitgeist behutsam entgegen und erweiterte die Möglichkeiten des Klägers. Zwar könne es die Volksgemeinschaft auch hinnehmen, wenn die wahre blutsmäßige Abstammung unaufgedeckt bleibe. Andererseits dürfe der Richter nicht verkennen, „daß besondere Umstände es schon jetzt zwingend rechtfertigen, an die Versäumung der Frist einen besonders strengen Maßstab zu legen", wobei auch von der bisherigen Rechtsprechung abgewichen werden könne. Denn der Richter dürfe nicht übersehen, daß die Familiengemeinschaft „letzten Endes in der blutmäßigen Bindung begründet" sei[62].

Scharfe Schelte zog sich das Kammergericht zu, als es – anders als die Vorinstanzen – kirchenfreundlich entschied, die letztwillige Zuwendung eines Grundstücks an eine der staatlich anerkannten Religionsgesellschaften verstoße nicht grundsätzlich in besonders hohem Maße gegen das gesunde Volksempfinden[63]. Nach Ansicht der nationalsozialistischen Kritik verfehlte das Urteil zu § 48 Abs. 2 Testamentsgesetz die Anforderungen, die 1942 „an eine lebensnahe und den politischen Notwendigkeiten dienende Rechtsprechung gestellt werden müssen"[64].

[59] KG, Deutsches Recht 1934, 193.

[60] KG, Deutsches Recht 1939, 2079.

[61] KG, Deutsches Recht 1939, 1953.

[62] KG, JW 1937, 2040.

[63] Dazu allgemein *K.J. Volkmann,* Die Rechtsprechung staatlicher Gerichte in Kirchensachen 1933 bis 1945, 1978; Rezension von *C. Link,* ZNR 1982, 217–219.

[64] KG, Deutsches Recht 1942, 937, mit abl. Anm. der Red. ebenda, 1266 f.

Nicht nur die staatlichen Exekutivorgane und der Gesetzgeber[65], auch die Justiz fügte den jüdischen Mitbürgern in Straf- wie in Zivilsachen schlimmes Unrecht zu[66] – das beschämendste Kapitel deutscher Geschichte. „Mit Rücksicht auf die Entwicklung der politischen Verhältnisse", so judizierte das KG schon 1933, sei die fristlose Kündigung eines Vertrages über die Beschäftigung eines jüdischen Regisseurs zulässig. Dabei berief sich das Gericht auf „die wiederholten Kundgebungen des Führers und der verantwortlichen Minister", insbesondere auch von Goebbels, und auf den Judenboykott vom 1. April jenes Jahres[67]. Zurückhaltender wiederum ein anderer Senat: Ob bei der arischen Ehefrau eines Juden der Schutz des Schuldenbereinigungsgesetzes dem gesunden Volksempfinden widerspreche, lasse sich nur unter Berücksichtigung aller Umstände des Einzelfalles beurteilen. Indessen erklärte der Beschluß in den Gründen: „Schon die bloße Tatsache, daß eine deutsche Frau einen Juden geheiratet hat, muß die Schuldenbereinigung dann ausschließen, wenn sie sich bewußt über den Rassenunterschied hinweggesetzt hat, oder wenn ihr die Bedeutung des Rassengegensatzes hätte bekannt sein müssen, z. B. bei Eheschließung mit einem Juden kurz vor oder nach der Machtergreifung"[68].

Nolens volens folgte das Kammergericht den Normen des Regimes, das die jüdischen Bürger bedenkenlos aus dem Wirtschaftsleben verdrängte und sie vermögensrechtlich ohne jede Rücksicht verkürzte. Ein angesehener Berliner Verlag ließ ein Buch erscheinen, dessen bezeichnender Titel in das „Wörterbuch des Unmenschen"[69] paßt und das ein Kammergerichtsrat als Rezensent pries[70]: „Die Entjudung des deutschen Grundbesitzes"[71].

[65] Vgl. die Sammlung von J. Walk (Hg.), Das Sonderrecht für die Juden im NS-Staat, 1981.

[66] *E. Noam* u. *W.-A. Kropat*, Juden vor Gericht 1933–1945. Dokumente aus hessischen Justizakten, 1975.

[67] KG, JW 1933, 2918. – Ein Siedlungsvertrag könne wegen Ehe des Siedlers mit einer Jüdin gekündigt werden: KG, Deutsches Recht 1940, 870.

[68] KG, Deutsches Recht 1939, 1097. – Gegen die Ansicht, „nur solche Schuldner hätten Anspruch auf Schuldenbereinigung, denen der zuständige Kreisleiter ausdrücklich bescheinigt, daß sie zuverlässige Nationalsozialisten seien" OLGR. *Breithaupt*, Berlin, im Einklang mit dem KG, Deutsches Recht 1942, 624 f.

[69] *D. Sternberger, G. Storz* u. *W. E. Süskind*, Aus dem Wörterbuch des Unmenschen, 1957 (dtv, 1962).

[70] *Höver*, Deutsches Recht 1940, 904.

[71] Die Verordnung über den Einsatz des jüdischen Vermögens v. 3. Dez. 1938 nebst den Durchführungsverordnungen und den ministeriellen Durchführungsbestimmungen, 2. vermehrte Aufl. erläutert von RegR. Dr. *Albert Scholl*, 1940, Carl Heymanns Verlag.

Zur „Ausschaltung" der jüdischen Bürger siehe auch etwa die folgenden kammergerichtlichen Entscheidungen: Deutsches Recht 1939, 2110 (zu der VO zur Regelung der Fälligkeit alter Hypotheken von 1938: „Aus der nationalen Bedeutung der VO folgt schon, daß sie grundsätzlich nicht den Schutz von Juden bezweckt, welche aus der Gemeinschaft

Juristen verfolgten ihre jüdischen Mitbürger bis ins Registerrecht. Die Registerrichter am Amtsgericht Charlottenburg Groschuff und Crisolli bekämpften nach dem „Sieg der nationalen Erhebung" mit Hingabe und Ausdauer die verbreitete Praxis, nach der Geschäftsleute dem Namen ihrer Firma den Zusatz „deutsch" beifügten. Die beiden Berliner Amtsgerichtsräte stellten das überkommene Recht auf den Kopf, um als Vorreiter nationalsozialistischer Rechtsansichten das Handelsregister von einer – wie sie meinten – undeutschen Verfallserscheinung zu säubern. Das ministeriell bestärkte Kammergericht hingegen verhinderte durch positivistische Rechtsanwendung unerwünschte Auswüchse. Die Hauptleidtragenden und von beiden Gerichten übereinstimmend Diskriminierten blieben indes die jüdischen Geschäftsleute. Sie sollten sich unter keinen Umständen mehr mit dem Firmenzusatz „deutsch" schmücken dürfen. Noch vor Inkrafttreten der Nürnberger Gesetze schwenkte das Kammergericht auf die nationalsozialistische Linie ein: seit dem Herbst 1934 versagte es jüdischen Unternehmern das Prädikat „deutsch", weil es beim Gebrauch durch Juden über deren Rassezugehörigkeit täusche, wovor es das Publikum zu schützen gelte[72].

Die Judenverfolgung erreichte alle Lebensbereiche. Der Druck der Machthaber und auch eines Teiles der Öffentlichkeit läßt sich bei der Lektüre manchen Urteils nachempfinden. „Mit Rücksicht auf die den Juden auferlegten Beschränkungen im Rechts- und Wirtschaftsverkehr", so das Kammergericht 1939, erscheine die Entlassung eines jüdischen Testamentsvollstreckers aus dem Amt auf Antrag der Erben auch dann gerechtfertigt, wenn diese Vierteljuden seien. Dies geböten die dem Nachlaß und den an ihm Beteiligten sonst drohenden Gefahren[73]. Wer im Jahr 1934 beim Vorübergehen an einer Geschäftsstelle der NSDAP, aus der eine Rundfunkrede des Führers erschallte, sich ostentativ die Spitzen der Zeigefinger waagerecht in die Ohren steckte, verletzte nach einem kammergerichtlichen Urteil die öffentliche Ordnung, wenn Passanten und Anlieger Anstoß nahmen, und machte sich wegen groben Unfugs strafbar[74].

„Nach der im nationalsozialistischen Staat zum Durchbruch gelangten und in der Gesetzgebung zum Ausdruck gekommenen Auffassung", so

des deutschen Volkes und aus der nationalen Wirtschaft ausgeschlossen werden sollen"); ebenda 1940, 396; 1940, 459; 1940, 648; 1940, 729; 1940, 820; 1940, 1637; 1942, 1069; 1944, 252.

[72] *H. Wrobel,* Groschuff und Crisolli – Wie zwei Amtsgerichtsräte nach dem 30. Januar 1933 versuchten, mit dem liberalistischen Mißbrauch des Firmenzusatzes „Deutsch" aufzuräumen und so das Handelsregister von einer undeutschen Verfallserscheinung zu befreien, und was aus diesem Versuch wurde, in: H.-E. Böttcher (Hg.), Festschr. f. R. Schmid, 1985, S. 75–96, mit vielen Fundstellen.

[73] KG, Deutsches Recht 1939, 580.

[74] KG, JW 1935, 309.

das KG 1936[75], „soll der jüdische Einfluß auf das deutsche Volk ausgeschaltet werden, um die Kräfte des deutschen Volkes ungehindert zur Entwicklung kommen zu lassen“[76]. Darum sei die vormundschaftsgerichtliche Genehmigung eines Lehrvertrages mit einem jüdischen Lehrherrn als nicht im Interesse des Mündels liegend jedenfalls dann zu versagen, wenn es sich um ein weibliches Mündel handele, das in einem kleinen jüdischen Betriebe seine Ausbildung erhalten sollte.

Manche schwerlich zu umgehenden, die jüdischen Mitbürger kraß benachteiligenden nationalsozialistischen Vorschriften, etwa die des Judenmietgesetzes von 1939, wandte das Kammergericht eher zurückhaltend an[77]. Eine von einer jüdischen Synagogengemeinde durch ihren Vorstand erteilte Generalvollmacht sollte wirksam bleiben, wenn die Gemeinde danach ihre Stellung als Körperschaft des öffentlichen Rechts verloren und die Position eines rechtsfähigen Vereins des bürgerlichen Rechts erworben hatte[78]. Die unrichtige Behauptung, ein anderer sei jüdischer Abstammung, sollte als unerlaubte Handlung (nur) gelten, wenn sie in herabsetzender und kränkender Weise erfolgte[79].

Auch auf dem Felde des Familienrechts finden sich neben nicht oder weniger anstößigen das Gerechtigkeitsempfinden tief verletzende kammergerichtliche Sentenzen. Die 1934 geschlossene Ehe „einer Staatsangehörigen deutschen Blutes mit einem Volljuden“ verstoße gegen das Sitten-, Ehr- und Rechtsbewußtsein des Volkes. Die Frau verwirke dadurch ihren Anspruch auf Aussteuer[80]. Werde das aus der geschiedenen Ehe eines „Ariers“ mit einer Jüdin stammende, evangelisch getaufte Kind im Hause des „arischen“ Vaters erzogen, so könne die jüdische Mutter nicht verlangen, daß ihr das Kind zum Verkehr in ihrer Wohnung überlassen werde[81].

Musterbeispiele politisch vorbestimmter Gesetzesanwendung und richterlicher Korrektur des Privatrechts zur Beseitigung bestehender Vertragsansprüche jüdischer Arbeitnehmer finden sich in der Spruchpraxis des Berliner Landgerichts[82]. Bei der Reduktion dienstvertraglicher Ruhegeldansprüche hatten das Reichsgericht und das Reichsarbeitsgericht den unguten Weg über das Prinzip des § 242 BGB – Treu und Glauben – gewiesen. Wie diese höchsten Instanzen fragte das Landge-

[75] KG, JW 1936, 3067.

[76] Vgl. die Nürnberger Gesetze vom 15. September 1935 (RGBl. I, 1146).

[77] KG, Deutsches Recht 1940, 1146, 1577, 2111.

[78] KG, Deutsches Recht 1939, 1077. – Die Synagogengemeinde sei auch vollstreckungsrechtlich nicht mehr einer Körperschaft des öffentlichen Rechts gleichzustellen; gegen sie könne ohne weiteres vollstreckt werden: LG Duisburg, Deutsches Recht 1940, 376.

[79] KG, JW 1935, 3644.

[80] KG, JW 1936, 280.

[81] KG, JW 1936, 1998. Vgl. auch KG, JW 1936, 2562, ferner KG, JW 1936, 1467.

[82] Ausführlich *B. Rüthers,* Die unbegrenzte Auslegung, 1968, S. 228 ff.

richt Berlin[83], ob die Verordnung zur Ausschaltung der Juden aus dem deutschen Wirtschaftsleben[84] auch solchen jüdischen Angestellten die Versorgungsansprüche genommen hatte, die schon vor Erlaß der schmählichen Regel aus dem Dienst geschieden waren. Das Gericht usurpierte Kompetenzen des Gesetzgebers, indem es eine Lücke im Regelwerk feststellte und damit bereits das gewünschte Ergebnis präjudizierte. Die Ausschaltungsverordnung drücke den wirklichen Willen des Gesetzgebers, nämlich alle Beziehungen von jüdischen Bürgern zur deutschen Wirtschaft zu lösen, ungenau und lückenhaft aus. Das LG Berlin füllte dann in einem zweiten Schritt die so festgestellte Gesetzeslücke aus. Für die Analogie berief es sich auf § 242 BGB, eine Vorschrift, die es als zusätzliches Argument der Lückenfeststellung benutzte. Das Gericht erwog, warum die Fortzahlung der Pension an ein ehemaliges jüdisches Vorstandsmitglied mit dem „gesunden Volksempfinden" unvereinbar sei. Es schloß die behauptete Lücke durch eine verfehlte, willkürliche Analogie zu einer Verordnung des NS-Gesetzgebers, die im konkreten Fall jedes andere Ergebnis eher oder doch jedenfalls ebenso getragen hätte, wie das festgestellte.

Mit gleicher Schärfe griff ein anderes Urteil des LG Berlin wiederum unter Inanspruchnahme der Generalklausel des § 242 BGB in das Vertragsrecht ein[85]: Die Bindung eines arischen Vertreters an eine Konkurrenzklausel zugunsten einer jüdischen Vertragspartnerin widerspreche dem Grundsatz von Treu und Glauben, wenn der Konkurrenzfall gerade auf die nationalsozialistischen Maßnahmen zur – noch einmal das niederträchtige Wort – „Entjudung der deutschen Wirtschaft" zurückginge. Denn Treu und Glauben bestimmten sich nach den nationalsozialistischen Ansichten und Programmen.

Auch von weiteren zahlreichen Urteilen und Beschlüssen des Berliner Landgerichts, die der Gerechtigkeit zuwiderliefen, trafen viele jüdische Mitbürger. Schon im Jahr 1933 stellten Erkenntnisse ohne spezialgesetzliche Grundlage fest, „nichtarische" Zwangsverwalter könnten entlassen werden, auch wenn sie Frontkämpfer waren, und „nichtarische" Testamentsvollstrecker könnten auf Antrag eines Beteiligten abberufen werden; „denn erstes Grundgesetz des neuen Staates" sei „die Ausschaltung aller Fremdrassigen aus öffentlichen Ämtern und Funktionen"[86]. Der Urheber antisemitischer, ehrverletzender Angriffe durfte im gleichen Jahr des Unheils einen jüdischen Richter „ohne weiteres" wegen Besorgnis der Befangenheit ablehnen[87]. Im Jahr 1935 lehnte es das Landgericht

[83] Deutsches Recht 1940, 367, mit zust. Anm. von Klemm.
[84] Vom 12. Nov. 1938, RGBl. I, 1580.
[85] LG Berlin, JW 1938, 2203 = DJ 1938, 1195.
[86] LG Berlin, JW 1933, 1275; JW 1933, 2406; vgl. andererseits auch LG Berlin, JW 1933, 1673.
[87] LG Berlin, JW 1934, 442; vgl. ferner LG Berlin, JW 1934, 924.

Berlin ab, einen jüdischen Rechtsanwalt als Offizialverteidiger beizuordnen. In den Gründen heißt es: „Es ist allerdings richtig, daß die Beiordnung nichtarischer Anwälte für einen Angeschuldigten arischer Abkunft nach den Bestimmungen des Gesetzes nicht verboten und daß andererseits durch Verwaltungsanordnung den Gerichten bei Entscheidungen über Anträge auf Bestellung von Verteidigern die möglichste Berücksichtigung von Wünschen der Antragsteller nach Beiordnung eines bestimmten Rechtsanwalts empfohlen ist. Dennoch wird im Regelfalle die Beiordnung eines nichtarischen Rechtsanwalts für einen Angeschuldigten arischer Abkunft nicht angezeigt sein"[88]. Schrittmacherdienste für das Regime, ohne gesetzliche Gebundenheit, leistete das LG Berlin auch, indem es 1938 jüdischen Mietern den Mieterschutz versagte. Es gehe dabei nicht um eine Auslegung des Mieterschutzgesetzes, „sondern um eine weltanschauliche Frage". Eine „Gemeinschaft mit Juden" werde „von deutschen Volksgenossen grundsätzlich abgelehnt, und zwar sowohl das Zusammenwohnen mit Juden wie überhaupt jede Art von Gemeinschaft". Die Nürnberger Gesetze hätten nur einen Anfang gemacht. Den verderblichen Kurs weiter zu verfolgen, zeigte sich das Gericht aus eigenem Antrieb entschlossen[89].

Nicht immer, wenn das Berliner Landgericht über das geschriebene Recht hinwegging, um den übergeordneten „Grundgesetzen der völkischen Lebensordnung" und dem „gesunden Volksempfinden" zu folgen, verfehlte es die Gerechtigkeit. So sollte der Mieterschutz, den eine Soldatenfrau als Untermieterin für ihre Familie genoß, auch dann fortbestehen, wenn die Frau nach dem Soldatentod ihres Mannes auf sich allein gestellt blieb – ein Urteil, das sich – anders als das Amtsgericht – über die beschränkteren Maßgaben des Kriegsnotrechtes ausdrücklich hinwegsetzte, um den – wie es hieß – „höheren Gesetzen der Gemeinschaft" gerecht zu werden[90]. Problematischer hingegen wieder die richterliche Vertragskorrektur unter „Ariern" nach § 138 BGB im Zeichen des „Gemeinschaftsgedankens": Verlange der Hauseigentümer lediglich für die Genehmigung zum Eintritt eines neuen Mieters in den bisherigen Mietvertrag eine durchaus übliche Abstandssumme, so widerspreche ein solches Verlangen, demgegenüber eine gleichwertige Gegenleistung nicht bestehe, „den Grundsätzen des Nationalsozialismus, also auch den guten Sitten"[91].

[88] LG Berlin, JW 1935, 2393.

[89] LG Berlin, JW 1938, 3242.

[90] LG Berlin, Deutsches Recht 1942, 1093.

[91] LG Berlin, JW 1935, 1112 = Deutsches Recht 1939, 487. – Antisemitische Entscheidungen des LG Berlin zum Familienrecht z. B. JW 1934, 1516; JW 1936, 2010; JW 1936, 2487. Vgl. auch LG Berlin, Deutsches Recht 1943, 58 = Deutsche Justiz 1942, 247 (zur Pflicht des Hauseigentümers, Propagandaplakate der NSDAP am oder im Hause zu dulden).

Erste Aufschlüsse zur Spruchpraxis der Sondergerichte in der Reichshauptstadt liefert die 1984 erschienene, verdienstliche Dokumentation des Berliner Staatsanwalts Bernd Schimmler: „Recht ohne Gerechtigkeit"[92]. Das Buch bietet aus einem weit größeren archivalischen Bestand eine eindrückliche Auswahl von zwanzig Urteilen gegen Geistliche, in sogenannten Heimtückefällen, wegen „Wehrkraftzersetzung", wegen „verbotenen Umgangs mit Kriegsgefangenen", gegen Juden und Polen, aufgrund strafschärfender Kriegsgesetze und ein Urteil, dem eine Abänderung durch Exekution folgte. Die – nicht von Nationalsozialisten erfundenen – Sondergerichte sollten, wie der Ministerialdirektor im Reichsjustizministerium und spätere Vizepräsident des Volksgerichtshofes Dr. Crohne 1933 erklärte, „in Zeiten politischer Hochspannung durch schnelle und nachdrückliche Ausübung der Strafgewalt darauf hinwirken, daß unruhige Geister gewarnt oder beseitigt werden und daß der reibungslose Gang der Staatsmaschine nicht gestört wird"[93]. Die 1933 wieder und im nationalsozialistischen Ungeist belebten „Standgerichte der inneren Front"[94] urteilten neben politisch gefärbten Straftaten auch schlechthin kriminelle Delikte ab. Mit Beginn des Krieges diente die Sondergerichtsbarkeit dem Kampf gegen den „inneren Feind". Seit 1939 nutzte sie dabei die schneidige Waffe der Volksschädlingsverordnung. Neben der unausweichlichen Todesstrafe für Plünderung und Brandstiftung sah sie Zuchthaus oder Todesstrafe für im Schutz von Verdunkelungen begangene Straftaten, außerdem in einem allgemein gehaltenen Tatbestand[95] Zuchthaus oder Todesstrafe für denjenigen vor, der „unter Ausnutzung der durch den Kriegszustand verursachten außergewöhnlichen Verhältnisse eine sonstige Straftat" begangen hatte.

In Berlin tagten bis zum Kriegsbeginn zwei Sondergerichte, besetzt mit jeweils drei Berufsrichtern des Landgerichts, die teilweise auch in Strafkammern saßen. Der starke Anstieg der auch aufgrund neuer Vorschriften angeklagten Delikte führte zu einer Mehrfachbesetzung der Berliner Sondergerichte, deren Zahl sich schließlich bis auf neun erhöhte. Nachdem 1940 das Landgericht Frankfurt/Oder ein eigenes Sondergericht erhalten hatte, blieben die Sondergerichte der Reichshauptstadt örtlich zuständig für die Landgerichtsbezirke Berlin, Neuruppin, Potsdam und Prenzlau. Die sondergerichtlichen Strafverfahren verliefen rasch und gestrafft. Die Sondergerichte machten oft kurzen Prozeß. Vereinfachungsvorschriften ermöglichten auch die Anklage vor einem Einzelrichter. In umfangreichen oder herausragenden Fällen fand

[92] *B. Schimmler,* Recht ohne Gerechtigkeit. Zur Tätigkeit der Berliner Sondergerichte im Nationalsozialismus, 1984, zum Folgenden.

[93] Bedeutung und Aufgaben der Sondergerichte, Deutsche Justiz 1933, 384 f.

[94] *I. Müller,* Furchtbare Juristen, 1987, S. 158 ff., auch zum Folgenden und zum Vergleich.

[95] § 4 VolksSchVO (RGBl. 1939 I, 1679).

in Berlin regelmäßig eine ausführliche Hauptverhandlung statt. Die Entscheidungen gewannen Rechtskraft mit ihrer Verkündung durch den Vorsitzenden. Der Angeklagte konnte dagegen kein Rechtsmittel einlegen. Die seit 1940 eingeführte Nichtigkeitsbeschwerde gab jedoch andererseits dem Oberreichsanwalt die Möglichkeit, sondergerichtliche Erkenntnisse durch das Reichsgericht schärfen zu lassen.

Die Berliner Sondergerichte galten als nicht durchweg zuverlässig und aus der Sicht des Reichsjustizministeriums als zu milde. Während die Sondergerichte in den besetzten Gebieten, besonders im Osten, mit mörderischen Rechtskonstruktionen, mit kurzentschlossener Willkür und brutaler Härte die Gerechtigkeit verhöhnten, nach der 1941 erlassenen Verordnung über die Strafrechtspflege gegen Polen und Juden in den eingegliederten Ostgebieten[96] ihre Opfer vertilgten, bewahrten die Berliner Instanzen ein justizförmiges Gesicht. Mild lassen sich ihre Urteile freilich kaum nennen. Kritische Augenblicksäußerungen zur Lage Deutschlands oder Führerwitze brachten ihre Urheber für etliche Monate ins Gefängnis. Viele dieser Äußerungen kosteten in den letzten Kriegsjahren vor dem Volksgerichtshof das Leben.

Von den weit über eineinhalbtausend nachgewiesenen Berliner Sondergerichtsurteilen verhängten nur verhältnismäßig wenige, nämlich neunundsiebzig die Todesstrafe. Die Mehrzahl dieser Todesurteile erging wegen Eigentumsdelikten[97]. Die Härte dieser sondergerichtlichen Sprüche, auch der Freiheitsstrafen, erklärt sich zu einem Teil aus den Bedrängnissen der Kriegsjahre. „Jedes Volk", so die amerikanischen Richter im Nürnberger Juristenprozeß 1947[98], „anerkennt die absolute Notwendigkeit einer strengeren Anwendung des Strafrechts in Zeiten großer Not". Indessen läßt sich mit diesem Satz die nationalsozialistische Strafrechtspflege nicht legitimieren, weil ihr unübersehbare Züge der Parteilichkeit und das Fehlen von Verfahrensgarantien das Gepräge gaben.

Der Überblick bliebe lückenhaft, ließe er die Verwaltungsgerichtsbarkeit außer Betracht, den Prüfstein des Rechtsstaates, einen Gegenstand, in dem sich die ungelösten Widersprüche des NS-Systems spiegelten: die Konflikte zwischen Normenstaat und Maßnahmestaat, zwischen Staat und Partei, Parteikanzlei und Ministerien. Ein Regime, das die Gewaltenteilung und Grundrechte ablehnte, alle juristischen Differenzierungen und Kontrollmechanismen verwarf, konnte der Verwaltungsgerichtsbarkeit prinzipiell keinen Raum zugestehen. Die Verwaltungsgerichtsbarkeit mußte darum eine neue Funktion gewinnen oder untergehen. Mochten sich die Gewichte im Sinne der Machthaber noch so stark

[96] RGBl. I, 759.
[97] *Schimmler*, S. 23.
[98] *Schimmler*, S. 8, 135.

verschieben, so blieb die Debatte um die Zukunft der Verwaltungsgerichtsbarkeit bis zum Zusammenbruch der Hitlerei letztlich doch unentschieden.

Über das traditionsreiche Preußische Oberverwaltungsgericht zu Berlin in der NS-Zeit, das in dem durch Führererlaß 1941[99] errichteten Reichsverwaltungsgericht aufging, geben neuere Studien Auskünfte, die Licht und Schatten differenziert verteilen[100]. Danach hat das Preußische OVG innerhalb der ihm verliehenen Kompetenzen und im Rahmen dessen, was in der Kraft einer öffentlich handelnden Instanz stand, nach einem Wort von Michael Stolleis „tatsächlich rechtsstaatliche Positionen, durch unbeirrtes, manchmal sogar listiges Festhalten am positiven Recht in erstaunlichem Maße bewahren können"[101]. – Sein alter historistischer Justizpalast aus dem Jahre 1907 in der Hardenbergstraße 31 beherbergt heute, im genius loci die alte Tradition rechtsstaatlicher Verwaltungskontrolle fortführend, das Bundesverwaltungsgericht[102]. – Die relative Widerstandsfähigkeit des Berliner OVG gegen nationalsozialistische Pressionen gründete auf personeller Beständigkeit, repräsentiert zuerst durch den Präsidenten Bill Drews[103], auf dem Selbstbewußtsein des angesehenen, rechtsstaatlich bewährten Gerichts und auf der Qualität seines Personals[104]. Der 1941 geschaffene Nachfolger des von den Machthabern nicht geliebten PrOVG, das Reichsverwaltungsgericht, war von seinem Anbeginn als betont nationalsozialistisches Gericht konzipiert

[99] Führererlaß vom 3.4.1941, RGBl. I, 201; das PrOVG stellte seine Tätigkeit mit Wirkung vom 1.5.1941 ein. Zur damaligen Lage instruktiv *H. Reuß*, Zuständigkeit und Verfahren der Verwaltungsgerichte, Deutsches Recht 1940, S. 1345–1356.

[100] *M. Stolleis*, Die Verwaltungsgerichtsbarkeit im Nationalsozialismus, in: System des verwaltungsgerichtlichen Rechtsschutzes. Festschr. f. Ch.-F. Menger, 1985, S. 57–80, 71; *L. Frege*, Der Status des Preussischen Oberverwaltungsgerichtes und die Standhaftigkeit seiner Rechtsprechung auf politischem Gebiet, in: H. R. Külz u. R. Naumann (Hg.), Staatsbürger und Staatsgewalt. Verwaltungsrecht und Verwaltungsgerichtsbarkeit in Geschichte und Gegenwart, Bd. 1, 1963, S. 131–155; *W. Hempfer*, Die nationalsozialistische Staatsauffassung in der Rechtsprechung des Preußischen Oberverwaltungsgerichts. Dargelegt an ausgewählten Beispielen rechtsstaatlicher Grundsätze, 1974. Vgl. allgemein auch D. Rebentisch u. K. Teppe (Hg.), Verwaltung contra Menschenführung im Staat Hitlers. Studien zum politisch-administrativen System, 1986.

[101] Vgl. vorstehende Fn., S. 71.

[102] Über den Bau anschaulich *M. Baring*, Das Bundesverwaltungsgericht, in: Verwaltungsrecht zwischen Freiheit, Teilhabe und Bindung. Festgabe aus Anlaß des 25jährigen Bestehens des Bundesverwaltungsgerichts, 1978, S. 639–651.

[103] *H. Ule*, Über das Wirken des Präsidenten des Preußischen Oberverwaltungsgerichts Prof. Dr. Dr. h. c. B. Drews in der Zeit nach 1933, in: D. Wilke (Hg.), Festschr. zum 125jährigen Bestehen der Juristischen Gesellschaft zu Berlin, 1984, S. 803–819.

[104] Zur Bedeutung des PrOVG vor 1933 vgl. jüngst *St. F. Pauly*, Organisation, Geschichte und Praxis der Gesetzesauslegung des (Königlich) Preußischen Oberverwaltungsgerichts 1875–1933, 1987; sowie *U. Stump*, Preußische Verwaltungsgerichtsbarkeit 1875–1914. Verfassung – Verfahren – Zuständigkeit, 1980.

und auch besetzt worden[105]. Auch im Stil[106] der Judikate zeigte sich dieser Wandel[107]; dennoch lassen sich selbst beim RVG noch geringe Spuren früherer rechtsstaatlicher Tradition nachweisen[108].

Doch auch das PrOVG unterlag den Erosionen durch den nationalsozialistischen Malstrom[109]. Ein Zitat aus dem Jahr 1937 mag dies belegen: „Wenn das OVG früher gesagt hat, daß politische Gesichtspunkte bei der Prüfung der Geeignetheit als Kraftfahrzeugführer auszuscheiden hätten (OVG 84, 282), so war das begründet, weil zu jener Zeit sich zahlreiche Parteien im Staate gegenüberstanden und weil eine feindliche Einstellung gegenüber einer der gerade herrschenden Parteien noch keineswegs den Schluß auf eine staatsfeindliche Gesinnung rechtfertigen konnte. Nachdem durch die nationalsozialistische Erhebung dem Parteienunwesen ein Ende gemacht und die NSDAP die alleinige Trägerin der politischen Willensbildung des Volkes geworden ist, sind die Voraussetzungen jener Rechtsprechung weggefallen. In dem Kampf um die Selbstbehauptung, den das deutsche Volk zu führen hat, gibt es auch nicht mehr wie früher einen unpolitischen Lebensbereich; die Allgemeinheit hat vielmehr einen Anspruch darauf, auch in ihrer politischen Willensbildung gegen eine Beeinflussung durch Feinde der Volksgemeinschaft geschützt zu werden. Wenn das Bezirksverwaltungsgericht daher den Kläger nach seiner staatsfeindlichen Einstellung als ungeeignet zum Führen von Kraftfahrzeugen angesehen hat, so kann das vom Revisionsstandpunkt aus nicht beanstandet werden“[110].

Die Spruchpraxis des Preußischen OVG zu Berlin bietet ein widerspruchsvolles Gesamtbild[111] – wie die Judikatur vieler anderer Instanz- und Obergerichte. Die vorwiegend national und konservativ denkende

[105] Vgl. *H. Gaiser*, Das Reichsverwaltungsgericht, 1948, Diss. iur. (Masch.-Schr.) Tübingen, S. 80 ff., bes. S. 91 ff.; *Th. Maunz*, Ein Jahr Rechtsprechung des Reichsverwaltungsgerichts, Deutsches Recht 1943, 1127 f.

[106] Auffällig z. B. Entscheidungen des Reichsverwaltungsgerichts (RVGE) Bd. 2 (1943), 212 f.

[107] Nationalsozialistisch beeinflußt sind etwa die Urteile RVGE 1 (1942), 84 ff. (Zugehörigkeit zur jüdischen Religionsgemeinschaft), RVGE 2 (1943), 76 ff. (Wer als jüdischer Mischling 1. Grades mit einer deutschblütigen Frau ohne Genehmigung die Ehe schließt, ist national unzuverlässig), 103 ff. (Nicht näher substantiierte staatspolizeiliche Bedenken gegen den Ehemann einer Gastwirtin machen diese gewerberechtlich unzuverlässig).

[108] RVGE Bd. 2 (1943), 42 ff. (44); RVBl. 1942, 397 f. (beide zur Enteignung).

[109] Aus zeitgenössischer Sicht der Vizepräsident des PrOVG, *Bach*, Die Rechtsprechung des Preußischen Oberverwaltungsgerichts im Lichte der nationalsozialistischen Weltanschauung und Rechtsauffassung, DV 1938, S. 199–205.

[110] Preuß. OVG, Verkehrsrechtliche Abhandlungen und Entscheidungen 1937, 319. – Zur Gesetzesbindung hingegen etwa RVBl. 1934, 286; JW 1934, 1269; JW 1938, 1215; RVBl. 1938, 556; Deutsches Recht 1939, 488, 491; Deutsches Recht 1939, 1694; Deutsche Verwaltung 1939, 153.

[111] *Hempfer*, S. 100.

Richterschaft zeigte sich zur Mitarbeit am neuen Staat um so eher bereit, als die bürgerliche Fassade des überlieferten Rechtsstaates zunächst weithin gewahrt blieb. Die Fortexistenz der Verwaltungsgerichtsbarkeit trug dazu bei. Wo sie hemmte, wie bei der Unterdrückung von Regimegegnern und bei der Verfolgung jüdischer Menschen, wo sie störte, wie bei der Kommunal- und Schulaufsicht, wo sie verlangsamend wirkte, wie im Krieg, drängten die Machthaber sie ohne Federlesens beiseite[112]. Der Schein des Normenstaates verdeckte das Auswuchern des Maßnahmestaates so lange, bis für Gegenmaßnahmen kaum mehr Gelegenheit bestand[113].

Das für den Druck amtlich aussortierte Fallmaterial der Gerichte und die bisher nur zum kleineren Teil gehobenen archivalischen Zeugnisse[114] können die Wirklichkeit des NS-Staates und die Funktion seiner Justiz nur unvollständig zur Anschauung bringen. Es läßt sich nicht mehr feststellen, wie viele Fälle krassen Unrechts an kein Gericht gelangten, wie viele in der ersten oder zweiten Instanz mit welchem Ergebnis endeten, wie viele Bedrängte im Terror-Staat dennoch einen humanen Richter und Gerechtigkeit fanden. Schwer messen läßt sich auch die Schuld hinter den Gerichtsschranken.

Die Quellen zeigen indessen vielfaches Versagen der Justiz. Als Institution ist die dritte Gewalt dem Diktator und dessen Partei erlegen. Schuld und Verhängnis führten zu einem tiefen Kontinuitätsbruch. Eine primär normorientierte Betrachtung würde den entscheidenden Umbruch schon im Wandel des deutschen Verfassungsrechts in den Jahren 1933 bis 1935 lokalisieren wollen; demgegenüber muß der Historiker die Prozeßhaftigkeit der alle Lebensbereiche ergreifenden Herrschaftserrichtung des NS-Regimes betonen. Die rechtsstaatlichen Errungenschaften der konstitutionellen deutschen Verfassungen, des Kaiserreiches[115] und der Weimarer Republik: vornehmlich Gewaltenteilung, Gesetzesvorbehalt, Unabhängigkeit der Justiz, Grundrechte, die den Juristenstand trotz mancher obrigkeitlicher Grundzüge im ganzen ein Jahrhundert lang verpflichtet hatten, erwiesen sich als zu wenig tief eingeprägt. Juristische Kunstfertigkeit bewahrte viele Juristen in den Nöten der Zeit, unter den Verführungen und Pressionen des nationalsozialistischen Regimes nicht vor dem Verlust der Rechtsidee. Der Verrat an ihr[116] hatte unermeßliches Leid zur Folge. Es bleibt uns, um die Opfer zu trauern.

[112] *Stolleis*, Verwaltungsgerichtsbarkeit (Fn. 100), S. 79.

[113] *Stolleis*, ebenda.

[114] Zu nennen sind vor allem die reichen und durch sorgfältige Repertorisierung gut erschlossenen, bisher nicht stark genutzten Bestände des Reichsjustizministeriums im Bundesarchiv.

[115] *A. Laufs*, Die rechtsstaatlichen Züge des Bismarck-Reiches, in: K. Kroeschell (Hg.), Festschr. f. H. Thieme, Rechtshistorische Studien, 1977, S. 72–95.

[116] Vgl. auch *M. Boveri*, Der Verrat im 20. Jahrhundert, 4 Bde., 1960–1962.

Die deutsche Unrechtsgeschichte im Zeichen des Hakenkreuzes[117], in die sich die Berliner Justiz als gewichtiger Bestandteil einfügt, verpflichtet die Generationen der jüngeren Juristen zur Wachsamkeit: es gilt, die Verirrungen der Vergangenheit zur Kenntnis zu nehmen und die geschichtlichen Erfahrungen nicht zu vergessen. Die juristischen Fakultäten haben die Schuldigkeit, den Rechtsgedanken vor dem Hintergrund der leidvollen Erfahrungen zu entwickeln und die Maximen des Rechtsstaats tief in die Köpfe und Herzen einzupflanzen.

[117] Vgl. auch *M. Stolleis* u. *D. Simon,* Vorurteile und Werturteile der rechtshistorischen Forschung zum Nationalsozialismus, in: NS-Recht in historischer Perspektive (Kolloquien des Instituts für Zeitgeschichte), 1981, S. 13–51.

Staats- und völkerrechtliche Lage Berlins in unserer Zeit*

ALBRECHT RANDELZHOFER

A. Einleitung: Ziel und Grenzen des Vortrages

1. Ich spreche hier zum Abschluß einer Vortragsreihe, die im Rahmen der 750-Jahrfeier Berlins stattfindet. Zu Geburtstagen bringt man traditionell Glückwünsche und Blumen. Und in der Tat, nicht wenige meiner Vorredner waren in der glücklichen Lage, Berlin beides – im übertragenen Sinne – in reichem Maße zu offerieren: So fällt etwas vom Glanze der großen Berliner Juristen[1] der Jahrhundertwende auch noch auf das Berlin von heute; auf seine Stadtrechtsentwicklung[2] kann es zumindest mit Genugtuung zurückblicken, und daß Karl May am Ende seines Lebens Gerechtigkeit ausgerechnet durch das Königliche Landgericht in Moabit erfuhr[3], ist nach dem Fall des Müllers von Sanssouci eine schöne Bekräftigung der jenseits des Rheins bewundernd getroffenen Feststellung „il y a des juges – à Berlin". Freilich, wir dürfen gerade in diesem Zusammenhang auch nicht übersehen, daß der Gratulationsstrauß, der mit dem Titel „Die Berliner Justiz in der Zeit des NS-Regimes"[4] überreicht wurde, unter die „Blumen des Bösen" zu zählen ist, wobei diese negative Wertung selbstverständlich in gar keiner Weise auf Charles Baudelaire oder Herrn Kollegen Laufs bezogen sein kann.

Wäre es nun nicht ein gelungener Abschluß dieser Gratulationscour, wenn ich meinen Blumenstrauß in Gestalt der Darstellung einer staats- und völkerrechtlichen Lage überreichen würde, die für die Gegenwart

* Die Vortragsform wurde unverändert beibehalten. Die Anmerkungen sind auf das unverzichtbare Maß beschränkt.

[1] Siehe dazu *Ebel,* Berlin und seine Juristen um die Jahrhundertwende, in diesem Band S. 23 ff.

[2] Siehe dazu *Schlosser,* Stadtrechtsentwicklung in Berlin seit den Anfängen, in diesem Band S. 47 ff.

[3] Siehe dazu *Roxin,* Karl May vor dem Königlichen Landgericht in Moabit, in diesem Band S. 71 ff.

[4] Siehe dazu *Laufs,* in diesem Band S. 193 ff.

ungetrübte Sicherheit bedeutet und für die Zukunft die vielfältigsten und verheißungsvollsten Entwicklungsmöglichkeiten eröffnet?

2. Vor übertriebenen Erwartungen muß ich warnen, denn die Verhältnisse, sie sind nicht so. Aber nicht nur die Verhältnisse, auch der Vortragende. Wer als Rechtswissenschaftler über den Status Berlins spricht, kann im besten Fall eine zutreffende Analyse der bestehenden Rechtslage liefern. Direkte Handlungsanweisungen an Politiker sind nicht sein Geschäft, und mit dem Versuch, die Rechtslage selbst zu verändern, verkennt er in peinlicher Weise die eigenen Kräfte.

Das sind Selbstverständlichkeiten, wenn ich sie dennoch nenne, dann unter dem noch frischen Eindruck eines kürzlich stattgefundenen deutsch-koreanischen Symposiums über die Lage geteilter Staaten und die Möglichkeiten der Überwindung der Teilung. Am Ende des zweiten Tages meinte ein koreanischer Teilnehmer, es sei für ihn doch irritierend, daß er nach den Vorträgen von bereits sechs deutschen Professoren noch immer nichts Konkretes darüber gehört habe, wie Korea seine Teilung überwinden könne. Das Ansehen deutscher Professoren ist in diesem Lande ungebrochen. Hierzulande ist es gelungen, teilweise unter kräftiger Mitwirkung der Betroffenen, sie soweit vom Sockel herunterzuholen, daß kaum mehr Grundstürzendes von ihnen erwartet wird.

Angesichts meiner konkreten Aufgabe will ich gerne auf diese reduzierte Erwartungshaltung vertrauen. Dies um so mehr, als ich auch noch die interessierte – oder war es doch eher eine besorgte – Frage eines sehr hohen Berliner Politikers im Ohr habe, ob ich in meinem Vortrag etwas Neues sagen würde. Dies wird mir schwerfallen, soweit es um die juristische Ausdeutung der Rechtslage Berlins geht. Die einschlägige rechtswissenschaftliche Literatur füllt Bibliotheken und ist nicht zuletzt in diesem Jahr noch einmal kräftig angewachsen. Für kaum einen Problembereich läßt sich mit mehr Berechtigung Goethes Weisheit zitieren: „Wer kann was Dummes wer was Kluges denken, das nicht die Vorwelt schon gedacht." An politischen Spekulationen über mögliche künftige Neuerungen in bezug auf Berlin aber will ich mich nicht beteiligen. Wie die allerjüngste Vergangenheit lehrt, müssen selbst Persönlichkeiten, die dafür kraft Amtes kompetenter und qualifizierter sind, erfahren, daß die Diskussion über – meist substanzlos nur angedeutete – Entwicklungsmöglichkeiten noch nicht einmal begonnen hat, ehe von anderer Stelle, oft derselben Seite, diese Möglichkeiten bereits dementiert werden[5].

[5] So wurden die von dem ehemaligen sowjetischen Botschafter in Bonn und jetzigem Chef der Nachrichtenagentur Nowosti, Valentin Falin, Ende September 1987 gemachten Andeutungen, das Viermächte-Abkommen von 1971 sei nicht das letzte Wort über Berlin,

3. Trotz dieser Einschränkungen und salvatorischen Klauseln sollte nicht der Eindruck entstehen, als sei die verbleibende Aufgabe eine leichte.

Kompliziert und schwer durchschaubar sind nationales Recht – und dabei Bundesrecht und Berliner Landesrecht – und Besatzungsrecht und allgemeines Völkerrecht ineinander verwoben[6]. Die einschlägigen völkerrechtlichen Normen sind, wegen des stark politischen Gehalts des Gesamtproblems, nicht selten alles andere als klar und eindeutig, ebenso bisweilen die auf sie gestützte Praxis der beteiligten Staaten.

Es kann daher gar nicht verwundern, daß bei der Bewertung der Rechtslage Berlins unterschiedliche Ansichten vertreten werden, und dies nicht nur in Details oder Marginalien, vielmehr in Kernfragen. Die entsprechenden Kontroversen beschränken sich auch nicht auf den Ost-West-Gegensatz. Neben darin begründeten Divergenzen gibt es auch substanzielle Unterschiede in den Auffassungen der deutschen Seite und denen der Westalliierten. Und man wird heute nicht mehr übersehen können, daß selbst auf der deutschen Seite (West) die vielzitierte und vielbeschworene Einigkeit der Demokraten Sprünge, vielleicht sogar schon Risse, erkennen läßt.

Auch das westliche deutsche Schrifttum ist bei aller Existenz einer deutlich herrschenden Meinung divergent. Niemand, der sich zur Rechtslage Berlins äußert, kann allgemeine oder auch nur weitestgehende Zustimmung erwarten. Er muß anecken, die Frage ist nur wo und mit welcher Heftigkeit.

Der Weg, auf dem ich mich nun diesen Fährnissen aussetzen will, soll folgender sein:

4. a) In einem ersten Teil werde ich die Eckdaten der Rechtslage Berlins darstellen, d. h. die einschlägigen Bestimmungen der Verfassung Berlins, des Grundgesetzes und die relevanten völkerrechtlichen Instrumente. Dieser Teil wird auf das Wesentliche beschränkt sein, sein können, wie ich meine, angesichts des weitgehend sachkundigen Auditoriums und

bereits zwei Wochen später vom Geschäftsträger der sowjetischen Botschaft in Ost-Berlin, Maximytschew, und vom ZK-Sekretär Dobrynin als rein theoretische Spekulation ohne reale Substanz abqualifiziert (siehe Der Tagesspiegel vom 7. 10. 1987, S. 1 und 2). Anlaß für dieses rasche Dementi war wohl nicht zuletzt das allzu hoffnungsfrohe Echo, das Falins Andeutungen bei deutschen Politikern gefunden hatten.

[6] Zu Recht betont *Kewenig,* Entwicklungslinien des völker- und staatsrechtlichen Status von Berlin 1984, S. 7 die Notwendigkeit, bei der Untersuchung der Rechtslage Berlins das Ineinandergreifen von Staatsrecht und Völkerrecht besonders zu beachten.

angesichts des Umstandes, daß gerade in jüngster Zeit in zahlreichen Publikationen diese Arbeit einmal mehr geleistet wurde[7].

b) In einem zweiten Teil will ich vier verschiedenen Fragen nachgehen. Ausgelöst sind diese vier Fragen dadurch, daß sie so oder doch in ähnlicher Weise oder in Gestalt von Anregungen in der jüngsten Vergangenheit von Politikern gestellt wurden. Nicht irgendwelchen Politikern, sondern maßgeblichen Politikern, gleichgültig, ob in West oder in Ost, ob in der Regierungsverantwortung oder in der Opposition.

In einem Fall ist diese Frage darüber hinaus durch ein aktuelles, vor der EMRK[8] anhängiges Verfahren bedingt. Diese vier Fragen sind:

(1) Was ist von der Aussage zu halten, die deutsche Seite könne den völkerrechtlichen Status Berlins gar nicht verändern, insbesondere nicht beschädigen?
(2) Sollte das volle Stimmrecht der Vertreter Berlins im Bundesrat bzw. der Berliner Abgeordneten im Bundestag angestrebt werden?
(3) Was ist mit der Forderung nach Respektierung der DDR-Staatsbürgerschaft gemeint, und was wären die Folgen eines Eingehens auf diese Forderung?
(4) Genießen die Einwohner Berlins (West) Rechtsschutz gegen die Hoheitsakte der drei Alliierten?

So unterschiedlich im einzelnen diese Fragen erscheinen mögen, es ist ihnen gemeinsam, daß sie sich auf die Grundlagen der Rechtslage Berlins beziehen. Ihre Beantwortung ist daher nicht ein Beitrag zu peripheren Problemen, vielmehr ein Beitrag zu zentralen Problemen, deren heute aktuelle Ausprägung diese Fragen kenntlich machen: Heißt mein Thema nicht „Staats- und völkerrechtliche Lage Berlins in unserer Zeit"? Noch einmal will ich aber betonen, daß es mir hier nicht um aktuelle Politikberatung geht, sondern darum, juristische Folgen vorgenommener oder erwogener Akte aufzuzeigen.

[7] Um nur einiges zu nennen: In diesem Jahr (1987) ist der von G. Pfennig und M. J. Neumann herausgegebene Kommentar zur Verfassung von Berlin in 2. Auflage erschienen, dessen Kommentierung des Art. 1 durch *Gisela von Lampe* und *Gero Pfennig* eine lesenswerte Darstellung der Rechtslage Berlins enthält. In 4. Auflage ist heuer *Zivier*, Der Rechtsstatus des Landes Berlin, erschienen, und der eben von Isensee und Kirchhof herausgegebene Band I des Handbuchs des Staatsrechts enthält eine umfängliche Abhandlung über den Status Berlins aus der Feder von *Rupert Scholz* (S. 351–383), der sich dazu auch schon in dem Berlin gewidmeten Heft der DÖV (S. 358–366) dieses Jahres geäußert hat. Schließlich darf das Buch der beiden englischen Autoren *Hendry* und *Wood*, The Legal Status of Berlin, 1987, nicht unerwähnt bleiben.

Wenn ich nur diese neueste Literatur hier anführe, dann bedeutet dies keineswegs, daß nicht auch ältere Abhandlungen ihren bleibenden Wert besitzen.

[8] Europäische Menschenrechtskommission in Straßburg.

B. Hauptteil

I. Eckdaten der Rechtslage Berlins

Es ist bereits einleitend erwähnt worden, daß sich die Rechtslage Berlins aus einer „Gemengelage" von Staats- und Völkerrecht ergibt.

1. Die Verfassung von Berlin und das Grundgesetz der Bundesrepublik Deutschland

Nach Art. 1 Abs. 1 der Verfassung von Berlin ist Berlin ein deutsches Land. Abs. 2 spezifiziert das dahingehend, daß Berlin ein Land der Bundesrepublik Deutschland ist, und Abs. 3 erklärt das Grundgesetz und die Gesetze der Bundesrepublik Deutschland für Berlin als bindend.

Von der anderen Seite her erhebt Art. 23 des Grundgesetzes den Anspruch, daß das Grundgesetz in Groß-Berlin gilt.

Den beiden zitierten Bestimmungen ist der gemeinsame Wille sowohl des Verfassungsgebers im Bund wie des Verfassungsgebers in Berlin nach Zusammengehörigkeit zu entnehmen. Beide Verfassungen enthalten jedoch weitere Bestimmungen, welche die eben zitierten relativieren.

Nach Art. 87 Abs. 1 der Verfassung von Berlin treten die Bestimmungen der Abs. 2 und 3 des Art. 1 in Kraft, sobald die Anwendung des Grundgesetzes für die Bundesrepublik Deutschland in Berlin keinen Beschränkungen unterliegt. Art. 144 Abs. 2 des Grundgesetzes bestimmt: „Soweit die Anwendung dieses Grundgesetzes in einem der in Art. 23 aufgeführten Länder oder in einem Teile eines dieser Länder Beschränkungen unterliegt, hat das Land oder der Teil des Landes das Recht, gemäß Art. 38 Vertreter in den Bundestag und gemäß Art. 50 Vertreter in den Bundesrat zu entsenden."

Mit diesen relativierenden Bestimmungen sahen sich die Verfassungsgeber im Bund und in Berlin gezwungen, auf alliierte Vorbehalte im Bezug auf ihren Wunsch nach voller Zusammengehörigkeit zu reagieren. Diese Vorbehalte kommen insbesondere im Genehmigungsschreiben der Militärgouverneure zum Grundgesetz vom 12. Mai 1949 und in der Erklärung der Kommandanten der drei Westsektoren von Berlin vom 29. August 1950 zur Verfassung Berlins zum Ausdruck.

Das Genehmigungsschreiben zum Grundgesetz lautet, soweit es Berlin betrifft, in deutscher Übersetzung[9]: „Ein dritter Vorbehalt betrifft die Beteiligung Groß-Berlins am Bund. Wir interpretieren den Inhalt der Art. 23 und 144 II des Grundgesetzes dahin, daß er die Annahme unseres früheren Ersuchens darstellt, demzufolge Berlin keine abstimmungsberechtigte Mitgliedschaft in Bundestag und Bundesrat erhalten und auch

[9] Text (Auszug) bei *Heidelmeyer/Hindrichs,* Dokumente zur Berlin-Frage 1944–1966, 3. Auflage 1967, Dok. Nr. 94, S. 124 f.

nicht durch den Bund regiert werden wird, daß es jedoch eine beschränkte Anzahl Vertreter zur Teilnahme an den Sitzungen dieser gesetzgebenden Körperschaft benennen darf."

In der Erklärung zur Berliner Verfassung haben die Alliierten u. a. festgestellt, daß „während der Übergangsperiode Berlin keine der Eigenschaften eines zwölften Bundeslandes besitzen wird" und daß die Bestimmungen „betreffend das Grundgesetz ... nur in dem Maße Anwendung finden, als es zwecks Vorbeugung eines Konfliktes zwischen diesem Gesetz und der Berliner Verfassung erforderlich ist. Ferner finden die Bestimmungen irgendeines Bundesgesetzes in Berlin erst Anwendung, nachdem seitens des Abgeordnetenhauses darüber abgestimmt wurde und dieselben als Berliner Gesetze verabschiedet worden sind"[10].

Diese Vorbehalte der Alliierten haben ihre Grundlage in den völkerrechtlichen Befugnissen, die sich aus der militärischen Niederwerfung des Deutschen Reiches und der Übernahme der obersten Regierungsgewalt in Deutschland entwickelt haben. Das Verhältnis zwischen der Bundesrepublik Deutschland und Berlin (West) bestimmt sich daher nicht nur nach den jeweiligen Verfassungen, sondern wird überlagert durch Völkerrecht. Die in Bundesstaaten ohnehin bisweilen nicht unkomplizierten Rechtsfragen zwischen Gesamtstaat und Gliedstaat werden im Falle Berlins durch das Völkerrecht zu einem Dreiecksverhältnis. Dreiecksverhältnisse mögen ihren Reiz haben, kompliziert und strapaziös sind sie allemal.

2. *Die völkerrechtlichen Grundlagen des Status von Berlin*

a) *Originäres Besatzungsrecht der Alliierten in Berlin*

Ungeachtet der Tatsache, daß das Gebiet von Groß-Berlin allein durch die Streitkräfte der UdSSR erobert wurde, besitzen alle Alliierten in Berlin originäre Rechte unter dem Titel der kriegerischen Besetzung[11]. Der Grund dafür liegt darin, daß bereits vor der faktisch erfolgten kriegerischen Besetzung zwischen den Alliierten im Londoner Protokoll

[10] Text bei *Heidelmeyer/Hindrichs*, aaO (Fn. 9), Dok. Nr. 121, S. 154.

[11] Dazu *Scholz*, aaO (Fn. 7), S. 360, Rdn. 20 und 21; *von Lampe / Pfennig*, aaO (Fn. 7), Rdn. 8 und 11 zu Art. 1; *Zivier*, aaO (Fn. 7), S. 53 ff.; *Schiedermair*, Der völkerrechtliche Status Berlins nach dem Viermächte-Abkommen vom 3. September 1971, 1975, S. 5 ff.; *Wettig*, Die Rechtslage Berlins aus sowjetischer Sicht, Deutschland-Archiv 1974, S. 378 ff., mit einer umfassenden Darstellung der bis dahin erschienenen sowjetischen Literatur; *Hendry/Wood*, aaO (Fn. 7), S. 32 ff.

vom 12.9.1944 und der Ergänzungsvereinbarung vom 14.11.1944[12] festgelegt war, daß Berlin neben den übrigen Besatzungszonen ein besonderes Gebiet sein sollte, das der gemeinsamen Besatzungshoheit der Alliierten unterworfen ist.

Gemäß dem Abkommen über Kontrolleinrichtungen in Deutschland vom 14.11.1944[13] und der Erklärung in Anbetracht der Niederlage Deutschlands und der Übernahme der obersten Regierungsgewalt hinsichtlich Deutschlands vom 5.6.1945 haben die Besatzungsmächte zur Ausübung der obersten Gewalt in Deutschland als über den Oberbefehlshabern der einzelnen Besatzungszonen bzw. Besatzungssektoren stehend zwei inter-alliierte Regierungsorgane geschaffen:

Den Kontrollrat für ganz Deutschland, sowie die Alliierte Kommandatura für die gemeinsame Verwaltung von Groß-Berlin.

Durch das Ausscheiden der sowjetischen Vertreter aus beiden Organen im Jahre 1948 ist der Vier-Mächte-Status de jure nicht beseitigt worden, auch wenn nicht zu übersehen ist, daß er seither in seinen praktischen Auswirkungen Veränderungen und Einschränkungen erfahren hat (Verstöße gegen Viermächte-Status).

b) Fortdauer des Besatzungsrechts in Berlin trotz seiner Beendigung bezüglich der Bundesrepublik Deutschland

Das Besatzungsregime für Berlin wurde auch nicht aufgehoben, als im Vertrag zwischen den drei West-Alliierten und der Bundesrepublik Deutschland vom 26.5.1952, in der Fassung vom 23.10.1954, dem sog. Generalvertrag[14], das Besatzungsregime in der Bundesrepublik beendet und der Bundesrepublik „die volle Macht eines souveränen Staates über ihre inneren und äußeren Angelegenheiten“ zuerkannt wurden. Im Art. 2 dieses Vertrages behalten sich die Alliierten ausdrücklich die bisher von ihnen ausgeübten oder innegehabten Rechte und Verantwortlichkeiten in bezug auf Berlin und auf Deutschland als Ganzes einschließlich der Wiedervereinigung Deutschlands und einer friedensvertraglichen Regelung vor.

Im wesentlichen ähnlich verfuhr die UdSSR gegenüber der DDR. Sie räumte dieser durch die Erklärung vom 25.3.1954[15] die Souveränität ein, behielt jedoch ausdrücklich die Funktionen bei, die sich

[12] Text bei *Heidelmeyer/Hindrichs,* aaO (Fn. 9), Dok. Nr. 1 und 2, S. 1 ff. und 4 (bezüglich des letzteren Auszuges).

[13] Text (Auszug) bei *Heidelmeyer/Hindrichs,* aaO (Fn. 9), Dok. Nr. 3, S. 4 ff.

[14] Text BGBl. 1955 II 215 und 305 ff.

[15] Text (Auszug) bei *Heidelmeyer/Hindrichs,* aaO (Fn. 9), Dok. Nr. 161, S. 208.

aus ihren Verpflichtungen durch die Vier-Mächte-Abkommen ergeben. Gleiche Vorbehalte enthalten die Verträge der UdSSR mit der DDR vom 20.9.1955, vom 12.6.1964 und – abgeschwächt – vom 7.10.1975[16].

Ganz ohne Auswirkung auf Berlin (West) blieb die Aufhebung des Besatzungsregimes in der Bundesrepublik Deutschland jedoch nicht. Das sog. kleine Besatzungsregime vom 14. Mai 1949 wurde durch die Erklärung der Alliierten Kommandatura vom 5. Mai 1955[17] aufgehoben und das für Berlin fortgeltende Besatzungsrecht in modifizierter Form neu verkündet. Diese Erklärung ist die heute noch gültige Form des Besatzungsrechts in Berlin (West). Der wesentlichste Inhalt dieser Erklärung ist der folgende:

(I) Berlin übt alle seine Rechte, Machtbefugnisse, Verantwortlichkeiten aus, wie sie in seiner im Jahre 1950 angenommenen Verfassung niedergelegt sind, lediglich unter Berücksichtigung der von der Alliierten Kommandatura vom 29. August 1950 gemachten Vorbehalte und nach Maßgabe der nachstehenden Bestimmungen.

(II) Die alliierten Behörden behalten das Recht, falls sie es für notwendig erachten, solche Maßnahmen zu ergreifen, die zur Erfüllung ihrer internationalen Verpflichtungen, zur Sicherung der öffentlichen Ordnung und zur Erhaltung des Status und der Sicherheit Berlins, seiner Wirtschaft, seines Handels, seiner Verbindungslinien notwendig sind.

(III) Die alliierten Behörden werden normalerweise nur auf den folgenden Gebieten Machtbefugnisse ausüben:
- Sicherheit, Interessen und Immunität der Alliierten Streitkräfte,
- Abrüstung und Entmilitarisierung, zivile Luftfahrt,
- Beziehungen Berlins zu ausländischen Behörden,
- Deckung der Besatzungskosten,
- Befehlsbefugnis über die Berliner Polizei, insoweit dieselbe zur Gewährleistung der Sicherheit Berlins notwendig ist.

(IV) Die Alliierte Kommandatura wird vorbehaltlich der Art. I und II dieser Erklärung keine Einwände dagegen erheben, daß Berlin nach einem angemessenen, von der Alliierten Kommandatura zugelassenen Verfahren die Gesetzgebung der Bundesrepublik übernimmt.

[16] Texte dieser Verträge bei *Rauschning* (Hrsg.), Rechtsstellung Deutschlands, 1985, Nr. 30, S. 221 ff., Nr. 31, S. 224 ff. und Nr. 32, S. 228 ff. Siehe dazu *Scholz*, aaO (Fn. 7), S. 364 f., Rdn. 30 und 31.

[17] Text bei *Heidelmeyer/Hindrichs*, aaO (Fn. 9), Dok. Nr. 194, S. 233 ff.

c) *Das Viermächteabkommen von 1971*

Das Besatzungsregime in Berlin ist auch durch das Viermächteabkommen von 1971[18] nicht qualitativ verändert worden. In der Präambel des Abkommens wird ausdrücklich festgestellt, daß die „Viermächte-Rechte und -Verantwortlichkeiten und die entsprechenden Vereinbarungen und Beschlüsse der Vier Mächte aus der Kriegs- und Nachkriegszeit nicht berührt werden". Im Teil I des Abkommens wird unter Ziffer 3 festgestellt, daß die „Vier Regierungen ... ihre individuellen und gemeinsamen Rechte und Verantwortlichkeiten, die unverändert bleiben, gegenseitig achten" werden. Das Viermächte-Abkommen ist also grundsätzlich eine Bestätigung des bis dahin geltenden besatzungsrechtlichen status quo Berlins. Und zwar gilt dies, entgegen der östlichen Ansicht und ungeachtet der tatsächlich weitgehenden Herauslösung Ost-Berlins aus dem Viermächte-Status, für Berlin als Ganzes und nicht nur für den westlichen Teil. Zwar haben die diesbezüglichen Divergenzen zwischen den drei West-Alliierten und der Sowjetunion verhindert, daß das Viermächte-Abkommen ausdrücklich in seiner Bezeichnung als Viermächte-Abkommen über Berlin tituliert wurde, dennoch bestätigt eine systematische Auslegung gerade dieses Abkommens meine zuvor gemachte Aussage. Der Teil II des Abkommens ist überschrieben: „Bestimmungen, die die Westsektoren Berlins betreffen". Dies kann nur dann einen Sinn geben, wenn die anderen Bestimmungen, insbesondere die der Präambel und des Teils I, sich auf Berlin als Ganzes beziehen[19]. Und eben in diesen Teilen des Abkommens wird, wie gerade gezeigt, festgestellt, daß die bisherigen Rechte der vier Alliierten unverändert bestehen bleiben.

Diese Bestätigung der Rechte der Vier Mächte in Berlin in einem Abkommen, dessen Partner auch die UdSSR ist, ist auch insoweit von Bedeutung, als auch die UdSSR, die in der Vergangenheit die Rechte der West-Alliierten in Berlin wiederholt bestritten hat, am massivsten Chruschtschows Ultimatum vom 27.11.1958, in diesem Abkommen von den Rechten und der Verantwortung der Vier Mächte in Berlin spricht. Allerdings darf dabei nicht verschwiegen werden, daß eine

[18] Text bei *Rauschning* (Hrsg.), aaO (Fn. 16), Nr. 16, S. 83 ff.

[19] Ebenso *Zivier*, aaO (Fn. 7), S. 219; *Mampel*, Der Status von Berlin (Ost), in Zieger (Hrsg.), Zehn Jahre Berlin-Abkommen 1971–1981, 1983, S. 121 ff., bes. S. 123; *Ress*, in: Doehring/Ress, Staats- und völkerrechtliche Aspekte der Berlin-Regelung, 1972, S. 38; *Mahnke*, Zur politisch-rechtlichen Interpretation des Viermächte-Abkommens über Berlin, in: Jacobsen u. a. (Hrsg.), Drei Jahrzehnte Außenpolitik der DDR, 1979, S. 139; *Frowein*, Die Rechtslage Deutschlands und der Status Berlins, in: Benda/Maihofer/Vogel (Hrsg.), Handbuch des Verfassungsrechts 1983, S. 55; zweifelnd *Schiedermair*, aaO (Fn. 11), S. 14 ff.

eventuelle Relativierung dieser Aussage darin liegt, daß laut Präambel das ganze Viermächte-Abkommen unbeschadet der Rechtspositionen der Vertragspartner abgeschlossen wird.

Positiv ist auch zu bewerten, daß in dem Abkommen (Teil II D und Anhang IV) ausdrücklich erklärt ist, daß die Bundesrepublik Deutschland die konsularische Betreuung für die Einwohner Berlins (West) ausübt, Berlin (West) in Internationalen Organisationen und auf internationalen Konferenzen vertreten kann und ihre völkerrechtlichen Verträge auf Berlin (West) ausdehnen kann. Letzteres allerdings stößt nach wie vor in der Vertragspraxis mit den Staaten des Ostblocks immer wieder auf erhebliche Schwierigkeiten. Nicht zu Unrecht ist kürzlich in einer kritischen Untersuchung[20] dargelegt worden, daß die Bundesrepublik Deutschland insoweit in ihrer Vertragspraxis mit den Staaten des Ostblocks nicht immer genügend Standhaftigkeit und Konsequenz an den Tag legt.

Vor allem aber ist als Positivum festzuhalten, daß nach dem Abkommen (Teil II B) „die Bindungen zwischen den West-Sektoren Berlins und der Bundesrepublik Deutschland aufrechterhalten und entwickelt werden“[21].

Den Pluspunkten stehen jedoch auch Minuspunkte gegenüber. Am gewichtigsten ist insoweit die Erklärung (Teil II B und Anhang II), daß Berlin (West) kein Bestandteil (constituent part) der Bundesrepublik Deutschland ist und auch weiterhin nicht von ihr regiert wird. Das ist zwar schon bisher die Haltung der West-Alliierten gegenüber der Bundesrepublik Deutschland, doch steht es nun erstmals in einem Vertrag mit der UdSSR und kann grundsätzlich nurmehr mit deren Einverständnis geändert werden. Eine Verschlechterung ist auch in bezug auf die Bundespräsenz in Berlin (West) eingetreten. In dem Interpretationsschreiben der drei Botschafter der West-Alliierten an den Bundeskanzler bezüglich Anlage II des Abkommens ist festgelegt, daß in den West-Sektoren Berlins keine Sitzungen der Bundesversammlung und keine Plenarsitzungen des Bundesrates und des Bundestages mehr abgehalten werden können, ebenso keine gleichzeitigen Sitzungen der Bundesfraktionen. Dies ist eine eindeutige Verminderung der Bundespräsenz gegenüber der Praxis vor dem Viermächte-Abkommen.

[20] *Wengler,* Berlin in völkerrechtlichen Übereinkommen der Bundesrepublik Deutschland, 1984, bes. S. 39, 41 und 43.

[21] Zu den Bindungen Berlins (West) zur Bundesrepublik Deutschland im einzelnen *Scholz,* aaO (Fn. 7), S. 374 ff., Rdn. 55 ff.; *Zivier,* aaO (Fn. 7), S. 99 ff. und 233 ff.; *Schiedermair,* aaO (Fn. 11), S. 89 ff.; dort, wie auch bei Zivier S. 233 ff. auch die Widerlegung der östlichen These, daß „Bindungen“ nur i. S. von Verkehrsverbindungen zu verstehen sei.

3. Fortbestehende Kontroversen um den Status Berlins

Die Fülle der rechtlichen Instrumente bezüglich des Status von Berlin hat nicht verhindern können, vielleicht bisweilen sogar erst bewirkt, daß nach wie vor sehr unterschiedliche Ansichten zum Rechtsstatus Berlins vertreten werden. Dabei will ich mich im folgenden mehr auf Kontroversen innerhalb der westlichen Seite beschränken und unterschiedliche Ausdeutungen, die ihren Grund im politischen Ost-West-Konflikt haben, vernachlässigen.

Zu letzterem nur soviel: Die östliche These von der besonderen politischen Einheit West-Berlin[22], die nie mit dem Viermächte-Status vereinbar war, ist seit der im Viermächte-Abkommen anerkannten Bindung Berlins (West) an die Bundesrepublik Deutschland noch weniger vertretbar[23].

Dennoch ist nicht zu übersehen, daß sie von östlicher Seite keinesfalls aufgegeben wurde, vielmehr bei Bedarf immer wieder ins Feld geführt wird. Seit dem Viermächte-Abkommen ist sie noch mehr, was sie immer war, nämlich eine politische Kampfparole und keine gültige Ausdeutung des rechtlichen Status von Berlin.

Doch auch zwischen den West-Alliierten einerseits und der Bundesrepublik Deutschland und Berlin (West) andererseits gibt es Divergenzen bezüglich der Rechtslage, die keinesfalls nur Nebensächlichkeiten betreffen. Freilich muß auch gesagt werden, daß diese Divergenzen in der Praxis bisher nicht zu unlösbaren Problemen geführt haben.

a) Berlin als Land der Bundesrepublik Deutschland?

Das Bundesverfassungsgericht vertritt seit der Entscheidung vom 27.5.1957 und seither in ständiger Rechtsprechung[24] die Auffassung, Berlin sei ein Land der Bundesrepublik Deutschland. Dieser Entscheidung folgen seither alle Verfassungsorgane, Gerichte und Behörden im Bund und in Berlin. Das BVerfG kommt zu seiner Auffassung, indem es dem Genehmigungsschreiben der Alliierten zum Grundgesetz nicht die Wirkung einer Suspendierung des Art. 23 des Grundgesetzes zuerkennt. Nach dem objektiven und für den deutschen Partner erkennbaren

[22] Siehe statt aller *Abrassimow,* Westberlin gestern und heute, 1981, passim, bes. S. 177; *Ministerium für Auswärtige Angelegenheiten der DDR / Ministerium für Auswärtige Angelegenheiten der UdSSR* (Hrsg.), Das Vierseitige Abkommen über Westberlin und seine Realisierung. Dokumente 1971–1977, 1977.

[23] So auch *Stern,* Berlin – Die Rechtslage, im: Staatslexikon der Görresgesellschaft, Bd. I, 7. Auflage 1985, Sp. 641.

[24] BVerfGE 7, 1 (7 ff.); 19, 377 (388); 20, 257 (266); 36, 1 (17, 32 f.).

Wortlaut sei in dem Genehmigungsschreiben nur ausgesprochen, daß Berlin keine Stimmberechtigung im Bundestag und Bundesrat habe und nicht von Bonn regiert werden dürfe. Eine ausdrückliche Suspendierung des Art. 23 bedeute dies gerade nicht, ebensowenig wie eine ausdrückliche Feststellung, daß Berlin nicht in die ursprüngliche Organisation der Bundesrepublik einbezogen sei. Den früheren Erklärungen der Militärgouverneure gegenüber dem Parlamentarischen Rat mißt das BVerfG, entsprechend seiner objektiven Auslegungsmethode, keine rechtliche Bedeutung bei, ebensowenig den zahlreichen späteren Äußerungen der West-Mächte. Die Suspendierung des Art. 1 der Verfassung von Berlin hält es insoweit für bedeutungslos, da den Berliner Stadtkommandanten die Kompetenz gefehlt habe, die von den Militärgouverneuren zugelassene Einbeziehung Berlins in den Bund rückgängig zu machen.

Demgegenüber stehen die West-Alliierten von Anfang an und auch noch heute auf dem Standpunkt, daß Berlin kein Land der Bundesrepublik Deutschland sei[25].

Im deutschen rechtswissenschaftlichen Schrifttum geht die ganz überwiegende Auffassung, insoweit dem BVerfG folgend, davon aus, daß Berlin (West) ein Land der Bundesrepublik Deutschland sei[26]. Vereinzelt gibt es jedoch auch Gegenstimmen. Soweit diese jede Zugehörigkeit Berlins zur Bundesrepublik Deutschland leugnen[27], gehen sie m. E. an den gewachsenen, von den West-Alliierten zumindest geduldeten Bindungen zwischen Berlin (West) und der Bundesrepublik Deutschland vorbei, deren Existenz und Entwicklungsmöglichkeit im Viermächte-Abkommen von 1971 ausdrücklich von allen vier Alliierten anerkannt wurde.

Zwischen der h. M. (Bundeslandqualität) und jener Auffassung, die für die Zugehörigkeit Berlins zum Bund einen Als-Ob-Status vertritt[28], sind die praktischen Auswirkungen sowenig divergierend, daß man sich durchaus fragen darf, ob dieser Gegensatz immer die Schärfe lohnt, mit

[25] Siehe die Nachweise bei *Finkelnburg*, Die Rechtsstellung Berlins im Bund, JuS 1967, S. 543 f. und die Fn. 26–32; siehe ferner *Lush*, The relationship between Berlin and the Federal Republic of Germany, ICLQ 14 (1965), S. 742 ff.; *Hendry/Wood*, aaO (Fn. 7), S. 150 ff.

[26] Siehe *von Lampe / Pfennig*, aaO (Fn. 7), Rdn. 30 ff. zu Art. 1 mit weiteren Nachweisen insbesondere in Rdn. 38; ferner *Scholz*, aaO (Fn. 7), S. 372 f., Rdn. 50–53; *Sendler*, Berlin – nur ein „deutsches Land"?, JuS 1983, S. 903 ff.

[27] So *Pestalozza*, Berlin – ein deutsches Land, JuS 1983, S. 241 ff.; *Storost*, Alliierte Kommandantur und Bundesverfassungsgericht, Der Staat 21 (1982), S. 113 ff.; *Külz*, Der Meinungsstreit um den rechtlichen Status von Berlin, DuR 1974, S. 267 ff.

[28] So *Wengler*, Die Übernahme von Bundesgesetzen für Berlin, in: Festschrift für G. Leibholz, Bd. 2, 1966, S. 939 ff.; *ders.*, Juristische Luftbrücken von Karlsruhe nach West-Berlin, JZ 1974, S. 528 ff.

der er bisweilen von beiden Seiten ausgetragen wird. Mit diesen, dem Versuch nach vermittelnden Worten will ich mich jedoch keinesfalls um eine eigene Aussage herumdrücken. Nach meiner Auffassung ist es zulässig, Berlin als ein Land der Bundesrepublik Deutschland zu qualifizieren, freilich unter gleichzeitiger Anerkennung, daß der Status dieses Landes im Verhältnis zu dem der anderen Länder gewichtige und weitreichende Unterschiede aufweist.

b) Übernahme von Bundesgesetzen nach Berlin

Eine zweite grundsätzliche Divergenz zwischen den West-Alliierten und der deutschen Seite besteht auch bezüglich der Qualität des nach Berlin übernommenen Bundesrechts. Unstreitig ist, daß Bundesgesetze nach Berlin übernommen werden können, und Tatsache ist, daß die Alliierten in der Praxis einer solchen Übernahme nur in ganz wenigen Fällen widersprochen haben[29]. Während die deutsche Seite dafür hält, daß das nach Berlin übernommene Bundesrecht dort als Bundesrecht gilt[30], gilt es nach Auffassung der Alliierten als Berliner Landesrecht[31]. Die Verfechter der Als-Ob-Theorie teilen grundsätzlich die Auffassung der Alliierten, wollen aber dennoch dem nach Berlin als Landesrecht übernommenen Bundesrecht den Vorrang vor sonstigem Landesrecht einräumen[32].

Die Übernahme der Bundesgesetze erfolgte früher im Wege der sog. Parallelgesetzgebung[33]. Seit 1951 erfolgt die Übernahme durch sog. Mantelgesetze. Nach Art. 87 Abs. 2 der Verfassung von Berlin kann der Berliner Landesgesetzgeber frei darüber entscheiden, ob er ein Bundesgesetz nach Berlin übernimmt. Das Gesetz über die Stellung des Landes Berlin im Finanzsystem des Bundes (3. Überleitungsgesetz) vom

[29] Der bedeutsamste Fall ist der Widerspruch gegen die Übernahme des Gesetzes über das Bundesverfassungsgericht.

[30] So die ganz h. M.; BVerfGE 19, 377 (388); 37, 57 (62); siehe in der Literatur statt vieler *Scholz,* aaO (Fn. 7), S. 377, Rdn. 60; *von Lampe / Pfennig,* aaO (Fn. 7), Rdn. 67 zu Art. 1 m. w. N.; *Finkelnburg,* JuS 1968, S. 12 m. w. N.; *Apell,* Das Bundesverfassungsgericht und Berlin 1984, S. 40 ff., bes. S. 53 m. w. N.

A. A. u. a. *Pestalozza,* JuS 1983, S. 254.

[31] Siehe z. B. das Schreiben der Alliierten Kommandantur vom 24. 5. 1967 zur sog. Niekisch-Entscheidung des BVerfG (E 19, 377), NJW 1967, S. 1742. Die „entschärfende" Interpretation dieses Schreibens durch *von Lampe / Pfennig,* aaO (Fn. 7), Rdn. 68 zu Art. 1 entspricht nicht dem Willen der Alliierten, wie sich aus den Ausführungen bei *Hendry/ Wood,* aaO (Fn. 7), S. 163 ff. erkennen läßt.

[32] So *Wengler,* in: Festschrift für G. Leibholz, Bd. 2 (1966), S. 958 ff.; *ders.,* JZ 1974, S. 531.

[33] Dazu *Finkelnburg,* JuS 1968, S. 10.

4. 1. 1952[34] hat jedoch eine Pflicht zur Übernahme der Gesetze begründet[35] und an die Erfüllung dieser Pflicht die finanziellen Zuwendungen des Bundes an Berlin gekoppelt.

Das Besondere an dieser Mantelgesetzgebung ist, daß dabei der Berliner Gesetzgeber keine eigene inhaltliche Entscheidung trifft. Ohne Möglichkeit der Veränderung wird das Bundesgesetz übernommen, ohne Rücksicht auch darauf, ob der Berliner Gesetzgeber ein solches Gesetz überhaupt gewollt hat. Er schaltet sich nur ein, um dem Vorbehalt der Alliierten zu genügen, daß Bundesgesetze ohne Einschaltung des Berliner Gesetzgebers nicht direkt in Berlin gelten dürfen, was logische Konsequenz des Government-Vorbehalts zum Grundgesetz ist. Berücksichtigt man diese nur formelle und nicht inhaltliche Einschaltung des Berliner Gesetzgebers, dann ist es m. E. zutreffender, davon auszugehen, daß das nach Berlin übernommene Bundesrecht hier als Bundesrecht gilt. Den Interessen der Alliierten an der Aufrechterhaltung des Viermächte-Status in Berlin ist dadurch Genüge getan, daß sie auf der Grundlage ihrer besatzungsrechtlichen Befugnisse jeder Übernahme eines Bundesgesetzes in Berlin widersprechen können[36].

II. Zu aktuellen Fragen im Zusammenhang mit der Rechtslage Berlins

1. *Kann die deutsche Seite den Status Berlins nicht verändern?*

Feststellungen wie die, die deutsche Seite könne den Viermächte-Status von Berlin ohnehin nicht ändern[37], sind insbesondere in der jüngsten Vergangenheit im Zusammenhang mit der Frage aufgetaucht, ob deutsche Politiker Einladungen der DDR zur Teilnahme am Staatsakt in Ost-Berlin annehmen sollten oder nicht. Richtig an einer solchen Feststellung ist, daß weder Bonn noch Berlin Vertragspartner des Viermächte-Abkommens sind und daher keinen direkten Zugriff auf eine inhaltliche Veränderung des Vertrages insgesamt oder einzelner Klauseln haben. Für die deutsche Seite ist das Viermächte-Abkommen insoweit eine „res inter alios acta".

[34] Text BGBl. 1952 I, S. 1 ff.; GVBl. 1952, S. 393, zuletzt geändert durch das Finanzanpassungsgesetz vom 30. 8. 1971, BGBl. 1971 I, S. 1428, GVBl. 1971, S. 1745.

[35] Nach *von Lampe / Pfennig,* aaO (Fn. 7), Rdn. 66 zu Art. 1 hat das 3. Überleitungsgesetz diese Übernahmepflicht nicht begründet, sondern „die für den Bund und Berlin bestehende Verfassungspflicht zur Anpassung der Rechtsverhältnisse lediglich konkretisiert".

[36] So zutreffend *Scholz,* aaO (Fn. 7), S. 377, Rdn. 61.

[37] So z. B. *Diepgen,* Berlin im Kräftefeld der Ost-West-Beziehungen, Europa-Archiv 1987, S. 68: „... den Status ändern ..., das können wir nicht."; *Longolius/Ristock,* Der Weg nach vorn, Typoskript aus dem Jahre 1987, S. 2: „Statusfragen liegen außerhalb unserer Entscheidung."

Diese Aussage trifft aber nur einen Teil des Problems und reicht keineswegs aus, um die eingangs erwähnte Frage zu beantworten.

Zu Recht ist bereits auf die Gefahr hingewiesen worden[38], daß auch ein Verhalten der deutschen Seite, das nicht dem Viermächte-Status Berlins, und zwar ganz Berlins, entspricht, jedenfalls langfristig die Bewahrung dieses Status zumindest erschweren, wenn nicht unmöglich machen würde. Dies ergibt sich daraus, daß der Eindruck entstehen könnte, daß das entsprechende deutsche Verhalten mit den für den Status zuständigen Drei Mächten abgestimmt ist. Der so erzeugte Rechtsschein würde auf Dauer dazu führen, daß das zumindest scheinbar von den Drei Mächten tolerierte Vorgehen als deren „subsequent practice" (spätere Übung) i. S. von Art. 31 Abs. 3 lit. b der Wiener Vertragsrechtskonvention[39] erscheinen könnte und zu einer nicht akzeptablen Auslegung des Viermächte-Abkommens von der östlichen Seite herangezogen werden könnte.

Nun könnte man auf den Gedanken kommen, diese Gefahr sei am besten vermieden, wenn die deutsche Seite unbekümmert um die Ansichten der Westalliierten, ja am besten noch im offenen Gegensatz zu deren Intentionen, Handlungen vornehme, die dem Viermächte-Status nicht entsprechen. Dies hieße, den Teufel mit dem Beelzebub auszutreiben. Auch in diesem Fall würden sich, jedenfalls langfristig, zumindest mittelbare Auswirkungen auf den Viermächte-Status ergeben.

Der Grund dafür liegt darin, daß das Viermächte-Abkommen ein sog. Statusvertrag[40] ist. Die Besonderheit solcher Statusverträge liegt nun gerade darin, daß sie sich in ihren Wirkungen und Intentionen nicht auf den Kreis der Vertragsparteien beschränken, sondern darüber hinaus einen Ordnungsanspruch erga omnes erheben. Das heißt, ein Statusvertrag erfüllt seinen Zweck nur dann und insoweit, als er auch von den Nicht-Vertragsparteien beachtet wird. Für den konkreten Fall bedeutet das: Was nützt die im Viermächte-Abkommen bestätigte Existenz des Viermächte-Status für ganz Berlin, wenn alle nicht als Parteien am Vertrag beteiligten Staaten Ost-Berlin als Hauptstadt der DDR behandeln? Es liegt auf der Hand, daß dem Verhalten der deutschen Seite (West) insofern ein besonderes Gewicht zukommt. Denn wofür halten

[38] *Kewenig*, aaO (Fn. 6), S. 16.

[39] Nach Art. 31 Abs. 3 lit. b der Wiener Vertragsrechtskonvention vom 23. 5. 1969 (Text bei *Randelzhofer* [Hrsg.], Völkerrechtliche Verträge, 4. Auflage 1987, S. 109) ist für die Auslegung eines Vertrages außer dem Zusammenhang in gleicher Weise auch zu berücksichtigen „jede spätere Übung" bei der Anwendung des Vertrages, aus der die Übereinstimmung der Vertragsparteien über seine Auslegung hervorgeht.

[40] Umfassend *E. Klein*, Statusverträge im Völkerrecht, 1980, passim; s. auch *Verdross/Simma*, Universelles Völkerrecht, 3. Auflage 1984, S. 488 f.

die Westalliierten letztlich am Viermächte-Status ganz Berlins fest, wenn nicht im Interesse des Offenhaltens der deutschen Frage, wozu sie sich in Art. 2 des Generalvertrages verpflichtet haben, wo die vorbehaltenen Rechte in bezug auf Berlin begründet werden „im Hinblick auf die internationale Lage, die bisher die Wiedervereinigung Deutschlands und den Abschluß eines Friedensvertrages verhindert hat". In diesem Art. 2 ist nicht nur von den Rechten der Drei Mächte die Rede, sondern auch und gleichrangig von ihren Verantwortlichkeiten in bezug auf Berlin und Deutschland als Ganzes.

Wenn die Deutschen selbst an diesen Zielen aber nicht mehr festhalten, dann würde diesen Rechten und Verantwortlichkeiten der Alliierten die Legitimität entzogen. Man wird wohl auf der anderen Seite aber aus Art. 2 des Generalvertrages auch eine Pflicht der deutschen Seite anerkennen müssen, die mit dem Viermächte-Abkommen als Statusvertrag geschaffene Ordnung zu respektieren. Den erodierenden Wirkungen auf den Status von Berlin durch entsprechendes, mit dem Status nicht zu vereinbarendes Verhalten der deutschen Seite kann auch nicht beliebig durch die Erklärung von Rechtsverwahrungen begegnet werden. In Einzelfällen ist dies durchaus möglich. Ein langfristiges und häufiges entsprechendes Verhalten könnte durch ständige Rechtsverwahrungen nicht korrigiert werden, da dem das völkerrechtliche Prinzip des estoppel by conduct[41] entgegensteht. Dieses Prinzip besagt, vergleichbar, dem deutschen Juristen bekannten Verbot des venire contra factum proprium, daß ein Staat sich nicht permanent weigern kann, an seinem tatsächlichen Verhalten gemessen zu werden.

2. *Stimmrecht der Berliner Abgeordneten im Bundestag und der Vertreter Berlins im Bundesrat?*

Vorstellungen, daß dies in Änderungen der bisherigen Rechtslage angestrebt werden soll und kann[42], setzen in ihren Überlegungen bei Teil II B des Viermächte-Abkommens von 1971 an, wo es heißt, daß die Bindungen zwischen den Westsektoren Berlins und der Bundesrepublik Deutschland aufrechterhalten und entwickelt werden.

Das Viermächte-Abkommen weist insofern den Westmächten als den Inhabern der obersten Gewalt in Berlin einen Handlungsspielraum zu, der es ihnen grundsätzlich gestattet, weitere Schritte der Einbeziehung Berlins (West) in die Rechtsordnung der Bundesrepublik Deutschland zuzulassen.

[41] Siehe *Verdroß/Simma*, aaO (Fn. 40), S. 393 f.; *J. P. Müller*, Vertrauensschutz im Völkerrecht, 1971, S. 6 ff., bes. S. 10.

[42] Siehe z. B. *Kewenig*, Quo vadis Berlin?, in: Die Zeit vom 19. 2. 1987.

Dabei ist jedoch zu beachten, daß dieser Handlungsspielraum dadurch begrenzt ist, daß eine fortschreitende Integration nicht so weit führen darf, daß Berlin (West) zu einem konstituierenden Bestandteil der Bundesrepublik Deutschland und von dieser regiert wird, wie es ebenfalls in Teil II B des Viermächte-Abkommens heißt.

Beim Stimmrecht der Berliner Abgeordneten bzw. Vertreter im Bundestag bzw. Bundesrat geht es nun freilich nicht um die Herrschaftsausübung der Bundesrepublik Deutschland in Berlin, sondern um die Beteiligung West-Berlins an der Gesetzgebung des Bundes und damit um die Herrschaftsausübung in der Bundesrepublik.

Diese Beteiligung kann weder die volle Eingliederung West-Berlins als Bundesland in den Staatsverband der Bundesrepublik bewirken, noch stellt sie ein unzulässiges oder überhaupt ein Regieren des Bundes in und über West-Berlin dar. Daraus ergibt sich, daß die Beschränkung der Stimmrechtsausübung in Bundestag und Bundesrat zwar ein Stück alter Dreimächtepraxis ist, das jedoch nicht in den Teil II B des Viermächte-Abkommens eingegangen ist. Die Feststellungen im Viermächte-Abkommen, daß West-Berlin so wie bisher kein konstituierender Bestandteil der Bundesrepublik ist und auch weiterhin nicht von ihr regiert wird, würde daher ein volles Stimmrecht der West-Berliner Abgeordneten im Bundestag und Bundesrat nicht ausschließen[43]. Entsprechendes gilt auch für das Verfahren der Entsendung der West-Berliner Abgeordneten in den Bundestag.

Dies bedeutet allerdings nicht, daß die Stimmrechtsausübung mit dem Viermächte-Abkommen generell vereinbar wäre[44]. In der Anlage II wird nämlich unter Ziffer 1 auf den Vorbehalt der West-Alliierten im Genehmigungsschreiben zum Grundgesetz, zumindest mittelbar, Bezug genommen. Darin aber ist der Ausschluß des Stimmrechts der Berliner Abgeordneten festgelegt.

Die Anlage II bezieht sich ausdrücklich auf Teil II B des Viermächte-Abkommens und ist selbst Teil des gesamten Vertragswerkes.

Aber auch dann, wenn man die Anlagen nicht als Bestandteil des Viermächte-Abkommens selbst ansieht, sondern nur als Geschäftsgrundlage[45] des Viermächte-Abkommens, bedeutete dies, daß die Vier Mächte beim Abschluß des Abkommens davon ausgegangen sind, daß die Beschränkung des Stimmrechts der Berliner Abgeordneten auch in Zukunft erhalten bleibt.

[43] Zutreffend *Schiedermair*, Die Bindungen West-Berlins an die Bundesrepublik, NJW 1982, S. 2843.

[44] So zu Recht *Schiedermair*, NJW 1982, S. 2843 f.; *ders.*, aaO (Fn. 11), S. 113 ff.; siehe auch *Dehner*, Die Stellung Berlins im Bundesrat, 1987, S. 121 ff.

[45] So *Schiedermair*, aaO (Fn. 44).

Eine einseitige Aufhebung dieser Beschränkung durch die Westmächte müßte daher zum Wegfall oder aber zumindest zu einer wesentlichen Veränderung der Geschäftsgrundlage des Viermächte-Abkommens führen.

3. *Auswirkungen auf Berlin beim Eingehen auf die Forderung nach „Anerkennung der DDR-Staatsbürgerschaft"*[46]

Der Gesetzgeber der Bundesrepublik Deutschland hat bekanntlich kein neues Staatsangehörigkeitsgesetz erlassen, sondern stützt sich weiter auf das RuStAG von 1913.

Art. 16 Abs. 1 des Grundgesetzes geht davon aus, daß die deutsche Staatsangehörigkeit des RuStAG zugleich die Staatsangehörigkeit der Bundesrepublik Deutschland ist[47]. Dies kommt am deutlichsten darin zum Ausdruck, daß das RuStAG schon mehrfach vom Gesetzgeber der Bundesrepublik geändert worden ist. Diese Änderungen sind im übrigen ohne Beanstandungen durch die Alliierten nach Berlin übernommen worden[48]. Diese Rechtslage bedeutet, daß deutsche Staatsangehörige i. S. des Grundgesetzes nicht nur die Bürger der Bundesrepublik Deutschland sind, sondern wegen des Festhaltens an der gesamtdeutschen Staatsangehörigkeit i. S. des RuStAG auch die Deutschen in der DDR und in Berlin[49].

Die Ostverträge und der Grundlagenvertrag haben daran nichts geändert[50]. Bezüglich des Grundlagenvertrages hat die Bundesrepublik Deutschland bekanntlich in einem Protokollvermerk zum Vertrag erklärt, daß Staatsangehörigkeitsfragen durch diesen Vertrag nicht geregelt worden sind. Die DDR hat dies zumindest mittelbar akzeptiert, indem sie zu Protokoll erklärte, sie gehe davon aus, daß der Vertrag eine Regelung der Staatsangehörigkeitsfragen erleichtern wird.

Das Bundesverfassungsgericht stellt in diesem Zusammenhang fest: „Müßte der Vertrag dahin verstanden werden, daß die Bürger der

[46] Dies ist eine der Forderungen, die der Staatsratsvorsitzende der DDR und Generalsekretär der SED, Erich Honecker, in seiner Geraer Rede am 13. 10. 1980 erhoben hat. Inzwischen haben sich Politiker der „Grünen" überwiegend und Politiker der SPD in steigender Zahl dieser Forderung angeschlossen.

[47] Dazu *Randelzhofer,* in: Maunz/Dürig, Grundgesetz. Kommentar, Rdn. 68–70 zu Art. 16 Abs. 1 GG.

[48] Siehe *von Morr,* Der Bestand der deutschen Staatsangehörigkeit nach dem Grundvertrag, 1977, S. 33 f. mit den entsprechenden Nachweisen.

[49] Ganz h. M. Siehe die Nachweise aus Rspr. und Lit. bei *Scholz,* aaO (Fn. 7), S. 355 f., Rdn. 9, Fn. 10.

[50] Dazu unter besonderer Betonung der Rspr. des BVerfG *Randelzhofer,* aaO (Fn. 47), Rdn. 71–75.

Deutschen Demokratischen Republik im Geltungsbereich des Grundgesetzes nicht mehr als Deutsche i. S. des Art. 16 ... behandelt werden dürften, so stünde er eindeutig im Widerspruch zum Grundgesetz[51]."

Dieses Festhalten an der gesamtdeutschen Staatsangehörigkeit ist entgegen östlichen Auffassungen durchaus mit den Rahmenbedingungen vereinbar, die das Völkerrecht insoweit aufstellt[52].

Mit dem Festhalten an der gesamtdeutschen Staatsangehörigkeit wird insbesondere nicht gegen den völkerrechtlichen Satz verstoßen, daß kein Staat die Staatsangehörigkeit eines anderen Staates regeln darf, denn über die Staatsbürgerschaft der DDR wird damit keine Regelung getroffen. Von der Existenz dieser Staatsangehörigkeit hat die Bundesrepublik Deutschland auszugehen. Das gilt seit Abschluß des Grundlagenvertrages unbestreitbar, denn in Art. 6 verpflichten sich beide Vertragspartner, die Unabhängigkeit und die Selbständigkeit jedes der beiden Staaten in seinen inneren und äußeren Angelegenheiten zu respektieren. Hinsichtlich der Staatsangehörigkeit bedeutet dies aber nur die Feststellung dessen, was nach allgemeinem Völkerrecht ohnehin gilt: Das Recht jedes Staates, innerhalb der völkerrechtlichen Grenzen seine Staatsangehörigkeit zu regeln, und das Verbot, die Staatsangehörigkeit eines anderen Staates zu regeln.

Mit dem Festhalten an der gesamtdeutschen Staatsangehörigkeit wird keine Regelung über die Staatsbürgerschaft der DDR oder irgendeines anderen Staates getroffen. Von der Existenz dieser Staatsangehörigkeiten geht auch die Bundesrepublik Deutschland aus und bestreitet diese nicht. Nach ihrem Staatsangehörigkeitsrecht sind allerdings die allermeisten Bürger der DDR wie auch eine bestimmte Anzahl von Bürgern Polens und der ČSSR zugleich Inhaber der gesamtdeutschen Staatsangehörigkeit. Die dadurch hervorgerufene mehrfache Staatsangehörigkeit steht nicht im Widerspruch zum Völkerrecht, denn die Anknüpfungspunkte der gesamtdeutschen Staatsangehörigkeit entsprechen ausnahmslos den Kriterien, die ein Staat zur Verleihung seiner Staatsangehörigkeit wählen kann.

Der völkerrechtliche Satz, daß kein Staat die Staatsangehörigkeit eines anderen Staates regeln darf, hat zur Folge, daß die staatsangehörigkeitsrechtlichen Akte anderer Staaten keine Auswirkungen auf die gesamtdeutsche Staatsangehörigkeit haben können. Seit dem 20. 2. 1967 gilt dies auch in bezug auf die DDR[53]. An diesem Tag ist das Staatsbürgerschafts-

[51] BVerfGE 36, 1 (30 f.).

[52] Dazu näher *Randelzhofer*, aaO (Fn. 47), Rdn. 76–82.

[53] Dem steht der Beschluß des BVerfG vom 21. 10. 1987 (2 BvR 373/83) nur auf den ersten Blick entgegen. Dort wird der Einbürgerung in der DDR die Wirkung des Erwerbs der gesamtdeutschen Staatsbürgerschaft beigemessen. In unserem Zusammenhang hier ist

gesetz der DDR ergangen, mit dem gezielt die gemeinsame Basis des RuStAG verlassen und eine eigene, vom Deutschen Reich getrennte Staatlichkeit auf dem Gebiet der Staatsangehörigkeit zum Ausdruck gebracht wurde. Als anderer Staat aber kann die DDR die gesamtdeutsche Staatsangehörigkeit nicht regeln.

Im übrigen ist darauf hinzuweisen, daß die Bundesrepublik Deutschland, indem sie an der gesamtdeutschen Staatsangehörigkeit festhält, in bezug auf die Bürger der DDR nur ein Angebot macht[54] und sie keinesfalls ungefragt in Pflichtenverhältnisse nimmt, die aus der Staatsangehörigkeit fließen. Mit anderen Worten, nur für die Bürger der DDR wird die gesamtdeutsche Staatsangehörigkeit in der Praxis relevant, die sich mit einem entsprechenden Wunsch an die Behörden der Bundesrepublik wenden.

Jedenfalls solange die deutsche Frage offen ist, und daß sie nach wie vor offen ist, belegt am deutlichsten die Situation Berlins mit den entsprechenden Rechten der vier Alliierten, ist das Festhalten einer gesamtdeutschen Staatsangehörigkeit in keiner Weise mit dem Völkerrecht unvereinbar.

Angesichts der geschilderten Lage drängt sich die Frage auf, was denn mit der Forderung nach Respektierung bzw. Anerkennung der DDR-Staatsbürgerschaft eigentlich gemeint ist. Wörtlich genommen ist diese Forderung längst erfüllt. Die Bundesrepublik bestreitet in keiner Weise die Existenz der DDR-Staatsbürgerschaft. Gemeint ist denn auch etwas ganz anderes.

Als Folge der gesamtdeutschen Staatsangehörigkeit kann die Bundesrepublik Deutschland, jedenfalls in den Ländern außerhalb des Ostblocks[55], den Bürgern der DDR diplomatischen Schutz gewähren, die sich in den Auslandsvertretungen der Bundesrepublik Deutschland mit dem Wunsche melden, die DDR zu verlassen und in die Bundesrepublik zu kommen. Diese Möglichkeit soll beseitigt werden, und zwar in der Weise, daß die Bundesrepublik Deutschland ihr Staatsangehörigkeitsrecht, das mit dem Völkerrecht durchaus vereinbar ist, ändert, in der Weise, daß sie von der gesamtdeutschen Staatsangehörigkeit Abschied nimmt. So verbirgt sich hinter der auf den ersten Blick grundsätzlich

dabei aber entscheidend, daß dieser Erwerb nicht direkt durch den Hoheitsakt der DDR erfolgen soll, sondern durch entsprechende „Transformatoren“ in der Rechtsordnung der Bundesrepublik Deutschland, die das BVerfG im Wiedervereinigungsgebot der Präambel des Grundgesetzes und im Gebot der Wahrung der Einheit der deutschen Staatsangehörigkeit (Art. 116 Abs. 1 und Art. 16 Abs. 1 GG) sieht. Es spielt hier keine Rolle, daß Letzteres nicht überzeugt; siehe zum Problem *Randelzhofer*, aaO (Fn. 47), Rdn. 78.

[54] Näher dazu *Randelzhofer*, aaO (Fn. 47), Rdn. 81.

[55] Auch gegenüber den Ostblockstaaten besteht das entsprechende Recht, doch läßt es sich in der Praxis in der Regel nicht durchsetzen.

eingängigen Forderung nach Respektierung der DDR-Staatsbürgerschaft die Nichtrespektierung der Staatsangehörigkeit der Bundesrepublik. Wäre die Verwendung des Begriffes der Aggression in diesem Zusammenhang nicht überhaupt verfehlt und irreführend, dann könnte der von östlicher Seite gegenüber der Bundesrepublik Deutschland in diesem Zusammenhang erhobene Vorwurf der juristischen Aggression[56] mit mehr Berechtigung an die Gegenseite zurückgegeben werden.

Ich will hier nicht näher darauf eingehen, daß die Erfüllung dieser Forderung nur auf Kosten einer Änderung des Art. 16 Abs. 1 des Grundgesetzes möglich wäre, der den Entzug der deutschen Staatsangehörigkeit verbietet. Mir kommt es hier darauf an, die Auswirkungen eines solchen Schrittes auf Berlin aufzuzeigen.

Die Folgen einer Aufgabe der gesamtdeutschen Staatsangehörigkeit durch die Bundesrepublik Deutschland wäre m. E. nicht die Staatenlosigkeit der Berliner, wie gelegentlich befürchtet wird. Aufgrund der alliierten Vorbehalte in bezug auf Berlin und Deutschland als Ganzes würde es dazu führen, daß die Berliner die gesamtdeutsche Staatsangehörigkeit behalten würden. Die Bürger der Bundesrepublik Deutschland dagegen würden eine davon getrennte bundesrepublikanische Staatsangehörigkeit erhalten. Die Rechtseinheit zwischen der Bundesrepublik Deutschland und Berlin (West) wäre in einem zentralen, ja vitalen Bereich beseitigt. Eine Ausdehnung der neuen, bundesrepublikanischen Staatsangehörigkeit auf Berlin würde sicher am Einspruch der Alliierten scheitern, die, wie gezeigt, an der Auffassung festhalten, daß Berlin kein Land der Bundesrepublik Deutschland ist. Die gemeinsame Staatsangehörigkeit zwischen den Bürgern der Bundesrepublik Deutschland und Berlins kann nur durch das Festhalten an der gesamtdeutschen Staatsangehörigkeit gesichert bleiben[57].

4. *Möglichkeiten des Rechtsschutzes der Einwohner Berlins (West) gegen Akte der Alliierten*

Berlin (West) ist mit dem Willen der Alliierten voll in das System des umfassenden verwaltungsgerichtlichen Rechtsschutzes in der Bundesre-

[56] Siehe die Nachweise bei *Bernhardt,* Deutschland nach 30 Jahren Grundgesetz, VVDStRL 38 (1980), S. 29, Fn. 60.

[57] Sehr interessant ist in diesem Zusammenhang, daß die mit dem Erlaß des Staatsbürgerschaftsgesetzes in der DDR einhergehende Aufhebung des RuStAG für Ostberlin nicht übernommen wurde (Übernahme VO vom 17. 3. 1967, *H. H. Mahnke* (Hrsg.), Dokumente zur Berlin-Frage 1967–1986, 1987, Dok. Nr. 98, S. 169); zu Recht hervorgehoben in *Makarov / v. Mangoldt,* Deutsches Staatsangehörigkeitsrecht. Kommentar, Einleitung V 1 c, Rdn. 26 und von *Lieser-Triebnigg,* Ost-Berlin – Status und Entwicklung, DÖV 1987, S. 384.

publik Deutschland integriert. Dieser umfassende verwaltungsgerichtliche Rechtsschutz ist nicht zuletzt das Ergebnis dahingehender Einflußnahme der Alliierten auf die Ausgestaltung des Grundgesetzes.

Der Einwohner Berlins (West) ist gewohnt, gegen nahezu jede Maßnahme der deutschen Staatsgewalt gerichtlichen Rechtsschutz zu haben.

Vor diesem psychologischen Hintergrund kann es nicht vollkommen überraschen, daß sich in Berlin in der jüngeren Zeit verstärkt die Frage nach einem eventuellen Rechtsschutz gegen die Akte der Alliierten erhebt. Diese sollten sich nicht dadurch irritieren lassen, daß diese Frage natürlich auch von Gruppen als Vehikel ihrer letztlich ganz anderen Ziele genutzt wird. Es ist aber auch ein Anliegen der übergroßen Mehrheit der Einwohner Berlins, welche die Anwesenheit der Alliierten begrüßen und sich dessen bewußt sind, was sie ihr verdanken.

Die deutsche Seite muß sich ihrerseits dessen bewußt bleiben, daß auch die Frage des Rechtsschutzes die Grundlagen des völkerrechtlichen Status beachten muß.

a) Lex lata

Daß de lege lata kein gerichtlicher Rechtsschutz besteht, hat, vorbehaltlich des noch ausstehenden letzten Aktes des Dramas – über eine bei der EMRK in Straßburg anhängige Beschwerde ist noch nicht entschieden – der Versuch einiger Berliner Bürger belegt, gerichtlich gegen den Schießplatz der Briten in Gatow vorzugehen.

Der bisher negative Ausgang dieses Versuches war vorauszusehen und konnte nur den überraschen, der sich weniger vom juristischen Wissen und dafür mehr vom politischen Wollen leiten ließ. Ich habe mich an anderer Stelle ausführlich mit der Problematik auseinandergesetzt[58] und will daher hier nur kurz rekapitulieren. Lediglich auf die anhängige Beschwerde vor der EMRK will ich etwas näher eingehen.

Zunächst das kurze Rekapitulieren:

Die speziell für Berlin geschaffenen Gerichte der Alliierten haben grundsätzlich keine Zuständigkeit zur Überprüfung der Akte der Alliierten. In keinem Fall können sie diesbezüglich von Einwohnern Berlins angerufen werden.

Die deutschen Verwaltungsgerichte sind zur Überprüfung der Akte der Alliierten nicht zuständig, da es sich dabei nicht um Akte der deutschen öffentlichen Gewalt handelt, die allein sie überprüfen können.

Eine gegebene Zuständigkeit könnte jeweils von den Sektorenkommandanten entzogen werden.

[58] *Randelzhofer*, Untersuchung über die Möglichkeiten des Rechtsschutzes der Einwohner Berlins gegen Akte der Alliierten, Die Verwaltung 19 (1986), S. 9ff.

Klagen vor den Gerichten in den Heimatstaaten der Alliierten sind nicht zulässig, da das jeweilige nationale Recht Klagen gegen im Ausland gesetzte Akte der öffentlichen Gewalt nicht zuläßt. Darüber hinaus sind die Klagemöglichkeiten gegen militärische Akte ohnehin weitestgehend ausgeschlossen.

Bezüglich der Klagen vor internationalen Gerichten ist überhaupt nur die Klage vor dem EGMR[59], genauer gesagt, die Beschwerde vor der Europäischen Menschenrechtskommission, erwägenswert. Die Anrufung der Europäischen Menschenrechtskommission kommt jedoch von vornherein nicht in Frage, soweit es sich um Akte der amerikanischen Militärbehörden handelt, da die USA nicht Vertragspartner der EMRK[60] sind.

Die Anrufung gegen Akte der britischen und französischen Militärbehörden erscheint grundsätzlich möglich, da Art. 1 die Rechte der EMRK allen der Herrschaftsgewalt der Vertragsstaaten unterstehenden Personen zusichert, und sowohl das Vereinigte Königreich wie Frankreich die nach Art. 25 EMRK erforderliche Erklärung abgegeben haben, durch die die Zuständigkeit der Menschenrechtskommission für Individualbeschwerden anerkannt wird.

Als verletzt rügbare Rechte kommen grundsätzlich alle in der EMRK und ihren Zusatzprotokollen garantierten Rechte in Betracht.

Ein spezielles Problem ergibt sich aus der Frage, ob nicht gerade im Fehlen eines gerichtlichen Rechtsschutzes gegen Akte der britischen und französischen Militärbehörden in Berlin, wie es sich aus der bisherigen Untersuchung erwiesen hat, eine Verletzung des Art. 6 Abs. 1 EMRK (Recht auf gerichtliches Gehör) zu erblicken ist.

Das wäre dann der Fall, wenn Art. 6 Abs. 1 EMRK vergleichbar dem Art. 19 Abs. 4 GG eine Rechtsweggarantie gegen Akte der öffentlichen Gewalt enthielte.

Der deutsche Wortlaut dieses Artikels spricht gegen eine solche Auffassung, denn es heißt dort: „Jedermann hat Anspruch darauf, daß seine Sache in billiger Weise öffentlich und innerhalb einer angemessenen Frist gehört wird, und zwar von einem unabhängigen und unparteiischen, auf Gesetz beruhendem Gericht, das über zivilrechtliche Ansprüche und Verpflichtung oder über die Stichhaltigkeit der gegen ihn erhobenen strafrechtlichen Anklage zu entscheiden hat." Daraus wäre zu schließen, daß der Rechtsweg nur in zivilrechtlichen Streitigkeiten und bei Strafverfahren garantiert ist. Indessen ist der deutsche Text nur eine nicht verbindliche Übersetzung. In den verbindlichen englischen und franzö-

[59] Europäischer Gerichtshof für Menschenrechte.

[60] Hier und im folgenden Europäische Menschenrechtskonvention.

sischen Texten ist zwar auch von „civil rights and obligations“ bzw. „droits et obligations de caractère civil“ die Rede, doch ist die deutsche Übersetzung „zivilrechtlich“ nicht unproblematisch, da im britischen und französischen Recht die bei uns geläufige Unterscheidung zwischen Zivilrecht und öffentlichem Recht so nicht besteht.

Der Europäische Gerichtshof für Menschenrechte (EGMR) geht in seiner Rechtsprechung davon aus, daß der Begriff „civil rights and obligations“ sich nicht am jeweiligen nationalen Recht orientiere, sondern autonom aus Sinn und Zweck der EMRK zu interpretieren sei. Daher komme es nicht entscheidend darauf an, ob im gegebenen Fall nach nationalem Recht Zivilrecht oder öffentliches Recht anwendbar sei. Art. 6 Abs. 1 EMRK beziehe sich auf alle Verfahren, deren Ergebnis unmittelbare Auswirkungen auf private Rechte und Pflichten habe. Ausgehend von diesen Grundsätzen hat das EGMR Art. 6 Abs. 1 EMRK immer häufiger auf Sachverhalte angewendet, die nach deutschem Recht nicht als zivil-, sondern als verwaltungsrechtliche Fälle zu qualifizieren sind[61]:

Auf die Versagung einer behördlichen Genehmigung für den Kauf von Land als Voraussetzung für die zivilrechtliche Gültigkeit des Kaufvertrages;

auf den Entzug der Erlaubnis zur Ausübung des ärztlichen Berufs. In wenig überzeugender Weise wurde die unmittelbare Auswirkung auf private Rechte darin gesehen, daß der Arztberuf durch den Abschluß zivilrechtlicher Verträge ausgeübt werde. Zu Recht ist kritisiert worden, daß dabei von den Auswirkungen auf die Rechtsnatur geschlossen wird:

- auf eine behördliche Enteignungsbewilligung;
- auf den Widerruf einer Tankstellenkonzession.

Angesichts dieser Fälle wird man heute wohl davon ausgehen können, auch wenn der EGMR sich vor einer eindeutigen generellen dahingehenden Aussage noch immer scheut, daß sich aus Art. 6 Abs. 1 EMRK in vielen Fällen ein Anspruch auf gerichtlichen Rechtsschutz gegen Akte der öffentlichen Gewalt ergibt.

Insoweit wäre nicht auszuschließen, daß in Fällen, in denen durch Akte der britischen und französischen Militärbehörden in Berlin direkte Auswirkungen z. B. auf privates Eigentum entstehen (etwa Minderung des Wertes eines Wohnungsgrundstückes durch einen in der Nachbarschaft betriebenen Schießplatz), der EGMR eine Verletzung des Art. 6 Abs. 1 EMRK feststellen würde, wenn gegen solche Akte kein Gerichtsschutz besteht. Indessen wird der EGMR aus einem anderen Grund erst

[61] Siehe die Nachweise bei *Randelzhofer*, aaO (Fn. 58), S. 23 f., sowie das Urteil vom 23. 10. 1985 im Falle Benthem, EuGRZ 1986, S. 299 ff.

gar nicht in die Lage kommen, über Akte der Alliierten in Berlin zu entscheiden.

Wie bereits erwähnt, kann sich kein Individuum an den EGMR direkt wenden. Nur der Weg zur Europäischen Kommission für Menschenrechte steht offen, die den Fall dem EGMR vorlegt, wenn sie eine Verletzung der EMRK bejaht.

Aus der bisherigen Praxis der Kommission ergibt sich, daß sie Akte der Alliierten in Berlin nicht an der EMRK für meßbar hält, da es sich nicht um Akte der einzelnen Vertragsparteien der EMRK (hier Vereinigtes Königreich und Frankreich) handle, sondern um solche, die aus der völkerrechtlich begründeten Vier-Mächte-Verantwortung für Berlin und Deutschland als Ganzes fließen.

Im Falle einer Beschwerde der Ehefrau von Rudolf Heß hat die Kommission am 28.5.1975 konkret in bezug auf die Verwaltung des Spandauer Gefängnisses, aber, wie ich meine, allgemein gültig, erklärt, daß die Akte Frankreichs und des Vereinigten Königreichs in Berlin ihre Grundlage nicht in der jeweils nationalen Rechtsordnung haben, sondern in der völkerrechtlichen Basis des Viermächte-Status, und als solche nicht am Maßstab der EMRK zu messen sind[62].

Wie erwähnt, steht die Entscheidung der Kommission in einer Beschwerde bezüglich des Schießplatzes in Gatow noch aus. Ich würde mich aber sehr wundern, wenn sie anders ausfallen würde.

b) Vereinbarkeit des fehlenden Rechtsschutzes mit dem Völkerrecht

Das Fehlen eines Gerichtsschutzes gegen Akte der Alliierten in Berlin stellt keinen Verstoß gegen Völkerrecht dar[63].

Aus dem IV. Genfer Rotkreuz-Abkommen von 1949 ergibt sich keine Verpflichtung zur Gewährleistung von Gerichtsschutz. Auch aus dem Wortlaut der Haager Landkriegsordnung (HLKO) ergibt sich keine solche Verpflichtung. Bezüglich bestimmter Formen der Besetzung, die heute in Berlin nicht mehr gegeben sind, könnte sich eventuell aus Sinn und Zweck der HLKO eine solche Verpflichtung ergeben.

[62] Siehe Yearbook of the European Convention on Human Rights 1975, S. 147 ff., hier 176; deutsche Übersetzung der zitierten Stelle bei *Seidl,* Der Fall Rudolf Hess 1949–1984, 1984, S. 291. Diese Entscheidung wiederholte die Kommission am 10.7.1981 hinsichtlich einer Beschwerde durch Rudolf Hess selbst; siehe *Seidl,* aaO, S. 292. Diese ausschlaggebenden Passagen der Entscheidung der Kommission unterschlägt *Geulen,* NJW 1985, S. 1057, und zitiert statt dessen ein davor formuliertes obiter dictum, das theoretisch die grundsätzliche Möglichkeit einräumt, alliierte Akte in Berlin an der EMRK zu messen. Die tragenden Gründe der Entscheidung machen die Aussage des obiter dictums jedoch bedeutungslos.

[63] Dazu im einzelnen *Randelzhofer,* aaO (Fn. 58), S. 28 ff.

Stellt das Fehlen von Gerichtsschutz jedenfalls heute keinen Verstoß gegen die HLKO dar, so würde die Existenz von Gerichtsschutz aber doch dem Geist der HLKO besser entsprechen.

Trotz einiger Ansätze hat sich bis heute keine Norm des Völkergewohnheitsrechts herausgebildet, wonach die Besatzungsmacht die gerichtliche Überprüfung ihrer Akte zulassen muß.

Das NATO-Truppenstatut und das Zusatzabkommen dazu kommen als Prüfungsmaßstab nicht in Betracht. Im übrigen enthalten auch sie keine dahingehende Verpflichtung. Da die Einführung von Rechtsschutz gegen Akte der Alliierten nicht als Abstellung eines Völkerrechtsverstoßes gefordert werden kann, ist das Ziel nur auf dem Wege von Verhandlungen zu erreichen. Dabei sollte nicht versucht werden, Klagemöglichkeiten vor den Gerichten in den Heimatstaaten der Alliierten zu schaffen. Ein solches Ziel erscheint wenig realistisch und wäre vom praktischen und juristischen Ergebnis her unbefriedigend (Rechtszersplitterung; Schwierigkeiten einer Klage im Ausland!).

Auch die entsprechende Erweiterung der Zuständigkeit der speziell für Berlin existierenden Gerichte der Alliierten sollte nicht erstrebt werden. Eine solche Lösung würde zu unterschiedlicher Rechtsprechung in den Sektoren führen.

Die Zuständigkeit deutscher Verwaltungsgerichte wird nicht erreichbar und letztlich nicht wünschbar sein, da diese Lösung den Status der Alliierten tangieren müßte.

Im Verhandlungswege anzustreben wäre daher eine zentral für Berlin zuständige, spezielle Streitschlichtungsstelle in Berlin.

C.

Damit habe ich meinen Geburtstagsstrauß überreicht. Ich habe vorweg bekannt, daß er nicht prächtig sei, Orchideen nicht enthalten würde, meine aber, daß er nicht gerade zu den „Blumen des Bösen“ zu rechnen ist. Hätten Sie diesen Eindruck gewonnen, dann müßte dies an der Art meiner Präsentation gelegen haben. Vielleicht war es sogar ein Rosenstrauß, den ich überreicht habe, denn dornig ist das Problem der Rechtslage allemal. Dornig wird auch die Aufgabe bleiben, die Berlin, jedenfalls nach dem in den einschlägigen Verträgen zum Ausdruck kommenden Willen der Westalliierten, in besonderer Weise zu tragen haben wird: das Offenhalten der deutschen Frage. Wir sollten uns freilich in diesem Willen von den Alliierten nicht übertreffen lassen.

In Deutschland wird nach wie vor oft der Eindruck erweckt, als gäbe es bei außenpolitischen Problemen nur die beiden Alternativen der friedlichen Lösung hic et nunc oder der gewaltsamen Austragung. Dabei ist es eine uralte Weisheit der Außenpolitik, die in dem Maße noch an Gewicht gewonnen hat, in dem sich heute die gewaltsame Austragung verbietet, daß es eine Kunst ist, ein Problem offenzuhalten, solange eine befriedigende Lösung nicht zu erreichen ist.

Verzeichnis der Autoren

Ebel, Friedrich, Dr. iur., Universitätsprofessor, Fachbereich Rechtswissenschaft der Freien Universität Berlin

Hattenhauer, Hans, Dr. iur., Universitätsprofessor, Juristische Fakultät der Christian-Albrechts-Universität Kiel

Laufs, Adolf, Dr. iur. Dr. h. c., Universitätsprofessor, Juristische Fakultät der Eberhard-Karls-Universität Tübingen

Nörr, Dieter, Dr. iur., Universitätsprofessor, Juristische Fakultät der Ludwig-Maximilians-Universität München

Roxin, Claus, Dr. iur. Dr. h. c., Universitätsprofessor, Juristische Fakultät der Ludwig-Maximilians-Universität München

Randelzhofer, Albrecht, Dr. iur., Universitätsprofessor, Fachbereich Rechtswissenschaft der Freien Universität Berlin

Schild, Wolfgang, Dr. iur., Universitätsprofessor, Fakultät für Rechtswissenschaft der Universität Bielefeld

Schlosser, Hans, Dr. iur., Universitätsprofessor, Juristische Fakultät der Universität Augsburg

BERLIN

Zehn Kapitel seiner Geschichte

Herausgegeben von Richard Dietrich

Oktav. XII, 330 Seiten, zahlreiche Textabbildungen
und 22 Tafeln, darunter 4 Ausschlagtafeln. 1981. Ganzleinen DM 28,–
ISBN 3 11 003418 2

Die mehr oder weniger locker aneinandergereihten Kapitel aus der Geschichte Berlins geben einen Gesamteindruck vom Werden und Wesen dieser Stadt. Die Verfasser sind hervorragende Kenner der jeweiligen Epoche Berliner Geschichte.

Seinerzeit waren die neun Kapitel durch die Berliner Historische Gesellschaft in Form einer Vortragsreihe einem Kreis von Freunden Berlins vorgetragen und fanden dort einen starken Widerhall. Den Vortragscharakter hat man auch in dem Buch behutsam zu erhalten gewußt, und so bieten die Stücke eine reizvolle Lektüre auch jetzt noch in ihrer erweiterten Form. Neue wissenschaftliche Erkenntnisse wurden von den Autoren selbstverständlich eingearbeitet.

Auf jeglichen wissenschaftlichen Apparat wurde verzichtet, nicht jedoch auf ein Register der Namen, Örtlichkeiten (Straßennamen, Bauwerke, Sehenswürdigkeiten usw.) und eine Zeittafel.

Preisänderung vorbehalten

Walter de Gruyter W DE G **Berlin · New York**

FSC
www.fsc.org
MIX
Papier | Fördert gute Waldnutzung
FSC® C083411

Kolibri 360 GmbH
Ferdinand-Jühlke-Straße 7
99095 Erfurt, Deutschland
produktsicherheit@kolibri360.de